管理统计

——数据获取、统计原理、SPSS 工具与应用研究

马庆国　著

科学出版社
北　京

内 容 简 介

本书依托人文社会科学领域使用最广泛的SPSS统计软件为基本工具，结合实际案例讲述了人文社会科学特别是管理科学中常用的统计学原理、方法与技术。本书与注重数学证明的传统统计学著作和就操作谈操作的SPSS软件使用手册的不同之处在于，略去了复杂的数学推导过程，强调统计学在人文社会科学特别是管理学中的应用，强调对SPSS软件计算原理的透彻理解与正确应用，努力构建一个贯通统计学原理、SPSS软件使用技巧以及应用统计学进行人文社会科学研究的方法的应用型统计学知识体系。读者学习本书后，既能够根据实际工作需要设计统计调查方案，又能够利用SPSS软件整理、分析数据和解释数据分析结果，从而大大提高分析和解决问题的综合能力。

本书可作为经济管理类专业以及其他人文社会科学领域的统计学教材，也可供其他对应用统计学和SPSS软件有兴趣的实际工作者参考。

图书在版编目（CIP）数据

管理统计：数据获取、统计原理、SPSS工具与应用研究/马庆国著.—北京：科学出版社，2002

ISBN 978-7-03-010750-3

Ⅰ. 管… Ⅱ. 马… Ⅲ. 经济统计学 Ⅳ. F222

中国版本图书馆CIP数据核字（2002）第060807号

责任编辑：方小丽 /责任校对：朱光光

责任印制：张 伟 / 封面设计：蓝正设计

科学出版社 出版

北京东黄城根北街16号

邮政编码：100717

http://www.sciencep.com

北京九州迅驰传媒文化有限公司印刷

科学出版社发行 各地新华书店经销

*

2002年8月第 一 版 开本：B5（720×1000）

2025年7月第三十五次印刷 印张：26

字数：483 000

定价：58.00元

（如有印装质量问题，我社负责调换）

前　言

本书目的

无论人们研究还是解决问题，前提都是正确地发现问题、分析问题，从而认识其本质。

如同研究其他问题一样，研究和解决管理科学以及其他社会科学领域的问题，也只有清楚地认识对象所处的状况、存在的问题之后，才能够提炼出对象的本质，从而得出对症的解决方案。

在社会科学领域特别是管理科学领域，最常用的研究方法之一是科学地设置问卷、通过正确地抽样调查获得数据，进而恰当地运用统计学的工具处理数据，并依据对统计结果的正确解释来导出结论、做出决策。在上述任何一个环节上出错，都会导致人们对问题的错误认识，导致错误的结论、决策或处理方案。

一个社会科学的研究结论在付诸实践之前，人们难以从结论本身判断其正误，只能从其研究的基础数据来源是否合理、问卷设计是否正确、抽样方法是否科学、调查过程是否能够保证数据的可靠性、数据处理是否正确等方面，来判断该结论是否建立在充分的论据基础之上、其论证过程在逻辑上是否一致，从而判断该结论是否成立。这种判断方法，正是国际上在研究结论付诸实践之前判断管理学以及其他社会科学研究成果是否成立的基本方法。

改革开放以来，中国的管理科学研究和其他社会科学领域的研究都有了长足的进步，但依然存在着许多需要改进的问题。目前，最突出的是研究方法的规范化问题。迄今为止，在管理学以及其他社会科学领域中，我国大多数的研究论文的主流研究方法还限于总结性的、思辨性的方法，对于国际上通用的实证性方法、实验与对比实验方法、问卷调查和数据处理方法，以及长期跟踪观察的方法，还运用得比较少。而这些国际通用的研究方法正是管理学和其他社会科学领域的规范化研究方法，是国际学术交流的共同语言。研究方法不规范，研究成果就很难国际化。

让读者掌握具有重要实用价值的、常用的统计学原理、方法与工具，提高依据实际问题设计调查方案的能力，以及依托统计结果处理实际问题的能力，或者说，帮助读者掌握管理科学以及其他社会科学领域的规范的研究方法，掌握以事实证明或推翻他人的理论的方法，或用事实证明新的理论的方法，就是本书的目的。

本书的特点

统计研究，特别是结合实际问题的统计研究，往往涉及大量的数学运算。随着现代计算机技术的发展，已经开发了出许多面向用户、界面友好、功能强大的统计软件。SPSS 软件就是目前社会科学领域使用最广泛、功能最为强大的统计软件之一。SPSS 软件简化了统计计算和研究工作，降低了运用统计研究方法的数学门槛，大大提高了工作效率，为统计方法在人文社会科学领域的普遍使用，提供了便利条件。

但由于学科分隔，现有的"数理统计学"、"应用统计学"著作几乎都特别注重数学推导和证明，忽视数据的获取，忽视软件的使用，而讲述 SPSS 软件的著作又往往就操作谈操作，无法深入到统计原理以及应用统计技术的层面。因此，在统计学原理、方法与研究实际问题以及计算机统计软件三者之间，依然存在着深深的知识鸿沟。

本书的特点在于面向实际工作者，强调应用。书中略去了复杂的数学推导过程，强调统计原理和技术在人文社会科学领域特别是管理科学中的应用，强调对 SPSS 软件计算原理的透彻理解和正确应用，努力构建一个贯通统计学原理、SPSS 软件使用技巧以及应用统计学于人文社会科学领域的完整的应用型统计学知识体系。读者学习本书后，既能够根据实际工作需要设计统计调研方案、将实际问题转化成统计问题，又能够利用 SPSS 的强大功能整理分析数据，并通过科学的数据解释，将统计结果运用到实践中去。

本书的特点可以概括为：**略去证明，讲清原理；**

依托软件，突出应用。

本书的使用范围

管理统计学是管理科学领域中应用最广泛的数量研究方法。对大多数管理问题的研究而言，正确掌握和应用管理统计方法，是非常重要的。此外，管理统计学的研究思路和技术方法也可以为其他社会科学如经济学、社会学、行政学、科学学、民族学、人类学、考古学等研究领域借鉴，同时在医学、生物、工学等领域也有非常重要和广泛的运用，是这些学科开展科学研究的重要而有用的研究工具。

本书适用于对于应用统计技术和 SPSS 软件有兴趣的实际工作者和研究者，也可兼作教材，供经济管理类专业以及其他人文社会科学领域的师生学习和参考。

本书的适用层次

本书是作者在长期的管理科学研究与教学过程中应用统计学解决实际问题的心得总结。为了推动统计学方法在人文社会科学研究中的应用,使更多的读者掌握管理统计学知识,本书在编排结构上,借鉴了国内外优秀教材的办法,努力做到条理清楚、举例精到、详略得当,对适用于不同层次读者的内容进行了标注。

其中,**没有任何记号的章节适用于大专层次的读者;**

没有任何记号的章节与标注一个星号的章节,适用于本科层次的读者;

标注两个星号的章节适用于研究生层次的读者;

在本科阶段没有学习过统计学的研究生,应从头学起;

不计划学习概率论的读者可以绕过第 1 章,直接从第 2 章开始。

以上划分仅供参考,教师可根据各学校的实际情况进行调整。

本书的创新

本书是作者多年研究与教学的成果,在借鉴前人工作的基础上,作者倾注了大量的心血,提出了一些比较新颖的看法,供读者批评和参考。

在第 1 章(概率论基础知识)中,作者对概率论做了扼要的概括,拎出了在实际工作中被频繁用到的基础知识(基本概念、特点和结论,但不包括数学证明)。并且强调对这些知识的直观理解,强调用简单、直观的事例,来理解和记忆严格的数学描述,例如,用“抛硬币”来记住构成随机实验的三个要素(1 个关于实验条件,2 个关于实验结果)。对于学过概率论的读者而言,这有利于他们从更高的角度概括性地理解概率论,通过对基础知识的透彻理解,产生对概率论认识的升华。

对于没有学过概率论的读者而言,依照如此扼要的归纳,为着应用的目的来学习概率论的主脉络,也不失为一个较好的选择。

在这一章中,作者设计了“条件概率计算表”。运用这张表,不仅有利于读者(特别是初学者)绕开条件概率公式、乘法公式、全概率公式、贝叶斯公式,完成有关计算,而且有利于深刻地理解上述公式,理解边缘分布的概念等。

在这一章中,作者还概括了“离散分布和连续分布的对应关系”(离散型随机变量的概率与连续型随机变量的概率密度对应,离散型随机变量的累计概率与连续型随机变量的概率对应,见 1.2.2 小节)。这有利于读者正确地理解“概率论”的许多相关的结论,有利于读者创造性地处理好诸多的相关问题。

在第 2 章(数据与数据的获得)中,作者介绍了在实际应用中非常重要而国内有关“数理统计学”著作几乎不涉及的数据的测度类型问题,介绍了在管理科学中

（包括所有社会科学中）极为重要的实验数据的问题（见 2.2.3 小节和 2.4.1 至 2.4.3 小节）。

社会科学中的实验数据与自然科学中的实验数据同等重要。但是，由于社会科学中的不确定因素多，边界条件的可控性弱、获取实验数据的难度要更大一些。在社会科学领域，一个好的实验设计（哪怕仅仅是为了获得一些关键的数据的实验），本身就可以作为一项成果，在相应的学科领域流传。在这一章中，作为例子，还给出了作者在获取实验数据方面的某些研究成果（见 2.4.3 小节关于个人所得税问题的实验设计）。这些成果不一定是优秀的，但却是有参考意义的，可能会启发读者设计出更好的实验方案。

在这一章中，还给出了作者在科学研究和指导研究生中产生的有关问卷设计的原则、要点与关键。对这些知识成果的了解，将有利于读者在问卷设计中，少犯错误，少走弯路。

在第 3 章（样本数据特征的初步分析）中，作者把“数据的频次与频率”作为数据结构的最基本的特征来介绍。并且，针对数据的不同测度，介绍了众数、中位数、均值、极值、四分点、极差、四分位距、离差等，这些几乎所有统计学书籍都要介绍的概念（不同之处仅在于本书把它们与数据的不同测度联系起来了）。

这一章还介绍了表示数据集合基本结构特征的条形图、茎叶图、直方图和箱型图等图示方法。其中，有一些是我国学者常用的工具，如条形图、直方图。有一些是我国学者不常用的，如茎叶图、箱型图。希望本书的这些介绍，有利于这些工具的更广泛应用。

在制作直方图的数据分组方面，作者探讨了与 SPSS 相衔接的分组规则。这是摸索性的工作。

在第 4 章（SPSS 的简单应用）中，作者从“初学者应首先学会最重要的少数操作”的原则出发，挑选了能够使初学者尽快进入使用过程的几个关键操作，并扼要地介绍了这些关键操作。并且，从数据录入的实战出发，着重介绍了“数据并表”的方法和技巧。这些是作者在教学与研究中的体会。

在这一章，作者注入的新工作主要是“数据录入”的技巧、“核对录入正误”的技巧（为回收的调查表编号并作为变量录入），详见 4.1.7 与 4.1.10 小节。

对于第 5 章（总体分布、样本分布与参数估计），作者的主要意图是，让初学者明了样本与总体的关系，特别是从随机样本推断总体的关系。作者的主要工作是基于自己研究和应用的体会，筛选出应用面广的统计量、最重要的基础性定理、判断参数估计值优劣的准则等，并扼要地、分层次地介绍了它们。

在第 6 章（参数假设检验）中，作者注入的新工作主要是，在判断接受还是拒绝零假设的问题上，填补了国内传统的“数理统计学”查表判别与 SPSS 输出统计值的显著性概率之间的空当，沟通了它们之间的衔接问题（国内的“数理统计学”是通过查表并比较统计值与统计值的阈值，来判别拒绝还是接受零假设的。SPSS 是输出统计值的显著性概率，通过它与选取的显著性水平的比较，来判别拒绝还是接受零假设的)，详见 6.2.2 小节。

鉴于“参数假设检验”在应用中的基础性、广泛性与重要性，本书较为宽泛地介绍了诸多参数的假设检验问题，特别是饶有趣味地介绍了“为什么 60 分及格”的统计学依据，着重介绍了在管理科学以及诸多社会科学领域中有着广泛应用的大样本任意分布的参数检验问题，特别是某些类个体占总体比例的检验问题(详见 6.3.1，6.3.2，6.5.1，6.5.2 小节)。

此外，本书还通过例子(6.6.1 小节的例 6.6.1：以往某年级小学生 400 米平均成绩 100 秒，今年测 60 名同年级小学生的平均成绩是 105.385 秒，检验结果是接受零假设“平均成绩没变”)，说明了常规“感觉”的不可靠性和参数假设检验的必要性。

在第 6 章的 6.6.1 小节，作者依据推算，详尽地解释了 SPSS(在有关模块中)与常规表示方法不同的、对置信区间的表示方法。在 6.6.2 与 6.6.3 小节，突出介绍了国内“数理统计学”很少涉及的独立样本与配对样本的检验问题。

在第 7 章(非参数假设检验)中，为了与 SPSS 衔接，作者尽可能多地介绍了相关的非参数检验的方法，如，Mann－Whitney 方法、Wilcoxon 方法、χ2、Kolmogorov－Smirnov 方法等(在 SPSS 中，k－s 方法被设计为能够一次完成“一组样本是否服从正态分布、均匀分布、泊松分布、指数分布”的假设检验)，但坚决地略去了证明，仅仅扼要地介绍原理、思路和结论，以便于读者使用 SPSS 软件，理解 SPSS 的输出结果。

在第 8 章(方差分析)中，作者用表格方式(见表 8.1.2，表 8.3.2，表 8.4.2)，分别概括了单因素方差分析、双因素无重复实验方差分析和双因素有重复实验方差分析的理论模型及其主要的相关公式，扼要地介绍了数据处理的步骤，重点介绍了它们的应用，指出其实质是检验“不同因素不同水平的均值”有无显著差异(甚至检验有无交互作用)。

在这一章中，有些应用的构思是相当巧妙的。通过这些应用，能够筛选出作用显著的政策，找出政策的作用与企业类型的关系等(见 8.5.3 小节中例 8.5.2)。

在 SPSS 的应用方面，重点介绍了在“因素不同水平的均值”有显著差异的情况下，寻找“谁和谁有显著差异”的点击方法(即鼠标的点击过程)。

在第 9 章(普通相关分析)中，针对国内的绝大多数研究论文，在应用相关系数来说明变量之间的关系时，不做显著性检验的情况，作者特别介绍了“相关系数是否显著异于 0 的假设检验”的方法，并通过例题(9.5.3 小节中例 9.5.2：某班学生的数学成绩与语文成绩的等级相关系数高达 0.610，检验结果竟然是“相关系数0.610与 0 没有显著性差异”)，说明“直觉”的不可靠性，相关系数显著性检验的必要性。

“不做显著性检验，就断言变量之间存在相关性”的论文其实是不科学的。而这种现象，在我国的相当多的学位论文，甚至是一些博士学位论文中，都是存在的。

在这一章中，针对国内的绝大多数(包括经济学和管理学在内的)社会科学研究的相关论文，在研究变量之间的相关关系时，普遍忽视偏相关分析的情况(只是简单地依据普通 Pearson 相关系数作结论的情况)，作者特别介绍了偏相关系数的应用问题，通过例题(9.5.4 小节中例 9.5.3：旅游风景区的商业投资额与经济增长之间相关系数为 0.664，T 检验表明相关系数显著异于 0，但是两个变量之间的偏相关系数仅为 0.0825，T 检验表明偏相关系数与 0 没有显著性差异)，说明仅仅从 Pearson 简单相关系数来做结论，是不恰当的，而剔除了其他变量影响的偏相关系数，是两个变量之间是否相关的真实反映。“不综合考虑一组相关联的变量，仅仅抓出其中的两个变量，通过普通相关系数来断定变量之间是否相关”的研究方式，在我国的有关的发表论文中包括一些学位论文中，也是普遍存在的。例如，仅仅从一个地区的税收优惠政策与该地区的经济增长之间的相关系数，断定优惠的税收政策导致了该地区的经济增长，就是这类错误的表现之一。正确的做法应当是，剔除该地区的其他经济政策(如货币政策、财政政策等)的影响之后，计算偏相关系数，并依据它来判定优惠的税收政策与该地区的经济增长，是否真正相关。

在变量值为名义级数据的情况下(名义级数据之间，不仅不能做加减乘除运算，而且不能比较大小，只知道不同的值是不同的，例如，红、白、黄不同的颜色，产品包装的不同类型等)，判断变量之间是否存在相关关系(称为品质相关)，原本是社会科学领域有着广泛应用的基本问题，但在我国的相关研究论文中却很少出现。鉴于这种情况，作者在第 9 章着重介绍了检验是否存在品质相关的方法，给出了应用的示例。

在第 10 章(线性回归分析)中，作者注入的新工作主要是，对回归分析的几何解释(见 10.1.6、10.2.2、10.2.7、10.2.12、10.2.13、10.3.2 小节)。通过几何解释，可以象征性地“推导”出多元线性回归系数的估计值 $\hat{\beta}$ 的计算公式，可以看到 F 统计量的几何含义、复相关系数的几何含义、偏相关系数的几何含义、偏解释变差(偏回归平方和)的几何含义。

在十多年前，我国学者在回归分析的应用中忽视对回归系数 T 检验的现象，到现在已经基本得到了改变。但是，在回归分析中重视高斯条件(高斯假设)，恰当处理三大基本问题(多重共线性问题、异方差问题和序列相关问题)的论文，还相当少。为此，在第 10 章，作者强调了高斯条件，强调了三大基本问题的处理，特别是突出了依托 SPSS 软件，处理这三大基本问题的方法。

实践证明，只有依托软件才能使得三大基本问题的处理走向实用。20 世纪 80 年代我国的不少相关著作，就介绍了回归分析的三大基本问题的处理，但是由于计算软件的不方便性，使得应用这些方法受到限制。现在软件发展了，对这三大基本问题的处理相对方便了,较为大面积地解决这一问题的时机,已经基本成熟了。这也是本书这样安排这三大基本问题的依据。

在第 11 章(主成分分析与因子分析)中,作者的主要工作是从实用出发,扼要地介绍主成分分析的做法以及其思路转换的脉络(略去几乎所有的数学证明),从全过程(数据的相关性检验、负载矩阵的求法、公共因子值的求法)扼要地介绍了因子分析的做法(略去所有的数学证明),并介绍了如何依托软件完成上述计算。

在第 12 章(聚类分析与判别分析)中,作者注入的新内容是,用简单的一维的例子、二维的例子来透彻理解聚类分析的思路与做法,来理解判别分析的概念、要素、性质与思路(见 12.3.1 小节)。为了读者便于理解,作者从"宏观把握"的角度,提炼出了聚类分析的思路与做法(跳出了陷于具体算法,而整体思路不清的状况),也基本类似地提炼了判别分析的思路与做法,并且,为了与 SPSS 软件衔接,做了大量的资料清理工作,以便读者更好地理解 SPSS 软件的输出结果。

聚类分析与判别分析,在管理科学、其他社会科学以及有关的自然科学中有着非常广泛的应用前景。例如,聚类分析可以用于亚民族分类、方言分类、产业分类、企业分类(可偏重资产性指标,也可偏重企业文化类指标)、病种分类、菌体分类、病毒分类、动植物的物种分类等等,判别分析可以用于"依据财务数据对企业是否逃税"的判断、"依据有关指标对企业发展阶段"的判断、"依据消费者的特征对其购买与否"的判断、"依据病人的征兆指标对病人患病种类"的诊断、"依据地质的有关指标对是否将发生地震"的判断、"依据运动员的生理指标对其最适宜的运动项目"的判断等等。

鉴于此,作者选用了自己所主持的"企业税务稽查选案系统"的研究项目(见例 12.6.2)作为例题,希望起到抛砖引玉的作用。

总而言之,本书做了大量的探索性、提炼性和创造性的工作,这些工作是作者长期从事科研工作和指导研究生时在统计学应用方面研究和思考的结晶,希望对我国管理科学以及其他社会科学领域在应用统计学方法进行基于数据的务实研究方面,能够有所裨益。当然,本书肯定还存在许多需要改进之处,也希望得到同行和各位读者的批评指正。

作者声明

目　录

详细目录

第1章 概率论基础知识

1.1 随机实验、样本空间、概率与条件概率

1.1.1 一些基本概念

1. 随机实验(Random Trial, or Random Experiment)

“抛硬币"就是一个简单的随机实验,可用此例子来理解、记忆如下概念:

(1)在同一条件下可无限次重复的实验;

(2)实验结果有多个,且不确定;

(3)事前不知实验结果(Outcome)。

2. 基本事件(Elementary Event)

一次随机实验的可能结果,称为基本事件或基本随机事件。

若随机实验 E 是“抛 2 次(或先后 2 枚)硬币",其基本事件就是“正、反”,“正、正”,“反、正”,“反、反”。

3. 样本空间(Sample Space)

所有基本事件所组成的集合,称为样本空间或基本空间。

例如,随机实验 E 是“抛 2 次(或先后 2 枚)硬币”,其样本空间就是集合:{“正、反”,“正、正”,“反、正”,“反、反”}。

4. 随机事件(Random Event)

随机事件简称事件,指基本事件所组成的集合。

例如,随机实验 E 是“抛 2 次(或先后 2 枚)硬币”,事件“两枚出现相同面”,就由两个基本事件组成:“正、正”、“反、反”。事件“至少出现 1 个正面”,就由 3 个基本事件“正、正”、“正、反”、“反、正”组成。

5. 相容事件(Mutually Inclusive Events)**与不相容事件**(Mutually Exclusive Events)

在随机实验中,不能同时发生或其交集为空集的几个事件,称为不相容事件,反之就称为相容事件。

例如,随机实验 E 为"先后投 2 枚硬币",A 事件"两枚出现相同面"(由事件"正、正"和事件"反、反"构成)与 B 事件"两枚出现不同的面"(由事件"正、反"和"反、正"构成),就是两个不相容的事件。

C 事件"至少出现 1 枚正面"(由"正、正"、"正、反"、"反、正"组成)与 D 事件"至少出现 1 枚反面"(由"反、反"、"正、反"、"反、正"组成),就是两个相容的事件。

若形象地把事件看成平面上的点集,那么,若 A 与 B 没有共同的点,则 A 与 B 就是不相容事件;若 A 与 B 有共同的点,则 A 与 B 就是相容事件。

6. 概率(Probability)

用通俗的语言说,概率指在随机实验中,对事件出现的可能性大小的一种严格的度量。所谓严格,是指从无限次重复的角度看,度量结果具有惟一性。

随机实验 E"抛 1 枚均匀的骰子",做 60 次实验,1 点(俗称大点)朝上的次数,可能是 9、10 或 11,那么 1 点朝上的频率分别是 9/60,1/6,11/60。所以,频率不是随机实验中事件出现的可能性的严格度量,不是概率。但是,随着实验的次数的增加,频率约等于概率。所以,可以通俗地将频率理解为"概率的模糊的影子"。

概率的定义:设 E 是随机实验,S 是其样本空间,给 E 的每一个事件 A 赋一个实数 $P(A)$,若 $P(A)$满足如下条件(Postulate),就称为 A 的概率:

(1)对每一个事件 A,都有 $0 \leqslant P(A) \leqslant 1$;

(2)$P(S)=1$;

(3)对于两两互不相容的事件 $A_k(k=1,2,\cdots)$,有:$A_k(k=1,2,\cdots)$的并集的概率,等于各个 A_k 的概率之和:

$$P\{\bigcup_k A_k\}=P\{A_1 \cup A_2 \cup \cdots\}=P(A_1)+P(A_2)+\cdots=\sum_k P(A_k)$$

7.概率运算的主要性质(Properties of Probability)

(1)设 $\overline{A}$ 是 A 的对立事件(若把事件看成平面上的点集,则 $\overline{A}$ 是样本空间 S 中、除 A 以外的所有的点),则

$$P(A)=1-P(\overline{A})$$

当 $\overline{A}$ 为样本空间 S 时,A 为空集$\varnothing$,从而可以得出空集$\varnothing$的概率为 0:

$$P(A)=1-P(\overline{A})=1-P(S)=0$$

(2)对任意两个事件 A 与 B,有

$$P\{A \cup B\} = P(A) + P(B) - P(AB)$$

其中，AB 是 A 与 B 的交集 $A \cap B$ 的缩写。

关于交集概率 $P\{A \cap B\}$ 的计算公式，我们将在下一节的“概率的乘法定理"中给出。

为了便于理解上式，可参见图1.1.1。

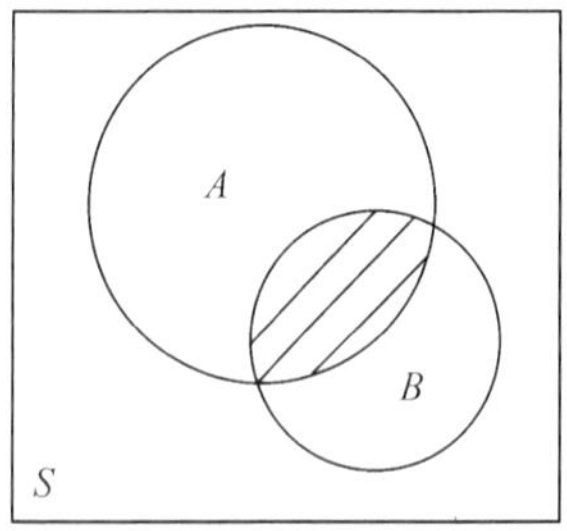

图 1.1.1　事件并集的概率计算

若 A 与 B 的交集 $A \cap B$ 为空集(即 A 与 B 不相容或不相交)，则 A 与 B 的并集 $A \cup B$ 的概率，就是 A、B 两个事件的概率之和：

$$P\{A \cup B\} = P(A) + P(B)$$

(3)若事件 $A \subset B$，即 A 中的点都包含于 B 中，都是 B 中的点，则

$$P(A) \leqslant P(B)$$

8. 等概率随机实验(Equally Likely Outcomes)

若一个随机实验的基本事件的个数有限，且基本事件出现的概率相等，则该随机实验称为等概率随机实验或等可能概型。抛均匀的硬币、抛均匀的骰子，都是等概率随机实验的例子。

在等概率随机实验中，事件 A 的概率计算公式是：

$P(A)=A$ 包含的基本事件个数/该实验中基本事件的总个数

例如，随机实验 E“先后抛2枚均匀的硬币”，共有4个基本事件：“正、正”、“正、反”、“反、正”、“反、反”。若我们要考察的事件 A 是“至少有1枚正面朝上”，那么，事件 A 包括3个基本事件“正、正”、“正、反”、“反、正”，所以 $P(A)=3/4$。

1.1.2　条件概率与概率乘法定理

1. 条件概率(*Conditional Probability*)

我们用以下实例来介绍条件概率：

例 1.1.1　一个包装箱里有6个产品。假设其中4个为一级品，2个为二级品。若随机实验 E 是“从该包装箱中抽取1个产品”，那么，显然每次抽取到二级品的概率是1/3。

设事件 A 是“第一次抽取并抽到二级品”，事件 B 是“第二次抽取并抽到二级品”，那么，在事件 A 发生的条件下，再从剩余的5个产品中抽出1个产品，事件 B“第二次抽到二级品”发生的概率就是1/5。

我们称这样的概率为“事件 A 发生条件下，事件 B 发生的概率”，简称为“事件

B 的条件概率”，记为 $P\{B|A\}$。

在例 1.1.1 中，$P\{B|A\}=1/5$。为对比条件概率与非条件概率的区别，我们看 $P(B)$等于多少。首先，事件 B 可以表达为不相容的 2 个事件 AB 与 $\overline{A}B$ 之和，即 $B=AB+\overline{A}B$（若将其看成 S 平面上的点集，相当于用 A 与 $\overline{A}$ 把 B 分成不相交的两块），于是，由不相交事件的概率的性质，有

$$P(B)=P(AB)+P(\overline{A}B)=\frac{2}{6}\times\frac{1}{5}+\frac{4}{6}\times\frac{2}{5}=\frac{1}{3}$$

其实，对于原来的随机实验（也是原来的样本空间）而言，很显然，无论是事件 A（第一次抽取且抽到二级品），还是事件 B（第二次抽取且抽到二级品），出现的概率都是$\frac{1}{3}$，即 $P(A)=P(B)=\frac{1}{3}$。

由上例，不难理解如下公式：

$$P\{B\mid A\}=\frac{P(AB)}{P(A)}=\frac{\frac{1}{15}}{\frac{1}{3}}=\frac{1}{5},\qquad P(A)>0$$

一般都把这个式子，作为条件概率的定义式。

条件概率的定义

对样本空间 S 中的两个事件 A、B，若 $P(A)>0$，则条件概率 $P\{B|A\}$ 由如下定义式给出：

$$P\{B|A\}=\frac{P(AB)}{P(A)}$$

2. 概率的乘法公式(定理)(Multiplication Theorem)

由条件概率定义式，易得：

$$P(AB)=P\{B\mid A\}\times P(A)=P\{A\mid B\}\times P(B)$$

这就是所谓概率的乘法公式或乘法定理。

概率的乘法公式

对样本空间中任意两个事件 A、B，有

$$P(AB)=P\{B|A\}\times P(A)=P\{A|B\}\times P(B)$$

条件概率的本质是，事件 A 的出现，改变了产生事件 B 的范围条件，即改变了样本空间，也就是改变了随机实验（注意：产品的个数不是样本空间）。事件 A、B 之间也不一定要有特定的时间先后的关系。

3. 条件概率计算表

我们可以把上述数据列成表1.1.1：

表1.1.1　条件概率的分析计算表

	B：第二次抽且二级品	$\overline{B}$：第二次抽且一级品	总计
A：首次抽且二级品	$\frac{1}{3}\times\frac{1}{5}$	$\frac{1}{3}\times\frac{4}{5}$	$\frac{1}{3}$
$\overline{A}$：首次抽且一级品	$\frac{2}{3}\times\frac{2}{5}$	$\frac{2}{3}\times\frac{3}{5}$	$\frac{2}{3}$
总　计	$\frac{1}{3}$	$\frac{2}{3}$	1

中间4个方格中的数据，是相应行、列两个事件同时发生的概率（或其他的数量描述）。

这个表格对于理解和计算条件概率非常有用，我们称之为“条件概率的分析与计算表”，简称“条件概率表”。

在该表中，若以最初的随机实验为基础，考虑 A 与 B 发生的概率问题，应当分别看“总计”列与“总计”行。

对 $P(A)$ 而言，看“总计”列。“总计”列的最后一个数据，即整个表格的右下角数据（在本例中是“1”），应当作随机实验的样本空间概率1，所以应当用它去除其他相应的数据，从而求得相应事件的概率。因此，有

$$P(A)=\frac{\frac{1}{3}}{1}=\frac{1}{3}$$

对 $P(B)$ 而言，应看“总计”行，有

$$P(B)=\frac{\frac{1}{3}}{1}=\frac{1}{3}$$

在发生事件 A 的条件下，考虑事件 B 的发生概率相当于考虑一个新的随机实验，应看事件 A 所在的行，以该行的“总计”数1/3为子（新）样本空间的概率1，用1/3去除该行的每个数据，以求得相应的概率。于是，有

$$P\{B\mid A\}=\frac{P(AB)}{P(A)}=\frac{\frac{1}{15}}{\frac{1}{3}}=\frac{1}{5},$$

$$P\{\overline{B} \mid A\}=\frac{P(A\overline{B})}{P(A)}=\frac{\frac{4}{15}}{\frac{1}{3}}=\frac{4}{5}$$

同样，我们可以用类似的方法考虑并求出发生事件 B 的条件下事件 A 的发生概率：

$$P\{B \mid \overline{A}\}=\frac{P(\overline{A}B)}{P(\overline{A})}=\frac{\frac{4}{15}}{\frac{2}{3}}=\frac{2}{5},$$

$$P\{\overline{B} \mid \overline{A}\}=\frac{P(\overline{AB})}{P(\overline{A})}=\frac{\frac{6}{15}}{\frac{2}{3}}=\frac{3}{5}$$

前面说过，特定时间并不是条件概率中的必要概念。由概率的乘法公式，我们完全可以有

$$P\{A \mid B\}=\frac{P(AB)}{P(B)}, \text{其中 } P(B)>0$$

由表 1.1.1 中的数据，也可以直接求出上式的条件概率

$$P\{A \mid B\}=\frac{\frac{1}{15}}{\frac{1}{3}}=\frac{1}{5}$$

在例 1.1.1 中，由于事件 A、B 分别被冠以“第一次”、“第二次”的字样，使得我们对于条件概率的实质难以有比较深刻的理解，为此，我们再来看例 1.1.2。

例 1.1.2 某城市市民的肝炎患病率只有 0.01%，但是在某验血指标为阳性的人群中，得肝炎的概率是 90%。那么，在该城市中任意碰到一个人，该人是肝炎患者的概率就是 0.0001。若碰到的这个人的某验血指标指标是阳性，则该人为肝炎患者的概率是 0.9。若我们规定事件 A 为“碰到的是验血某指标为阳性的人”，事件 B 为“碰到的是肝炎患者”，那么，$P(B)=0.0001$，$P\{B|A\}=0.9$。事件 A 改变了产生事件 B 的范围条件，本质上是改变了样本空间，也就改变了随机实验。

设 R 为验血指标为阳性的人口占城市人口的比例，根据以上数据，由“总人口 $\times R\times 0.9=0.0001\times$ 总人口”，我们容易得出：

$$R=\frac{0.0001}{0.9}=\frac{1}{9000}$$

我们可以把上述数据列成条件概率表 1.1.2：

表 1.1.2　条件概率表

	B:肝炎	$\overline{B}$:非肝炎	总　计
A:阳性	0.9	0.1	1
$\overline{A}$:非阳性	0	8999	8999
总计	0.9	8999.1	9000

由上表的“总计"行,易验证:

$$P(B)=\frac{0.9}{9000}=0.0001$$

为计算发生事件 A 条件下的 B 事件的概率,应当看事件 A 所在行,易得

$$P\{B \mid A\}=\frac{0.9}{1}=0.9$$

进而,可以计算 $P\{A|B\}$(碰到该城市的一个肝炎患者,其验血指标是阳性的概率)。看条件事件 B 所在列,有 $P\{A|B\}=\frac{0.9}{0.9}=1$,就是说,在该城市碰到一个肝炎患者,其验血指标必定是阳性。

这是两个事件没有特定的时间先后,可以分别互为条件的例子。

4. 全概率公式(the Law of Total Probability)

若随机实验 E 中的一组事件 $A_1,A_2,\cdots,A_n$,满足

(1)$A_i \cap A_k=\varnothing, i \neq k$,即这些事件之间互不相容(互不相交);

(2)$A_1 \cup A_2 \cup \cdots \cup A_n=S$,即这些事件覆盖了整个样本空间 S。

那么,就称这组事件是样本空间 S 的一个划分。

这样,任意事件 B,也就可以被 $A_1,A_2,\cdots,A_n$,划分成了互不相交(互不相容)的子事件:$BA_1,BA_2,\cdots,BA_n$。于是,由概率的性质,有

$$\begin{aligned}P(B)&=P(BA_1)+P(BA_2)+\cdots+P(BA_n)\\&=P\{B \mid A_1\}P(A_1)+P\{B \mid A_2\}P(A_2)\\&\quad+\cdots+P\{B \mid A_n\}P(A_n)\\&=\sum_{k=1}^{n}P(B \mid A_k)P(A_k)\end{aligned}$$

这就是所谓全概率公式。

为了便于理解全概率公式,可参看图 1.1.2。

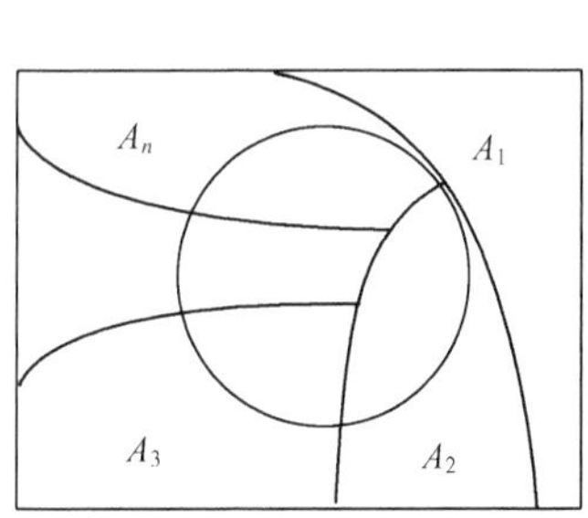

图 1.1.2　样本空间 S 的一个划分与全概率公式示意

显然,A 与 $\overline{A}$ 是 S 的一个最简单的划分,于是,对 S 中的任意事件 B,有

$$\begin{aligned}P(B)&=P(AB)+P(\overline{A}B)\\&=P\{B \mid A\}P(A)+P\{B \mid \overline{A}\}P(\overline{A})\end{aligned}$$

其实，在例 1.1.1 中我们已经用过这个公式。

全概率公式

若 $A_1, A_2, \cdots, A_n$ 是对样本空间 S 的一个划分，则对 S 中的任意事件 B，有全概率公式如下：

$$P(B) = \sum_{k=1}^{n} P(BA_k) = \sum_{k=1}^{n} P(B \mid A_k) P(A_k)$$

公式的第一个等号的两端，在条件概率计算表中，就是 B 所在的列（或行）所有非“总计”数据之和（也就是 B 所在列或行的“总计”数据），除以表格的右下角数据。

5. 条件概率表的一般表达

设一组事件 $A_1, A_2, \cdots, A_n$ 是样本空间 S 的一个划分，另一组事件 $B_1, B_2, \cdots, B_m$ 也是样本空间 S 的一个划分，那么条件概率计算表的一般格式如表 1.1.3：

表 1.1.3　条件概率计算表的一般格式

	B_1	B_2	…	B_m	总　计
A_1	$F(A_1B_1)$	$F(A_1B_2)$	…	$F(A_1B_m)$	ΣA_1 行
A_2	$F(A_2B_1)$	$F(A_2B_2)$	…	$F(A_2B_m)$	ΣA_2 行
⋮	⋮	⋮		⋮	⋮
A_n	$F(A_nB_1)$	$F(A_nB_2)$	…	$F(A_nB_m)$	ΣA_n 行
总计	ΣB_1 列	ΣB_2 列	…	ΣB_m 列	$\Sigma\Sigma$

要点 1：表头的事件（无论在上表头，还是左表头），都必须是样本空间 S 的一个划分。

要点 2：表内方格中的 $F(A_iB_j)$，表示对事件 A_i 与事件 B_j 同时发生的数量描述。该数量描述既可以是概率描述，也可以不是概率描述，还可以部分是概率描述。

当 $F(A_iB_j)$ 是概率描述时，应把表中的所有 F 换成 P。此时，表格右下角的 $\Sigma\Sigma$ 是表中所有 $F(A_iB_j)$ 之和，既等于总计列的和，又等于总计行的和，且其值必然为 1。前面我们提到的表 1.1.1 的数据就是概率描述。

当 $F(A_iB_j)$ 完全不是概率描述而是某种具体的有量纲的数量时，我们可以按照要点 3 归纳的条件概率表计算规则，很容易地得到表中各事件的所有条件概率与非条件概率。例如，例 1.1.2 中，若明确知道该城市的总人口数是 90000 人，那么，肝炎患者人数（按 0.01% 计）就是 9 人，验血指标为阳性的人数（按 1/9000 计）就是 10 人。于是，条件概率计算表就成了表 1.1.4：

表 1.1.4　非概率描述的条件概率计算表

	B:肝炎	$\overline{B}$:非肝炎	总　计
A:阳性	9	1	10
$\overline{A}$:非阳性	0	89,990	89,990
总计	9	89,991	90,000

当 $F(A_iB_j)$,部分是概率描述(如子样本空间上的概率描述)、部分不是概率描述时(如表 1.1.2),其数值必然遵守**比例原则**(即大家都是概率描述的某个倍数)。

要点 3:不同样本空间的计算规则:

(1)在总样本空间上时,应视表格右下角的 ΣΣ 为 1,用 ΣΣ 去除相应数据;

$$P(A_iB_j) = F(A_iB_j) / \Sigma\Sigma$$

$$P(A_i) = \Sigma A_i \text{ 行 } / \Sigma\Sigma$$

$$P(B_j) = \Sigma B_j \text{ 列 } / \Sigma\Sigma$$

(2)在子样本空间上时,应视相应的行和或列和为 1,用相应行的和或相应列的和去除相应数据:

$$P(A_i \mid B_j) = F(A_iB_j) / \Sigma B_j \text{ 列}$$

$$P(B_j \mid A_i) = F(A_iB_j) / \Sigma A_i \text{ 行}$$

当我们视 ΣΣ 为 1,做求行和(或求列和)的运算时,实际上就是在做全概率的运算。

下面还要提到,这个表格还可以用来做贝叶斯公式的运算。

要点 4:在许多问题(如下面将提及的贝叶斯问题)中,在构造概率描述的"条件概率计算表"时,$P(A_iB_j)$常常不是事先给定的,而要用乘法公式 $P(A_i \mid B_j)P(B_j)$或 $P(B_j \mid A_i)P(A_i)$算出。在构造表 1.1.1 时,就是这样做的。

1.1.3　贝叶斯公式(*Bayes' Rule*)

1. 贝叶斯公式

把条件概率的定义式扩展一下,就可以得到贝叶斯公式:

$$P\{A \mid B\} = \frac{P(AB)}{P(B)} = \frac{P(B \mid A)P(A)}{P(B \mid A)P(A) + P(B \mid \overline{A})P(\overline{A})},\quad \text{其中 } P(B) > 0$$

这里的关键扩展,是在分母处。贝叶斯公式用样本空间 S 的一个划分 A 与 $\overline{A}$,把事件 B 划分为互不相交的 BA 与 $B\overline{A}$。然后,由概率性质,把 $P(B)$展开成了 $P(BA)+P(B\overline{A})$。

显然,只要把样本空间 S 的划分扩展到一般形态,就可以把以上公式扩展到一般形态：

设 $A_1, A_2, \cdots, A_n$ 是样本空间 S 的一个划分，那么，任一个 A_k 在事件 B 条件下发生的概率，为

$$P\{A_k \mid B\} = \frac{P(A_kB)}{P(B)} = \frac{P(B \mid A_k)P(A_k)}{\sum_{j=1}^{n} P(B \mid A_j)P(A_j)}, \qquad \text{要求 } P(B) > 0$$

这就是贝叶斯公式的一般形态。

其中，事件 A_k 的概率 $P(A_k)$ 是事先给出的，通常称为先验概率。而在事件 B 出现后（出现的条件下）事件 A_k 的概率 $P(A_k \mid B)$，就称为后验概率，或者说，是因事件 B 的出现而“矫正”了的事件 A_k 的概率。

2. 用“条件概率表”处理贝叶斯问题

由于在构造表格时，填入各个方格中的数据是用乘法公式 $P(B \mid A_j)\ P(A_j)$ 算出来的（$j = 1, 2, \cdots, n$），所以，贝叶斯公式的最右端分式的分子，在填表格中的数据时，就已经计算出来了。而在构造表格总计行或总计列时，相应的求和运算已经完成了，即贝叶斯公式的最右端分式的分母，在填表格的总计行或总计列时，也已经计算完成了。

因此，在用“条件概率表”来处理贝叶斯问题时，所需要的运算仅仅是除法：在表中 A_k 与 B 的交叉的方格中找到 $P(A_kB)$，然后找到 B 行（或 B 列）的“总计”位置上的数据 $P(B)$，最后两者相除：$P(A_kB)\ /\ P(B)$，就得到后验概率 $P(A_k \mid B)$。

例 1.1.3　物流管理问题。某企业的产品配件全部委托甲、乙两家快递公司递送，两家公司都承诺在第二天中午 12 时之前送到。在以往的委托中，甲公司承担了该企业 60% 的快递任务，其中 90% 的业务是在承诺时间之内完成的；乙公司承担了该企业 40% 的快递任务，其中 80% 的业务是在承诺时间之内完成的。现在，某顾客反映他的配件没有按时抵达，试计算该配件由甲公司递送和由乙公司递送的概率分别是多少？

设事件甲：由甲公司递送，事件乙：由乙公司递送，事件 A：按时递送到，事件 $\overline{A}$：未按时递送到。由已知条件，$P(\text{甲})=0.6$，$P(\text{乙})=0.4$，$P(A \mid \text{甲})=0.9$，$P(A \mid \text{乙})=0.8$。现在要求解的概率是 $P(\text{甲} \mid \overline{A})$，$P(\text{乙} \mid \overline{A})$。

若按照贝叶斯公式来求解本问题，要先求 $P(\overline{A} \mid \text{甲})$，$P(\overline{A} \mid \text{乙})$，然后按照如下公式，分别求出 $P(\text{甲} \mid \overline{A})$，$P(\text{乙} \mid \overline{A})$：

$$P(\text{甲} \mid \overline{A}) = \frac{P(\overline{A} \mid \text{甲})P(\text{甲})}{P(\overline{A} \mid \text{甲})P(\text{甲}) + P(\overline{A} \mid \text{乙})P(\text{乙})}, \quad \text{要求 } P(\overline{A}) > 0$$

$$P(\text{乙} \mid \overline{A}) = \frac{P(\overline{A} \mid \text{乙})P(\text{乙})}{P(\overline{A} \mid \text{甲})P(\text{甲}) + P(\overline{A} \mid \text{乙})P(\text{乙})}, \quad \text{要求 } P(\overline{A}) > 0$$

现在，我们用条件概率计算表来解决这个问题。

首先，依据已知条件，可计算出 $P(A\,甲)=P(A|甲)\,P(甲)=0.9\times0.6=0.54$，$P(A\,乙)=P(A|乙)\,P(乙)=0.8\times0.4=0.32$。于是，可把 $P(A\,甲)$，$P(A\,乙)$，$P(甲)$，$P(乙)$填入表中：

	A：按时	$\overline{A}$：未按时	总　计
甲公司递送	0.54		0.6
乙公司递送	0.32		0.4
总　计			

根据表中数据行之和与列之和的关系，可填进如下数据：

	A：按时	$\overline{A}$：未按时	总　计
甲公司递送	0.54	0.06	0.6
乙公司递送	0.32	0.08	0.4
总　计	0.86	0.14	1

按照计算规则，欲求 $P(甲|\overline{A})$，$P(乙|\overline{A})$，就应当以 $\overline{A}$ 所在列的“总计”0.14为子样本空间，所以很快求出：

$$P(甲\mid\overline{A})=0.06/0.14=0.4286,\qquad P(乙\mid\overline{A})=0.08/0.14=0.5714$$

即这个没有按时抵达的配件，甲公司递送的概率是 0.4286，乙公司递送的概率是 0.5714。

1.1.4　相互独立的随机事件的概率公式

1. 相互独立的定义

对任意两个事件 A、B，且 $P(B)>0$，若 $P(A|B)=P(A)$，则称事件 A 与 B 是相互独立的。

其直观意义也比较明确：若无论事件 B 的发生与否，对事件 A 的概率都没有影响，那么，事件 A 相对于事件 B 是独立的。由于从“A 相对于 B 独立”，推导出“B 相对于 A 独立”，所以，只要 $P(A|B)=P(A)$成立，我们就说，A 与 B 是相互独立的。

事实上，若事件 A 相对于事件 B 是独立的，即 $P(A|B)=P(A)$，那么，当 P

(A)>0 时,有

$$P(B \mid A)=\frac{P(AB)}{P(A)}=\frac{P(A \mid B)P(B)}{P(A)}=\frac{P(A)P(B)}{P(A)}=P(B)$$

即事件 B 相对于事件 A 也是独立的。

相互独立的随机事件的定义

任意两个事件 A、B,满足下列条件之一,就称为相互独立的随机事件:

(1)$P(A|B)=P(A)$ 且 $P(B)>0$;

(2)$P(B|A)=P(B)$ 且 $P(A)>0$。

2. 相互独立事件的概率乘法公式

对任意两个相互独立的事件 A、B,有

$$P(AB)=P(A \mid B)\ P(B)=P(A)\ P(B)$$

随机事件 A、B 交集的概率 $P(A\cap B)$ 乘法公式

$$P(AB)=P(A\cap B)=P(A|B)P(B)$$

当 A、B 相互独立时

$$P(AB)=P(A\cap B)=P(A)P(B)$$

1.2 随机变量与概率分布的基本概念

1.2.1 离散型随机变量

1. 随机变量(Random Variable)

通俗地说,随机变量是表征一个随机实验的实验结果的变量,其数值是由一次随机实验的结果(Outcome)所决定的,但在实验之前是不确知的。随机变量的所有可能取值,就是所有基本事件所对应的值(这里的"值"不一定是数值,可以是字符串)。

在大多数有关概率论的书籍中,对随机变量的定义都采纳如下写法:

对随机实验 E,样本空间 $S=\{e\}$,对 S 中的每一个元素 e(或每一个基本事件 e),都有一个实数 $X(e)$和它对应,$X(e)$就称为随机变量。

这种定义限定了随机变量的取值为实数。

2. 离散型随机变量(Discrete Random Variable)

该随机变量的取值域,由有限个或可列个数字或符号组成。

3. 离散型随机变量的概率

离散型随机变量的概率是指:离散型随机变量取一个具体数值(对应于一个实验结果 x)的概率,即 $P(X=x)$。

例如,抛骰子,对于出现的任一个点数 $k(k=1,2,\cdots,6)$都有

$$P(X=k)=1/6$$

1/6 就是表示随机变量 X 取数值 k 时的概率。

4. 离散型随机变量的概率分布(Probability Distribution)

离散型随机变量的概率分布指:离散型随机变量取遍每一个实验结果 x(用数字表示结果)的概率的分布情况。

例 1.2.1　一个箱子里有 10 只大小、材质都一样的小球,其中红色的有 2 只,蓝色的有 5 只,黄色的有 3 只。随机地从箱子里摸取小球,摸取到红色小球的概率是 0.2,摸取到蓝色的是 0.5,黄色的是 0.3。这就是这一问题的随机变量 X(从箱子里摸取不同颜色的小球)的概率分布。

用表格和图表方式表达这一随机变量的概率分布,我们有表 1.2.1 和图 1.2.1。

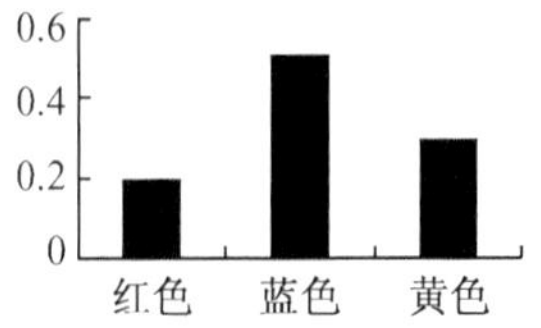

图 1.2.1　离散型随机变量的概率分布

表 1.2.1　离散型随机变量的概率分布

X 的取值 x	红色	蓝色	黄色
X 的概率 $P(X=x)$	0.2	0.5	0.3

5. 离散随机变量的累积概率(Cumulative Probability)

$P(X\leqslant x)$的概率,称为随机变量 X(小于等于 x)的累积概率

在例 1.2.1 中,随机变量 $X\leqslant 2$ 时的累积概率为 $P(X\leqslant 2)=0.7$。

6. 离散随机变量的累积概率分布(Cumulative Probability Distribution)

离散型随机变量的累积概率分布是指:离散型随机变量小于等于每一个可能的实验结果 x(用数字表示结果)的概率 $P(X\leqslant x)$的分布情况。

$$P(X \leqslant 1) = 0.2$$
$$P(X \leqslant 2) = 0.7$$
$$P(X \leqslant 3) = 1.0$$

这个结果同样可以用表格表示(见表 1.2.2):

表 1.2.2　离散随机变量累积概率分布

X 的取值 x	1=红色	2=蓝色	3=黄色
X 的概率 $P(X \leqslant x)$	0.2	0.7	1

同样,也可以用柱状图、折线图来表示累积概率分布(见图 1.2.2 与图 1.2.3)。

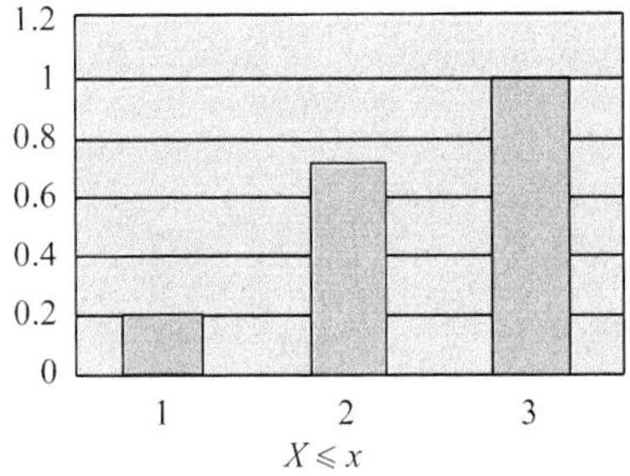

图 1.2.2　离散型随机变量的累积概率分布柱状图

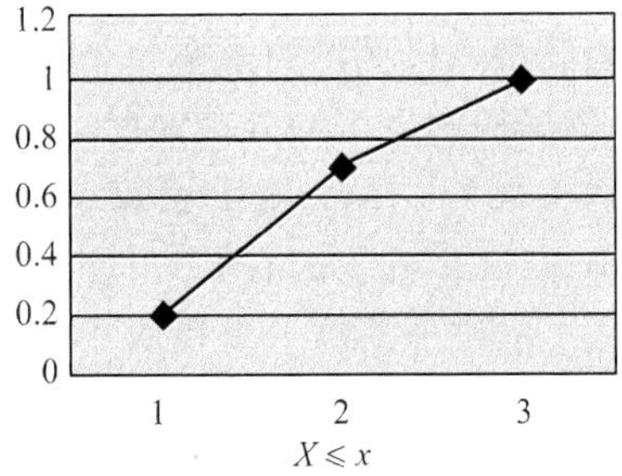

图 1.2.3　离散型随机变量的累积概率分布折线图

1.2.2　连续型随机变量

1. 连续型随机变量(*Continuous Random Variable*)的取值特点

该随机变量的取值域,为一个连续区间。

2. 连续型随机变量的概率

连续型随机变量只有在(连续)区间上取值,其概率值才可能为正值:

$$0 < P(x_1 \leqslant X \leqslant x_2) \leqslant 1$$

在连续型随机变量的任何取值点(离散点)上,其概率值都为零。

3. 连续型随机变量的累积概率(Cumulative Probability)

$P(X \leqslant x)$的概率,称为随机变量X(小于等于某个x)的累积概率

☆注意☆ 连续型随机变量累积概率的表述方式与离散型随机变量累积概率的表述方式完全相同。

随机变量$X \leqslant x_0$时,累积概率相应的图形是

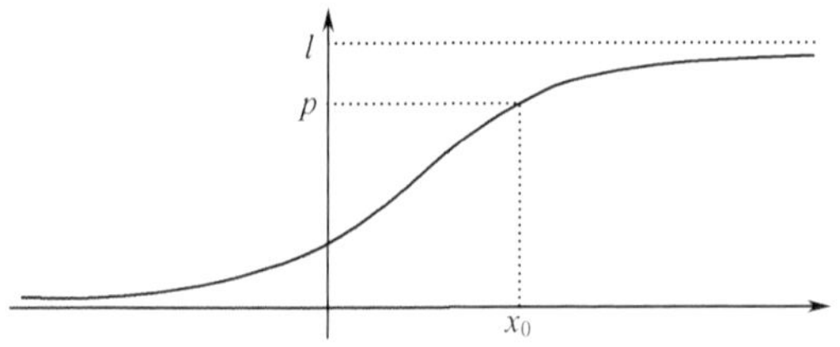

图 1.2.4 连续型随机变量 $X \leqslant x_0$ 时累积概率为 p

4. 连续型随机变量的累积概率分布(Cumulative Probability Distribution)

连续型随机变量的累积概率分布是指:连续型随机变量小于等于每一个可能的实验结果x(用数字表示结果)的概率$P(X \leqslant x)$的分布情况。

5. 连续型随机变量的累积概率分布函数(Cumulative Probability Function)

连续型随机变量的累积概率分布函数是指:连续型随机变量小于等于每一个可能的实验结果x(用数字表示结果)的概率,函数表达为

$$F(X) = P(X \leqslant x)$$

☆注意☆ 以往几乎所有的概率论与统计学的论著中所讲的"连续型随机变量的**概率**分布函数",准确的称呼都应当是"连续型随机变量的**累积概率**分布函数"。

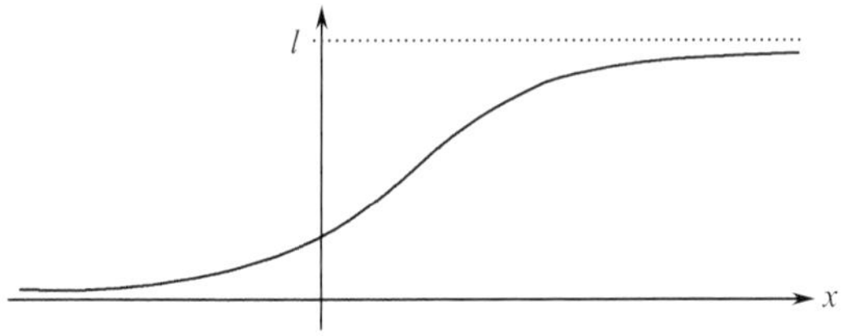

图 1.2.5 随机变量 $X \leqslant x_0$(x_0 取遍所有 x)

图 1.2.5 中的曲线就是(累积)概率分布函数的示例。

对应于离散型随机变量概率分布,我们还应当讨论"连续型随机变量的概率密

度分布"问题。

6. 连续型随机变量的概率密度函数(Probability Density Function)

连续型随机变量的概率密度函数,是这样一个数学函数式:在该曲线下面任何一个区间的面积,等于随机变量 X 在该区间上取值的概率。

概率密度函数记为 $f(x)$。$f(x)$是概率密度函数在 x 处的取值。

图 1.2.6 给出了连续型随机变量的概率密度函数示意。

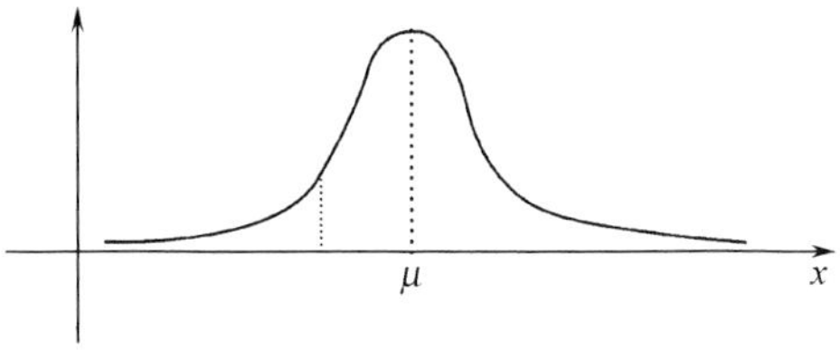

图 1.2.6　连续型随机变量的概率密度函数示意图

连续型随机变量的密度函数可以表达为具体的解析式,比如正态分布的密度函数可以表达为

$$f(x)=\frac{1}{\sqrt{2\pi}\sigma}e^{-\frac{(x-\mu)^2}{2\sigma^2}},-\infty<x<+\infty$$

☆注意☆　(1)连续型随机变量的概率密度分布与离散型随机变量的概率分布相对应;(2)连续型随机变量的(累积)概率分布与离散型随机变量的累积概率分布相对应。

在离散型随机变量的问题中,累积概率是概率的求和关系。在连续型随机变量问题中,(累积)概率就应当是概率密度的积分关系。于是,连续型随机变量的(累积)概率分布函数 $F(x)$,与其概率密度函数 $f(x)$的关系如下:

$$F(x)=\int_{-\infty}^{x}f(u)\mathrm{d}u \quad 或者 \quad F'(x)=f(x)$$

7. 均值

随机变量 X 的均值 μ 由下面的式子定义:

对于离散型随机变量有

$$\mu=E(X)=\sum_{i=1}^{\infty}x_i p_i$$

其中,x_i 是随机变量 X 的所有可能取值中的第 i 个值。

对于连续型随机变量有

$$\mu=E(X)=\int_{-\infty}^{\infty}xf(x)\mathrm{d}x$$

其中，x 是限定随机变量 X 可能取值范围的量。

随机变量的均值 μ 的定义

对于离散型随机变量：$\mu = E(X) = \sum_{i=1}^{\infty} x_i p_i$

对于连续型随机变量：$\mu = E(X) = \int_{-\infty}^{\infty} x f(x) \mathrm{d}x$

8. 方差

随机变量 X 的方差 σ^2 由下面的式子定义：

对于离散型随机变量有

$$\sigma^2 = D(X) = \sum_{i=1}^{\infty} (x_i - \mu)^2 p_i$$

其中，x_i 是随机变量 X 的所有可能取值中的第 i 个值。

对于连续型随机变量有

$$\sigma^2 = D(X) = \int_{-\infty}^{\infty} (x - \mu)^2 f(x) \mathrm{d}x$$

随机变量的方差的定义

对于离散型随机变量：$\sigma^2 = D(X) = \sum_{i=1}^{\infty} (x_i - \mu)^2 p_i$

对于连续型随机变量：$\sigma^2 = D(X) = \int_{-\infty}^{\infty} (x - \mu)^2 f(x) \mathrm{d}x$

由均值与方差的定义，不难看出“连续型随机变量的概率密度分布，与离散型随机变量的概率分布”的对应关系。

9. 小结：离散分布与连续分布的区别与对应关系

(1) 离散分布的随机变量在离散点取值(可以是有穷多个，也可以是无穷多个离散点)，并在这些点上存在概率值；

(2) 连续分布的随机变量在(连续)区间上取值，且只有在这些区间上其概率值才可能为正值，在连续型随机变量的任何取值点(离散点)上，其概率值均为零；

(3) 连续型随机变量的概率密度分布，与离散型随机变量的概率分布相对应；

(4) 连续型随机变量的(累积)概率分布，与离散型随机变量的累积概率分布相对应。

这种对应关系，可如图 1.2.7 所示：

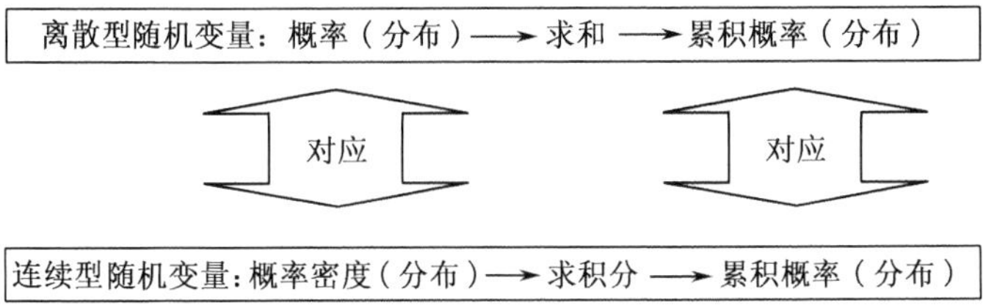

图 1.2.7 离散型随机变量与连续型随机变量的对应关系

1.2.3 对随机变量的概率分布的进一步讨论

1. 两个随机变量的联合概率分布

(1)两个离散型随机变量的联合概率分布

在表 1.1.3 中，把 $F(A_iB_j)$改为 $P(A_iB_j)$，也就是用概率形式来表达“条件概率计算表”，我们本质上就得到了二维的离散型随机变量的联合概率分布。

具体地说，令 $P(X=i)=P(A_i),i=1,2,\cdots,n;P(Y=j)=P(B_j),j=1,2,\cdots,m$；用概率形式来表达表 1.1.3，就是离散型随机变量 X 与 Y 的联合分布表(或者说，是概率分布函数的表格表达)。

此时，联合概率的一般表达式为

$$P(X=i,Y=j)=P(A_i\,B_j)$$

也就是表格中，A_i 与 B_j 交叉位置上的概率数据。

对表 1.1.1，只要令 $P(X=1)=P(A),P(X=2)=P(\overline{A}),P(Y=1)=P(B),P(Y=2)=P(\overline{B})$，它就是一个具体的两个离散型随机变量的联合分布的例子。

从随机向量的角度看，通常我们称上述表格是随机向量(X,Y)的概率分布表。

(2) 两个连续型随机变量的联合概率密度分布

注意我们前面概括出来的规则：连续型随机变量的概率密度分布，与离散型随机变量的概率分布相对应。所以，与第(1)点对应，我们先讨论两个连续型随机变量的联合概率密度分布问题。

两个连续型随机变量的联合概率密度分布，可以用图形表达。例如，若随机变量 X、Y 服从相同的正态分布，那么，X 与 Y 的联合概率密度函数的图形，就是把图 1.2.6 中的曲线，围绕 μ 处的虚线旋转一周所得到的曲面(图 1.2.8)。

当然，若服从正态分布的随机变量 X 与 Y 的参数不同，图形就会随着参数的差异而“被拉扯”变形。读者不难想像变形曲面的形状。

两个连续型随机变量的联合概率密度曲面，也称为随机向量(X,Y)的概率密

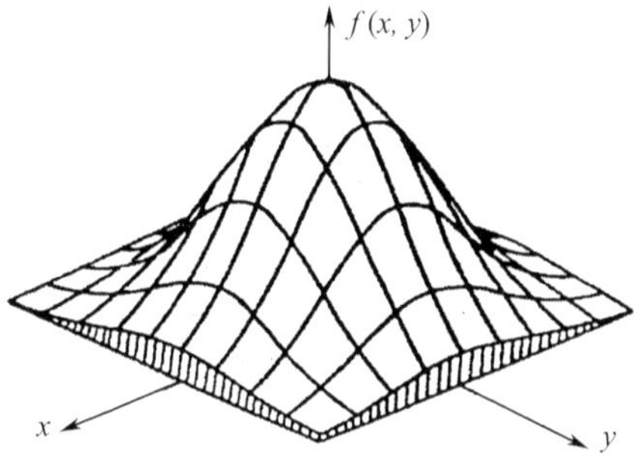

图 1.2.8　联合概率密度分布曲面示意图

度曲面。

两个连续型随机变量的联合概率密度分布，或称连续型随机向量(X,Y)的概率密度分布，通常用函数形式表达。例如，服从二维正态分布的随机向量(X,Y)的概率密度函数，可以表达如下(这类公式是不必记忆的，看一看，留个印象，就行了)：

$$f(x,y)=\frac{1}{2\pi\sigma_1\sigma_2\sqrt{1-\rho^2}}\exp\left\{-\frac{1}{2(1-\rho^2)}\left[\frac{(x-\mu_1)^2}{\sigma_1^2}-2\rho\frac{(x-\mu_1)(y-\mu_2)}{\sigma_1\sigma_2}+\frac{(y-\mu_2)^2}{\sigma_2^2}\right]\right\}$$

$$-\infty<x<+\infty,\ -\infty<y<+\infty$$

☆注意☆　连续型随机变量的(累积)概率分布，与离散型随机变量的累积概率分布相对应。在离散型随机变量的问题中，累积概率是概率的求和关系；而在连续型随机变量问题中，(累积)概率是概率密度的积分关系。

于是，连续型二维随机向量(X,Y)的概率分布函数，可用下式表达：

$$P(X\leqslant x,Y\leqslant y)=F(X,Y)=\int_{-\infty}^{y}\int_{-\infty}^{x}f(u,v)\mathrm{d}u\mathrm{d}y$$

有了对二维随机向量的概率分布或概率密度函数的理解，就不难想像更高维数的随机向量的概率分布问题。

2. 边缘分布(Marginal Distribution)

(1)离散型二维随机向量(X,Y)的边缘分布

在离散型随机变量X与Y的联合概率分布表格中，“总计”列与“总计”行中的数据就是相应随机变量X与Y的概率分布，又称联合分布的边缘分布，或随机向量(X,Y)的边缘分布。例如，在表 1.1.1 中，最后一列(即“总计”列)中的对应于随机变量X的不同取值就是联合分布$P(X=i,Y=j)$的边缘分布$P(X=i)$，其中i

$=1,2;j=1,2$。为方便阅读，特将表 1.1.1 重列于下：

表 1.1.1　条件概率计算表(联合分布表)

	$Y=1$，B 事件发生 B：第二次抽且二级品	$Y=2$，$\overline{B}$ 事件发生 $\overline{B}$：第二次抽且一级品	总　计 $X=i$ 的概率
$X=1$，A 发生， A：首次抽且二级品	$\frac{1}{3}\times\frac{1}{5}$	$\frac{1}{3}\times\frac{4}{5}$	$\frac{1}{3}$
$X=2$，$\overline{A}$ 发生， $\overline{A}$：首次抽且一级品	$\frac{2}{3}\times\frac{2}{5}$	$\frac{2}{3}\times\frac{3}{5}$	$\frac{2}{3}$
总计 $Y=j$ 的概率	$\frac{1}{3}$	$\frac{2}{3}$	1

若我们记 $p_{ij}=P(X=i\ ,Y=j)$，边缘分布与联合分布的关系可以用公式表达如下：

$$P(X=i)=\sum_{j=1}P(X=i,Y=j)=p_{i\cdot}$$

即，联合分布关于 X 的边缘分布，是联合概率对 Y 的所有取值的求和结果。

对应地，表 1.1.1 中的最后一行(即"总计"行)中对应于随机变量 Y 的不同取值就是联合分布 $P(X=i\ ,Y=j)$的边缘分布 $P(Y=j)$，其中 $i=1,2;j=1,2$。边缘分布与联合分布的关系可以用公式表达如下：

$$P(Y=j)=\sum_{i=1}P(X=i,Y=j)=p_{\cdot j}$$

即，联合分布关于 Y 的边缘分布，是联合概率对 X 的所有取值的求和结果。

(2)连续二维随机向量(X,Y)的边缘分布

如前所述，与离散型随机变量的概率分布相对应的是连续型随机变量的概率密度分布。所以，我们在概率密度的层面上来研究二维连续型随机向量(X,Y)的边缘分布问题，即，$f(x,y)$的边缘分布问题。

由连续型随机变量的概率密度与离散型随机变量的概率相对应的关系，可知，联合分布关于 X 的边缘分布(记为 $f_X(x)$)，应当是联合概率密度 $f(x,y)$对 y 的所有取值域的求积分的结果。即

$$f_x(x)=\int_{-\infty}^{\infty}f(x,y)\mathrm{d}y$$

同样，联合分布关于 Y 的边缘分布(记为 $f_Y(y)$)，应当是联合概率密度 $f(x,y)$对 X 的所有取值域的求积分的结果。即

$$f_Y(y)=\int_{-\infty}^{\infty}f(x,y)\mathrm{d}x$$

3. 条件分布

(1)离散型随机变量的条件概率分布

条件概率分布当然是从条件概率引申而来的。由条件概率的公式

$$P\{A \mid B\}=\frac{P(AB)}{P(B)}, \quad \text{其中 } P(B)>0$$

可得离散型条件概率分布为

若对某个固定的 j,$P(Y=j)>0$,有

$$P(X=i \mid Y=j)=\frac{P(X=i,Y=j)}{P(Y=j)}, i=1,2,\cdots$$

则称 $P(X=i \mid Y=j)$为"$Y=j$ 的条件下,随机变量 X 的条件概率分布"。

只要把 X 与 Y 的地位互换,就有

若对某个固定的 i,$P(X=i)>0$,下式成立:

$$P(Y=j \mid X=i)=\frac{P(X=i,Y=j)}{P(X=i)}, j=1,2,\cdots$$

则称 $P(Y=j \mid X=i)$为"$X=i$ 的条件下,随机变量 Y 的条件概率分布"。

离散型随机变量的条件分布的定义

若对某个固定的 j,$P(Y=j)>0$,则称

$$P(X=i \mid Y=j)=\frac{P(X=i,Y=j)}{P(Y=j)}, i=1,2,\cdots$$

为"$Y=j$ 的条件下,随机变量 X 的条件概率分布"。

同样,若对某个固定的 i,$P(X=i)>0$,则称

$$P(Y=j \mid X=i)=\frac{P(X=i,Y=j)}{P(X=i)}, j=1,2,\cdots$$

为"$X=i$ 的条件下,随机变量 Y 的条件概率分布"。

不难看出,实际上离散型随机变量的条件概率分布被定义为:联合概率分布与某个边缘分布的比值。

由此可以得出有关随机变量概率的乘法公式:

$$\begin{aligned}P(X=i, Y=j)&=P(X=i \mid Y=j)\times P(Y=j)\\&=P(Y=j \mid X=i)\times P(X=i)\end{aligned}$$

(2)连续型随机变量的条件概率分布

同样,鉴于连续型随机变量的概率密度与离散型随机变量的概率相对应的关系,我们在概率密度的层面上来研究连续型随机变量的条件分布问题。

仿照离散型随机变量的条件概率分布的定义(联合概率分布与某个边缘分布的比值),我们容易得出:

连续型随机变量的条件概率分布的定义为

联合概率密度分布与某个边缘密度分布的比值，即条件概率密度分布 $f_{X|Y}(x|y)$为

$$f_{X|Y}(x \mid y)=\frac{f(x,y)}{f_Y(y)}$$

称为“在 $Y=y$ 的条件下，随机变量 X 的条件概率密度分布”。

> **连续型随机变量的条件概率密度分布的定义**
>
> 在 $Y=y$ 的条件下，随机变量 X 的条件概率密度分布为
>
> $$f_{X|Y}(x \mid y)=\frac{f(x,y)}{f_Y(y)}$$
>
> 同样，在 $X=x$ 的条件下，随机变量 X 的条件概率密度分布为
>
> $$f_{Y|X}(y|x)=\frac{f(x,y)}{f_X(x)}$$

类似地，我们有乘法公式：

$$f(x,y)=f_{X|Y}(x \mid y)f_Y(y)=f_{Y|X}(y \mid x)f_X(x)$$

4. 相互独立的随机变量

与相互独立的随机事件的定义类似，我们可以定义相互独立的随机变量。

(1) 相互独立的离散型随机变量

若对于所有的 i,j，有 $P(X=i \mid Y=j)=P(X=i)$，则称随机变量 X 与 Y 是相互独立的。

于是，由

$$P(X=i \mid Y=j)=\frac{P(X=i,Y=j)}{P(Y=j)}$$

可得

$$P(X=i, Y=j)=P(X=i \mid Y=j)P(Y=j)=P(X=i)P(Y=j)$$

这样，我们就可以从两个角度来定义相互独立的离散型随机变量了。

> **相互独立的离散型随机变量定义 1**
>
> 若对于所有的 i,j，有
>
> $P(X=i \mid Y=j)=P(X=i)$，
>
> 则称随机变量 X 与 Y 是相互独立的。

相互独立的离散型随机变量定义2

若对于所有的 i,j，有

$P(X=i,Y=j)=P(X=i)P(Y=j)$，

则称随机变量 X 与 Y 是相互独立的。

第二个定义式，其实就是乘法公式 $P(X=i,Y=j)=P(X=i|Y=j)P(Y=j)$ 的特殊情况。

(2) 相互独立的连续型随机变量

依据连续型随机变量的概率密度与离散型随机变量的概率相对应的关系，可对相互独立的连续型随机变量定义如下：

若连续型随机变量 X 与 Y 的条件密度分布满足

$$f_{X|Y}(x|y)=f_X(x)$$

则称 X 与 Y 是相互独立的随机变量，即 X 的条件密度与作为条件的 Y 的边缘密度无关。

由于 X 与 Y 的对称关系，X 与 Y 相互独立的条件也可以写成

$$f_{Y|X}(y|x)=f_Y(y)$$

即 Y 的条件密度与作为条件的 X 的边缘密度无关。

从而，在相互独立的情况下，乘法公式 $f(x,y)=f_{X|Y}(x|y)f_Y(y)=f_{Y|X}(y|x)f_X(x)$，可以简化为

$$f(x,y)=f_X(x)f_Y(y)$$

后一个式子也可以作为连续型随机变量 X 与 Y 相互独立的第二种定义。

相互独立的连续型随机变量定义1

若连续型随机变量 X 与 Y 的条件密度分布满足：

$f_{X|Y}(x|y)=f_X(x)$，或 $f_{Y|X}(y|x)=f_Y(y)$，(其实两者是等效的)

则称 X 与 Y 是相互独立的随机变量。

相互独立的连续型随机变量定义2

若连续型随机变量 X 与 Y 的条件密度分布满足：

$f(x,y)=f_X(x)f_Y(y)$

则称 X 与 Y 是相互独立的随机变量。

离散型与连续型的相互独立的随机变量的定义式的统一表达

离散型和连续型的随机变量相互独立的条件或定义，可用累积概率统一表达为

$$P(X\leqslant x,Y\leqslant y)=P(X\leqslant x)P(Y\leqslant y)$$

1.3 几个典型的概率分布

1. 两点分布(0—1分布)

例如,抛(不均匀的)硬币,出现正面的概率是 p,出现反面的概率就是 $1-p$。设:出现正面时随机变量 X 的取值为 $X=1$,出现反面时随机变量 X 的取值为 $X=0$,则两点分布可表述为

$$P(X=1)=p$$
$$P(X=0)=1-p$$

若 X 服从两点分布,则记为 $X\sim B(1,p)$。

两点分布的均值是 p,即,$E(X)=p$,方差是 $p(1-p)$,即 $D(X)=p(1-p)$。

2. 二项分布(Binomial Distribution)

例如,抛 n 次(不均匀)的硬币(又称贝努利(Bernoulli)实验),正面出现 k 次($0\leqslant k\leqslant n$)的概率为

$$P(X=k)=P_n(k)=\binom{n}{k}p^k(1-p)^{n-k}$$

其系数$\binom{n}{k}$也可写为:$n(n-1)\ldots(n-k+1)/n!$

二项分布的均值是 np,方差是 $np(1-p)$。

二项分布记为 $X\sim B(n,p)$。

3. 泊松分布(Poisson Distribution)

设随机变量 X 的取值为 $1,2,\ldots$,若 $X=k$ 的概率为

$$P(X=k)=\frac{\lambda^k}{k!}e^{-\lambda}$$

则 X 服从泊松分布。随机变量 X 的均值为λ,即 $E(X)=\lambda$,方差也是 λ,即$D(X)=\lambda$。

在具体的问题中,均值 λ 有特殊的含义。例如,在 $[0,t)$ 的区间内,电话对交换机的呼叫次数、高速公路上车辆通过的辆数、来窗口买票的人数等,均服从如下泊松分布:

$$P(X=k)=\frac{(\lambda t)^k}{k!}\mathrm{e}^{-\lambda t}$$

式中,λt 是在时间区间 $[0,t)$ 内,呼叫(通过,到达)的平均次数。

☆注意☆　当 n 很大(例如,$n \geqslant 10$),且 p 很小(例如,$p \leqslant 0.1$)时,有

$$\binom{n}{k} p^k (1-p)^{n-k} \approx \frac{(\lambda t)^k}{k!} e^{-\lambda t}, 其中, \lambda = np$$

4. 均匀分布(Uniform Distribution)

例如飞机灭蝗,可以假设撒药是均匀的,那么每块土地上农药的含量,只与其面积有关,而与其位置无关。这就是均匀分布。

上例中,"农药含量"X 是一个连续型随机变量。而"面积"是个二维问题。若我们所考察的是一块条田(宽度相等的长条),"农药含量"就只与条田的长度有关。

概率分布函数可以写为

$$F(x) = \begin{cases} 0, & 当 x < a 时 \\ \dfrac{x-a}{b-a}, & 当 a \leqslant x < b 时 \\ 1, & 当 b \leqslant x 时 \end{cases}$$

概率密度函数可以写为

$$F'(x) = f(x) = \frac{1}{b-a}$$

相应的图形见图 1.3.1。

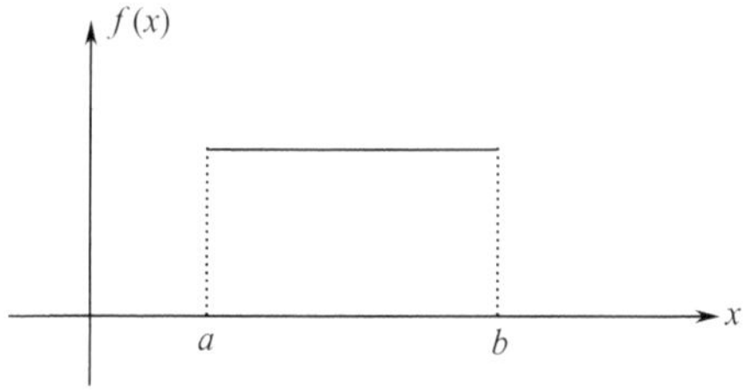

图 1.3.1　均匀分布示意图

5. 正态分布(Normal Distribution)

例如一个地区(或一个民族)的人的身高(或收入)、机器生产的某种零件的长度等,(设其为随机变量 X)都服从正态分布。

概率密度函数为

$$f(x) = \frac{1}{\sqrt{2\pi}\sigma} e^{-\frac{(x-\mu)2}{2\sigma 2}}$$

式中,x 的取值为$(-\infty, +\infty)$,μ 为均值,σ^2 为方差。

相应的图形是见图 1.3.2。

图中曲线和 x 轴之间的面积表示概率。当然,不论图中曲线如何陡或者如何

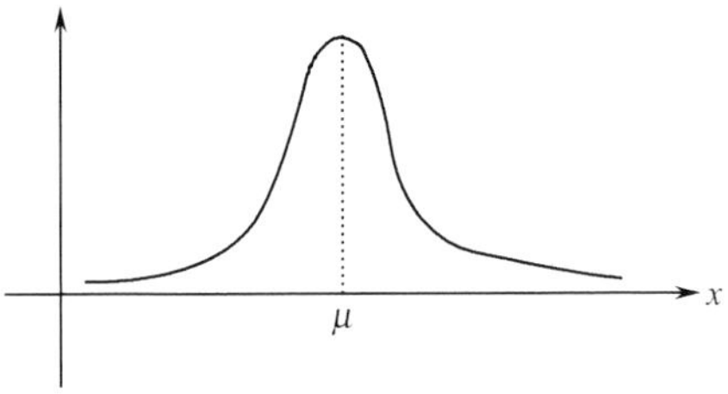

图 1.3.2　正态分布的概率密度函数示意图

平，只要是概率密度函数曲线，它与 x 轴之间的面积就总是 1。

相应的（累积）概率分布函数为

$$F(x)=\frac{1}{\sqrt{2\pi}\sigma}\int_{-\infty}^{x}e^{-\frac{(t-\mu)2}{2\sigma 2}}dt$$

其中，μ 为均值，σ^2 为方差。

相应的图形见图 1.3.3。

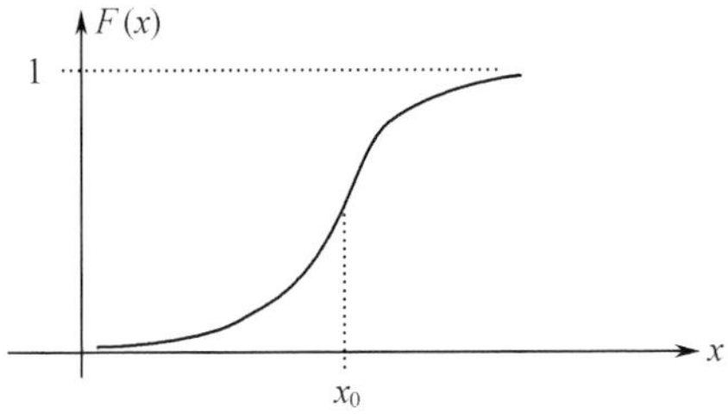

图 1.3.3　连续型累积概率示意图

正态分布的数学符号是 $N\ (\mu,\sigma^2)$。符号中的 μ 表示均值，σ^2 表示方差。这两个参数确定了，正态分布的图形形状也就随之确定了。方差 σ^2 越大，正态分布的概率密度函数图（图 1.3.2）就越扁平。反之，方差 σ^2 越小，正态分布的概率密度函数图（图 1.3.2）就越陡，峰值就越高。这是由于概率密度函数曲线与 x 轴之间面积必须为 1 的缘故。

当 $\mu=0,\sigma^2=1$ 时，正态分布 $N(0,1)$ 称为标准正态分布。

对任何一个正态分布 $N\ (\mu,\sigma^2)$ 而言，只要做一个变换，令

$$z=\frac{x-\mu}{\sigma}$$

相应的随机变量 Z 就服从标准正态分布 $N(0,1)$。

第2章 数据与数据的获得

2.1 总体、个体、特征与数据

1. 总体(*Population Or Universe*)

所研究对象的全体,称为总体(或母体)。例如,某专业同一年的考生可以构成一个总体,一条生产线上生产出来的某零件也可以构成一个总体。另外,所有的中国工人、所有的中国农民、所有18岁的人等等都可以分别构成一个总体。这类总体是有量纲的,称为实际世界的总体。

2. 个体(Individual Or Case)或成分(Elements)

组成总体的元素(Element),称为个体。

在一个总体中,若个体的数目是有限的(Finite),则该总体称为有限总体。如某专业的同一年考生、所有的中国工人等都分别是有限总体的例子。

在一个总体中,若个体的数目是无限的(Infinite),则该总体称为无限总体。如一条生产线上生产出来的零件就是无限总体的例子。

3. 指标或变量(Variable)

我们研究任何总体,必然要对其个体的某些特征(当然也是总体的特征)感兴趣。例如,对"中国农民"这个总体(或"东部农民"这个总体),我们会有兴趣于研究农民的年收入、农民对有关政策的态度、农民的受教育程度等。这些"附着于"农民(个体)的信息,就是我们所说的个体特征(Characteristics)。我们对任何总体感兴趣,其实就是对总体中的个体的这些特征(信息)感兴趣。我们决不会研究没有任何特征信息的空洞的个体。当然,反过来,我们也不会研究没有任何特征信息的空洞的总体。

表征个体特征(信息)的量,称为指标或变量。

有时,我们想要联合考察总体或个体的若干个特征,这时我们所面对的就是指标向量,或称变量向量。

例如,当我们考察"学生"这个总体时,我们可能会对"学生的考分"、"学生的身高"等特征感兴趣。当我们要想联合考察这两个特征时,我们所要面对的就是指标向量,或变量向量:(学生考分,学生身高)。此外,如零件的直径、零件的长度、零件的耐磨损度等可以作为“零件”这个个体的指标或者变量。某药品的疗效、副作用,可以作为该药品个体的指标或变量。企业的年销售额、年利润、资金周转率等等,都可以作为“企业”这个个体的变量。消费者对某商品的包装式样的偏爱、对该产品色彩的偏爱等,可以作为消费者个体的变量或指标。

4. 指标值(变量值)或数据(Data)

在研究一个总体时,所要研究的每个特征(指标或变量),在每个个体上,都有一个反映该特征的具体描述(可以是数字,也可以是文字),这些特征的具体描述被称为指标值(变量值)或数据。

例如,80分、90分等是变量“考生考分”的变量值;男或女是变量“考生性别”的变量值;10毫米、9毫米等是变量“零件直径”的变量值;25年、30年等是变量“工人工龄”的变量值;3500元、5000元等是变量“农民年收入”的变量值等。这些具体的数值,也称为数据(Data)。

显然,数据可以是定量型的(Quantitative),例如农民的年收入;也可以是定性型的(Qualitative),例如考生的性别;也可以是半定量的(Semi-Quantitative),例如某单位职工的受教育程度。

定性型的数据和半定量的数据,通常是对个体分组(分类)的依据。

每一个个体的所有特征(变量)的数据,被称为一条记录或一个数据向量。

本节关键概念

总体(或母体):所研究对象的全体。

个体(或成分):组成总体的元素。

变量(或指标):表征个体特征(信息)的量。

变量值(或指标值、数据):对个体特征的具体的描述(可以是数字,也可以是文字),或者说有关个体的具体信息。

2.2 数据类型

2.2.1 数据测度的分类

定量型数据和定性型数据是对数据的一种分类。现在我们做更细一些的分类。

1. 刻度级(Scale)数据

这是数据的最高等级，又可分为两个子级别：比率级(Ratio)和间距级(Interval)。

比率级是数据最高级的测度等级。它是具有一定单位(例如尺、丈、米等)的实际测量值。这类数据不仅可以做加减运算(例如求两个数据的差值)，而且可以作乘除运算。此时，要求其 0 值不是人为制定的。例如，长度的 0 米，热力学温度中的 0K。只有当变量的 0 值不是人为制定时，其任意两个取值的比率(分母不为 0)才能有确定的意义。

间距级的数据也是具有一定单位的实际测量值。例如摄氏温度等。这时可以知道两个不同的变量值存在差异，可以作减法运算，也可以作加法运算。它们都有实际意义。但是，间距级测度的变量值之间不能进行乘除计算。这是因为这一测度等级的变量所取的 0 值，不是物理意义上的绝对 0。比如，在采用摄氏温度时，不能说 10 度是 5 度的 2 倍。因为将这两个摄氏温度换算为热力学温度后，这两个温度便不再是 2 倍关系。

该级别的变量值，只能用数字来表示。

2. 序次级(Ordinal)数据

这是数据的中间级。例如，受教育程度就是序次测度等级的数据。可以采用数字编码表示不同类别，比如：文盲半文盲=1，小学=2，初中=3，高中=4，大学=5，硕士研究生=6，博士研究生=7。当然，也可以倒过来用 7～1 来表示不同的等级，信息一点也没有损失。各编码的序值，代表了受教育程度的高低差异。尽管这个差异，不能准确描述这一差别的大小，但是可以确定其顺序。也就是说，可以对这些编码值作不等式运算。比如，从受教育程度而言，如果已知“大学＞中学”，“中学＞小学”，便可以肯定有“大学＞小学”。

该级别的变量值，可以用数字来表示，也可以用字母来表示。

3. 名义级(Nominal)数据

这是数据的最低级。它仅仅是一种标志，用以区分变量的不同值，但没有序次关系。如，顾客所喜爱的颜色或者顾客所喜欢的包装。又比如，性别便是一个名义测度等级的变量，可以用数码 1 表示男性，数码 2 表示女性；或者反过来编码，数码 1 表示女性，数码 2 表示男性；也可以用其他任意两个不同的数码，或者文字代表类别。不论上述那一种编码，变量所包含的信息都没有任何损失。

该级别的变量值，可以用数字来表示，也可以用字母来表示。

数据测度的分类

(1) 最高测度级数据:刻度级(Scale)数据。它包括两个子级别:

a.比率级(Ratio)数据,可进行加减乘除及其延伸运算。

b.间距级(Interval)数据,可进行加减运算。

该级别的数据,只能用数字来表示。

(2) 中间级数据:序次级(Ordinal)数据。数据之间只有大小之别,不能进行加减运算(当然更不能做乘除运算了)。

该级别的数据,可以用数字来表示,也可以用字母来表示。

(3) 最低级数据:名义级(Nominal)数据。它仅仅是一种标志,用以区分变量的不同值,数据之间没有序次关系。

该级别的数据,可以用数字来表示,也可以用字母来表示。

2.2.2 不同测度类型的数据的用途特点

数据的不同类型,其实也是变量的不同类型。在统计分析中,不同测度类型的数据,可以扮演不同的角色。

首先,不同测度类型的数据都可以作为被统计对象直接进入统计处理。例如,有的(如刻度级中的比例级数据)可以用来做回归分析,可以计算普通相关系数;有的(区间级以上的数据)可以用来计算均值;有的(顺序级数据)可以用来计算等级相关系数;有的(名义级数据)可以用来做相应变量的独立性分析。例如,当我们获得不同文化程度的顾客对不同包装的偏爱数据后,我们可以用统计方法来分析两个变量(文化程度、喜爱的包装类型)是否相关(也就是是否相互独立)。这里"文化程度"是顺序型变量,"包装类型"是名义级变量。

在不同的统计处理中,对数据的测度类型的最低要求是不同的。我们将在分析不同的统计方法时,给出这些最低要求。

其次,名义级变量的数据,通常是样本分类(分组)的依据,即名义级变量通常作为分类变量(Categorical Variable)来使用。例如,"性别"把被调查的数据分为男女两组,在获得某单位的职工的工资数据后,要看男职工的平均工资与女职工的平均工资有无显著差别,就要用性别变量对职工分组(分类),以便统计不同组的平均工资值。

当然,顺序级变量也可当作分类变量使用。例如,"受教育程度"就可以作为分类的依据,如小学以下文化程度组、中学文化程度组、大学文化程度组等。

甚至,刻度级的数据也可以用来分类。例如,把被调查男生的身高分为若干段,1.5 米以下(小于等于 1.5 米),1.5 米至 1.6 米之间(大于 1.5 米且小于等于 1.6 米),1.6 米至 1.7 米之间(大于 1.6 米且小于等于 1.7 米),1.7 米至 1.8 米之间(大于 1.7 米且小于等于 1.8 米),1.8 米以上(大于 1.8 米)。这样,就把被调查男生按照身高所处于的不同区间分成了 5 组。

一般说来,数据的等级越高,应用范围越广泛;等级越低,应用范围越受限。

不同测度级别的数据的用途特点

不同测度级别的数据,应用范围不同。等级越高,应用范围越广泛;等级越低,应用范围越受限。

一般说来,等级高的数据,可以兼有等级低的数据的功能;而等级低的数据,不能兼有等级高的数据的功能。

名义级的数据,通常是样本分类(分组)的依据。

2.2.3 观察数据与实验数据

这实际上是从数据获得角度对数据进行分类。

凡是在获得数据的过程中,不对被调查对象数据产生的条件施加任何控制,所得到的数据,称为观察数据。观察数据通常是(但不一定是)众多因素共同作用的结果。例如,调查农民年收入情况、农业技术来源情况、受教育情况、计划生育情况的数据,都只能是观察数据。其中,农民年收入情况、计划生育情况等数据,显然是众多因素复合作用的结果。例如,天气、虫害、市场、品种等,都会影响农民的年收入。

凡是在获得数据的过程中,对数据产生的条件实施了控制而得到的数据,称为实验数据。实验数据通常是(但不一定是)单一因素作用的结果。例如,要想得到不同汽油添加剂对增加汽车行程的影响,除了在一升汽油中要使用同样剂量的不同汽油添加剂的剂量外,还应当对如下实验条件实施控制:(1)不同汽油添加剂都用同一辆汽车做实验,以排除不同(型号)的汽车对行程的影响;(2)在同一条道路上行驶,以排除不同道路对汽车行程的影响;(3)选择没有风的天气做实验,以排除不同风向与风速对汽车行程的影响。此时,影响“汽车行程”的因素,就比较单一了,基本上是由添加剂本身的因素造成的。

关于实验数据的进一步研究将放在 2.4 节讲述。

观察数据与实验数据

观察数据:在获得数据的过程中,不对被调查对象数据产生的条件施加任何控制所得到的数据。观察数据通常是(但不一定是)众多因素共同作用的结果。

实验数据:在获得数据的过程中,对数据产生的条件实施了控制而得到的数据。实验数据通常是(但不一定是)单一因素作用的结果。

2.3 获得数据的调查方法与问卷设计

获得数据的方法,可以分为两大类:一是观察(调查)方法,二是实验方法。观察(调查)方法,又可以分成两大类:一是普查方法,二是抽样调查方法。本节仅讨论获得数据的调查方法。获得数据的实验方法,放到第四节讲述。

2.3.1 概念与基本方法

1. 普查(Census)

普查是针对有限总体而言的。普查,就是收集有限总体中每个个体的有关指标的指标值(或变量值)。

2. 部分调查(Sampling)与样本(Sample)

部分调查是在总体中选择一部分个体进行调查,从所了解的局部数据来了解总体情况。总体中,部分个体所组成的集合称为样本(Sample)集合。

与部分调查密切相关的是,如何选择部分个体(样本)的问题。从总体中,恰当地选取部分个体进行调查,是统计学中最重要的问题之一,也是"获得数据方法"所要研究的中心内容。

部分调查又称为抽样调查。抽样调查,有两层含义:一是抽样(抽取部分个体);二是调查(调查那些反映在个体上的、所要研究的特征的数据)。调查样本个体(抽样所得到的个体)所得到的数据,称为样本数据。

3. 抽样调查的意义

对所有的总体都可以使用抽样调查的方式来获得数据。抽样调查的主要意义是:

(1) 相对于普查而言,抽样调查的成本要低得多;

(2) 相对于普查而言,抽样调查所用的时间要少得多;

(3) 相对于普查而言,在收集个体信息方面,抽样调查可以更为详尽;

(4) 相对于普查而言,在收集个体信息方面,抽样调查可以做得更为准确。

普查与抽样调查

普查：调查有限总体中每个个体的有关指标值。

抽样调查：在总体中抽取部分个体进行调查，从所了解的局部数据来了解总体情况。

样本集合：总体中的部分个体所组成的集合。

4. 抽样方法(Methods of Sampling)

从总体中抽取个体的方法，可以分为两大类，一是非随机抽样；二是随机抽样。

(1) 非随机抽样或判断性抽样(Judgment Sampling)

按照非随机的原则，或者依据对个体和总体特征的判断，从总体中抽取个体的作法，称为非随机抽样，或判断性抽样。常用的非随机抽样(或判断抽样)的调查方法是典型调查。

典型调查是指在分析总体特征的基础上，有意识地选择具有代表性的典型个体，做深入细致的调查。这里的“代表性”，是主观判断得到的，所以这些有代表性的个体，又称为判断性样本(Judgment Sample)。例如，为调查贫困地区学龄儿童受教育的情况，依据人均收入的数据或者有关介绍经济发展的资料，主观选定某个乡或村进行调查，就是典型调查。

(2) 随机抽样(Random Sampling)或概率抽样(Probability Sampling)

按一定随机规则(一定概率分配)，从总体中抽取部分个体，称为随机抽样或概率抽样。例如，从 300 个贫困乡中，按照等概率$\left(\frac{1}{300}\right)$的原则，从中抽取 10 个乡进行调查，就是随机抽样。当然，在特殊情况下，也可以按照特定的概率分布抽取个体。

(3) 简单随机抽样(Simple Random Sampling)

在随机抽样的过程中，如果每个个体被抽取到的机会(概率)均等，则称此随机抽样为简单随机抽样。当然，简单随机抽样也可以表述为：按照“每个个体被抽到的机会均等”的规则，从总体中抽取部分个体。

抽样类别

非随机抽样：依据对个体和总体特征的判断，从总体中抽取个体。非随机抽样又称为判断性抽样。常用的非随机抽样(或判断抽样)的调查方法是典型调查。

随机抽样：按一定随机规则(一定概率分配)，从总体中抽取部分个体。随机抽样又称为概率抽样。

简单随机抽样：在随机抽样的过程中，每个个体被抽取到的机会(概率)均等。

5. 常用的综合抽样方法

(1) 分层(分类)抽样

分层(分类)抽样是指,按照总体中个体的某特征,把总体中的个体分为若干群(类)。然后,对各个群内的个体进行简单随机抽样。例如,调查某地区居民消费状况,应事先把该地区居民分为城市居民、城镇居民、农村居民等几类,然后对每一类的个体用简单随机抽样的方法进行抽样。这样分类抽样调查,才能比较准确地反映居民消费状况。

不同群体所抽取的个体个数,一般有三种方法确定:

a.等数分配法,即对每一类都分配同样的个体数。

b.等比分配法,即让每一类抽得的个体数与该类总体的个体数之比,都相同;或者说,按照同一个比例,从各个类别中抽取样本。例如,把总体分成了3个类别,这3个类别的个体总数分别为100,300,1000。若抽样比例为5%,则从各个类别中抽取的个体数依次为5,15,50。

c.最优分配法(即方差分配法),即从各类抽得的样本数 n_i 与所要抽得的总样本数 n 之比,等于该类的方差 σ_i^2 与各类方差之和 $\sum\sigma_i^2$ 之比。即

$$\frac{n_i}{n}=\frac{\sigma_i^2}{\sum\sigma_i^2}$$

这一方法的困难在于,在抽样之前很难知道各类的方差。

(2) 整群抽样

整群抽样是指,将总体中的各个个体,按照某一标志量分为若干群,然后以群为单位,对群进行(简单)随机抽样,接着对抽出来的群进行普查。

这样的抽样,在对总体进行分群时,要求群体之间具有相似的特征(这样,抽出来的群才有代表性),而群体内部的个体之间的差异大一些,并无妨碍。例如,要调查某工业区中的国有企业的工人的计划生育情况,就可以按照企业分群,对被抽到企业的每个工人家庭进行调查。这就是整群抽样的调查方法。

这一点与分层(类)抽样,有较大区别。分层抽样,要求层(类)之间有较大差异,而层的内部的个体的差异要相对小一些。这样,对每一类中的个体进行抽样才有意义。例如,在研究消费时,把被研究对象分为“城镇居民”和“农村居民”两层(类)。在消费问题上,这两类居民之间有较大差异,而每个层的内部的个体之间的差异,相对于类之间的差异,要相对小一些。

采用哪种抽样方法,是由被调查总体的实际情况与调查目的所决定的。例如,要调查新生对大学的印象,可以以班级为群,对群进行简单随机抽样,然后对调查到的班级中的学生(群中的个体)进行普查。再如,要调查新生对课程难易程度的

反映，就应当按照新生的入学成绩分层(类)，然后在每一层中对学生(个体)进行抽样，对抽到的个体进行调查。

(3) 等距抽样

等距抽样，是按照某一标志量，把总体中的个体排序，然后按照一定间隔，抽取个体。

如果用随机方法，确定第一个个体(把这个个体前面的个体，移到最后)，然后等距抽样，则更好一些。例如，要调查某年级的中学生对流行歌曲的态度，就可以按照学生的身高，把这个年级的学生排列起来，每隔 5 个人抽一个学生调查。这就是等距抽样的调查方法。

(4) 多阶段抽样

我们以例子说明多阶段抽样问题。假设调查的目的是弄清某省农民收入情况。首先，应在县一级做简单随机抽样；然后针对每个抽到的县，对乡一级做简单随机抽样；接着针对每个抽到的乡，对村一级做简单随机抽样；如村子太大(户数太多)，还需针对每个抽到的村，对农户做简单随机抽样。上述抽样过程，就是一个多阶段抽样的例子。

常用的综合抽样方法

分层抽样(分类抽样)：按照总体中个体的某特征，把总体中的个体分为若干群(类)；然后，对各个群内的个体进行简单随机抽样。分层抽样要求层之间的差异大于层的内部的个体的差异。

整群抽样：将总体中的各个个体，按照某一标志量，分为若干群，然后以群为单位，对群进行(简单)随机抽样(然后，对抽出来的群，进行普查)。整群抽样要求群体之间具有相似的特征。

等距抽样：按照某一标志量，把总体中的个体排序，然后按照一定间隔抽取个体。

6. 成本约束下的调查

设调查费用预算额为 10000 元，调查组固定费用为 2000 元，每调查一个个体的可变费用为 20 元，在整群抽样中共有 20 个群，每个群的个体数均在 60 至 80 之间，问：如何确定所抽群体的个数？

设：所确定的整群抽样的个数为 X，则抽样调查总费用为

$$2000+60\times 20\times X \text{ 至 } 2000+80\times 20\times X \text{ 之间}$$

这两个端点的费用都不能超过总预算 10000 元，所以，从费用高的一端考虑，所抽整群的个数可以是 5 群，即

$$X\leqslant \frac{(10000-2000)}{80\times 20}=5$$

从费用低的一端考虑，所抽整群的个数可以是 6 群，即

$$X \leqslant \frac{(10000-2000)}{60 \times 20}=6.667, \text{取整为 } 6$$

2.3.2 数据调查中的若干重要问题

数据的调查通常是以问卷为基础的。问卷，是管理学科调查收集数据的最重要的工具。

1. 问卷问题的产生

问卷问题的设立，通常是从分析研究目标开始的。依据研究的目标，确定需要收集哪些数据，从而确定设置哪些问题。

在问卷问题的设立中，一个非常重要的方面是对变量（特征）之间的相互关系的猜想。只有当你猜想到某些变量（特征）可能与另外一些变量（特征）有某种关系时，你才可能会把相关变量设置在问卷中。

例如，你要研究"企业对开展电子商务的政策要求"，一个直观的做法是，在分析的基础上，把有关政策列出来，请企业对有关政策的重要性表态。但是，当你猜想到企业的态度可能与企业开展电子商务的情况有关时，你就会把企业开展电子商务的有关情况（如有关开展电子商务的投资，有关开展电子商务的收入等）纳入问卷。

又如，研究"农民对土地使用权转让的态度"，直观的做法依然是，在初步研究的基础上，把有关态度列出来，请农民选择，哪个是自己的态度。但是，当你猜想到农民的态度可能与农民的年收入、非农收入占年收入的比例有关时，你就会把农民的年收入、非农收入占年收入的比例等问题设计在问卷中。

设立问卷问题的另一个关键思考角度是，从数据处理方法来判断需要设立哪些问题。只有在《管理统计》学完之后，才能从这个角度思考，所以此处不再举例。

2. 问卷问题设立的关键：能够获得诚实的回答

设置在问卷中的问题，必须是能够获得诚实回答的。

(1)凡是不能获得诚实回答的问题，都不应当设置在问卷中。

例如，某大学想了解考生的情商，就增加了情商试题：

当你受挫折后，你的反应是：

a)非常沮丧，长时间不能恢复正常情绪

b)很沮丧，较长时间不能恢复正常情绪

c)很沮丧，但很快能恢复正常情绪

d)无明显情绪变化，放弃就是了

e)越失败、越受挫折，越想再干

结果，绝大多数考生都选择了最后一种。这就是一个显然不能获得诚实回答的问题。哪个考生不想被录取呢？既然想被录取，多数都不愿意暴露自己的弱点。

又如，某机构在研究居民对个人所得税起征点时，设置的问题是：

当个人所得税起征点是如下哪种情况时，你认为不必逃税？

a)800 元

b)1500 元

c)2000 元

d)2500 元

结果，大多数人的回答都是从 800 元起就不必逃税。于是，他们就认为"起征点的不同，对逃税问题没有影响"。这其实也是一个难以获得诚实回答的问题：谁愿意在税务机关面前表示自己是想逃税的呢？

(2)对"怀疑得不到诚实回答"的问题，应当在不同位置，设置相同、相近、相反的问题，以求相互验证。

例如，在调查社会各个阶层对官本位的态度时，可以设置问题：

你最尊重的人是(选一)：

a)有知识的人

b)有钱的人

c)有权的人

依据我国的舆论情况，估计相当多的人会选择第一个答案。但是，这个选择不一定是真实的。为了验证对这个问题回答的可靠性(诚实性)，可以在问卷的其他位置设置如下问题：

假如你正在忙于一件对于你个人而言非常重要的事情，这时你的同事告诉你，你的顶头上司找你有事，你会(选一)：

a)立即放下手头的事情，与你的顶头上司见面

b)请同事转告顶头上司稍等一会儿，把手头的事情处理到一个小段落后，再去见顶头上司

c)请同事转告顶头上司，现在很忙，办完手头的事情就去

然后，再在问卷的其他位置设置如下问题：

假如你正在忙于一件对于你个人而言非常重要的事情，这时你的同事告诉你，有位著名教授来访问，希望你去介绍情况，你会(选一)：

a)立即放下手头的事情，与这位教授见面

b)请同事转告教授稍等一会儿，把手头的事情处理到一个小段落后，再去见他

c)请同事转告教授，现在很忙，办完手头的事情再去

进而，不妨再在问卷的其他位置设置问题：

假如你正在忙于一件对于你个人而言非常重要的事情，这时你的同事告诉你，市长来访问，希望你去介绍情况，你会(选一)：

a)立即放下手头的事情，与市长见面

b)请同事转告市长稍等一会儿，把手头的事情处理到一个小段落后，再去

c)请同事转告市长，现在很忙，办完手头的事情再去

这样，你就可以得到很有意思的回答，对于分析问题、了解真实的情况非常有帮助。

如果你担心这样做，还是得不到真实回答，你不妨分两次去调查同一个人，一次的问卷里包含有关教授的问题，而不包含有关官员的问题；在另一次的问卷里反过来，包含有关官员的问题，而不包含有关教授的问题。这样，你就会得到更可靠的回答。

3. 问卷问题写法的几个关键

(1)对单选问题：备选答案应当是一个空间的完整划分

例如，在所有行业(包括科、教、文、体、卫、宗教、群众组织)设立行政等级制是(选一)：

a)有益无害的

b)利大弊小的

c)利弊相当的

d)利小弊大的

e)有害无益的

这5个答案，就是答案空间的一个完整划分。

又如，领导干部的家属经商，与领导干部的关系是(选一)：

a)无关

b)少数有关

c)半数有关

d)多数有关

e)全部有关

这5个答案，也是答案空间的一个完整划分。

(2)对单选问题：备选答案不应当是两个空间(层面)的混淆

例如，国家对政府官员以权谋私打击，是(选一)：

a)非常坚决的

b)有一定效果

c)效果甚微

d)……

这里的备选答案就是两个层面的问题。坚决与否，是态度层面(空间)。效果的大小，是行为的后果层面(空间)。两者是可能交叉的。态度坚决，效果可能很好，也可能不太好。把不同层面的答案混淆在一起，是设置单选题的常见错误之一。

又如，领导干部的家属经商，与领导干部的关系是(选一)：

a)无关

b)领导自律不严

c)领导纵容包庇

d)权钱交易

e)……

这里的备选答案，也是两个层面的问题。领导干部的家属经商、与领导干部有关无关，是一个层面的问题("关系"空间的问题)，而领导自律严格与否、领导纵容包庇与否，是另一个层面(态度空间)的问题。把它们混淆起来，作为单选题的备选答案，是不正确的。

(3)但对于多选题，备选答案可以交叉，也可以处于不同层面

例如，在所有行业设立行政等级制(包括科、教、文、体、卫、宗教、群众组织)，是(可以多选)：

a)必要的

b)可有可无的

c)不应当要的

d)利大弊小的

e)利小弊大的

f)有害无益的

g)……

这里的备选答案，是处于两个层面的问题：必要性层面与利弊大小层面。

当然，前面的备选答案处于不同层面的例子，如果改为多选题，也是可行的。

(4)无论对多选题还是单选题(特别是对单选题)，任何一个备选答案都不能有多重含义

例如，在调查农民对土地使用权转让的态度问题中，设置问题：

你家耕作土地，是因为：

a)收入稳定，自己喜欢

b)没有别的收入途径

c)……

上述问题不论单选，还是多选，备选答案 a)，都是不妥当的。因为备选答案 a) 自身就包含了两层含义(两个答案空间的点)：收入稳定与喜欢。选择答案 a)的人，可能因为收入稳定，也可能因为喜欢(喜欢，不一定收入稳定。哪怕收入不太好，喜欢的人还是喜欢)。当你统计出选择答案 a)的人数比例时，你也无法分析到底有多大比例的人是因为收入稳定而耕作土地，到底有多大比例的人是因为喜欢而耕作土地。所以，不论多选题还是单选题(特别是对单选题)，任何一个备选答案都不能有多重含义。

(5)无论对多选题还是单选题(特别是对单选题)，备选答案之间不能有包含关系

例如，在调查农民对土地使用权转让的态度问题时，设置问题：

你家耕作土地，是因为：

a)…

b)没有别的收入途径

c)确保全家生计

d)……

选择答案 b)的，必然会选择答案 c)(既然没有其他收入来源，耕作土地就必然是为了确保全家生计)，所以，备选答案 b)是被备选答案 c)包含的。

(6)问题设计的用词要准确

例如，提问中用“最”，就不能是多选题，也不能要求对备选答案排序。

(7)问题设计的用语要含义明确

例如，当你想了解被访问对象是否上过因特网时，就应当注明“上网”包括哪些活动，例如含不含收发 EMAIL？因为如果你的单位设置了一台服务器，同单位人员之间的电子邮件完全可以通过电话拨号直接访问该服务器，而无须通过因特网。

又如，调查一个地区的犯罪情况时，就应当界定何谓犯罪，抢劫是犯罪，街头打架是不是？打架到何种程度是犯罪？已经破案了的犯罪事件，可以包括在内，没有破案的算不算？如何算？

再如，在申报博士点的材料中，科研成果的计算，就更五花八门。什么奖励和成果算作省级成果？什么奖励和成果可以算作本专业的成果？填表人的理解不同，出来的数字就差别很大。

所以，设计问卷时一定要正确地理解数据的有效性。

(8)问题的不同提法，可能导致不同的回答结果

最著名的例子就是郝兹伯格在数千个案例研究基础上发现的双因素理论的过程：当你问某个被访问者对某个问题满意程度时，被访问者可能回答满意程度是70%。在多数人看来，被访问者对这个问题的不满意程度是 30%。但当你用同一个问题问同一个被访问者不满意程度时，郝兹伯格发现，绝大多情况下的回答都不

是 30%，而是 40%、50%，甚至更多。据此，郝兹伯格提出了“双轨道”论，即对某个问题的满意与不满意的感觉是两个平行的轨道，每个轨道的（满意或不满意的）刻度范围都是从 0%到 100%，从而产生了他的双因素理论。该理论引起轩然大波，引得大家纷纷实验，验证其正确性。这里给我们的重要启示是，问题的提法不同，可能导致不同的结果。

4. 对于得不到诚实回答而又必须了解的数据的处理办法

在问卷设计的过程中，对于得不到诚实回答而又必须了解的数据，可以采用如下几类方法来处理。

（1）变换问题的提法，从而获得相应的数据

例如，想要调查企业的逃税情况，可以按照如下方式设置问题：

你对同行业中逃税情况的判断是（选一）：

a）逃税企业的比例低于 5%

b）逃税企业的比例在 5%与 10%之间

c）逃税企业的比例在 10%与 20%之间

d）……

如果被调查对象是国有企业，也可以设置问题：

你对同行业中民营企业逃税情况的判断是（选一）：

a）逃税企业的比例低于 5%

b）逃税企业的比例在 5%与 10%之间

c）逃税企业的比例在 10%与 20%之间

d）……

如果被调查对象是民营企业，可以设置问题：

你对同行业中国有企业的逃税情况的判断是（选一）：

a）逃税企业的比例低于 5%

b）逃税企业的比例在 5%与 10%之间

c）逃税企业的比例在 10%与 20%之间

d）……

总之，基于企业之间对彼此逃税信息的大致了解，可以通过问他人的逃税情况，最后判断总体的大致情况。

（2）通过了解相对数据，判断总体的情况

当调查不到企业的真实数据时，可以通过了解相对数据，如该企业在行业中的排序或者通过了解百分比，来推算企业的大致情况。例如，你要了解某企业的产品成本状况，你可以请被调查者与你已知其成本状况的某同类企业比较来获得你所需要的数据，可设置问题如下：

与本行业的 X 企业相比,贵企业的产品成本(选一):

a)是 X 企业产品成本的 80%以下

b)是 X 企业产品成本的 80%至 85%之间

c)是 X 企业产品成本的 85%至 90%之间

d)是 X 企业产品成本的 90%至 95%之间

e)与 X 企业的产品成本大致相当

f)比 X 企业产品成本高出 5%

g)……

当然,也可以通过让被调查者做相对评分,来了解大致的状况。

(3)通过实验获得所需要的数据

这一点将在 2.4 节中介绍。

5. 问卷设计一定要通过小规模访谈来修改

任何人都不可能把自己关在房子里,通过思考,一次设计好问卷。通过小规模访谈来修改问卷,是问卷设计的必经之路。

数据收集中的若干重要问题

(1)依据研究的目标,确定所需要收集的数据,从而确定设置哪些问题;

(2)对变量(特征)之间的相互关系的猜想,是成功地设计问卷的关键之一;

(3)预先考虑到数据处理方法,也会影响问卷问题的设置;

(4)凡是不能获得诚实回答的问题,都不应设置在问卷中;

(5)对"怀疑得不到诚实回答"的问题,应当在问卷的不同位置,设置相同、相近、相反的问题,以求相互验证;

(6)对单选问题:备选答案必须是一个空间的完整划分,不应当是两个空间(层面)的混淆;

(7)但对于多选题,备选答案可以交叉,也可以处于不同层面;

(8)无论对多选题还是单选题,任何一个备选答案都不能有多重含义;

(9)无论对多选题还是单选题,备选答案之间不能有包含关系;

(10)问题设计用词要准确,用语要含义明确;

(11)问题的不同提法,可能导致不同的回答结果;

(12)对于得不到诚实回答而又必须了解的数据,可以通过变换问题的提法来获得相应的数据,或者通过了解相对数据来判断总体的情况;

(13)问卷设计一定要通过小规模访谈来修改。

2.4 获得数据的实验方法

2.4.1 获得数据的实验方法的概念

所谓获得数据的实验方法，是指为了获得特定数据，通过对参与者类型的恰当限定、对数据产生条件的恰当限定、对数据产生过程的合理设计，而获得数据的方法。

这个定义中有 4 个要点：

(1)目的：为了获得特定数据

所谓特定数据，是指在被考察对象的自然状态下，用普通的观察(调查)方法难以获得的数据。

例如，不同汽油添加剂对增加汽车行程的作用，在被考察对象的自然状况下是难以准确获得的。因为使用汽油添加剂的汽车型号不同、行驶的道路不同、路上的交通状况不同，诸如此类的因素都会影响观察汽油添加剂的效果。或者说，在被考察对象的自然状况下，观察到的数据是诸多因素共同作用的结果。要想得到较为“单纯”的因素的作用结果，就必须改变数据产生的条件，排除我们不关心的因素对数据的影响，获得较为“单纯”的数据。较为“单纯”的数据，是特定数据的第一种类型。

特定数据的第二种类型是在真实状况下无法获得的数据。例如，我们要观察税率在较大幅度变化条件下企业的诚实报税率，就是在真实状况下无法获得的数据。因为我们无法真实地、大幅度地改变税率(税率是国家的严肃的规定，岂可随意改变?)。出路只能是设计一个恰当的实验过程，观察不同税率条件下“企业”的诚实报税率的变化情况。这里的“企业”，放在引号中，是因为这里的企业不是真实的。

特定数据的第三种类型是在问卷调查中难以获得诚实回答的数据。例如，前面讲到的个人所得税的起征点过低是否会引发逃税的问题，直接询问纳税人是难以获得诚实回答的。这也就是某机构得出错误结论(“个人所得税的起征点与逃税无关”)的原因所在。

用实验方法解决这一问题，需要巧妙地设计实验过程。我们在后面讨论这一问题。

> 特定数据的类型，主要包括：
>
> 较为“单纯”的数据(在较为“单纯”的因素作用下的数据)；
>
> 在真实状况下，无法获得的数据；
>
> 难以获得诚实回答的数据。

(2)手段之一:恰当限定数据产生条件

限定数据产生条件,是获得数据的实验方法的本质特征,也是一个方法能够称为实验方法的必要条件。

可以看到,在上面讲到的所有实验的例子中,都对数据产生的条件实施了恰当的限定。缺少这一条,就不是实验方法。

(3)手段之二:恰当限定参与者类型

限定实验的参与者类型不是实验方法的必要条件,但却是许多实验方法的重要方面。

例如,税率在较大幅度变化条件下的企业的诚实报税的比率问题,不可能是真正的企业法人参与实验,也难以做到都由企业的法人代表参加实验。但也切不可随便从行人中抽出一些人参加实验。一个较好的处理办法,是从来自于企业的MBA学生中抽取实验的参加者。

(4)手段之三:合理设计数据的产生过程

设计数据的产生过程是每一个实验设计都必须完成的工作。但其复杂程度和巧妙程度,在不同的实验中,差异很大。有的非常容易设计,例如汽油添加剂对汽车形成影响的实验。有的却可能相当复杂。例如,为了获得在问卷调查中难以获得诚实回答的数据,就必须巧妙地设计实验过程,使参与者能够给出基本诚实的数据。具体例子见2.4.3小节(关于个人所得税起征点过低是否会引发逃税的问题的实验)。

获得数据的实验方法的4个要点

(1) 目的:为了获得特定数据(在较为"单纯"的因素作用下的数据,在真实状况下无法获得的数据,难以获得诚实回答的数据)

(2) 手段之一:恰当限定数据产生条件

(3) 手段之二:恰当限定参与者类型

(4) 手段之三:合理设计数据的产生过程

2.4.2 用实验方法获得数据的优越性

用实验方法所获得的数据,称为实验数据。用实验方法来获得数据,主要有如下优越性:

(1)可以获得在真实状况下用观察(调查)法无法获得的某些数据

由于观察(调查)法不对数据产生的条件实施控制,因而只要某些条件在现实世界中尚未出现,那么,用观察(调查)法就无法得到这些条件下出现的数据。而用实验方法,就可能得到这些数据。

(2) 可以在一定程度上直接观察到某些变量之间的相关关系,甚至因果关系

由于实验方法直接对数据产生的条件实施控制,因而可以直接观察到被改变的控制条件(通常是实验所关心的一个变量)与所要获得的数据之间的相关关系,甚至是因果关系。例如,前面例子里的不同的汽油添加剂,就是实验中被控制改变的一个变量,另一个变量,就是我们所关注的汽车的行程。我们可以直接观察到这两个变量之间的因果关系(不同的汽油添加剂对汽车行程的影响)。类似地,我们还可以改变实验条件的控制方式,观察不同汽油添加剂最适用于哪些汽车型号(对于增加汽车行程的效果最好)。

(3) 可以获得在问卷调查中难以获得诚实回答的数据

例如,在个人所得税的起征点过低是否会引发逃税的问题中,就可以通过巧妙地设计实验过程,使参与者能够给出基本诚实的数据,请参见下一小节。

2.4.3　获得数据的实验方法示例与若干重要概念的补充

1. 教室温度与教学效果关系的实验

实验研究的目的,是教室温度对教学效果的影响。假设本阶段要研究的是23℃室温下的教学效果好,还是 33℃室温下的教学效果好? 我们不能简单地安排两个教室(一个 23℃,一个 33℃)来做实验。首先要分析影响教学效果的因素。显然,影响教学效果的因素,除了温度以外,还有

教学的内容(哪一门学科,哪一段内容?)

教材

教室的光线、通风与布局(是纵向长条形,还是横向圆弧形?)

教学的时间(是在上午、下午,还是晚上?)

教师(是 A 教授,还是 B 教授?)

学生(不同的学生显然对不同的学科有不同的接受能力)

显然,这些都是对教学效果(可以用小测验的成绩来表示)有影响的、而我们又不感兴趣的因素。这样的因素,我们称之为实验的外部因素。

容易理解,凡是对实验结果影响、同时又是我们感兴趣的因素,我们称之为实验的内部因素。例如,在本实验中教室的温度。凡是内部因素,在实验中,我们都让它有控制地改变,或者说让它被控制地取不同的值。例如,本实验中,温度被控制为两个值:23℃与 33℃。

外部因素,都是我们在实验中要极力排除的因素(极力控制它们,不使其对实验结果产生影响)。无疑,在上述诸多外部因素中,有一些外部因素是比较容易排除(控制)的。如:

教学内容，只要规定两个班都学习同一门课程、同一段内容，就行了；

教材，只要规定两个班都使用同一本教材就行了；

教室的光线、通风与布局，只要两个班都使用同样条件的教室就行了；

教学的时间，只要两个班都在同一时间（或者都是上午，或者都是下午，或者都是晚上）上课就行了。

而有一些外部因素的排除（控制）就较为困难。例如，教师的因素。我们不能简单地设计“请同一个教授来上课”，由此排除不同教授对教学效果的影响。因为“请同一个教授来上课”的同时，我们可以做到用同一本教材，学习同一门课程、同一段内容，使用同样条件的教室，都在上午上课（单日给甲班上午上课，双日给乙班上午上课），但“教授”因素却无法与温度（一个 23℃，一个 33℃）这个因素分离，只要轮流给甲、乙两个班上课，就必然会处于两个不同的温度（一个 23℃，一个 33℃）环境中。而不同的温度（一个 23℃，一个 33℃）不仅对学生的学习效果有影响，同样对教师授课的效果也有影响。因此，这两个因素（在上述实验设计中）是不能分离的。

在实验中，凡是不能分离的两个条件因素，我们称之为混合因素。

处理混合因素的基本方法，是对两个因素“交叉打包”。例如，把所限定的教学内容分为均等的两段。设计：A 教授给甲班（在 23℃环境中）讲授前段，给乙班（33℃环境中）讲授后段，同时，B 教授给乙班（33℃环境中）讲授前段，给甲班（在 23℃环境中）讲授后段。这样，就解决了教授的授课效果与温度的混合问题。

注意，在两个因素的交叉打包中，我们并没有要求教授 A 与教授 B 的教授水平相同。比方说，教授 A 是一级教授的授课水平，教授 B 是三级教授的授课水平。按照上述方式交叉打包之后，施加给甲班与乙班的教课水平，都是一半一级，一半三级。甲乙两班所受到的外部条件因素，还是均等的，因而可以观察到不同温度对教学效果的影响。

但需注意，我们这里事实上还有一个未声明假设：每位教授对于所要讲授的内容的前段与后段的熟练程度是相同的。显然，在大多数情况下，这一未声明假设是成立的。如果所聘请的两位教授中，有一位教授对前段与后段的教学内容的熟练程度不同，那么，甲乙两班所受到的授课水平，就是不均等的了。这样的实验设计，就存在缺陷。

另外，如果实验所选用的教学内容有较大的特殊性，例如选择了一段数学课程，那么，前段学习好对后段学习好有较大影响，反过来，后段学习好却对前段学习的影响较小。因此，甲乙两班所受到的外部条件因素还是不均等的。

要想彻底地解决这类细节方面的问题，只能依靠新的技术手段。例如，采用互动式的多媒体技术，请一位教授在授课室（把温度等条件调节到教授认为最合适的状况）同时给两个班授课。这时，甲乙两班所受到的外部条件因素就完全相同了。

至此，我们还没有排除不同的学生的不同素质（不同的接受能力）对教学效果的不同影响。这显然是实验中的一个不能直接控制的因素，我们无法做到两个班的学生的水平完全一致。我们只能通过随机组合的方法（例如，把两个班的学生名单充分打乱、混合，然后等概率地抽取名单，把学生分为甲乙两班），来“消除”学生因素对实验结果的影响。

显然，用随机组的方法来消除学生因素对实验结果的影响，只有在大量重复实验（例如选用不同的课程、不同的不容段，做重复实验）时，才是有效的。

实验设计中的几个重要概念

（1）实验的外部因素：对实验结果有影响的、而实验者又不感兴趣的因素。这类因素，在实验设计中，都是要设法排除（控制）的。

（2）实验的内部因素：对实验结果影响、同时又是我们感兴趣的因素。在实验中，总让这类因素被控制地取不同的值。

（3）排除（控制）外部因素的难易程度，因具体问题而异，会有较大差异。混合因素，就是排除难度较大的因素。

（4）混合因素：在实验中，不能分离的两个以上的条件因素。

（5）处理混合因素的基本方法，是对混合因素“交叉打包”。

（6）依靠新的技术手段来解决混合因素问题，是必须注意的新的趋势。

（7）不能直接控制的因素，通常是用随机组合的方法来处理。

2. 个人所得税的起征点过低是否引发逃税问题的实验

现在有太多的文章议论到“个人所得税的起征点过低引发逃税”的问题。但是，这仅仅是一个主观判断，不足以作为决策的依据。要想成为决策的依据，就必须用科学的方法证明它。

于是，就有了某机构的调查问卷，设置不同的个人所得税的起征点，让纳税人表态，他们是否逃税。由于这种问法得不到诚实的回答，就导致了该机构的错误结论：“个人所得税的不同起征点，对逃税问题没有显著影响”。

我们在 2.4.1 小节中讲到，可以通过合理地设计实验过程，获得基本诚实的数据。现在我们就给出这一实验方法。

实验参加人：任何月收入超过 800 元的居民。

把实验过程设计为比赛游戏。每一位参赛者都有惟一的一个参赛号码。比赛游戏一场一场地进行。假设每一场参与者的年薪不同。从第一场开始，可以依次假设参与者的年薪是 1 万元、2 万元、5 万元、10 万元、20 万元和 50 万元。每一场比赛由若干局组成。为每一局比赛设置不同的个人所得税的起征点。从第一局开始，可以依次假设个人所得税的起征点是 800 元、1500 元、2000 元、2500 元。

每一局比赛由若干节组成。为每一节比赛规定不同的惩罚比例(检查出逃税后,不仅要补缴税款,而且要罚款,罚款额度是逃税额度的一个百分比。例如,是逃税额度的50%,80%,100%,200%等)。从第一节比赛开始,可以依次把罚款比例设置为20%,50%,80%,100%,150%,200%,300%。以上信息对所有参赛者公开。

每一节比赛由若干小节组成。在不同小节的比赛中,税务稽查概率(检查是否逃税的概率)不同。从第一节开始,可以把税务稽查的概率随机地设置为10%,20%,30%等。但需注意,稽查概率的信息,不对参与者公开(目的是,让比赛的情景与实际社会生活更接近)。每一小节的比赛,一步一步地进行。每一步都让参赛者决定是否诚实纳税。然后,测试的主持人按照稽查的概率和伪随机数,确定哪一位被测试者被检查到。被检查到的参赛者如果选择了逃税,就要被罚款(按照公布的罚款比例罚款)。没有被检查到的逃税人,就算捡了便宜。最后看哪位参赛者的财富最多。

不难看出,在本实验中,参与者的年收入、个人所得税的起征点、对逃税的罚款比例,以及稽查概率,都是实验的内部因素(都是对实验结果有影响的、我们所关注的因素),因而也都是被控制取不同值的因素。

通过这个实验,我们可以看到不同的年收入对诚实纳税的影响,不同起征点对诚实纳税的影响(不同起征点下,哪些收入阶层的人更容易不诚实纳税),不同罚款比率对诚实纳税的影响,不同稽查概率对诚实纳税的影响,以及这些因素之间的交互影响。显然,这些研究结果对于税务决策而言,是非常有帮助的。

我们说,这样的实验可以获得基本真实的数据,其依据是

(1) 这本身是游戏,是比赛,参与者已经没有了“暴露不诚实纳税”的顾虑。

(2) 比赛规则所暗藏的理念是“经济人”假设,是“有限理性”假设。这符合社会经济体系运行的主流规则。

所以说,这样的实验结果是基本真实的、可信的,可以作为决策参考。

第3章　样本数据特征的初步分析

3.1　样本数据结构的基本特征：频次与频率

在通过调查（主要是抽样调查），获得样本数据（又称样本值）之后，本节讨论这些数据集合的最基本的结构特征（频次与频率），以及直观观察这些基本特征的主要方法（表格方法、条形图与饼图方法）。

3.1.1　频次与频率的基本概念

不论样本数据的测度处于刻度级、顺序级，还是名义级，在有限的样本数据集合中，我们面临的第一个直观的简单问题，就是同样的数据值（样本值）出现的次数问题。我们称这个次数为该样本值出现的频次（Frequency）。

在相当多数人头脑中隐藏着的、条件反射式的观念，即"一讲数据，就聚焦于数据值变化特性"的观念，从今以后，必须改变。从现在开始，我们所关心的就不再仅仅是样本值本身的差异和变化问题，而且还关心不同样本值出现的频次。

> **两个紧密相关的不同概念**
>
> （1）样本数据自身的值（不论什么测度级的数据）；
>
> （2）同一个数据值出现的次数（频次）。

如果样本数据集合中的数据总个数是 n，那么，某个样本值出现的频率（Percentage，或 Relative Frequency），就由下式计算：

$$\text{某样本值的频率} = \text{该样本值出现的频次}/n$$

> **与频次紧密相连的概念——频率**
>
> 某样本值的频率 ＝ 该样本值出现的频次/该数据集合的数据总数

例 3.1.1　从某城市抽出来的 30 个商店中，查出某商品的价格数据，如表 3.1.1 所示。

表 3.1.1 某商品在抽样商店的单价(单位:元)

9.98	10.02	10.00	10.04	10.01	9.99	10.05	10.04	10.06	10.01
10.03	9.99	9.97	9.93	10.01	10.03	10.03	10.02	10.05	9.99
9.95	9.96	9.98	10.00	9.97	10.01	10.00	9.99	9.98	10.00

显然,这是刻度级的数据。这样排列的数据,看起来杂乱。为了把这一样本数据集合的特征看得清楚一些,我们先按照样本值的大小排序。

对于数据个数不太多的样本数据集合而言,手工排序,是一项简单的工作。但当数据个数非常多时,这样一个简单的工作,用手工是难以完成的,需要依靠统计软件来做。下一章将介绍用 SPSS 软件来完成这类工作的方法。

现将表 3.1.1 的数据的排序结果列于表 3.1.2 中。

表 3.1.2 某商品在不同商店价格的排序结果

9.93	9.95	9.96	9.97	9.97	9.98	9.98	9.98	9.99	9.99
9.99	9.99	10.00	10.00	10.00	10.00	10.01	10.01	10.01	10.01
10.02	10.02	10.03	10.03	10.03	10.04	10.04	10.05	10.05	10.06

现在我们能够就比较容易地统计各个样本值出现的次数(频次)了。统计结果列于表 3.1.3 的第二行。

进而,可以计算出各个样本值数据出现的频率(频次除以样本数据的个数 30)。计算结果列于表 3.1.3 的第三行。

表 3.1.3 某商品价格出现的频次、频率统计表

价格(元)	9.93	9.94	9.95	9.96	9.97	9.98	9.99	10.00	10.01	10.02	10.03	10.04	10.05	10.06
频次	1	0	1	1	2	3	4	4	4	2	3	2	2	1
频率(%)	3.33	0	3.33	3.33	6.67	10.0	13.33	13.33	13.33	6.67	10.0	6.67	6.67	3.33

这样,我们就对该样本数据集合的结构特征,有了一个基本的了解。

注意,在表中列出价格数据时,我们故意增加了“9.94 元”这个刻度,使列出来的价格数据,可以看得更清楚一些。

例 3.1.2 抽样调查某单位 16 人的受教育程度的数据如表 3.1.4 所示:

表 3.1.4　某单位 16 人受教育程度

小学，大学，大学，初中，高中，硕士研究生，大学，大学
大学，高中，大学，大学，初中，大学，硕士研究生，大学

显然，本例中的数据是顺序级的，它们可以依照受教育的程度（自身）比较大小，但不能做四则运算。依据表 3.1.4 中的数据，我们不难按照受教育程度排序，统计出各个样本值（受教育程度）出现的频次和频率，见表 3.1.5。

从表 3.1.5 所示的频次与频率，我们可以较为清楚地看到“受教育程度”这个样本数据集合的结构特征。

表 3.1.5　某单位职工受教育程度的结构

受教育程度	小学	初中	高中	大学	硕士研究生	合计
各个受教育程度出现的频次	1	2	2	9	2	16
各个受教育程度出现的频率(%)	6.25	12.5	12.5	56.25	12.5	100

例 3.1.3　在对某小区的家庭家具的抽样调查后，得到客户家具的基色调的数据如表 3.1.6 所示：

表 3.1.6　家庭家具的基色调的抽样调查结果

R、Y、R、G、Y、Y、W、Y、G、G、R、Y、Y、R、W、
G、Y、R、W、Y、G、G、B、R、Y、Y、W、R、R、W

表中，R 表示暗红色，Y 表示淡黄褐色，G 表示浅绿色，W 表示白色，B 表示黑色。

显然，本例中的数据是名义级的。它们自身不存在大小排序的问题。由表中的数据，不难统计出，在这个样本数据集合中，各个基色调出现的频次与频率，见表 3.1.7。

表 3.1.7　家具基色调出现的频次

家具的基色调	B	G	R	W	Y	合计
各个基色调出现的频次	1	6	8	5	10	30
各个基色调出现的频率(%)	3.33	20.00	26.67	16.67	33.33	100

由表中的数据，我们也可以大致看清楚样本数据（家具基色调）结构的特点。

☆注意☆ 我们把数据集合中所有取值不同的数据出现的频率，称为该数据集合的频率分布。

3.1.2 观察样本数据基本特征(频次与频率)的图形方法

其实，在3.1.1小节中，我们是通过表格方式来观察样本数据集合的结构特征(频率特征)的。但从直观的视觉角度来看，图形方式更好一些。本小节就介绍表达频次与频率结构的图形方法。

1. 表示频次与频率的饼图(Pie Chart)

用饼图来表示频次与频率适用于所有测度等级的数据。但是，要求不同的样本值的个数(指不重复的样本值的个数)不能很多。否则，难以在有限的纸张上，把不同样本值的频次和频率表示清楚。

表示频次与频率的饼图的绘制方法是

(1)画一个大小适当的圆圈，给每一个不同的样本值一个与其频次(或频率)相当的圆心角，就像切割了的一块饼。

(2)每个不同的样本值所占据的圆心角的大小由下式计算：

$$某样本值对应的圆心角 = 该样本值的频率 \times 360°$$

按照上述规则，画出上面三个例题的饼图，见图3.1.1～图3.1.3。

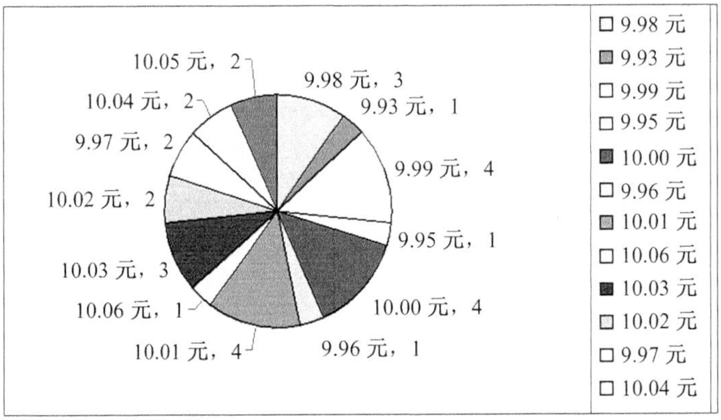

图3.1.1 某商品标不同价格的商店数(频次)

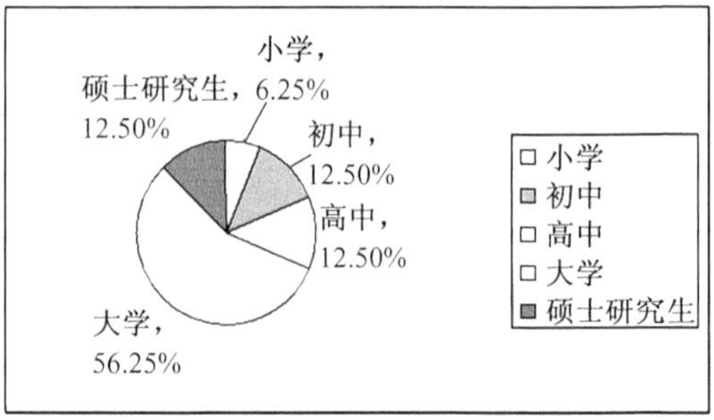

图 3.1.2　某单位职工受教育程度的比例(频率)

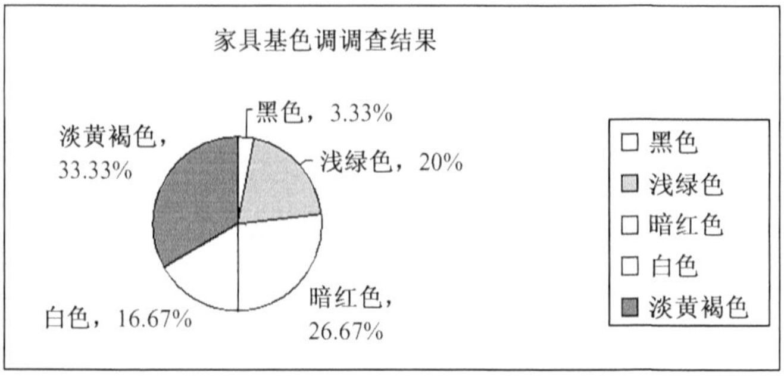

图 3.1.3　家具基色调使用比例(频率)

从这三个饼图,可以直观清楚地看出各个样本值的频次或频率结构。

对应于例 3.1.2 和例 3.1.3 的饼图,形象地展示了各个样本值(不论是名义级的样本值,还是顺序级的样本值)在数据集合中出现的频率。

对应于例 3.1.1 的饼图,形象地展示了刻度级的样本值在数据集合中出现的频次。之所以只标频次,是因为作为分类变量的样本值的个数太多,饼被切割得太小,没有地方标注足够的文字予以说明。

这表明,饼图不适用于不重复的样本值的个数太多的情况。所以,有的著作认为,饼图只适用于表示分类变量的(频次或频率)结构。其实,如果分类变量的不重复的取值太多,也是不宜用饼图来表示频次或频率结构的。

2. 表示频次与频率的条形图

表示频次和频率的条形图的构成是

(1)横坐标表示样本数据的不同取值。如果样本数据的测度是顺序级以上的,横坐标上的样本数据,就应当从小到大排列。如果是刻度级的数据,在从小到大的排列中，还要注意长度的刻度，保持一致的比例。

(2)纵坐标表示相应样本值出现的频次或频率。

按照上述规则，绘出上述前两个例题的条形图见图 3.1.4、图 3.1.5。这两个图又称为相应数据集合的频率分布图。

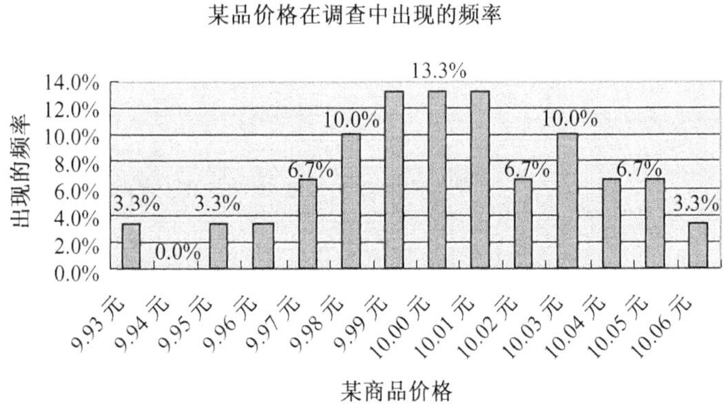

图 3.1.4　不同商店对某商品标价的频率

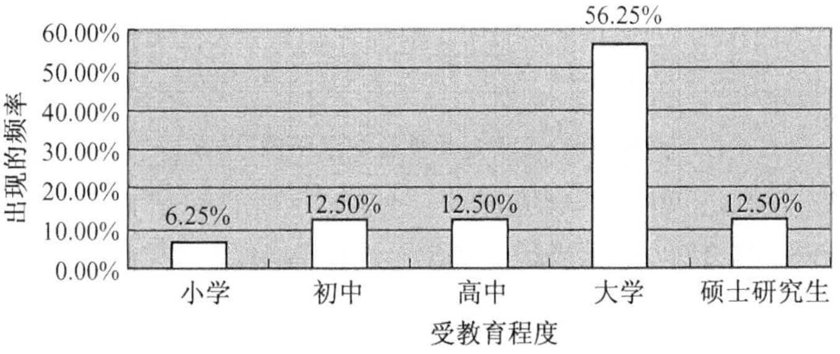

图 3.1.5　调查中不同受教育程度出现的频率

从本意上来说，条形图只适用于顺序级以上的数据集合，因为其横坐标的原本概念是具有顺序关系的。因此，对以上两个图，应当按照从左到右的顺序从竖条的高低来理解样本数据集合的数据结构。

但是，人们也可以"强行"抹去横坐标的从左到右的顺序概念，"规定"横坐标没有大小之分。这样，我们也可以用条形图来表示名义级数据集合的频次或频率结构。于是，表 3.1.3 的不同数据的频率结构，可如条形图 3.1.6 表示。图中，横坐标轴上的不同的点，仅仅表示"基色调"变量的取值是不同的。因此，不能按照横坐标的从左到右的顺序，来理解样本数据集合的数据结构特征，只能从竖条的高低个数来理解数据结构。

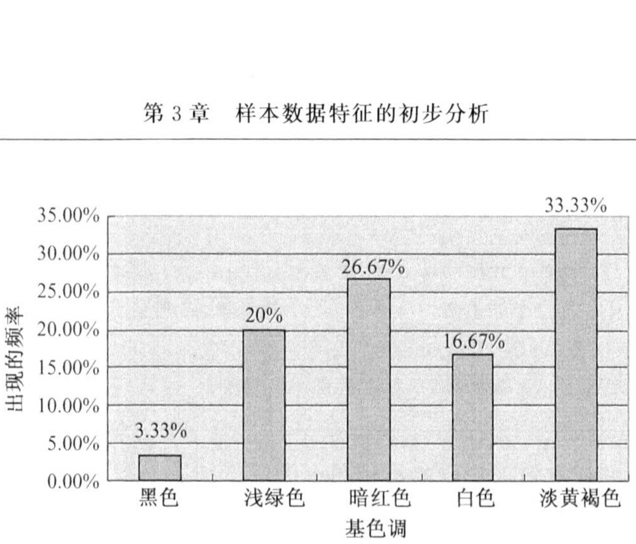

图 3.1.6　调查中家具基色调出现的频率

当然，条形图也不适用于不重复的样本值的个数太多的情况。太多了，会使它们在横坐标轴上的排列有困难。所以，有的著作认为，条形图只适用于分类变量的数据集合。其实，如果分类变量的不重复的取值太多，也是不宜用条形图来表示频次或频率结构的。

3.1.3　样本数据集合的基本特征的延伸：累积频率(Cumulative Percentage)

1. 累积频率的概念与表格表示

设 $x_1<x_2<\cdots<x_m$，是样本数据集合中的不重复的样本值。$m\leqslant n$，n 是样本数据集合中的样本值的总个数。若把样本值小于等于某个样本数据 x_i(如，例 3.1.1 中的价格$\leqslant x_i$)的频率(Percentage)都累加起来，就得到"小于等于 x_i"的累积频率(Cumulative Percentage)。

例如，以例 3.1.1 为分析对象，按照上述原则，可以计算出小于等于各个(不重复的)x_i 的累积频率，见表 3.1.8 的第 3 行。

表 3.1.8　某商品价格$\leqslant x_i$ 的累积频率

价格 x_i(元)	9.93	9.94	9.95	9.96	9.97	9.98	9.99	10.00	10.01	10.02	10.03	10.04	10.05	10.06
频率(%)	3.33	0	3.33	3.33	6.67	10.0	13.33	13.33	13.33	6.67	10.0	6.67	6.67	3.33
累积频率(%)	3.33	3.33	6.67	10.00	16.67	26.67	40.00	53.33	66.67	73.33	83.33	90.00	96.67	100.00

显然，只有样本数据的测度在顺序级以上，才存在累积频率的问题。因为累积频率的前提，是不重复的样本值的排序：$x_1<x_2<\cdots<x_m$，而名义级的样本值不存在大小排序问题，所以就不存在累积频率的概念。

累积频率

当样本数据的测度在顺序级以上时，设 $x_1 < x_2 < \cdots < x_m$，是样本数据集合中的不重复的样本值。把样本值小于等于某个样本数据 x_i 的频率值，都累加起来，就得到"小于等于 x_i"的累积频率(Cumulative Percentage)。

当然名义级的样本数据集合，不存在累积频率问题。

例 3.1.2 的样本数据集合的累积频率的计算结果如表 3.1.9 所示。

表 3.1.9　某单位职工受教育程度 $\leqslant x_i$ 的累积频率

受教育程度 x_i	小学	初中	高中	大学	硕士研究生	合计
各个受教育程度出现的频率(%)	6.25	12.5	12.5	56.25	12.5	100
教育程度 $\leqslant x_i$ 的累积频率(%)	6.25	18.75	31.25	87.5	100	

2. 累积频率的条形图表示

累积频率的条形图的构成是

(1)横坐标表示样本数据的不同取值(从小到大排列，不适用于名义级的数据)。如果是刻度级的数据，在从小到大的排列中，还要注意长度的刻度，保持一致的比例。

(2)纵坐标表示"样本值 $\leqslant x_i$"的累积频率。

按照上述规则，绘出例 3.1.1 与例 3.1.2 的条形图见图 3.1.7 和图 3.1.8。

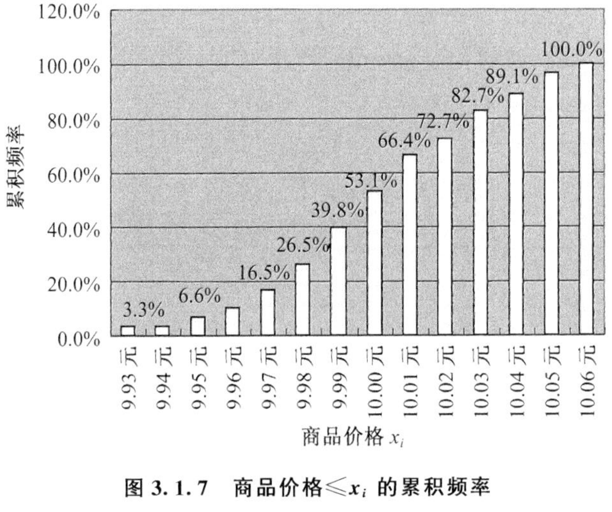

图 3.1.7　商品价格 $\leqslant x_i$ 的累积频率

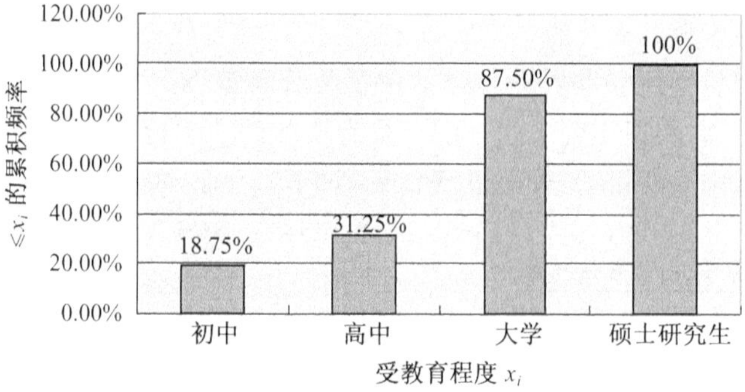

图 3.1.8　受教育程度≤x_i 的累积频率

样本的累积频率反映了：变量在样本数据集合中从小到大变化时，所“经历”的样本个数占总样本个数的比例的变化情况。

图 3.1.7 与图 3.1.8，又称为相应数据集合的累积频率分布图。

3.2　观察刻度级样本数据结构的茎叶图与直方图方法

3.2.1　茎叶图(*Stem-and-Leaf Plot*)的概念与作法

1. 茎叶图的基本概念与适用范围

茎叶图适用于展示刻度级的样本数据的频率结构，不适用于名义级的样本数据。

顺序级的样本数据本质上是半定量的。如果一定要用茎—叶图来表示，也是可以的。不过，没有提供比条形图更多的信息。

茎—叶的基本含义是，按照某个一致的规则，把所有的样本值分成“茎节”和“叶”两个部分。“茎节”在左，“叶”在右。“茎节”、“叶”之间，用小数点隔开。

如果对某个样本数据集合规定，所有的样本值的百位数为“茎节”(这时称“茎节”的宽度为 100)，所有十位数和个位数为“叶”，这样，样本数据 123 的“茎节”就是 1，“叶”就是 23。“茎节.叶”的表达方式就是：1.23(应当同时注明“茎节”的宽度为 100)。这样，我们就很容易从“茎节.叶”表达方式的 1.23，推出该样本值是 123。

当然，也可以规定所有的百位数和十位数为“茎节”(此时称“茎节”的宽度为 10。意思是“茎节”的末位上的数字 1，表示 10)，所有的个位数为“叶”，这样，样本数据 123 的“茎节”就是 12，“叶”就是 3。表达方式就是：12.3(应当同时注明“茎节”的宽度为 10)。

把样本数据集合中的所有不相同的"茎节",按照从小到大的顺序连接起来,就构成了这个样本数据集合的"茎"。显然,"茎节"的宽度,就是"茎"的宽度。

确定"茎"的位数基本依据是样本数据的分布范围。"茎"的位数不论如何确定,都必须让样本数据集合中的"茎节"是有变化的。不应当让一个样本集合中的所有数据的"茎节"都相同,否则很难绘制茎叶图。

样本值的"茎节.叶"表达方式

"茎节"的宽度,是指"茎节"的末位上的数字1,所代表的实际数字(10^k 或 10^{-k},k 是整数)。

"茎节"确定后,"叶"便随之确定。例如,规定"茎节"的宽度为100,则十位数和其后的位数就都为"叶"。样本数据123的"茎节.叶"表达方式就是:1.23。

若规定"茎节"的宽度为10,则个位数和其后的位数就都为"叶"。样本数据123的"茎节.叶"表达方式就是:12.3。

样本值="茎节.叶"表达×"茎节"的宽度

一个样本数据集合中的所有不重复的茎节,从小到大连接起来,就是茎。

茎节的宽度,就是茎的宽度。

确定"茎节"的宽度的原则:样本数据集合中的"茎节"必须是有变化的。

2. 茎叶图的基本作法

茎叶图的基本作法是

(1)依据样本数据集合中数字的大小范围,确定"茎"的数字位和"叶"的数字位;

(2)把样本数据集合中的所有的样本数据,分成"茎节"、"叶"两部分;

(3)把样本数据集合中的所有的"茎节",从小到大,从上到下纵向排列,并在"茎节"后标出小数点,小数点要纵向对齐;

(4)按照"茎节"的从小到大的顺序,依次把样本数据集合中的所有"茎节"相同的数据取出来,把这些数据的"叶",按照从小到大的顺序,写在这个"茎节"后小数点的右边,从左到右横向排列,直至把样本数据集合中的所有数据处理完。

这样,我们就得到了这个样本数据集合的茎叶图。

我们通过一个简单的例子来说明茎叶图的作法。

例 3.2.1 表3.2.1中是某班级男生的身高数据。

表 3.2.1 某班级男生的身高数据(单位:厘米)

171	182	175	177	178	181	185	168	170	175	177
180	176	172	165	160	178	186	190	176	163	183

按照"样本数据集合中的'茎节'必须是有变化"的原则，显然，在本例中，我们不能以百位数为"茎(节)"(如果这样，"茎节"都是"1"，没有变化了)，而应以百位数和十位数为"茎(节)"，也就是说，"茎(节)"的宽度是 10(厘米)。这样，"叶"就只能是个位数了。

于是，按照上述制作规则，我们可以得到茎叶图(图 3.2.1)。

从该图我们可以清楚地看到，这个样本数据集合中的数据结构：在这个班的男生中，身高在 170 厘米至 179 厘米段(即茎节 17)的人数最多(11 个)；其次是 180 厘米至 189 厘米段(茎节 18)的(6 人)；再次是 160 厘米至 169 厘米段(茎节 16)的(4 人)；190 厘米至 199 厘米段(茎节 19)的最少，仅 1 人。

为了清楚地看出各个身高段的人数，可以在茎叶图的最左边，增加一列，表示各个茎节右边的样本个数(各茎节的数据频次)的数字。同时，只要每片"叶"是由一个数字组成的，就可以把小数点右边的逗号去掉，使得茎叶图的表达更紧凑一些。于是，图 3.2.1 就变成了图 3.2.2。

茎		叶
16	.	0,3,5,8
17	.	0,1,2,5,5,6,6,7,7,8,8
18	.	0,1,2,3,5,6
19	.	0

图 3.2.1 身高茎叶图

频次	茎		叶
4	16	.	0358
11	17	.	01255667788
6	18	.	012356
1	19	.	0

图 3.2.2 身高茎叶图

当同一个茎节右侧所表示的样本值过多时，该茎节的"叶"就会很长，说明这个"茎节"(数字段)过于大了，需要细分。细分，可以使茎叶图更清楚地表示样本数据集合的结构。

常见的细分茎节的方法之一，是把茎节分成两个子茎节，也就是把该"茎节"右侧的"叶"，处于 0～4 的，归为"L"子茎节(低段子茎节)；"叶"的数字处于 5～9 的，归为"H"子茎节(高段子茎节)。于是，图 3.2.2 变成如图 3.2.3 的所示茎叶图。

频次	茎		叶
2	16L	.	03
2	16H	.	58
3	17L	.	012
8	17H	.	55667788
4	18L	.	0123
2	18H	.	56
1	19L	.	0

图 3.2.3 身高茎叶图

比较图 3.2.2 与图 3.2.3，不难发现，两个图的茎(节)的宽度是相同的，每个茎节的末位数，都表示 10 厘米。但是每个"茎节"所覆盖的"叶"的范围是不同的。图 3.2.2 中的每个"茎节"可以覆盖的"叶"的范围是数字 0～9，而图 3.2.3 中的每个"茎节"可以覆盖的"叶"的范围是 5 个数字，或者 0～4，或者 5～9。

从这个差异，我们引出“茎节长度”的概念。

所谓“茎节的长度”是指茎叶图中，每个“茎节”所允许覆盖的“叶”的数字范围的“最大值－最小值＋1”。

由此算来，图 3.2.2 中的“茎节的长度”是：9－0＋1＝10 厘米。图 3.2.3 中的“茎节的长度”是：4－0＋1＝9－5＋1＝5 厘米。后者茎节长度，是前者的茎节长度的一半。

当一个茎叶图中，每个数据的“叶”是由两位及两位以上的数字组成时，“茎节的长度”的计算仍然是“允许的最大叶值－允许的最小叶值＋1”。例如，某茎节允许的最大叶值是 99，最小叶值是 50，则该茎节的长度是 99－50＋1 ＝ 50。

☆注意☆ 我们在细分茎节时，要把握“每个茎节长度都要相等的原则”。

还需要进一步说明的是，图 3.2.3 中标在每个“子茎节”后面的大写字母“L”与“H”，是可以省略的。因为每个“子茎节”右边的数字，已经可以清楚地提示出，该“子茎节”是低段(L)的，还是高段(H)的。

当茎叶图中，“茎节”右边的“叶”特别多，把每个“茎节”分为相等的两个“子茎节”，仍然不能解决问题时，可以把茎节分得更细一些，例如，把每个“茎节”分解为相等的 5“子茎节”，即，每个“子茎节”所覆盖的“叶”的依次为：0～1，2～3，4～5，6～7，8～9。这样，每个子茎节的长度，就是原来每个茎节长度的$\frac{1}{5}$。

本书将在下一章介绍 SPSS 的应用时，给出这类茎叶图的例子。

如果把每个“茎节”所覆盖的数据视为一个数据组的话，上面所介绍的细分“茎节”的问题，其实就是细分数据组的问题。我们将在后面对直方图的介绍中进一步讨论数据分组问题。

茎节长度的概念

茎节长度：茎叶图中，每个“茎节”所允许覆盖的“叶”的数字范围。其计算公式是

茎节长度 ＝ 允许覆盖最大值－允许覆盖最小值 ＋ 1

3.2.2 直方图(Histogram)的概念与作法

1. 直方图的基本概念与适用范围

条形图用矩形条的高度，来表示横坐标相应位置上的样本值的出现的频次或频率，能够形象地看到样本数据集合的数据结构。但它也有一个弱点，对于刻度级的数据而言，当数据的精度(相对)高，使得不重复的数据量非常大时，或使得重复数据相对少(即同一数据的频次或频率小)时，反而让人看不清数据集合的结构。

例3.2.1的条形图(图3.2.5)反映出条形图的弱点。因此需要一种类似的、但却适用于大量不重复样本值的图示方法，这就是直方图(Histogram)图示法。

直方图的初步概念，可以从如下直方图的基本作法中反映出来：

(1)按照样本值的大小，选择恰当的区间长度(通常要求区间是等长度的)，对所有的样本值分组；

(2)统计所有组(区间)内的样本值的个数(频次)，或各个组内的样本值的个数占全部样本值总个数的比例(频率)；

(3)用横坐标，按照顺序表示不同的区间(组)，用竖立于区间上的矩形条，表示相应区间的样本值的频次或频率。这就是直方图。

不难看出，直方图与条形图的本质差异在于：直方图要对数据分组(或者说，按照一定刻度范围，把相邻的数据并为一组)；而条形图不对数据分组，直接统计不同样本值的重复次数(或者，也可以理解为，只把相同的数据作为一组)。

这就是说，只要区间足够小，使得每个不重复的样本值处于不同的区间中，这时的直方图，就是条形图。也就是说，可以把条形图作为直方图的特例。

不考虑特例情形，由于直方图要按照合适的(一般是等长的)区间对数据分组，因此，它只适用于刻度级的样本数据(不论是刻度级中的区间级，还是比例级，都可以)。

当然，如果有特殊需要(例如，顺序级的不重复的数据太多)，也是可以"强行"把相邻的顺序级的数据划为一组，然后按组来统计频次与频率。但，这时的组不是区间的概念，也不存在"等长"的组的概念，仅仅是集合的概念。

直方图的使用范围

当刻度级样本数据很多或者精度相对高，使得数据集合中重复出现的样本值过少时，就需要对数据分组，用直方图观察不同组数据的频次与频率。

2. 数据分组

数据分组，一般采取等区间长度的原则，即，各组数据的上界与下界之差，是相等的。

(1)数据分组的思路

对数据分组，有两条思路可走。

一是先确定区间长度，然后用下式来确定组的个数：

$$\text{组的个数} = R\left(\frac{\text{数据集合中的最大值} - \text{数据集合中的最小值}}{\text{区间长度}}\right) + 1$$

式中，R 表示用四舍五入法，把括号中的数据表达为整数。例如，$R(16.25)=16$，

首先，我们不能把区间长度的量纲单位定在“米”处(即 100 厘米处)，因为这样就把所有的数据并入一个组了；也不能定在“厘米”处，这样等于没有对数据分组。所以，只能把区间长度的量纲定为“分米”(即 10 厘米)，也就是说，初始区间长度是 10 厘米。此时，可计算出数据分组的个数为

$$组的个数 = R\left(\frac{190-160}{10}\right)+1=4$$

从视觉角度来看，4 个组太少了。于是，按照前面介绍的方法，区间长度应当减半，即，把分组的区间长度定为 5 厘米。由此计算出的数据分组的个数为

$$组的个数 = R\left(\frac{190-160}{5}\right)+1=7$$

对于 22 个数据的问题而言，组数不能再多了；再多，就会削弱或丧失分组的意义。于是，我们可以确定，分组的区间长度为 5 厘米，区间个数为 7。

(3)确定分组区间起点位置的方法

在分组的区间长度和区间个数确定之后，要想对样本数据分组，还必须确定第一个区间(最左边的区间)的中心位置在横轴上的坐标 x_1(此时，该区间的左端点的坐标就是“$x_1-0.5\times$所确认的区间长度”)。只要最左边的区间的位置确定下来了，再按照所确认的区间长度，所有分组区间的位置也就随之确定了。这样就把样本数据集合中的所有数据，置于不同的区间(数据组)之中了。注意，如果哪个数据刚巧处于两个区间的分界点上，按照惯例，应把它划归为右边的区间。

我们以流程图(图 3.2.4)的确定区间长度的表述方式为例，表述确定第一个区间(最左边的区间)的中心位置的方法。

① 取出样本数据集合中的最小数据(量纲为确定区间长度时所选定的量纲)，记为 y_1。例如，在例 3.2.1 中，所选定的量纲单位是“分米”，最小样本值是 160 厘米，表达为所选定的量纲单位的形式是 $y_1=16$(分米)。

② 确定备选的起始区间的中心位置：

a.当分组区间长度为 0.2(某量纲单位)时，备选的起始区间的中心位置(坐标 x_1)分别是：$[y_1]+0$，$[y_1]+0.2$，$[y_1]+0.4$，$[y_1]+0.6$，$[y_1]+0.8$。式中，$[y_1]$表示对数字 y_1 取整。例如，$[16.1]=16$，$[16.9]=16$，$[16]=16$，等等。

b.当分组区间长度为 0.25(某量纲单位)时，备选的起始区间的中心位置(坐标 x_1)分别是：$[y_1]+0$，$[y_1]+0.25$，$[y_1]+0.5$，$[y_1]+0.75$。

c.当分组区间长度为 0.5(某量纲单位)时，备选的起始区间的中心位置(坐标 x_1)分别是：$[y_1]+0$，$[y_1]+0.5$。

d.当分组区间长度为 1(某量纲单位)时，备选的起始区间的中心位置(坐标 x_1)就是：$[y_1]+0$。

上述作法可概括为：备选的 $x_1=[y_1]+kx$ 区间长度，$k=0,1,\cdots$，同时，$k\times$区

间长度<1。

③ 哪个备选区间的中心位置 x_1 与 y_1 最近，就确定这个位置上的区间(x_1 ± 0.5×所确认的区间长度)为数据分组的起始区间。

例如，例 3.2.1 的身高数据的分组问题。在前面，我们已经选定了分组的区间长度为 0.5 分米，而样本数据集合中的最小数据 y_1 是 16 分米，$[y_1]=[16]=16$，备选的区间中心坐标是：$[y_1]+0=16$ 分米，或者 $[y_1]+0.5=16.5$ 分米。显然，第一个中心坐标 16 分米离 y_1(16 分米)最近(距离是 0)，所以，确定第一个区间是 (15.75,16.25)。区间边界由 $16\pm\frac{0.5}{2}$ 得出。基于此，我们可以列出这一串 7 个区间的边界。于是，我们可以把该例题中所有的身高数据，分到 7 个区间中。

为了看清楚分组结果，我们用表格形式来表达数据分组。

首先把例 3.2.1 中身高数据，从小到大排序，见表 3.2.2。

表 3.2.2　某班级男生的身高数据排序(单位：分米)

16.0	16.3	16.5	16.8	17.0	17.1	17.2	17.5	17.5	17.6	17.6
17.7	17.7	17.8	17.8	18.0	18.1	18.2	18.3	18.5	18.6	19.0

然后，在表格中列出 7 个分组区间的边界、落入各个区间的数据等，见表 3.2.3。

表 3.2.3　某班男生的身高数据分组

组别	组 1	组 2	组 3	组 4	组 5	组 6	组 7
组界	(15.75, 16.25)	[16.25, 16.75)	[16.75, 17.25)	[17.25, 17.75)	[17.75, 18.25)	[18.25, 18.75)	[18.75, 19.25)
身高	16.0	16.3,16.5	16.8, 17.0, 17.1,17.2	17.5, 17.6, 17.7	17.8, 18.0, 18.1,18.2	18.3, 18.5, 18.6	19.0
频次	1	1　1	1　1　1　1	2　2　2	2　1　1　1	1　1　1	1
组频次	1	2	4	6	5	3	1

结合上述论述，引入如下概念：

组中值：就是区间中心位置的坐标 x，$x=$(组上界+组下界)/2

组频次：组内数据出现的次数。

组频率：组频次/样本数据集合中的样本的个数。

☆注意☆　上面所介绍的数据分组方法只是常用的方法(并且是便于编写计算机程序的方法)。人们完全可以采用另外的方法对数据分组。但是，不论采用何种方法，一般都采用等区间长度的规则，并且不希望区间(组)的个数太多或太少。

数据分组的一些重要概念

确定分组区间长度的方法请参见流程图 3.2.4。

确定最左端分组区间位置的准则：在备选的区间中，哪个区间中心坐标（组中值）与数据集合中最小值之差最小，哪个备选区间就作为数据分组的最左端的区间。

组中值：就是区间中心位置的坐标 x，$x=\frac{(\text{组上界}+\text{组下界})}{2}$

组频次：组内数据出现的次数。

组频率：$\frac{\text{组频次}}{\text{样本数据集合中的样本的个数}}$

3. 绘制直方图

(1)在横轴上，从小到大，依次标出分组区间的边界；

(2)在纵轴方向，按照各个区间的组频次或组频率的大小，绘制不同高度的矩形。

为了观察直方图相对于条形图的优点(其实就是数据分组相对于不分组的优点)，我们先列出例 3.2.1 的条形图(见图 3.2.5)，然后列出例 3.2.1 的直方图(见图 3.2.6)。

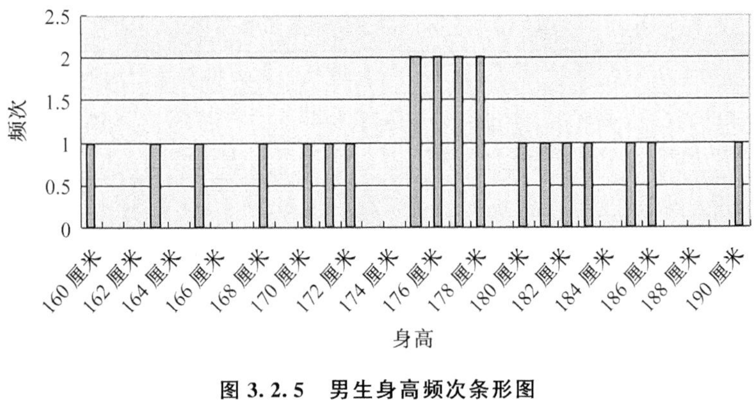

图 3.2.5 男生身高频次条形图

由图 3.2.5 与图 3.2.6 的对比，显然易见，图 3.2.6 更能够表现样本数据的分布结构。

上述所讲到的所有的绘图方法、数据分组方法，都可以用有关统计软件完成。我们将在下一章介绍 SPSS(社会科学统计软件)的使用。

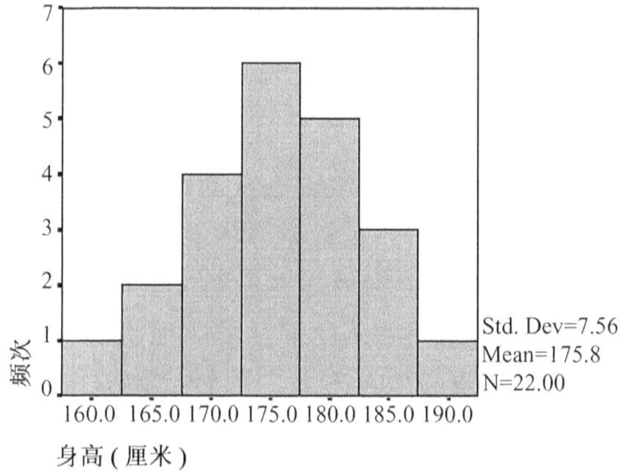

图 3.2.6　男生身高频次直方图

3.3　样本数据的位置特征:对数据中心的描述

样本数据集合的另一个重要的特征,就是样本数据集合中心所处的位置,它在一定程度上反映了样本数据集合的位置。由于样本数据的测度级别的不同,因此需要有不同的表示"数据集合中心"的概念。本节将介绍"样本中位数"、"样本众数"和"样本均值"三个重要的描述数据集合中心位置的基本概念。

3.3.1　样本众数(Sample Mode)

1. 样本众数定义 1

样本众数定义 1:样本数据集合中出现频次最高的那个样本值,称为样本众数。在一般情况下,"样本众数"被简称为"众数"。

在许多情况下,一个样本数据集合中出现频次最高的样本值只有一个,这时的众数是最普通的众数,称为单一众数,简称为该样本数据集合的(样本)众数。

但显然,也会出现如下情形:在一个样本数据集合中,有多个"出现频次最高的数据"。按照上述定义,这个样本数据集合的众数,就应当也有多个。此时的众数,称为"复众数"。

当然,也可能出现极端情况:在样本数据集合中,所有的不同的样本值出现的频次都相同。按照上述定义,这个样本数据集合中的每一个不同的样本值,都应当是众数。如果一个特征,所有的被考察对象都具有,这个特征就不再有特殊性。所以,这时,我们也称这个数据集合没有众数。

2. 样本众数的一些例子

(1)对于顺序级的样本数据集合而言,众数的确定是很容易的,可以简单地从频次统计表中查出(频次最大的样本值就是该样本数据集合的众数),也可以简单地从条形图上看出(最高竖条所代表的样本值就是该样本数据集合的众数)。并且,这个众数的确可以在一定程度上表示数据集合的“位置”。

例如,在例 3.1.2 中,很容易从表 3.1.5(重列于下方)的频次行(或频率行)看出,该样本数据集合的众数是“大学”。当然,也可以从相应的条形图(图 3.1.5)看出同样的结果。甚至可以从相应的饼图中看出同样的结果。

表 3.1.5　某单位职工受教育程度的结构

受教育程度	小学	初中	高中	大学	硕士研究生	合计
各个受教育程度出现的频次	1	2	2	9	2	16
各个受教育程度出现的频率(%)	6.25	12.5	12.5	56.25	12.5	100

(2)对于名义级的样本数据集合而言,按照众数的定义,也可以有众数,但是这里的众数对样本数据集合的“位置”的表示意义,就比较弱了。因为名义级的数据只有相同与否的区别,没有顺序位置的区别(换言之,其不同样本值的位置是可以任意排列的)。

在例 3.1.3 中,在调查中出现频次最高的家具基色调,是淡黄褐色(这很容易从表 3.1.7 中的频次行看出。在表 3.1.7 中,淡黄褐色是用 Y 表示的),所以样本值“淡黄褐色”是这个数据集合的众数。为了阅读方便,这里重列表 3.1.7 如下:

表 3.1.7　家具基色调出现的频次

家具的基色调	B	G	R	W	Y	合计
各个基色调出现的频次	1	6	8	5	10	30
各个基色调出现的频率(%)	3.33	20.00	26.67	16.67	33.33	100

当然,也可以从相应的条形图(图 3.1.6),看出该数据集合的众数。

在上述两例中样本数据集合是众数,都是普通的单一众数。

(3)对于刻度级的样本数据集合而言,情况较为复杂。在有的数据集合中,不重复的数据大多数是等距离分开的,并且重复出现的数据较多,就适宜于直接用上述定义来确定众数。有的数据集合的数据精度高,不重复的数据量非常大,就不适宜于直接用上述定义来确定众数。我们将在后面的例子中说明解决这类问题的方法。

我们可以直接用众数的定义1,来确定例3.1.1的数据集合的众数。从表3.1.3(重列于下方)的频次行(或频率行),可以直接看出,该样本数据集合的众数是9.99毫米、10毫米和10.01毫米。显然,这是一个复众数的例子。当然,本例中的复众数也可以从图3.1.4中直接看出。

表3.1.3　某商品价格出现的频次、频率统计表

价格(元)	9.93	9.94	9.95	9.96	9.97	9.98	9.99	10.00	10.01	10.02	10.03	10.04	10.05	10.06
次数:	1	0	1	1	2	3	4	4	4	2	3	2	2	1
频率%	3.33	0	3.33	3.33	6.67	10.0	13.33	13.33	13.33	6.67	10.0	6.67	6.67	3.33

3. 样本众数定义2及其例子

不适于直接用众数的定义1来确定样本数据集合的众数的例子,是本章的例3.2.1。从该数据集合中的条形图(图3.2.5)和直方图(图3.2.6)的对比中,很容易看出,直接使用众数的定义1(依据图3.2.5)来确定样本数据集合的众数,远没有依据图3.2.6来确定众数,更能反映数据集合的特征。为了阅读方便,重列图3.2.5和图3.2.6于下:

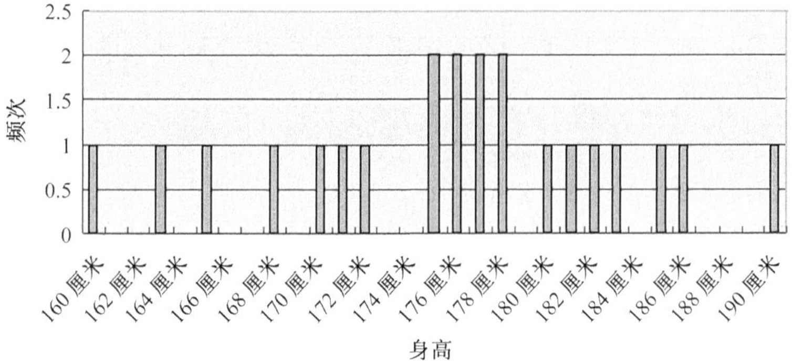

图3.2.5　男生身高频次条形图

这就产生了关于众数的第二种定义。

样本众数定义2:对于刻度级的样本数据集合而言,在对数据的等区间分组的直方图中,最高的矩形(即图中的峰Peak)所表示的数据区间,称为该数据集合的

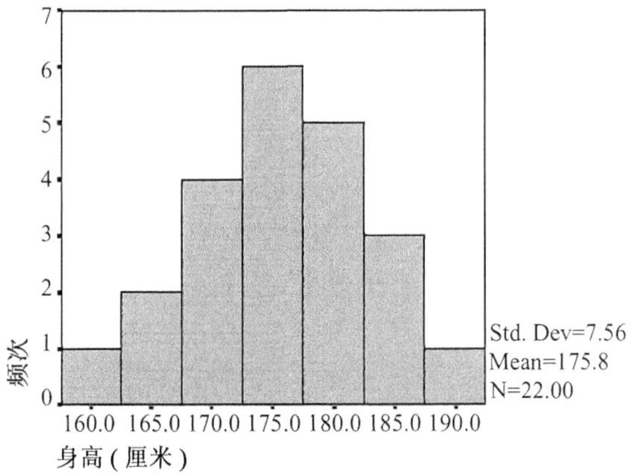

图 3.2.6　男生身高频次直方图

众数区间,简称为众数(参见 Peck, Roxy et al, 2001, P.74)。

按照众数的定义 2,由图 3.2.6 易知,该数据集合的众数区间是 175±2.5。

当直方图中,只有单一峰时,该峰所表示的数据区间称为单一众数;有多个峰时,称为复众数。

当然,对于刻度级的数据而言,还有其他的关于众数的定义方式,有的较为复杂,实用意义不大,本书不再介绍。对于初步了解刻度级的数据集合的位置来说,这里的定义 2 已经够用了。

对于多数的刻度级的数据集合而言,用定义 2 来确定众数是恰当的。

样本众数

定义 1:样本数据集合中出现频次最高的那个样本值,称为样本众数。在一般情况下,“样本众数”被简称为“众数”(Mode,简记为 Mo)。

如果样本数据集合中“频次最高的样本值”只有一个,则称此样本值为单一众数,简称为众数。当样本数据集合中,有多个“频次最高的样本值”时,则,这些样本值就都是该数据集合的众数。此时的众数,称为“复众数”。

广义上说,众数的概念适用于所有测度级别的样本数据集合,但对于初步表达样本数据集合的“中心”位置而言,顺序级以上的数据集合的众数,更有效一些。

定义 2:对于刻度级的样本数据集合而言,在对数据的等区间分组的直方图中,最高的矩形(即图中的峰 Peak)所表示的数据区间,称为该数据集合的众数区间,简称为众数。

众数区间,也有单一众数与复众数之分。

3.3.2　样本中位数(Sample median)

设：对样本数据集合中的所有数据的排序结果为 $x_1 \leqslant x_2 \leqslant \cdots \leqslant x_n$，$n$ 为样本容量，则在上述排序的序列中，处于"正中间位置"上的数据，称为样本中位数。

例如，$n=9$ 时，"正中间位置"是第 5 个位置(它的左边有 4 个数据，它的右边也有 4 个数据)，这个位置上的数据 x_5，就是这个样本数据集合的中位数。第 5 个位置的"5"，是由下式计算得到的：

$$\text{正中间位置号码} = \frac{n+1}{2} = (n+1) \times 0.5$$

$$\text{样本中位数} = x_{\frac{n+1}{2}}$$

当 n 是偶数时，例如，$n=10$ 时，第几个位置算"正中间位置"呢？按照计算正中间位置的公式 $\left(\frac{n+1}{2}\right)$，可以算出"正中间位置"是第"5.5"个位置 $\left(\frac{n+1}{2}=11\times 0.5=5.5\right)$，也就是说，是第 5 与第 6 个数据正中间的位置。所以，$n=10$ 时的"正中间位置"上的数据，应当是 x_5 与 x_6 的平均值，也就是说，中位数应当是 $\frac{(x_5+x_6)}{2}$。这时的计算公式，也可以换成下面的形式：

$$\text{中位数} = x_5 + (x_6 - x_5) \times 0.5$$

式中的 0.5 是第"5.5"个位置的小数部分。

由上面的定义易知，当样本数据的个数(样本容量)为奇数时，样本中位数适用于顺序级以上的样本数据集合；当样本数据的个数(样本容量)为偶数时，样本中位数仅适用于刻度级以上的样本数据集合(因为顺序级的数据不能做加减运算)。

较为严谨的样本中位数的定义是：

在对样本数据集合中的所有数据排序后，样本中位数 Me 由下式确定：

$$\text{Me} = \begin{cases} x_{\frac{n+1}{2}}, & \text{当 } n \text{ 为奇数时} \\ \dfrac{x_{\frac{n}{2}} + x_{\frac{n}{2}+1}}{2}, & \text{当 } n \text{ 为偶数时} \end{cases}$$

☆注意☆　当 n 为偶数时，正中间位置是第"$\frac{n}{2}+0.5$"个位置(即第"$(n+1)\times 0.5$"个位置)。此时，计算中位数的公式还有第二种表达：

$$\text{Me} = x_{\frac{n}{2}} + (x_{\frac{n}{2}+1} - x_{\frac{n}{2}}) \times 0.5$$

式中的 0.5 是第"$\frac{n}{2}+0.5$"个位置的小数部分。

例如，在如下样本集合中（注意：已经对数据排过序）

17.0　17.1　17.2　17.5　17.5　17.6　17.6

中位数是 $Me = x_4 = 17.5$。

而在如下样本数据集合中（注意：也已经对数据排过序）

16.8　17.0　17.1　17.2　17.5　17.5　17.6　17.6

中位数 $Me = \dfrac{x_4 + x_5}{2} = \dfrac{17.2 + 17.5}{2} = 17.35$。

样本中位数

设：样本数据集合中的所有数据的排序结果为 $x_1 \leqslant x_2 \leqslant \cdots \leqslant x_n$，$n$ 为样本容量。样本中位数，就是上述序列中，处于"正中间位置"上的数据。

正中间位置"号码" $= \dfrac{n+1}{2} = (n+1) \times 0.5$

中位数 Me 的公式为

$$Me = \begin{cases} x_{\frac{n+1}{2}}, & \text{当 } n \text{ 为奇数数时} \\ \dfrac{x_{\frac{n}{2}} + x_{\frac{n}{2}+1}}{2}, & \text{当 } n \text{ 为偶数时} \end{cases}$$

当样本容量为奇数时，样本中位数适用于顺序级以上的样本数据集合。

当样本容量为偶数时，样本中位数仅适用于刻度级以上的样本数据集合。

3.3.3　样本均值（*Sample Mean*）

样本均值仅适用于刻度级的数据。

样本数据集合的样本均值 $\overline{x}$（又称为样本平均数），是把样本数据集合中的所有数据加起来，然后再除以样本数据集合中的样本个数（样本容量）所得到的结果。数学定义式为：

$$\overline{x} = \frac{1}{n} \sum_{i=1}^{n} x_i$$

式中，x_i，$i = 1, 2, \cdots, n$，是样本观察值（样本数据），所以 $\overline{x}$ 是一个数字。

在表示例 3.2.1 的身高数据的直方图 3.2.6 中，事实上已经按照上述公式计算出了样本均值"Mean=175.8"，标在图的右侧。

样本均值

样本均值仅适用于刻度级的数据。

样本数据集合的样本均值 $\overline{x}$ 定义为：$\overline{x}=\frac{1}{n}\sum_{i=1}^{n}x_i$，式中 x_i 为样本观察值。

3.4　样本数据的离散特征

对样本数据集合的离散特征的描述，可以划分为两大类：一是点状描述，如明确样本数据集合中的最小点和最大点等；二是区间描述（也就是基于差值的描述），如样本数据集合中的最大值与最小值之差，数据集合中的每一个样本值与样本均值之差等。

3.4.1　对样本数据离散特征的点状描述：极值、四分点与百分位点

1. 极大值(Maximum)与极小值(Minimum)

当把样本数据集合中的所有数据从小到大排序后，位于该序列的第一个数据（样本值），就是该数据集合中的最小值（the Smallest Observation in the Data Set），或者说，极小值。该序列中最后一个数据（样本值），就是该数据集合中的最大值（the Largest Observation in the Data Set）或者说极大值。例如，由表 3.1.5 知，例 3.1.2 中的最小值是“小学”，最大值是“硕士研究生”。而由表 3.1.3 知，例 3.1.1 中的最小值是 9.93（元），最大值是 10.06（元）。这就是说，对样本数据集合离散特征的极大值和极小值的点状描述，适用于顺序级以上的数据集合。

极大值与极小值

极大值是数据集合中的最大值。极小值是数据集合中的最小值。

这两个样本值，从一定视角反映了样本数据集合中样本值的离散情况。

在一定程度上反映了样本数据集合离散特征的极大值和极小值，适用于顺序级以上的数据。

2. 下四分点(Lower Quartile)与上四分点(Upper Quartile)

（1）下四分点与上四分点的概念

由 3.3.3 小节可知，中位数所在的“正中间位置”，把排序后的样本数据集合分成了左右两部分，使左右两部分包含的样本数据的个数相等，即都包含 50%的样本总个数（即$\frac{n}{2}$个数据。n 为样本数据的总个数）。

由此可以给出下四分点的直观概念：下四分点把排序后的样本数据集合，分成了左右两部分，使左边部分包含 25%的样本总个数，右边部分包含 75%的样本总个数。

同理，可以给出上四分点的直观概念：上四分点把排序后的样本数据集合，分成了左右两部分，使左边部分包含 75%的样本总个数，右边部分包含 25%的样本总个数。

下四分点与上四分点的概念

下四分点把排序后的样本数据集合，分成了左右两部分，使左边部分包含 25%的样本总个数，右边部分包含 75%的样本总个数。

上四分点把排序后的样本数据集合，分成了左右两部分，使左边部分包含 75%的样本总个数，右边部分包含 25%的样本总个数。

上、下四分点在一定意义上反映了样本数据的离散情况。

(2)下四分点的位置与上四分点的位置

我们用 Q_1 表示下四分点，Q_3 表示上四分点，Q_2 表示中位数，即 $Q_2=\text{Me}$。n 表示该数据集合的数据总个数。

在 3.3.3 小节，给出了排序后的“正中间位置”的公式：

$$\text{正中间的位置}=(n+1)\times 0.5$$

该位置的左边，有 $n\times 0.5$ 个数据，占总个数的 50%。

相类似，我们可以分别得到下四分点 Q_1 的位置和上四分点 Q_3 位置的计算公式：

$$\text{下四分点 } Q_1 \text{ 的位置}=(n+1)\times 0.25$$

该位置的左边，有 $n\times 0.25$ 个数据，占总个数的 25%。

$$\text{上四分点 } Q_3 \text{ 的位置}=(n+1)\times 0.75$$

该位置的左边，有 $n\times 0.75$ 个数据，占总个数的 75%。

(3)下四分点 Q_1 的值与上四分点 Q_3 的值

当下四分点的位置与上四分点的位置为整数时，相应整数位置上的样本值就是 Q_1、Q_3 的值。当下四分点的位置与上四分点的位置不为整数时，下四分点 Q_1 的值与上四分点 Q_3 的值，分别由下面的公式算出：

$Q_1=Q_1$ 位置左边的样本值$+$(Q_1 位置右边的样本值$-Q_1$ 位置左边的样本值)$\times Q_1$ 位置的小数部分

Q_3 = Q_3 位置左边的样本值＋(Q_3 位置右边的样本值－Q_3 位置左边的样本值)×Q_3 位置的小数部分

(4)示例

例 3.4.1　样本数据集合(排序后)为：99.8，99.9，100.1，100.2，试计算该数据集合的下上四分点 Q_1、Q_3 的值和中位数 Q_2 的值。

此例 $n=4$，由位置的计算公式，有

下四分点 Q_1 的位置＝(4＋1)×0.25＝1.25，该位置左边有 1 个数据(占总数的 25%)。

中位数 Q_2 的位置＝(4＋1)×0.5＝2.5，该位置左边有 2 个数据(占总数的 50%)。

上四分点 Q_3 的位置＝(4＋1)×0.75＝3.75，该位置左边有 3 个数据(占总数的 75%)。

图 3.4.1 给出了上述 3 个位置，对数据个数的分割情况。

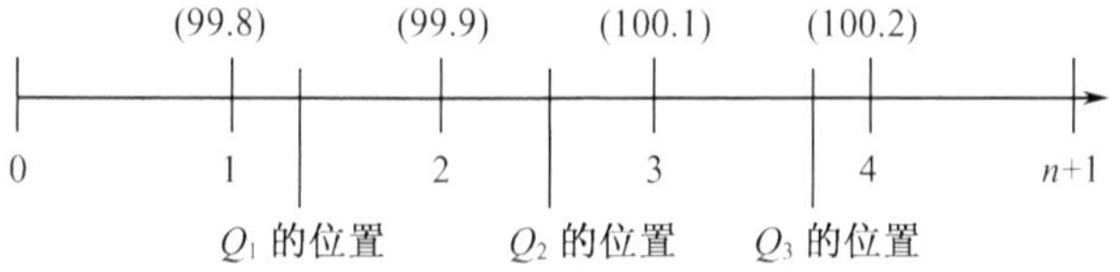

图 3.4.1　四分点的位置示意图

图中，括号中的数据表示相应排序位置上的样本值。

现在，我们计算下上四分点 Q_1、Q_3 的值和中位数 Q_2 的取值。

首先，由 3.3.3 小节所给出的对中位数的算法，有

$$Q_2 = Me = 99.9 + (100.1 - 99.9) \times 0.5 = 100.0$$

类似地，由本小节所给出的计算 Q_1、Q_3 的公式，可以算出：

$$Q_1 = 99.8 + (99.9 - 99.8) \times 0.25 = 99.825$$

$$Q_3 = 100.1 + (100.2 - 100.1) \times 0.75 = 100.175$$

不难看出，在获得 Q_1、Q_3 和 Q_2 的值时，我们对有关数据做了四则运算，所以，此时用下上四分点 Q_1、Q_3 的值(在一定程度上)来反映样本值的离散情况，也仅适用于刻度级的数据。

例 3.4.2　样本数据集合(排序后)为：3，5，6，8，11，12，18，试计算该数据集合的下上四分点 Q_1、Q_3 的值和中位数 Q_2 的值。

此例 $n=7$，由位置的计算公式，有

下四分点 Q_1 的位置＝(7＋1)×0.25＝2，该位置左边有 7×0.25 个数据(占总数的 25%)。

中位数 Q_2 的位置＝(7＋1)×0.5＝4，该位置左边有 7×0.5 个数据(占总数的 50%)。

上四分点 Q_3 的位置＝(7＋1)×0.75＝6，该位置左边有 7×0.75 个数据(占总数的 75%)。

此时，Q_1、Q_3 和 Q_2 的位置都是整数，所以，相应位置上的样本值就是相应的 Q_1、Q_3 和 Q_2 的值。即

下四分点 Q_1 的取值为“第 2 个位置”上的值“5”，即 $Q_1=5$。

中位数 Q_2 的取值为“第 4 个位置”上的值“8”，即 $Q_2=Me=8$。

上四分点 Q_3 的取值为“第 6 个位置”上的值“12”，即 $Q_3=12$。

不难看出，当 Q_1、Q_3 和 Q_2 的位置都是整数时(也就是 $n+1$ 能够被 4 整除时)，我们没有对任何数据进行任何四则运算，仅仅对样本数据做了排序，就得出了 Q_1、Q_3 和 Q_2 的值，所以，此时用下上四分点 Q_1、Q_3 的值来(在一定程度上)反映样本值的离散情况，也适用于顺序级的数据。

☆注意☆　上述有关上四分点、下四分点和中位数的手工计算，是不重要的。重要的是上四分点、下四分点和中位数的概念，是明了它在什么样的意义上反映了样本数据集合的离散情况。因为实际的样本数据要比这里列出的多得多，用手工完成大量数据的排序和上述计算，是相当麻烦甚至是相当困难的。我们将在下一章介绍，如何运用 SPSS 软件完成上述计算。

上、下四分点的应用范围

在一般情况下，用下上四分点 Q_1、Q_3 的值(在一定意义上)反映样本数据的离散情况，仅适用于刻度级的数据。只有在 $n+1$ 能够被 4 整除时，才适用于顺序级的数据。

有关上四分点、下四分点和中位数的手工计算，是不很重要的。很重要的是上四分点、下四分点和中位数的概念。计算将由 SPSS 软件完成。

3. 上下百分位点(Percentile)

仿照上、下四分点的概念，我们不难给出上、下十分点的概念：

下十分点把排序后的样本数据集合，分成了左右两部分，使左边部分包含 10%的样本总个数，右边部分包含 90%的样本总个数。

上十分点把排序后的样本数据集合，分成了左右两部分，使左边部分包含 90%的样本总个数，右边部分包含 10 的样本总个数。

上、下十分点也在一定意义上反映了样本数据的离散情况。对有些样本数据而言，用上、下十分点来反映样本数据的离散情况，更好一些。进而，一般地，我们可以定义任意小于 50 的上下百分点，并借此反映一定意义上的样本数据的离散情况。SPSS 软件提供了这种选择，我们将在下章介绍它。但需注意，上、下四分点与

上、下十分点是应用最多的选择。

3.4.2　对样本数据离散特征的区间描述：极差、四分位距与离差

一说到“区间描述”，就必然要对一些样本数据做加减运算，因此，区间描述仅适用于刻度级的样本数据。

1. 极差(Range)

极差(R)被定义为样本数据集合中的极大值与极小值之差：

$$R = 极大值 - 极小值$$

它反映了样本数据在数轴上的分布范围。

在例 3.4.1 中，样本数据集合的最大值为 100.2，最小值为 99.8，所以 $R=0.4$。

在例 3.4.2 中，样本数据集合的最大值为 18，最小值为 3，所以 $R=15$。

2. 四分位距(Interquartile Range)

四分位距(Iqr)样本数据排序后的上四分点与下四分点之差：

$$\mathrm{Iqr} = Q_3 - Q_1$$

它反映了样本数据集合中样本值处于中间大小的$\frac{1}{2}$的数据的分布范围。

在例 3.4.1 中，上四分点为 3.75，下四分点为 1.25，所以 $\mathrm{Iqr}=3.75-1.25=2.5$。

在例 3.4.2 中，上四分点为 12，下四分点为 5，所以 $\mathrm{Iqr}=12-5=7$。

3. 样本离差(Sample Deviations)与离差平方和(Sun of Squared Deviations)

样本离差被定义为每个样本 x_i 与样本均值 $\overline{x}$ 之差：$x_i-\overline{x}$，$i=1, 2, \cdots, n$

样本离差又称为样本中心化数据。

例 3.4.1 的样本数据为：99.8，99.9，100.1，100.2，易知，均值为 100.0，于是，样本离差(中心化数据)依次为：-0.2，-0.1，0.1，0.2。

所有的样本离差之和，存在正负相互抵消的问题，其和必然为零，不可能反映整个样本数据对样本均值的偏离情况，所以采用离差平方和的方式来反映样本数据对均值的总偏离情况。

离差平方和被定义为：$\sum_{i=1}^{n}(x_i-\overline{x})^2$。

3.4.3 离散状况的统计值描述:样本方差(*Sample Variance*)

作为样本观察值的样本方差 s^2 被定义为:离差平方和与 $n-1$ 的比值。其基本含义是通过样本个数对“偏离情况”的影响,以便较为客观地反映样本数据对样本均值的平均偏离情况。至于为什么用离差平方和除以 $n-1$,不除以样本个数 n,我们将在后面解释。样本方差 s^2 的计算公式如下:

$$s^2 = \frac{1}{n-1}\sum_{i=1}^{n}(x_i - \overline{x})^2$$

样本标准差(Standard Deviation)s 的定义是:

$$s = \sqrt{\frac{1}{n-1}\sum_{i=1}^{n}(x_i - \overline{x})^2}$$

3.5 样本数据特征的综合表达:箱形图

在前两节,我们分别讨论样本数据的中心特征和离散特征,以及讨论了这些特征适用于哪些测度等级的样本数据。本节我们将介绍一种综合表达这两方面特征的图形方法:箱形图法。

该方法简明地表达了样本数据的中心与离散特征,却又没有茎叶图和直方图那么详细,能够扼要地显示样本数据中心、范围、分布的主要特征(如偏斜程度)等。由于该图涉及到区间概念(基于差值的长度概念),所以,箱形图仅适用于刻度级的样本数据。

3.5.1 箱形图的基本构造

箱形图由一个矩形和向两侧延伸的细线组成(见图 3.5.1)。

图中配了一条刻度尺,用以表示样本数据值的分布范围。

图中的矩形箱体(Rectangular box)的左缘表示下四分点的值,右缘表示上四分点的值。矩形的长度是四分位距。样本数据集合中,有 50%的数据从左至右分布在这个矩形箱体内。矩形箱体中间(不一定是正中间)有一条竖线,表示中位数的值。这条竖线把矩形箱体分成了左右两部分,分别称为左箱体和右箱体。

矩形箱体的左右侧各有一条胡须(Whisker)。左侧胡须的左端点,表示样本数据集合中的最小值。样本数据集合中,有 25%的较小的数据分布在这条胡须上。右侧胡须的右端点,表示样本数据集合中的最大值。样本数据集合中,有

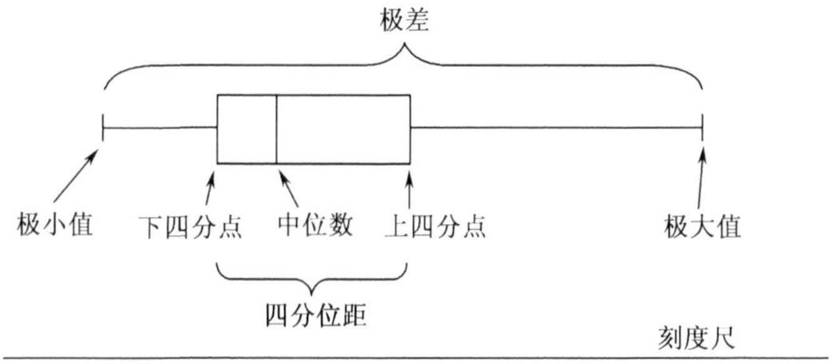

图 3.5.1　箱形图结构示意图

25%的较大的数据分布在这条胡须上。

从这种图很容易看出样本数据的分布范围，中位数的值所处的位置，数据集合中数值大小处于中段的 50%的数据的集中程度（矩形箱体越短，这 50%的数据的集中程度越高，反之，就分散）。从这个图还可以看出较小的 25%的数据和较大的 25%的数据的散布范围。左右胡须的长短分别表示了这两个范围的大小。进而，从这个图还可以看出样本数据值分布的偏斜（Skewness）情况。如果左箱体和左胡须都短，则表明数据集聚是左侧，样本数据值的分布向左偏斜。反之，就是向右偏斜。图 3.5.1 是个横卧的箱形图。当然，也可以竖起来摆放。两者的效果是相同的。

3.5.2　修正的箱形图

依据处于胡须上的样本值（数据）离箱体边缘的距离，我们可以把这些处在胡须上的样本值（数据）分成若干类。我们把处在胡须上的、离箱体的距离大于 1.5 倍的四分位距（1.5 Iqr）的样本值，称为外围值（Outlier）。把处在胡须上的、离箱体的距离大于 1.5 倍的四分位距（1.5 Iqr）、但小于等于 3 倍的四分位距（3Iqr）的样本值，称为“近外围值”（Mild Outlier）。而把处在胡须上的、离箱体的距离大于 3 倍的四分位距（3 Iqr）的样本值，称为极端值（Extreme），或“远外围值”（Extreme Outlier）。

修正的箱形图是在原来箱形图的基础上，把两端胡须“剪短”后所得到的箱形图。也就是说修正的箱形图并不改变原来的箱体，仅仅“剪短”了胡须。修正的箱形图的左胡须的左端点，是“非外围值”范围内的最小值，即箱体左侧 1.5 Iqr 范围内的最小值（注意这个值并不一定落在箱体左侧的 1.5 Iqr 处。在绝大多数情况下，左胡须没有 1.5 Iqr 那么长）。修正的箱形图的右胡须的右端点，是“非外围值”范围内的最大值，即箱体右侧 1.5Iqr 范围内的最大值（注意这个值并不一定落在箱体右侧的 1.5 Iqr 处。在绝大多数情况下,右胡须没有 1.5 Iqr 那么长)。修正的箱形图的示意图,见图 3.5.2。

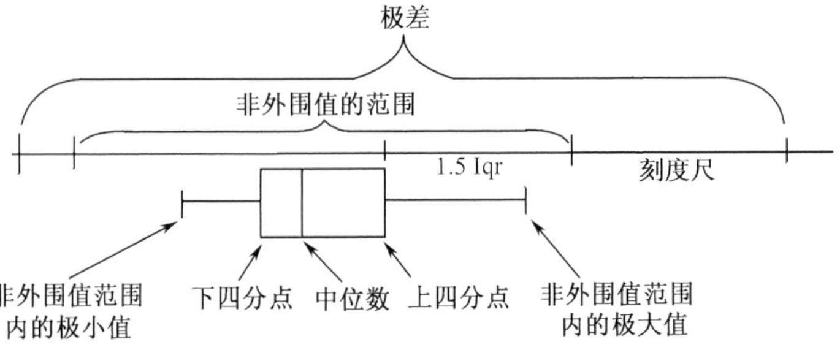

图 3.5.2　修正箱形图结构示意图

当胡须特别长时(外围值的范围分布很大时),特别是由于个别过于大或者过于小的值出现在样本数据集合中时,需要用到修正箱形图,来“剔除”特别大或特别小的数据对箱形图的影响,从而较为恰当地表达样本数据集合的基本特征。

3.5.3　箱形图示例

1. 例 3.2.1 身高数据的箱形图

此例 $n=22$。按照 3.3 节关于中位数、3.4 节关于四分点的算法,可计算中位数与上下四分点如下:

$$中位数的位置 = (n+1)\times 0.5 = 23\times 0.5 = 11.5$$

表明中位数在排序后的第 11 个数据与第 12 个数据之间,参照排序后的表 3.2.2,可计算中位数如下:

$$\mathrm{Me} = Q_2 = 176 + (177-176)\times 0.5 = \frac{176+177}{2} = 176.5(厘米)$$

$$下四分点的位置 = (n+1)\times 0.25 = 23\times 0.25 = 5.75$$

表明下四分点在排序后的第 5 个数据与第 6 个数据之间(不是正中间),参照排序后的表 3.2.2,可计算下四分点如下:

$$Q_1 = 170 + (171-170)\times 0.75 = 170.75(厘米)$$

$$上四分点的位置 = (n+1)\times 0.75 = 23\times 0.75 = 17.25$$

表明下四分点在排序后的第 17 个数据与第 18 个数据之间(不是正中间),参照排序后的表 3.2.2,可计算上四分点如下:

$$Q_3 = 181 + (182-181)\times 0.25 = 181.25(厘米)$$

而该数据集合的极大值为 190(厘米),极小值为 160(厘米),所以可得该样本数据集合的箱形图如图 3.5.3:

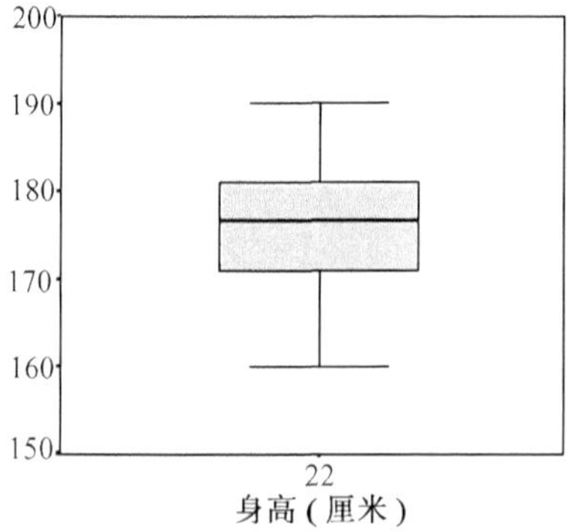

图 3.5.3　男生身高数据箱形图

由图 3.5.3 还可以直观地看出，箱形图上箱体短、上胡须短，所以，这个数据集合的数值有一点向高端偏斜(如果横放箱形图，就是数据向右端偏斜)。

2. 例 3.5.1

假设在例 3.2.1 中，该班级转来了 1 名身高 213 厘米的巨人，于是该班级男生的身高数据如表 3.5.1 所示：

表 3.5.1　某班级男生的身高数据(单位：厘米)

171	182	175	177	178	181	185	168	170	175	177	
180	176	172	165	160	178	186	190	176	163	183	213

对该表的数据排序后，得到表 3.5.2：

表 3.5.2　某班级男生的身高数据排序(单位：厘米)

160	163	165	168	170	171	172	175	175	176	176	
177	177	178	178	180	181	182	183	185	186	190	213

此时，$n=23$，按照 3.3 节关于中位数、3.4 节关于四分点的算法，可计算中位数与上下四分点如下：

$$\text{中位数的位置}=(n+1)\times 0.5=24\times 0.5=12$$

表明中位数为排序后的第 12 个数据，参照排序后的表 3.5.2，可知中位数为 177(厘米)。

$$\text{下四分点的位置}=(n+1)\times 0.25=24\times 0.25=6$$

表明下四分点为排序后的第 6 个数据，参照排序后的表 3.5.2，可知下四分点为 171（厘米）。

$$上四分点的位置 = (n+1) \times 0.75 = 24 \times 0.75 = 18$$

表明上四分点为排序后的第 18 个数据，参照排序后的表 3.5.2，可知上四分点为 182（厘米）。

于是，四分位距 Iqr＝182－171＝11（厘米），

由此可知，“非外围值”的上边界为：182＋11×1.5＝198.5（厘米），“非外围值”的下边界为：171－11×1.5＝154.5（厘米）。

在“非外围值”的上下边界之内，该数据集合的最小值为 160（厘米），最大值为 190（厘米）。于是，可得该样本数据集合的箱形图如下（图 3.5.4）：

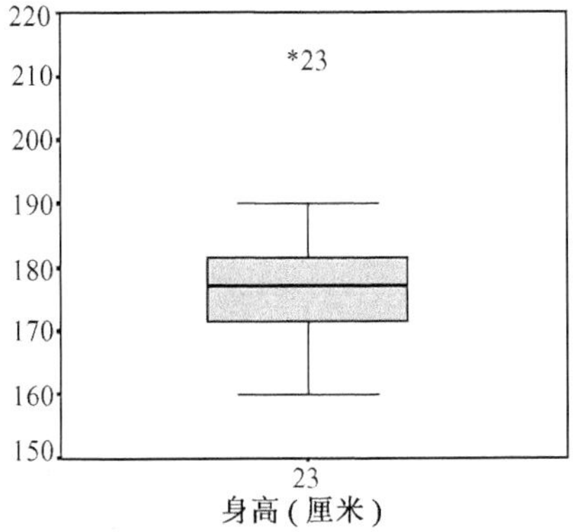

图 3.5.4　男生身高数据修正箱形图

从图 3.5.4 也可以直观地看出，除去“外围值”213 厘米以外，修正箱形图上箱体短、上胡须短，所以，这个数据集合的数值有一点向高端偏斜（如果横放箱形图，就是数据向右端偏斜）。

第4章 SPSS 的简单应用

4.1 使用 SPSS 的基础知识

SPSS 是 Statistics Package for Social Science(社会科学统计软件包)的缩写。SPSS 公司由美国斯坦福大学三位学生于 1968 年在芝加哥成立,经过 30 多年的努力,SPSS 已经由单一的统计软件开发商发展成为集统计分析、数据挖掘、商业智能、客户关系管理等多种产品和咨询服务于一体的跨国公司。SPSS 的含义也延伸为 Statistical Product and Service Solutions(统计产品和服务解决方案)。

SPSS 的应用领域非常宽泛,例如:宏观经济管理的诸多领域(从宏观经济政策、金融政策,到产业结构分析、就业分析等),企业经营管理的诸多领域(如市场研究、销售研究、客户行为特征研究、人力资源管理、财务分析等),行业管理与特征分析(如金融产品分析、资本市场分析、货币市场分析、制造业分析、信息服务业分析、农业与农民收入分析等),社会学、民族学、人类学等诸多社会科学领域,以及医学、农学、工学、军事学领域,乃至理学领域,都离不开统计分析的工具,SPSS 都有广阔的用武之地。

SPSS for Windows V11.0 是模块化的统计分析软件,由基本模块、分类模块、趋势模块、回归分析模块、高级模块等十余个模块组成。本书以统计学的知识为主线,介绍 SPSS 工具的使用,主要涉及基本模块的应用。

4.1.1 SPSSWIN 的启动与退出

(1) 启动:鼠标左键双击 SPSSWIN 的图标,自动进入数据编辑器(Data Editor)窗口。

(2) 退出:鼠标左键单击主菜单窗口的“File”,出现下拉菜单,单击最后一项“Exit”,或单击窗口右上角的“×”。

4.1.2 变量类型与定义变量

定义变量是输入数据的前提。定义变量,不仅要按照规则定义变量名,而且要定义标量的类型,说明变量的实际含义(即写明变量的标签。虽然不写标签,软件系统照样运行，但是从数据积累的角度看，写明标签是非常重要的），定义名义级数据和顺序级数据的“值”的具体含义（例如，m 代表男性，f 代表女性，“1”代表小学文化程度，“2”代表中学文化程度等）等。

(1)启动后，屏幕显示的是数据编辑器（Data Editor）窗口（类似于 Excel 表格，见图 4.1.1），然后自动弹出一个菜单窗口，包括 6 个功能项目，供你选择。初学时，可先不理睬它，关闭这个窗口。按照如下步骤操作定义变量：

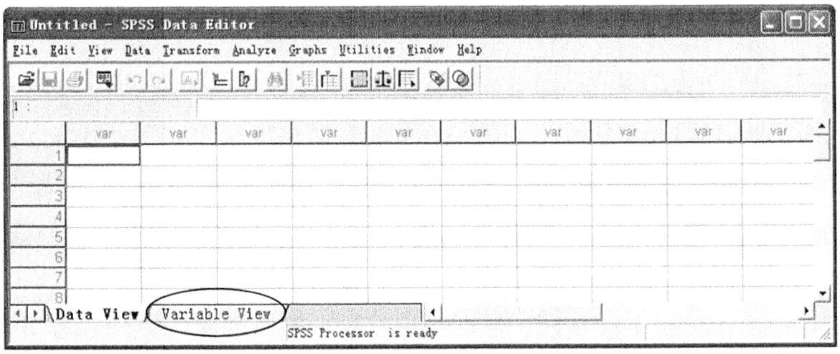

图 4.1.1 数据编辑器窗口

(2)点击该窗口下方的“Variable View”（见图 4.1.1 下方圈出来的位置），窗口切换为“变量输入”窗口（见图 4.1.2）。

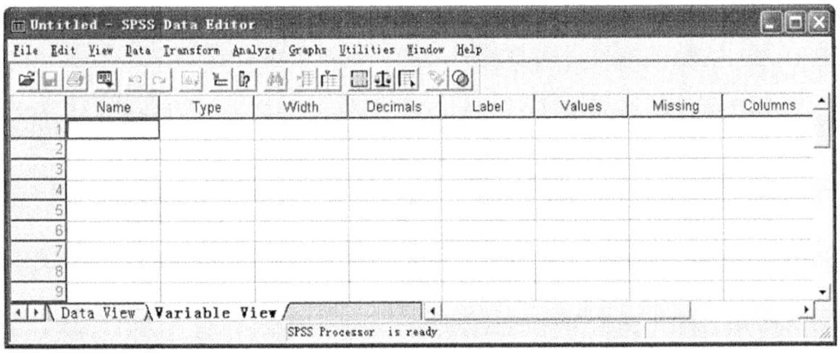

图 4.1.2 定义变量的窗口

这个窗口包括如下栏目：

Name 栏目 要求键入变量名。不能超过 8 位（可以输入汉字，不能超过 4 个汉字）。

☆注意☆ (1)变量名不能与 SPSS 的如下保留字符串重复：ALL，AND，BY，EQ，GE，GT，LE，LT，NE，NOT，OR，TO，WITH。(2)“(”，“)”，“/”，“?”等符号也不能用于变量名。

Type 栏目 要求定义变量类型。在 SPSS 中变量分为字符串型（String），日期型(Date),数值型(Numeric)3 大类。

字符串型(String)　变量值的长度是任意的。但在使用时,分为两类:①短字符串变量值,最长 8 位。②长字符串变量值,由 8 位以上的字符串组成,但使用时受到限制。

日期型(Date)　有 dd-mm-yy(两位数的“日—月—年”,如:06-08-02),mm-dd-yy(两位数的“月—日—年”),dd-mmmm(英文)-yyyy(如:05-May-2002),dd-mmmm(英文)-yy(如:05-June-02),dd/mm/yy(如:06/10/01),mm/dd/yy(如:10/28/02)等多种表达方式。当你选择“Date”类型后,系统(指 SPSS 软件,下同)会自动显示上述日期类型,供你选择。

数值型(Numeric)　包括:

① 标准数值型(Numeric):默认总长度(Width)为 8 位,小数(Decimal)是两位。你可以修改其位数。

② 带逗号的数值型变量(Comma):位数同上。整数部分,从右向左,每三位一个逗号。

③ 圆点数值型变量(Dot):位数同上。整数部分,从右向左,每三位一个圆点,但对小数位的分割,应用逗号表示。

④ 科学计算表示型(Science Notation):指数部分可以用 E 或 D 开头,后面跟“次方数",表示乘以 10 的若干次方。“次方数"的前面,可以有“+"号或“—"号。在“次方数"的前面,有“+"号或“—"号时,E 或 D 也可以省略。例如,789,可表达为:7.89D2,7.89E+2,7.89D+2,7.89+2 等。

⑤ 带美元符号的数值型变量(Dollar):在 Comma 型的基础上,增加一个美元符号“$"。美元符号计算在总位数内。

⑥ 自定义型变量(Custom Currency):选择该项目后,机器自动提示选择方法。

在 SPSSWIN 中,上述类型是并列地排放的。图 4.1.3 是点击“Type”列中方格里的按钮后弹出的选择框。

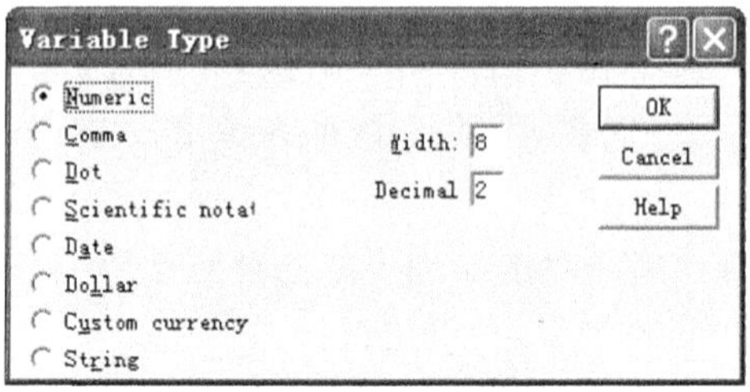

图 4.1.3　变量类型的选择框

Label 栏目　由于变量名的长度有限，变量名常常不能清楚地表明变量的含义，SPSS 设计了 Label 栏目，在 Label（标签）中，可进一步说明有关变量的详细含义。例如，变量 Expfod，可在 Label 中键入汉字“食品支出额，单位：元”；又如，变量“土流态度”，可在 Label 中键入汉字“对土地使用权流转的态度”。此功能非常有用，可以补充新的时间点上的数据，长期使用。

Value 栏目　对变量值的进一步说明，主要用于对名义级变量和顺序级变量的“值”的说明。例如，“*f*”=“女”，“*m*”=“男”，“1”=“不及格”，“5”=“优秀”等。

一般说来，在 SPSS 软件中，在定义顺序级的变量时，采用数字型的数据来代表顺序级数据的不同级别，更方便一些。由于变量值的标签（Value），已经限定各个数值的含义（级别），所以不会引起混乱。

Missing 栏目　缺失值选择。输入数据时可能击错键，资料可能写错数字（出现异常值），当用户注明这些值之后，在运算时，机器会自动把这些值消去，作为缺少这个值处理。

在变量窗口（Variable View）中，激活（点击）相应变量（相应行）的对应 missing 列的方格（cell），会出现如下对话框：

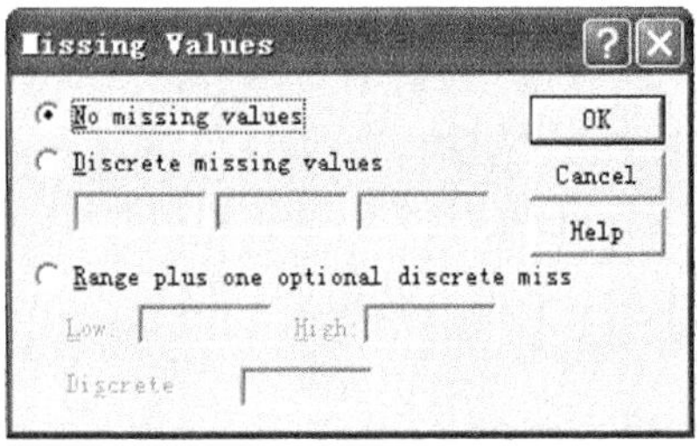

图 4.1.4　指明缺失值的窗口

默认状态是没有缺失值（No missing value）。

选取 Discrete missing value，用户可以送入缺失的可能的离散值（只留了 3 个空格，最多送入 3 个可能的异常值）。

选取 Range plus one optional discrete miss，可以送入异常值的区间（range ）和一个离散值。例如，当正常值是 1～5 时，异常值的区间可以为 6～9，在离散值方格中，可以送入 0。

Columns 栏目　送入“在屏幕上，变量的显示宽度（不是前面定义的内在宽度）”。默认的显示宽度是 8 位。用户可以改变这个宽度，范围是 1～255。

Align(即 Alignment）栏目　显示的对齐方式。有左对齐（Left）、右对齐（Right）、居中（Center）三种。

Measurement 栏目　选择测度级别。有三种测度级别（在第二章第二节中对此有详尽介绍，此处略写，作为复习）可供选择：

① Scale（刻度级）：这是最高等级，又分为两个子级别：间距级（interval），可做加减运算的；比率级（ratio），可做四则运算。

② Ordinal（序次级）：我们举例来说明。比如，受教育程度这个序次测度等级

的变量，采用数字编码表示不同等级，比如：文盲半文盲＝1，小学＝2，初中＝3，高中＝4，大学＝5。这些编码值可以应用于不等式运算。比如从受教育程度而言，如果已知高中＞初中，初中＞小学，便可以肯定有高中＞小学的数量关系。

该级别的变量值，可以用数字来表示，也可以用字母来表示。

③ Nominal(名义级)：仅仅是一种标志，没有序次关系，如顾客所喜爱的颜色。

该级别的变量值，可以用数字来表示，也可以用字母来表示。

在定义变量的过程中，相同的定义内容，可用“复制”→“粘贴”(Copy→Paste)的方式完成。

图 4.1.5 是一个已经定义了变量的例子。

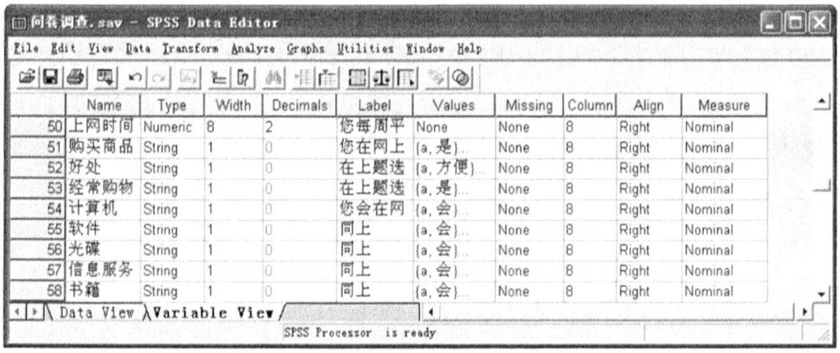

图 4.1.5　变量定义的一个示例

图中显示的第 50 个变量是“上网时间”，它是数字型的变量。该变量的标签(Label)是“您每周平均上网时间”(上图没有把标签的内容显示完全)。这个标签进一步准确地说明了变量的含义。

图中显示的第 51 个变量是“购买商品”，它是字符串(String)型的变量。该变量的标签(Label)是“您在网上购买过商品吗?”(上图没有把标签的内容显示完全)。这个标签准确地说明了这个变量的含义。这个变量的值(Value)的标签是“a＝是，b＝不是”等。

4.1.3　输入数据

在输入数据前，需明了数据窗口(Data View)的结构。图 4.1.6 是一个数据窗口的示例。

数据窗口的第一行是变量名的行。图 4.1.6 中的“年龄段”、“性别”、“现居住地”、“省份”、“年均收入”、“教育程度”、“hy 学生”等，都是变量名。

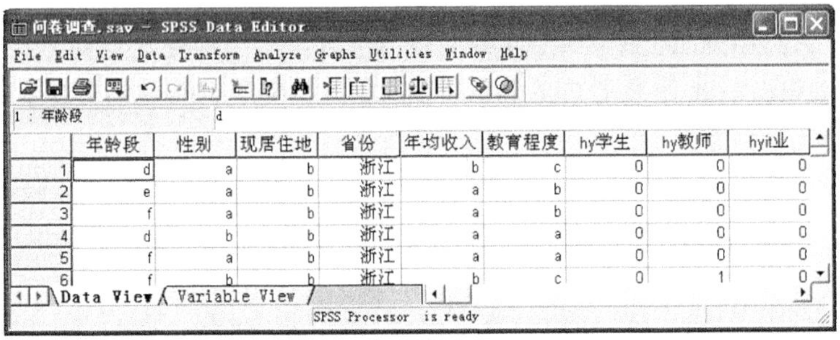

图 4.1.6　数据窗口结构例

每个变量所在的列,将录入这个变量的所有数据。

数据窗口最左边的第一列,是机器自动产生的序号。每一个被调查对象的数据,占一行。

送入数据时,只要在数据编辑器的 Data View 窗口中,把光标指到需要的位置,送入数据即可。如果有多个变量(在实际问题中,变量的个数可多达数百甚至上千个),最简便的方式是一行一行地输入数据。一行,称为一个 case,从统计学角度看,是一个个体;从调查所得角度看,是一张调查表上的数据。

作为实用技巧,在一张调查表的数据输入完成后,应当把屏幕上该行最左边格子中的顺序号(机器自动产生的),标注在表格上方,以便今后核对数据。

当然,也可以在录入数据前,对表格编号,并且把表号作为一个变量,录入到数据窗口中。这种作法,虽然多了一个变量,但是更可靠。即便是在操作过程中,删掉某些行,也不会把屏幕上 SPSS 数据窗口中自动产生行号和调查表的编号搞错。

4.1.4　保存数据

在数据编辑器(Data Editor)状态下,点击屏幕左上角的保存图标即可。或者,点击主菜单 file,此时系统出现一个下拉菜单(形式与 word 软件一致),然后选 save (或 save as),再选择所要保存的位置,保存即可。此时,保留的文件名的后缀是“.sav”。

在保存“确定”前,要输入文件名。文件名要有较强的提示作用,便于今后调用。

变量定义的实用要求

(1)一定要重视变量标签(Label)的填写。这是在处理数据时,减少翻阅调查表,直接依据 SPSS 的数据文件,处理数据的关键。

(2)也要注意变量值标签(Value)的填写,否则,以后看不懂相关数据的含义。

(3)由于 Value 标签的限定作用,可以把顺序级的变量,定义为数字型的。这样,有时更方便一些。

(4)在调查表的栏目很多(也就是变量个数很多)时,可考虑在变量名中安排编号,以便录入数据时易于正确地把数据送入到相应的变量列。

送入数据的实用要求

对回收的有效调查表编号,把调查表的号码,作为第一个变量,定义在 SPSS 的数据文件中,不仅有利于减少漏送、重送调查表的可能,而且,有利于今后的数据校对。

4.1.5　读入 SPSS 格式的数据

(1)可从启动 SPSSWIN 时,会弹出一个有 6 个选项的小菜单(见图 4.1.7)。这个菜单中显示的 SPSS 的数据文件,是机器不久前使用过的文件。

在图 4.1.7 所示的菜单中,选择第五个选项 Open an exiting data source,在该

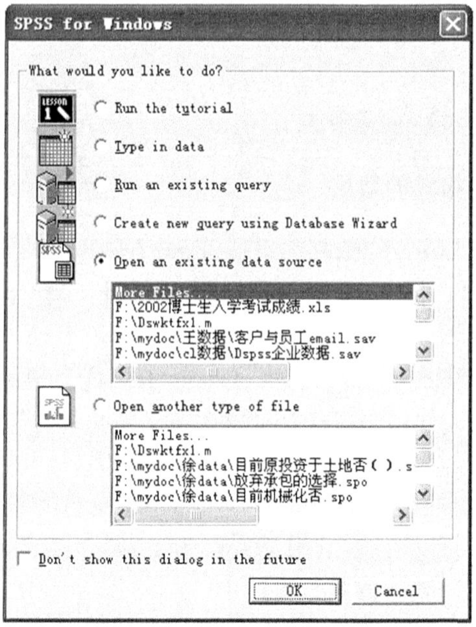

图 4.1.7　启动 SPSSWIN 时从弹出菜单开始读入数据

选项下面的框中，打开一个所需要的数据文件（如“＊.sav”文件）。如果在这个框中，没有所需要的文件，就关闭这个窗口，按照下一个方法，读入 SPSS 格式的数据文件。

(2)在数据编辑器(Data Editor)状态下的 Data View 窗口中，点击屏幕左上角的“打开文件”的图标（与 word 文件的“打开文件”的图标相同），或者从主菜单开始，点击 File→Open→Data。完成上述选择后，机器弹出一个 Open File 窗口（见图 4.1.8），通过调节“查找范围”，选择所要读入的“＊.sav”的数据。

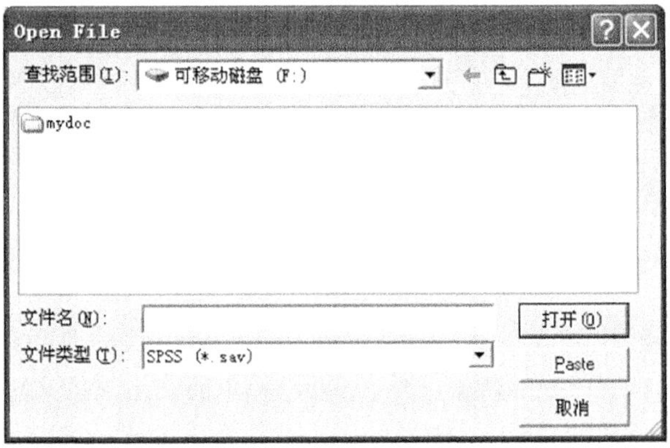

图 4.1.8 打开数据文件的窗口

4.1.6* 读入其他格式的数据

1. 读入 EXCEL 格式的数据

可直接用 SPSS 去读。在数据编辑器(Data Editor)状态下的 Data View 窗口中，点击屏幕的左上角“打开文件”的图标（或点击 File→Open→Data），系统弹出 Open File 对话框（如图 4.1.8 所示）。

在 Open File 的对话框的下方，选“＊.xls”的文件类型，在“查找范围(I)”路径下的有关 EXCEL 的文件，就会在框中显示，图 4.1.9 是一个示例。

改变图 4.1.9 所示的窗口中的上方的“查找范围(I)”，找到所需要的 EXCEL 文件所在的位置，点击“打开”，系统弹出一个 Opening Excel Data Source 窗口（图 4.1.10），选择所需数据所在的“工作表(worksheet)”，点击 OK，相应数据就转化为 SPSS 数据，读入在 SPSS 的数据窗口中。

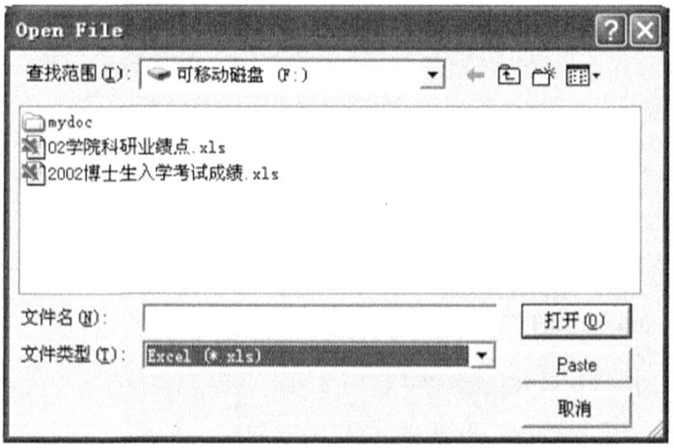

图 4.1.9　查找 EXCEL 数据的 Open File 对话框示例

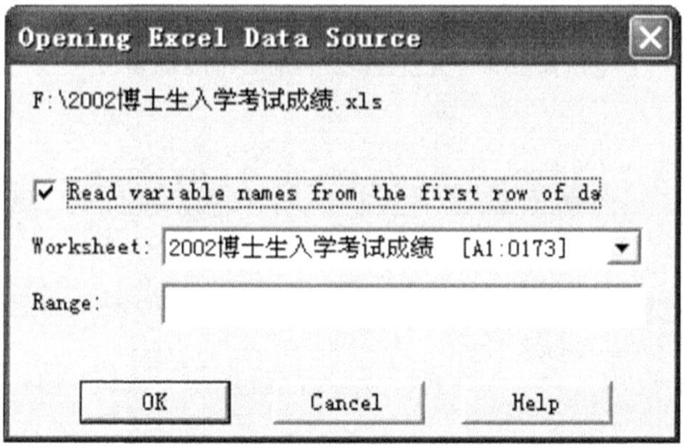

图 4.1.10　选择 EXCEL 工作表(worksheet)的窗口

2.*　读入 TXT 格式的数据

直接用 SPSS 去读,系统会自动调用 Wizard 软件来一步步地转换数据。参见下一点。

3.*　读入 Power Builder 的“.m"格式的数据

直接用 SPSS 去读,系统会自动调用 Wizard 软件来一步步地转换数据。

例如,读“工业.m"文件的数据。点击 SPSS 的图标,启动 SPSS 后,选择 Open an exiting data source,再选择 More file。此时,系统弹出一个 Open File 的窗口(与图 4.1.9 结构一样)。

在图 4.1.9 所示的窗口中的下方，选“All Files(*. *)”的文件类型，改变图 4.1.9 所示的窗口中的上方的“查找范围(I)”，找到“.m”文件所在的位置(见图 4.1.11)。

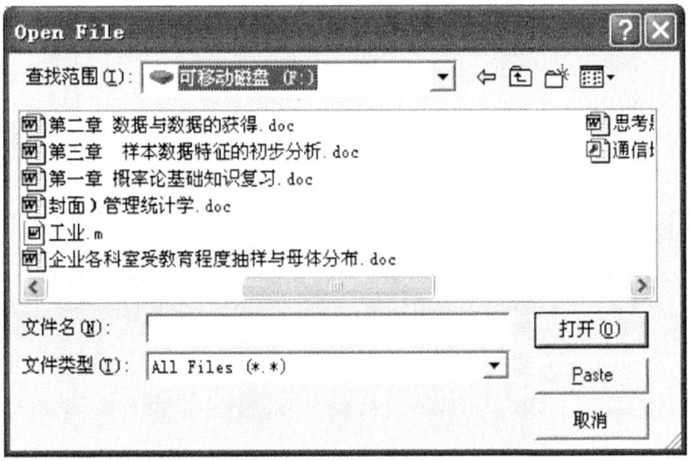

图 4.1.11　查找数据文件的 Open File 窗口

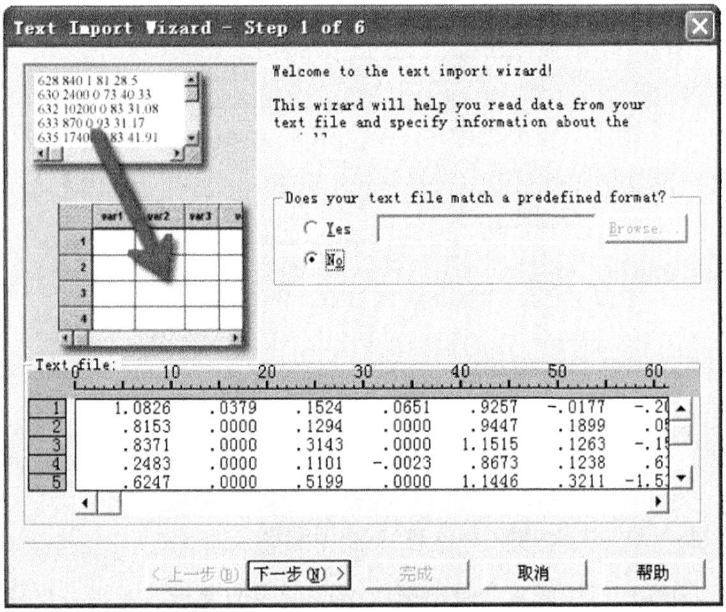

图 4.1.12　读入其他格式的 Wizard 窗口之一

在 Open File 的窗口(图 4.1.11)中，点击“打开”，系统弹出 Wizard 的对话框如图 4.1.12 所示。然后，按照图 4.1.12 所示窗口的提示，一步一步（点击“下一步”）地走下去，就可以把“工业．m”格式的数据转化为 SPSS 的格式，读出来。

4.　读已有数据库中的数据**

要读取 Dbase，Foxbase，Foxpro，Oracle 等数据库中的数据，可从启动 SPSS 时选 Run an exiting query：从一个现存的数据库中读取数据文件；也可以从主菜单开始，点击 file→open database→edit query，从弹出的菜单中选择所要读入的数据库中数据文件。具体操作略。

4.1.7*　核对录入、读入的数据

方法 1：按照具体问题的常识，按照数据窗口（Data View）中的列（变量）进行检查。

一份调查表格，通常作为一个个体（一个 case），其所有的变量值都在同一行。因此，数据的录入，通常都是一行行（一份份表格）进行的。容易发生的错误是，把 X 变量的数据录入在 Y 变量列。如果检查也按照行的方向进行，是难以发现错误的。而以具体问题的常识为基础，按照列（变量）的方向检查，就容易发现错误。例如，变量“文化程度”的取值，通常为数字 1～5（如“1”＝大学以上，“2”＝高中，“3”＝初中，等等）。在按照列（变量）的方向检查时，如果发现数字小于 1，或者大于 5，就可以断定这一数字所在行出了问题，而且，通常，出问题的数字所在的行，还会有其他错误（如果一个变量值写错了位置，会引起后面录入的一串数字的位置错误）。此时，就要检查这份调查表格的数据的录入问题。由于我们在前面介绍了给调查表编号的作法，所以，从屏幕上的行的编号找到出错误的调查表，是不难的。

为了观察方便，可以把所要检查的变量列点黑，这样，不容易看错列。

方法 2：做简单的统计分析，例如，作频次分析（Frequencies），可以从统计结果中发现错误。这些简单的统计分析见 4.2 节的介绍。

4.1.8　编辑数据

1. 修改数据

（1）找到所要修改的数据（所在的格子：cell），激活（双击）这个 cell，修改就行。

（2）找数据的方法：

方法 1：通过行（个体的序号）与列（变量名），找数据。

① 找数据所在行（个体 case 的序号）。从数据编辑器（Data Editor）的主菜单

开始点击：Data→Go to case，机器弹出一个菜单，要求输入序号。输入序号（确认）后，屏幕数据的第一行，就是所输入的序号行。或者，点击工具栏的“画着横向尺子”的图标，机器同样弹出一个菜单，要求输入序号。

② 找到数据所在行后，找数据所在列。点击工具栏的“画着纵向尺子”的图标，机器弹出一个对话框，在左边的变量清单中，找到相应的变量名，确认后，屏幕框出你要找的数据(cell)。

方法 2：从变量(variable)找某个数据值的位置。

① 点击变量名所在列的按钮。

② 从数据编辑器(Data Editor)的主菜单开始点击：Edit→Find，机器弹出一个菜单，要求输入数据值。输入数据值（确认）后，屏幕数据的第一行就跳到该数据。这一步也可以直接点击工具栏的“望远镜"图标，插入变量(insert variable)，机器同样弹出一个菜单，要求输入数据值。

2. 插入或删除一行数据(一个 case)

插入行：点击所要插入的行号，点击工具栏的“插入行 Insert case”的图标（望远镜图标的后面），就在此行增加一空行，等着你填入数据。（同时，把此行后面的数据，都后移一行）。

删除行：找到所要删除的行，选中，按 Delete 键。

3. 插入或删除一列(一个变量)

插入列：找到所要插入的列，点击工具栏的“插入列”的图标（望远镜图标的后面第二个），就在此列增加一空列，等着你填入变量名与数据（同时，把此行后面的数据，都后移一列）。

删除列：找到所要删除的列，选中，按 Delete 键。该列的数据与变量名一起删除。

4. 数据的剪切、复制、粘贴

(1) 找到所要操作的数据，点击（如果是一群数据，要拖黑选中）。

(2) 若要删除，按 Delete 键，或者：Edit→Cut。

(3) 若要复制：Edit→Copy。

(4) 找到要粘贴的位置（要与粘贴板上的数据格子的长宽相同），点击（如果是一群数据，要拖黑），然后：Edit→Paste。

以上粘贴操作，可以在两张表之间进行。要反复用 File→Open 来切换两张表。

4.1.9　产生一个新变量

例 4.1.1　有 A、B 两套测试问卷，每个人都必须同时回答两套问卷的题目。共有 20 个人参加测试，回答问题（数据见本书所附数据盘中的文件“CH4CH6CH7 配对问卷实验差值前”）。求每个人回答两套问卷的得分的差值。

读入数据后，在数据编辑器窗口中：

(1)点击 Transform→Compute，系统弹出一个窗口（图 4.1.13）。

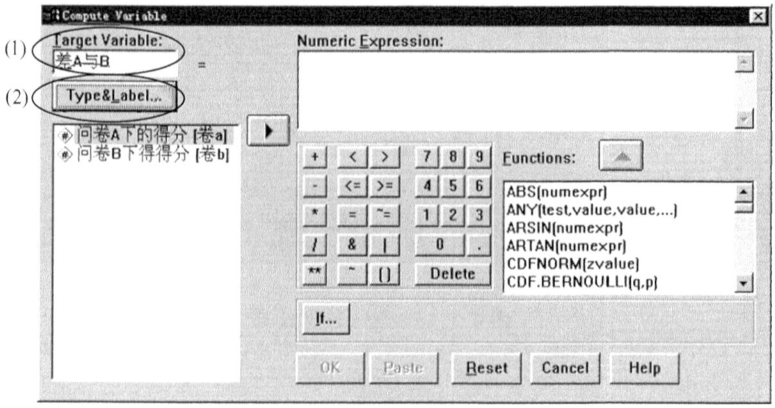

图 4.1.13　产生新变量计算窗口

在这个窗口的目标变量（Target Variable）中送入你想要得到的目标变量的名称。例如，这里送入“差 A 与 B"。

(2)点击 Type & Label 按钮，系统又弹出一个小窗口（图 4.1.14）。要求送入新变量的标签和类型。本例送入标签“两组样本之差"。点击 Continue，返回上一个窗口。

(3) 通过箭头，把函数符号、原来的变量、四则运算等符号、系数等组合起来。

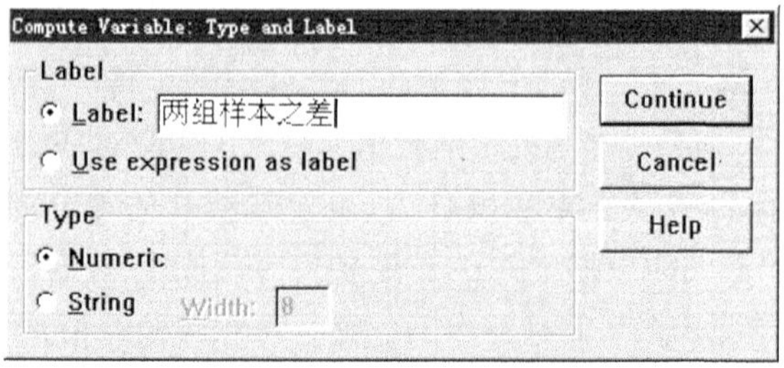

图 4.1.14　送入新变量的标签和数据类型

本问题十分简单，只需分别把变量“卷 a”、减号、变量“卷 b”，用箭头送到 Numeric Expression 框中，即可。见图 4.1.15。

(4)如果选用 If 按钮，可以限定哪些变量的哪些范围的值，能够投入运算。

(5)点击 OK，数据窗口中增加一列新变量的值。

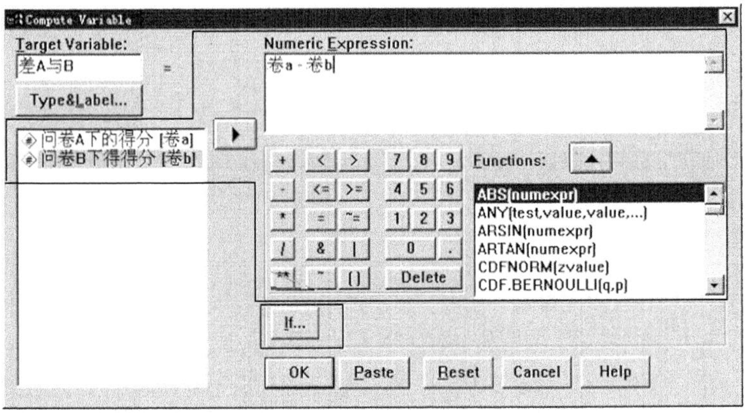

图 4.1.15　送入计算公式

4.1.10　合并数据文件

数据文件的合并，非常重要。因为大型调查结果的数据一般是要分头送入的。因此合并数据文件是难以避免的。

合并数据文件，有两种方式：(1)在原来的数据文件中，增加其他文件的 case(在数据窗口的下端加入新的数据)；(2)在原来的数据文件中，增加其他文件的变量(及其数据)。

第一种类型用得较多，我们主要介绍第一种类型的作法。

(1)增加 case(在数据窗口的下端加入新的数据)

例 4.1.2　在例 4.1.1 中，A、B 两套问卷的测试主持人，后来又找了 10 个人测试，并把数据送入到另一个 SPSS 的数据文件“CH4 配对问卷实验增加数据 10”中。只不过在新的 10 个人的数据文件中，表示问卷 B 的得分的变量名，没有写成“卷 b”(原来的 20 个人的数据文件中变量名)，而写成了“b 卷”。现在要求把原来的 20 个人的测试数据(在“CH4CH6CH7 配对问卷实验差值前”文件中)，与这 10 个人的数据(在“CH4 配对问卷实验增加数据 10”中)合并到一起。

在读入原来 20 个人的数据的文件(称为 Working Data File 工作文件)后：

① 点击 Data→Merge files→Add cases，系统弹出 Open File 对话窗(同图 4.1.9)。

② 在 Open File 对话框中，选出将贡献数据的文件(称为外源文件)。本例所要选择的是后来 10 个人的数据文件是"CH4 配对问卷实验增加数据 10"文件。此时，系统弹出一个新的对话窗。见图 4.1.16。

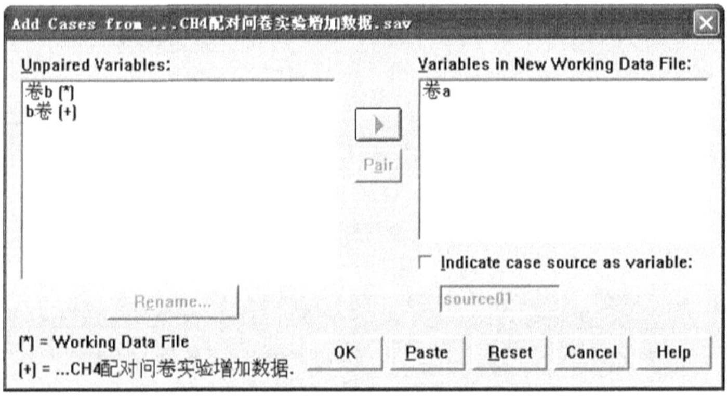

图 4.1.16　增加数据的对话窗

在图 4.1.16 的窗口的右框中(新的工作数据文件)，是两个原来文件中的同名变量(两个文件的第一个变量的变量名相同，都是"卷 a")。在左框中(Unpaired Variable，不同名变量框中)，标有[*]号的变量名，为"工作文件"中的变量名(同时是"外源文件"中所不具有的变量名)。标有[＋]的变量名为"外源文件"中的变量名(同时是"工作文件"中所不具有的变量名)。

③ 假如此时直接点击 OK，"外源文件"中的与"工作文件"中的同名变量的值(case)，就添加到工作文件的后面了。同时，新的工作数据文件中的第二个变量消失。所以，此时不能点击 OK。

④ 要把外源文件中不同名变量的值(只是变量名不同，其实质是相同的变量)，也加到新的工作文件中，需按照下面的方式操作：

在图 4.1.16 窗口的左框中选一个工作文件中变量(此时，应选"卷 b")，按住 Ctrl 键，点击外源文件中的变量("b 卷")，然后松开 Ctrl 键。此时，图 4.1.16 窗口的左框中的变量名"卷 b"与"b 卷"被激活，图 4.1.16 窗口的中间的 Pair 键也被激活。见图 4.1.17。

点击 Pair 键，机器把两个变量的名字加到一起，送入右框中。见图 4.1.18。

这时再点击 OK 健，外源文件中的这个变量的数据，就加入到工作文件中。

⑤ 在图 4.1.16 的对话窗所示的状况下，可通过 Rename 按钮，把左框中的一个变量的名字，改成和另一个文件的对应变量的相同名字(见图4.1.19)。

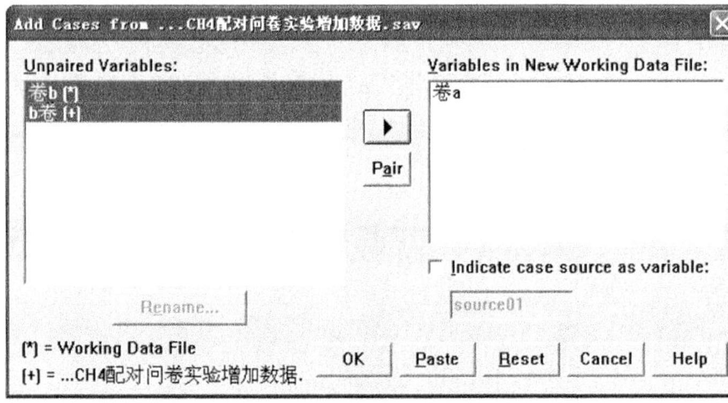

图 4.1.17　选中对应的不同名的变量

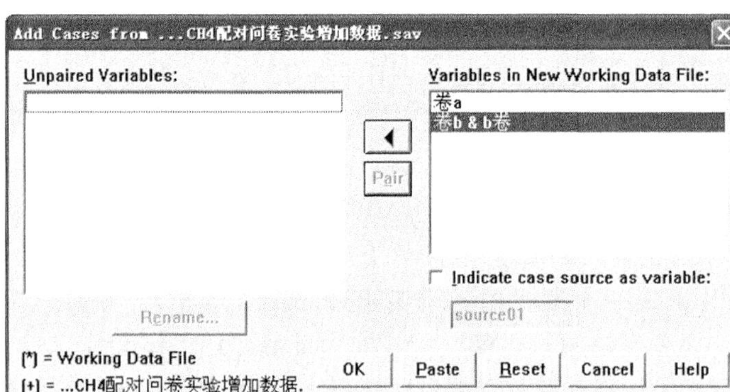

图 4.1.18　在新的工作文件中产生一个新的变量名

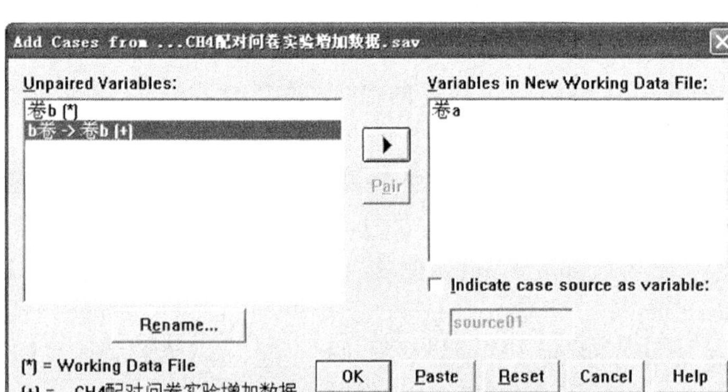

图 4.1.19　用 Rename 健,改变量名

然后再用第④步的方法，激活左框中的两个变量和 Pair 健。用 Pair 健，把左框中的配对变量，送入右框中。

再点击 OK 健，完成并表。

由第④、第⑤两步的作法，不难看出，把录入不同调查表（不同 Case）的两个 SPSS 的数据文件合并在一起，最好方法是要求两个 SPSS 的数据文件的变量和变量的排列顺序相同。这样在数据合并操作时，只要做到第③步就完成了。

合并载有不同调查表（不同 Case）数据的两个 SPSS 的数据文件

在回收的有效调查表的数量很多时，让不同的人分头送入数据，是常用方法。

为了并表方便，最好的作法是：在 SPSS 的数据编辑（Data Editor）窗口中完成变量定义后，（在送入任何调查表的数据之前），用“另存为（Save as）”的方式，把同样定义变量的空数据文件（俗称“同样表头”的空文件），多保存几份，然后，把同样表头的空文件，分给各个数据录入员，录入不同的调查表数据。

这样，在数据并表时，只要操作完第②步，接着点击 OK（即第③步），就行了。

（2）增加变量

增加变量，必须注意，两文件的 Case（个体）必须对应，否则，合并后，个体（case）的数据的意义变了。在读入工作文件后，

① 点击 Data→Merge files→Add Variable，系统弹出 SPSS 中数据文件夹；

② 选出外源文件，系统弹出一个新的对话窗；

③ 直接点击 OK，“外源文件”中的与“工作文件”中的不同名变量的值，就添加到工作文件的右边了。

④ 其他情况略。

4.2　SPSS 的简单应用

对于应用 SPSS 软件而言，最重要的不是记住烦琐的选项过程，而是知道主要的统计计算任务，应当在哪个分析模块（Process）中完成。细节可以在实际应用中熟悉。

4.2.1　给变量值排序

分别以例 3.1.1 和例 3.1.2 的数据为分析对象（数据在本书所附数据盘的“CH3CH4 价格 30”文件和“CH3CH4 科室文化 16”文件中）。

在读入数据后，从主菜单的 Data 开始，依次点击：Data→Sort cases。机器弹

出一个窗口(见图 4.2.1),要求你从左边框中的变量清单中,选取所要排序的变量,用窗口中间的箭头,把选中的变量送入右边的框中。

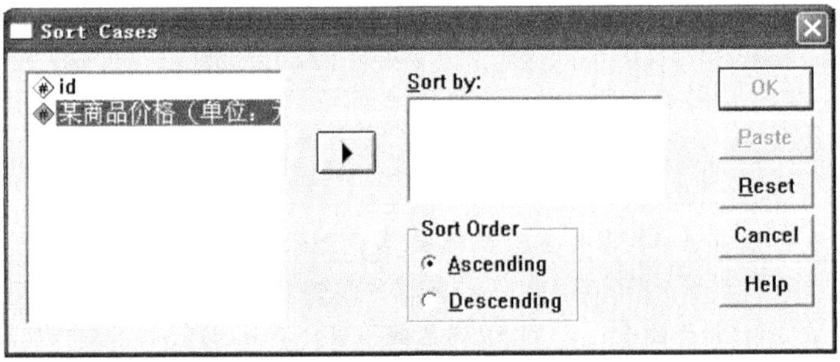

图 4.2.1 数据排序窗口

然后,在窗口的下部,选 Ascending(升序)或 Descending(降序),点击 OK。

机器就在 SPSS 的数据窗口中,按照所选中的变量,从上到下,重新排列。

4.2.2 给变量值排名次

1. 直接排名次

例 4.2.1 某班级学生的身高数据(当然也可以是学生某门课的成绩,或体育比赛的成绩等)。数据在本书附盘中的文件"CH4 男女性别身高 32"中。

读入数据后,从主菜单的 Transform 开始,依次点击 Transform→Rank Cases。机器弹出一个窗口(见图 4.2.2),要求你从左边框中的变量清单中,选取所要排序的变量(本题选变量"身高")。

然后,用窗口中间的位置较高的箭头,把选中的变量送入右边的框中(下面的 By,用于分组排序,将在以后章节介绍)。

再点击 OK。机器弹出一个窗口,说明机器自动赋予的、表示排序结果的变量名(其实就是在原变量名前加一个 r,作为排序结果的变量名),以及机器自动给出的该变量名的标签(Label)。

当把屏幕切换到数据编辑窗口后,就会显出所选中变量的排名情况。为了看得更清楚,按照 4.2.1 小节的方法,对变量"r 身高"排序,结果见图 4.2.3。

☆注意☆ (1)如果有两个第一名,就假设其中一个第 1,另一个第 2,然后把这两个名次加起来,再除以同名次的个体个数,于是这两个个体都排 1.5 名。

(2)如果有两个第 1.5 名后,接下去的只能排第 3 名,而不能排第 2 名。以后的名次,都类似处理。上例中,有 3 个第 9 名,也就是说,在第 7 名之后,第 8、9、10 名是并列的。

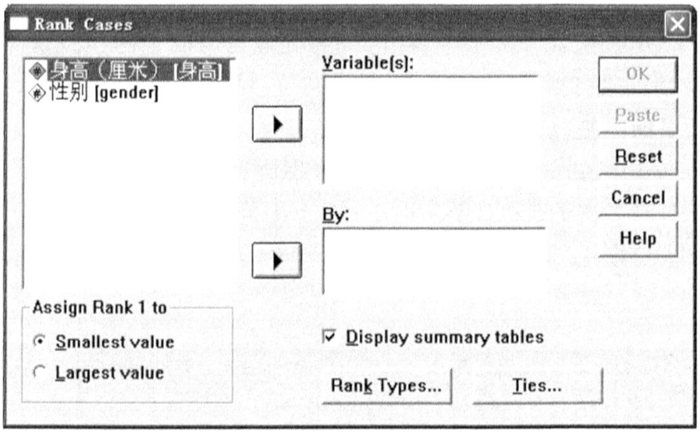

图 4.2.2　给数据排名次选择变量的窗口

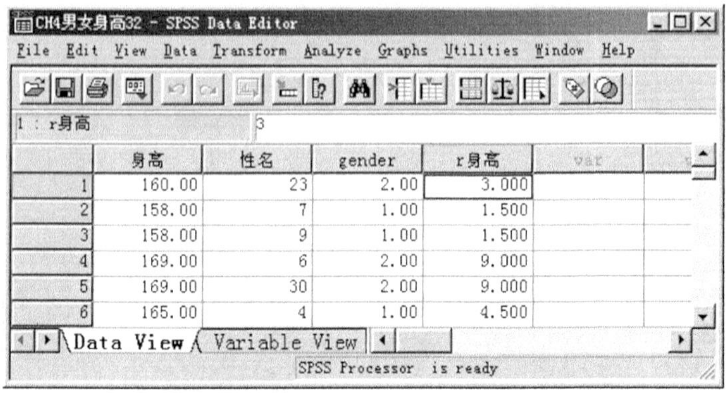

图 4.2.3 排出名次后，再按照名次排序

2. 分类(分组)排名次

仍旧分析例 4.2.1 的数据。在读入数据后：

① 点击 Transform→Rank Cases。机器弹出一个窗口(即上面图 4.2.2 所示的窗口)。

② 从左边框中的变量清单中，选取所要排序的变量(本例选"身高"变量)。用窗口中间的位置较高的箭头，把选中的变量送入右边上面的(Variables)框中。

③ 从左边框中的变量清单中，选取所要分类的变量(如选"性别"变量。注意，如果把"性别"变量定义为字符串型的，它就不会出现在左框中)。用窗口中间的位

置较低的箭头，把选中的“性别”变量送入右边下面的(By)框中。

④ 点击 OK。机器弹出一个窗口，说明机器自动赋予的、表示排序结果的变量名(其实就是在原变量名前加一个 r，作为排序结果的变量名)，以及机器自动给出的该变量名的标签(Label)。

⑤ 把屏幕切换到数据编辑窗口，就会显出所选中变量的排名情况。为了看清不同性别的身高名次的排列名次，可用 4.2.1 小节中的排序方法，先对身高的名次排序，然后再对“性别”变量排序。这样不同性别的身高名次的数据就分开了，见图 4.2.4。

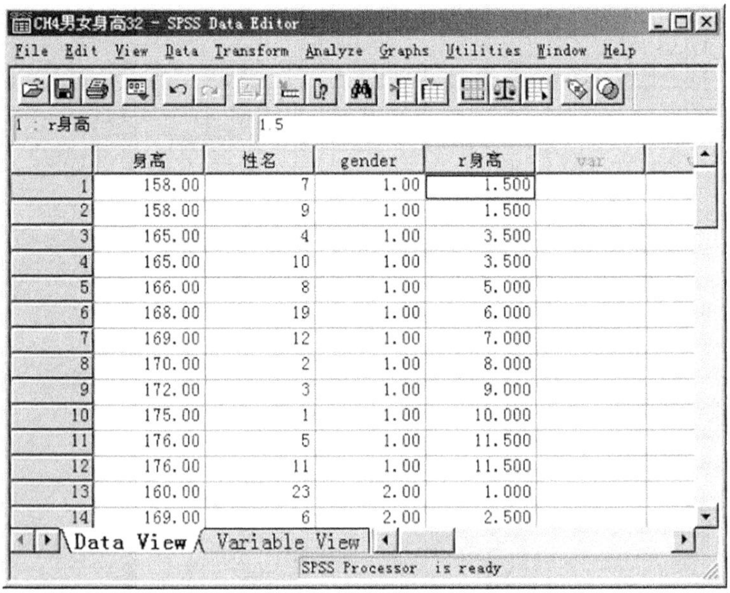

	身高	性名	gender	r身高	var
1	158.00	7	1.00	1.500	
2	158.00	9	1.00	1.500	
3	165.00	4	1.00	3.500	
4	165.00	10	1.00	3.500	
5	166.00	8	1.00	5.000	
6	168.00	19	1.00	6.000	
7	169.00	12	1.00	7.000	
8	170.00	2	1.00	8.000	
9	172.00	3	1.00	9.000	
10	175.00	1	1.00	10.000	
11	176.00	5	1.00	11.500	
12	176.00	11	1.00	11.500	
13	160.00	23	2.00	1.000	
14	169.00	6	2.00	2.500	

图 4.2.4　分性别的身高名次的排序结果

4.2.3　频次、频率(Percent)分析，中心描述与离散描述——频次分析模块(Frequency Process)

1. 频次分析模块(Frequency Process)总体功能介绍

在数据编辑窗口中，从主菜单的 Analyze 开始，依次点击 Analyze→Descriptive Statistics→Frequencies，就可以进入到频次分析模块(Frequency Process)。

这个模块不仅能够分析样本数据的频次、频率，而且可以统计出样本数据的均值、中位数、众数、极大值、极小值、上下四分点、极差、方差、标准差(Std. Deviation)、均值标准差(S. E. Mean),以及斜度(Skewness)、峰度(Kurtosis)等数据(斜度与峰度的概念将在下面介绍)。

此外,还有部分作图功能,如条形图(Bar Chart)、饼图(Pie Chart)、直方图(Histogram)等。但这个模块却不能做累积频次与累积频率的图形。

2. 频次分析模块的使用

在读入数据后(例如读入例 3.1.1 的数据,见本书附盘中的文件"CH3CH4 价格 30"),依次点击 Analyze→Descriptive Statistics →Frequencies,此时,机器弹出一个新的窗口(频次分析模块的主窗口),见图 4.2.5。

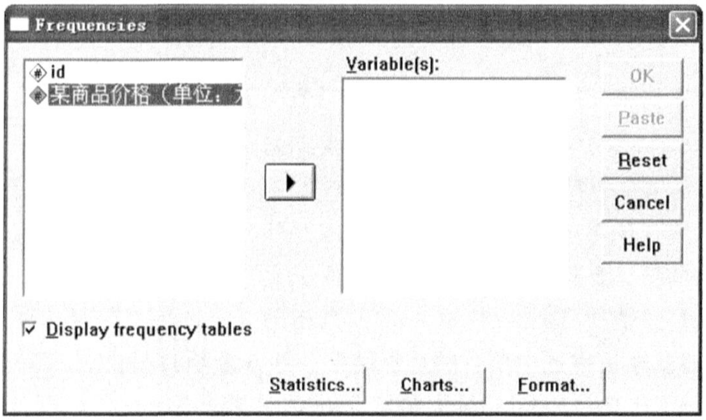

图 4.2.5　频次分析模块的主窗口

该窗口分左右两框。左框显示的是数据文件中的变量(准确地说,是相应变量的标签)。右框存放你想分析的变量。

(1)点击左框中你要分析的变量名(可以选多个,本例选"某商品价格")。

(2)点击两框之间的箭头,你选中的变量就跳到右框中。

(3)选取左框下面的选择 Display frequency tables(此亦是系统的默认状态)。

(4)点击该窗口下面的 Statistics 按钮,又弹出一个新窗口(见图 4.2.6)。

这个窗口分为 4 块。左上块为百分点块(Percentile Values 块)。其中的 Quartiles 选项,是问你是否要计算(输出)四分点(四分位的值)。Cut points for [10] equal groups 选项,是问你:在把数据从小到大排序后,你是否要把数据分成个数相等的 10 个组?其中的"10"是可以修改的。例如,你选择了此项,并把"10"改为"4",则系统输出的就是四分点和中位数($Q1$、$Q2$、$Q3$),也就是 25、50、75 的百分位点。Percentile(s) 选项,选中此项后,用户可以(用图 4.2.6 中的 Add 键)要求

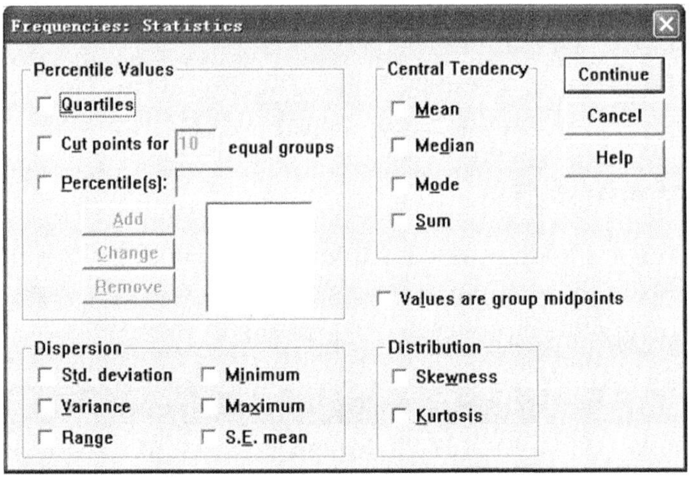

图 4.2.6 频次模块的统计子窗口

机器输出你规定的多个任何百分点(0～100 之间)。以上都是复选项,也就是可以同时被选中的项。当然,也可只选其中的部分项。

左下块是差值块(Dispersion 块)。所列出的 6 个选项都是复选项。你选中什么项目,机器就输出你选中项目的计算结果。这 6 个项目是:Std. Deviation(标准差),Variance(方差),Range(最大值与最小值之差),Minimum(最小值),Maximum(最大值),S. E. Mean(均值标准误差,简称均值标准差。S. E. Mean 是 Std. Error of the sample mean 的缩写,见 Neter, John et al,1993, P. 266)①。

右上块是中心趋势块(Central Tendency 块)。所列出的 4 个选项都是复选项。机器将输出你选中项目的计算结果。这 4 个项目是:Mean(均值),Median(中位数),Mode(众数)和 Sum(样本数据值的总和,Sum 是 Sum of samples 的缩写)。

右下块是分布块(Distribution 块)。所列出的 2 个选项也是复选项。其中的 Skewness 表示数据分布的斜度;如果数据是关于均值对称的,则斜度为 0,标准正态分布的斜度就为 0。SPSS 规定:向左偏时(直方图的右尾长时,或者,横卧箱形图的右箱体和右胡须长时),斜度为正值;反之,向右偏时,斜度为负值。Kurtosis 表示数据分布的峰度;SPSS 规定标准正态分布的峰度为 0;当数据的峰度为正时,

① Standard Error of the Mean,均值的标准误差:由于"当 X 服从 $N(\mu,\sigma^2)$ 分布时,$\overline{X}$ 服从 $N(\mu,\frac{\sigma^2}{n})$ 分布",知:$\sigma/\sqrt{n}$ 是母体均值的标准误差。$s/\sqrt{n}$ 是样本均值的标准差,即 Std.Error of the sample mean。

表明数据直方图的平滑曲线的峰，比标准正态分布 N(0,1)的峰高；反之，当数据的峰度为负时，数据直方图的平滑曲线的峰，就比 N(0,1)的低。

在右上块与右下块之间，有一项选择：Values are group midpoints，其含义是：如果数据分组了，就用各组的中值代表整个组的值。

在图 4.2.6 中的选项都完成后，点击 Continue，回到图 4.2.5 所示的频次分析模块的主窗口。

(5)在频次分析模块的主窗口中，点击窗口下部 Chart 按钮，系统又弹出一个新窗口(频次分析模块的图形子窗口)，见图 4.2.7。

此窗口分为上、下两块。

上块为图形类型选择块(Chart Type 块)。该选择块提供了如下 4 个单选项(单选项是指在所提供的选项中，只能选择一个项目)：

None：不输出图形。这是系统的默认状态。

Bar charts：选择此项，系统输出条形图。

Pie charts：选择此项，系统输出饼图。

Histograms：选择此项，系统输出直方图。在选择此项时，Histograms 下方的 With normal curve 选项被激活，若选择此项，则系统输出的直方图中带有正态曲线。

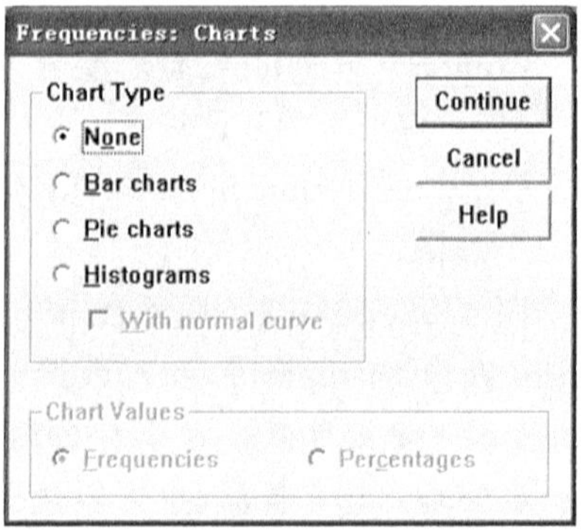

图 4.2.7　频次模块的图形子窗口

图 4.2.7 的下块是图的纵轴值选择块(Chart values 块)。该块要求你选择所输出的图形的纵坐标所表示的值。在该块中可供选择的项目(均为单选项)，有

Frequencies：表示所输出的图形的纵坐标是频次。

Percentages：表示所输出的图形的纵坐标是频率。

(6)在频次分析模块的主窗口(图 4.2.5)中，点击窗口下面的 Format 按钮，系统又弹出一个新窗口(频次模块的格式子窗口)，见图 4.2.8。

这个窗口分为左右两块。

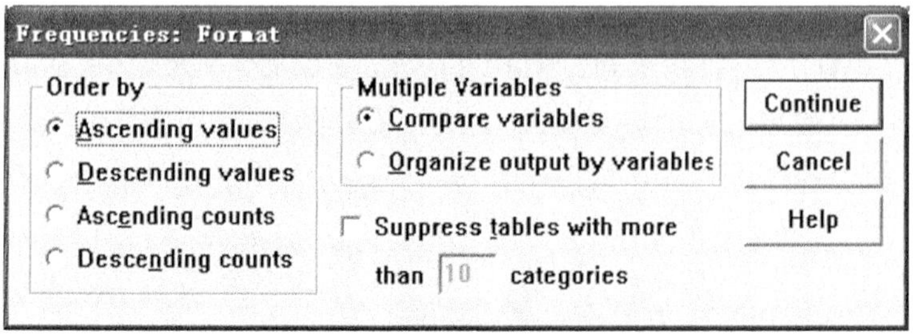

图 4.2.8　频次模块的格式子窗口

左块是排序块(Order by 块)。它规定了前面的输出表格中数据的排列顺序。图 4.2.8 窗口的左块中,有 4 个单选项。

Ascending values:规定输出结果按变量值的升序排列。这是系统的默认状态。

Descending values:规定输出结果按变量值的降序排列。

Ascending counts:规定输出结果按变量值出现的频次的升序排列。

Descending counts:规定输出结果按变量值出现的频次的降序排列。

右块是多变量选择块(Multiple Variables)。当面对图 4.2.5(频次分析模块的主窗口),做第①步操作,把多个变量送到右框中,一并做统计分析的情况下,需要选择多变量的输出格式。这个块中的两个选项,是单选项。

Compare variables 选项,要求系统把所有选中的变量的计算结果,放在一个表中显示,以便于相互比较。

Organize output by variables 选项,要求系统为每一个所选中的变量,单独输出一个表格。

图 4.2.8 的右块下面还有一个选项:Suppress tables with more than 10 categories 在输出的表格中,在对数据分组时,把组数限制在 10 个(包括 10 个)以内(10 个以上是被禁止的)。其中的组数 10 是系统默认值,用户可以改变这个值。

在完成上述选择后(也可以接受系统的默认值,不做任何其他的选择),点击 Continue,回到图 4.2.5(频次分析模块)的主窗口。

(7)在图 4.2.5(频次分析模块)的主窗口中,点击 OK,系统给出你要的结果。

3. 使用频次分析模块的例题一

统计例 3.1.1 的数据的基本结构与特征(数据见附盘中文件"CH3CH4 价格 30")。

(1)在调入数据后,按照前面的介绍,点击 Analyze→Descriptive Statistics → Frequencies,进入频次分析模块。

(2)在频次分析模块的主窗口(图 4.2.5)中,点击 Statistics 按钮。系统弹出频次模块的统计子窗口。

在统计子窗口中,选择 Quartiles(四分点)、Mean(样本均值)、Median(中位数)、Mode(众数)、Sum(样本和)、Std. deviation(标准差)、S. E. mean(均值标准差)、Skewness(斜度)、Kurtosis(峰度)。这一选择状况,见图 4.2.9 中的打√处。

在本例中选择这些统计量的主要考虑是:① 希望读者熟悉一下四分点。读者要想看看百分位点的情况,也可选中 Percentile(s);② 希望读者对比一下均值、中位数、众数的区别,并验证一下样本和(Sum);③ 希望读者对比一下标准差和均值标准差;④ 希望读者熟悉一下斜度和峰度。

(3)在点击 Continue 返回频次分析模块的主窗口后,点击 Chart,进入图形子

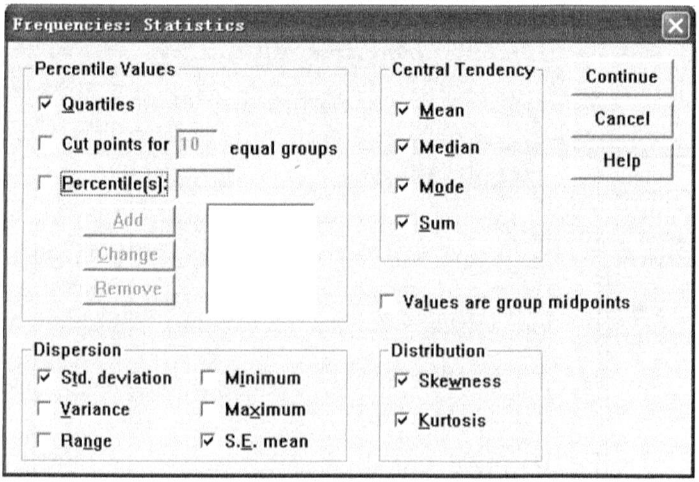

图 4.2.9　对希望输出的统计量的选择

窗口，选择输出直方图(Histograms)和正态曲线(With normal curve)。见图 4.2.10 中的选择。

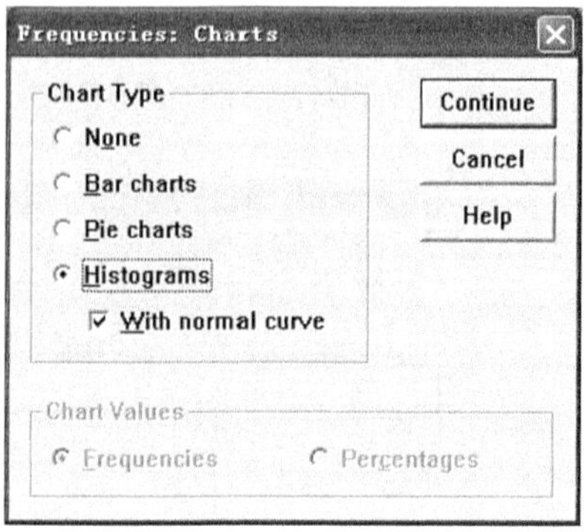

图 4.2.10　对希望输出图形的选择

(4)在点击 Continue 返回频次分析模块的主窗口后，点击 OK，系统输出计算结果。

图 4.2.11 是有关均值、均值标准差、中位数、众数、标准差、斜度、斜度标准差、峰度、峰度标准差、样本和，以及上下四分点的统计计算结果。图中，上下四分点是以 75 的百分位点和 25 的百分位点的形式出现的。而 50 的百分位点就是中位数。输出结果中的最后一行字，说明本数据集合中的众数的复众数(多个众数)，这里所给出的是最小的一个。

图 4.2.12 是该样本数据集合中不同样本值出现的频次、频率和累积频率的统计结果。

图 4.2.13 是该数据集合的直方图，由此可以体验图 4.2.11 中的斜度和峰度。

4. 使用频次分析模块的例题二

统计例 3.1.2 的数据(某科室职工受教育程度)的基本结构与特征(数据见本书附盘中文件“CH3CH4 科室文化程度 16”)。

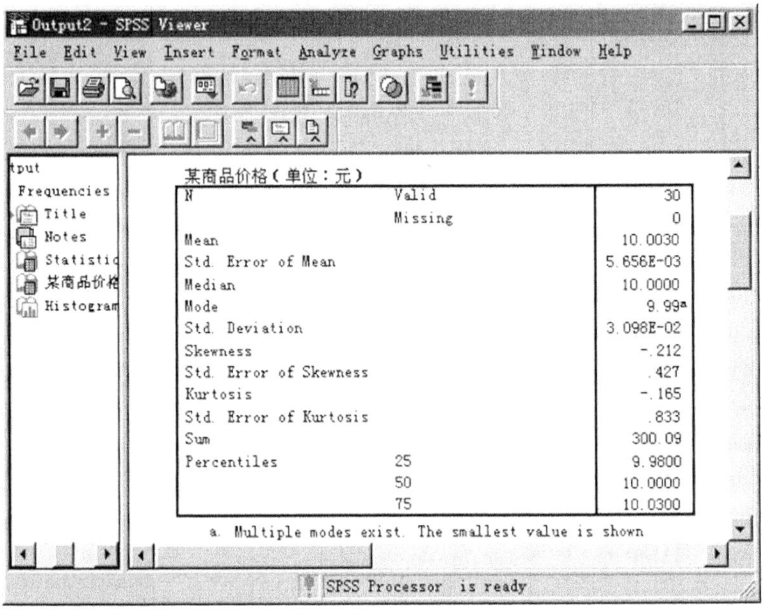

某商品价格(单位:元)

N	Valid	30
	Missing	0
Mean		10.0030
Std. Error of Mean		5.656E-03
Median		10.0000
Mode		9.99[a]
Std. Deviation		3.098E-02
Skewness		-.212
Std. Error of Skewness		.427
Kurtosis		-.165
Std. Error of Kurtosis		.833
Sum		300.09
Percentiles	25	9.9800
	50	10.0000
	75	10.0300

a. Multiple modes exist. The smallest value is shown

图 4.2.11　有关统计量的计算结果

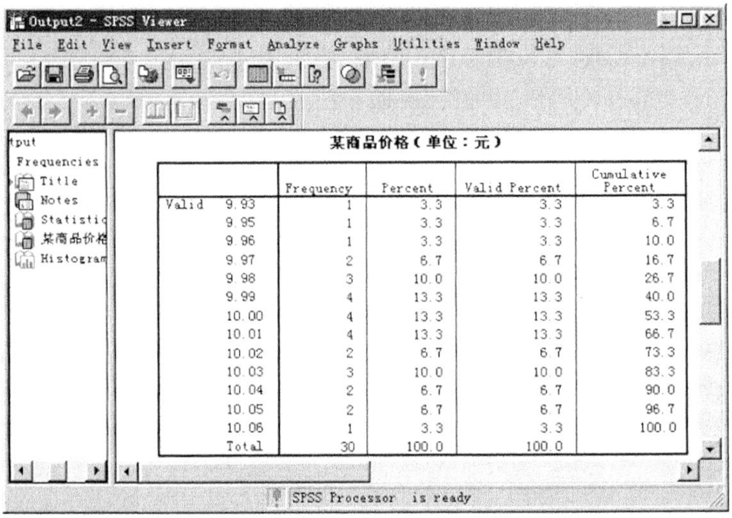

某商品价格(单位:元)

		Frequency	Percent	Valid Percent	Cumulative Percent
Valid	9.93	1	3.3	3.3	3.3
	9.95	1	3.3	3.3	6.7
	9.96	1	3.3	3.3	10.0
	9.97	2	6.7	6.7	16.7
	9.98	3	10.0	10.0	26.7
	9.99	4	13.3	13.3	40.0
	10.00	4	13.3	13.3	53.3
	10.01	4	13.3	13.3	66.7
	10.02	2	6.7	6.7	73.3
	10.03	3	10.0	10.0	83.3
	10.04	2	6.7	6.7	90.0
	10.05	2	6.7	6.7	96.7
	10.06	1	3.3	3.3	100.0
	Total	30	100.0	100.0	

图 4.2.12　有关频次、频率和累积频率的统计结果

(1)在调入数据后,依旧点击 Analyze→Descriptive Statistics →Frequencies,进入频次分析模块。

(2)在频次分析模块的主窗口(图 4.2.5)中,点击“Statistics”按钮。系统弹出

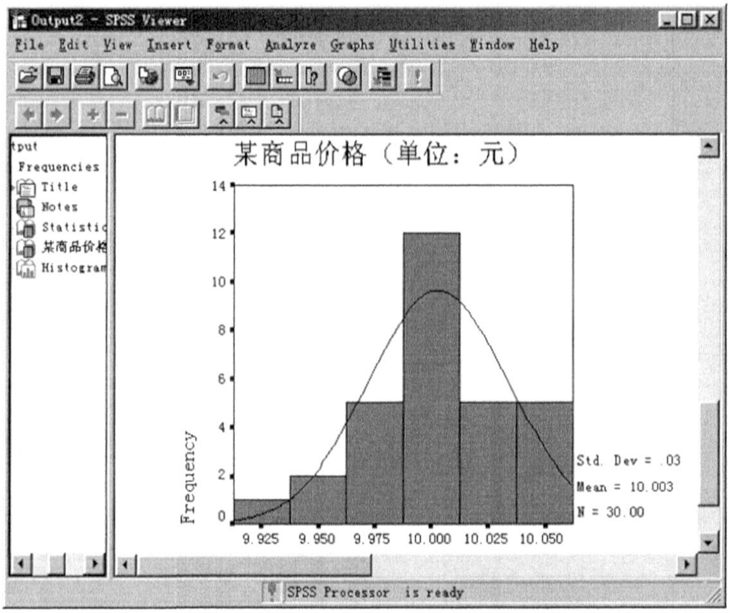

图 4.2.13　商品价格的直方图和正态曲线

频次模块的统计子窗口(图 4.2.6)。

需要注意的是,本例的数据为顺序级的数据,并且样本个数 n 为 16,是偶数,故不能要求系统输出中位数(在 n 为偶数时,需要一个求平均的计算来确定中位数,这对顺序级的数据而言,是没有意义的),而且,$n+1=17$,不能被 4 整除,所以四分点也是没有意义的。故在本例中,在统计子窗口中,只能选择输出众数(Mode)、极大值(Maximum)和极小值(Minimum)。

点击 Continue 按钮,返回频次分析模块的主窗口。

(3) 点击 Charts 按钮,进入图形子窗口。见图 4.2.14。

在此窗口中,选择输出条形图(Bar charts)。此时,窗口下面的 Chart Values(即图形的纵坐标的值)被激活。用户可以选择 Frequencies(要求输出图形的纵坐标表示频次),也可以选择 Percentages(要求输出图形的纵坐标表示频率)。上图选择的是频次。

点击 Continue 按钮,返回频次分析模块的主窗口。

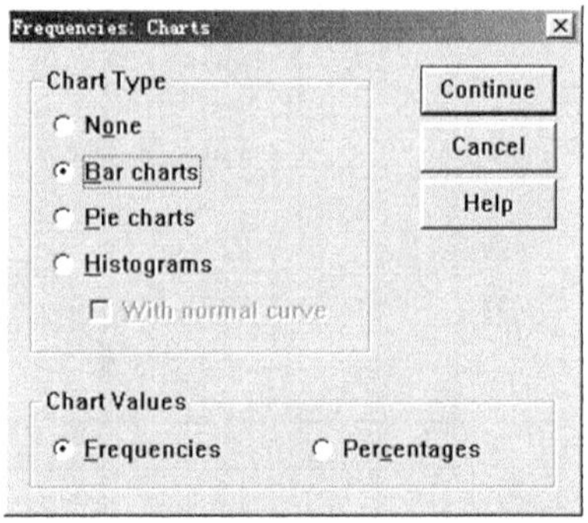

图 4.2.14　频次功能块的图形子窗口

(4)点击 OK 按钮，系统输出所指定的结果如下：

图 4.2.15 是有关众数、最大值、最小值的统计结果的表格，以及频次、频率和累积频率的表格。

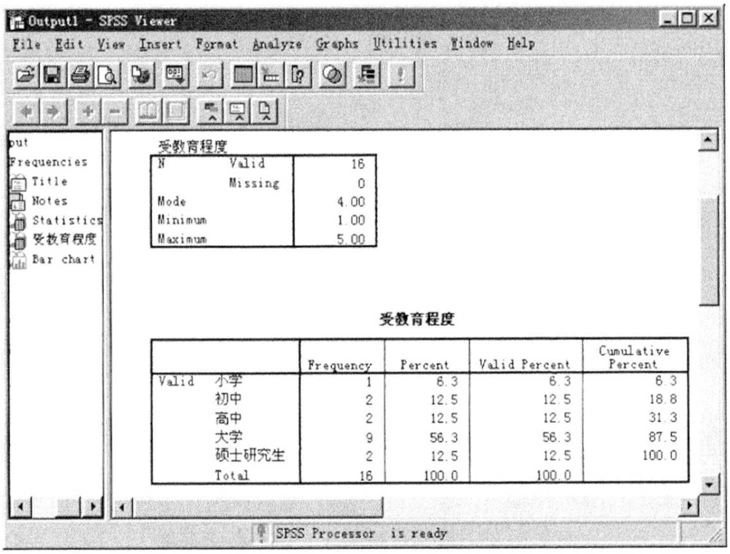

受教育程度

N	Valid	16
	Missing	0
Mode		4.00
Minimum		1.00
Maximum		5.00

受教育程度

		Frequency	Percent	Valid Percent	Cumulative Percent
Valid	小学	1	6.3	6.3	6.3
	初中	2	12.5	12.5	18.8
	高中	2	12.5	12.5	31.3
	大学	9	56.3	56.3	87.5
	硕士研究生	2	12.5	12.5	100.0
	Total	16	100.0	100.0	

图 4.2.15　有关统计量的计算结果

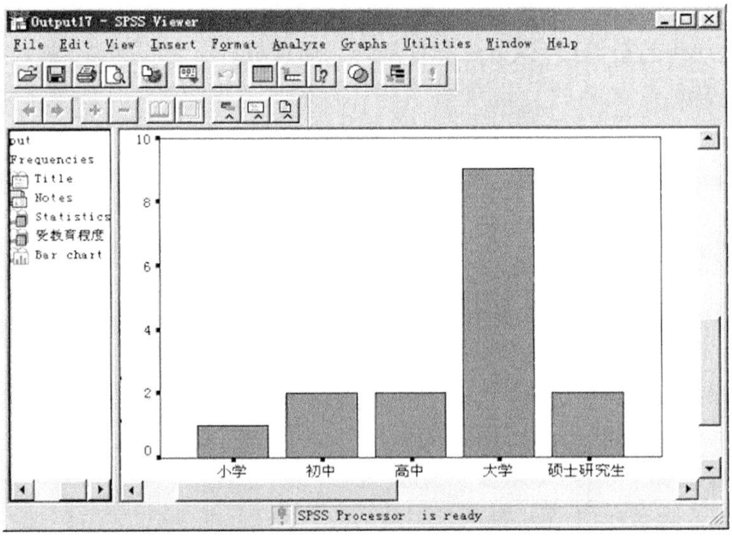

图 4.2.16　科室职工受教育程度的频次分布图

图 4.2.16 是该科室人员受教育程度的频次分布图。

4.2.4　累积频次与累积频率:Graphs 菜单中的条形图

频次分析模块(Frequencies Process)有一个不足,就是在作条形图时,不能绘制累积频次和累积频率图。为此,介绍 SPSS 基本模块的绘制累积频次和累积频率图的作法。

1. 累积频次与累积频率图绘图简介

调入数据后:

(1) 点击 Graphs→Bar,弹出一个窗口,该窗口分为上下两部分,如图 4.2.17。

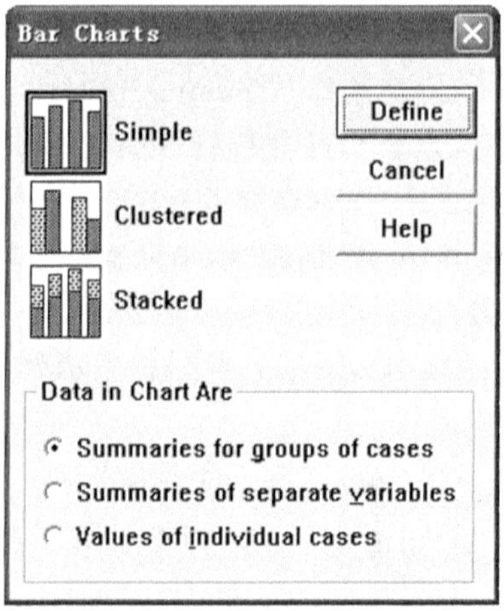

图 4.2.17　条形图子窗口

条形图子窗口的上半部有 3 个图形类别的单选项:

A) Simple 单选项,要求系统输出简单条形图。即用简单矩形条来表示数量或者比例。

B) Clustered 单选项,要求系统输出成组的条形图,例如,例 4.2.1(数据在本书附盘中文件"CH4 成绩分段条图"中),用性别作横坐标,在性别基础上(横坐标进一步)按照某课程成绩的等级成组地绘制矩形条。

C) Stacked,要求输出分段条形图。例如,条形图的横坐标可以是性别,竖条的下段可表示某门课程通过的人数(或百分比),上段可表示该门课程未通过的人数(或百分比)。

图 4.2.17 的下半部有 3 个关于条形图的横纵坐标的单选项:

a. Summaries for groups of cases,对(横坐标上的)变量(顺序级以上的变量)的每一个不重复的数据(观测值),产生一个简单的条形图(与上半部的 A 组合),或产生一个成组的条形图(与上半部的 B 组合),或产生一个分段的条形图(与上半部的 C 组合)。矩形条的高度,一定用来(不是例如)表示观测值出现的(累积)次数或(累积)比例,也就是具有同样观测值的个体的个数或比例。

b. Summaries of separate variables,每一个变量生成一个矩形条。矩形条的高度一定表示相应变量的平均值。必须要有两个以上的变量列于横坐标上。其本质是比较多个变量的平均值。与上半部的 A 组合，直接比较一组变量的均值（矩形条的高度表示变量的均值，横坐标表示不同的变量，例如不同的课程成绩）。与上半部的 B、C 组合，就可以在另外一个分类变量对个体分类的基础上（例如性别的基础上），比较这组变量（例如不同的课程成绩）的均值。与 B 组合时，表示这组变量的均值的矩形条，是并列的。与 C 组合时，表示这组变量的均值的矩形条，是上下摞叠起来的。

c. Value of individual cases，对每一个个体的一个（或多个）变量的观测值，产生一个（或多个）矩形条。其横坐标一定是不同个体的编号，纵坐标一定是指定变量的观测值）。如果按照某个变量对个体分类（例如按照性别分类），则横坐标依然是所有个体，但将注明个体的类别（例如性别）。Ac 组合，只描述每个个体的一个变量的观察值。Bc 组合，可以描述每个个体的一组变量的观察值（此时，表示不同变量观察值的矩形条是并列的）。Ac 组合，也可以描述每个个体的一组变量的观察值（不过，此时，表示不同变量观察值的矩形条是上下摞迭起来的）。

（2）在选择 a. Summaries for groups of cases 后（不论是 Aa 组合、Ba 组合，还是 Ca 组合），点击 Define，弹出另一个窗口，要求指定横轴上的（分类变量），指定纵坐标表示什么（在如下 5 个单选项中选取）。

A）n of cases：纵坐标表示变量相同数据出现的个数（具有相同观测值的个体个数）。

B）% of cases：纵坐标表示变量相同数据出现的的频率（具有相同观测值的个体比例）。

C）Cum n of cases：纵坐标表示变量相同数据出现的累积个数。

D）Cum % of cases：纵坐标表示变量相同数据出现的累积频率。

E）Other summary function：其他自定义的统计函数。

（3）选择 b、c 后，点击 Define，将弹出另外的不同窗口，本书不再介绍。

2. 累积频次或累积频率条形图例题

（1）绘制简单累积频率条形图（Aa 组合）例题一

绘制例 3.1.2 的累积频率图（数据见本书附盘中文件“CH3CH4 科室文化程度 16”）。

读入数据后，点击 Graphs→Bar，系统弹出一个对话窗，见图 4.2.17。

接受系统的默认状况（即上半部的 A 与下半部的 a 的组合），点击 Define 按钮，系统弹出一个新的对话窗（见图4.2.18）。

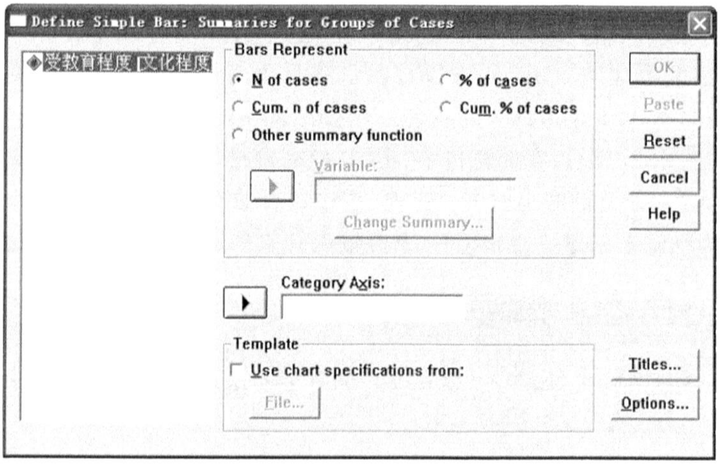

图 4.2.18　简单条形图对话窗

在此窗口中,把"受教育程度"作为分类轴(Category Axis)上的变量,送入分类轴的小框中。进而,按照题目的要求,选择累积频率(Cum. % of cases)为纵轴上的量。点击 OK,系统输出结果如图 4.2.19 所示。

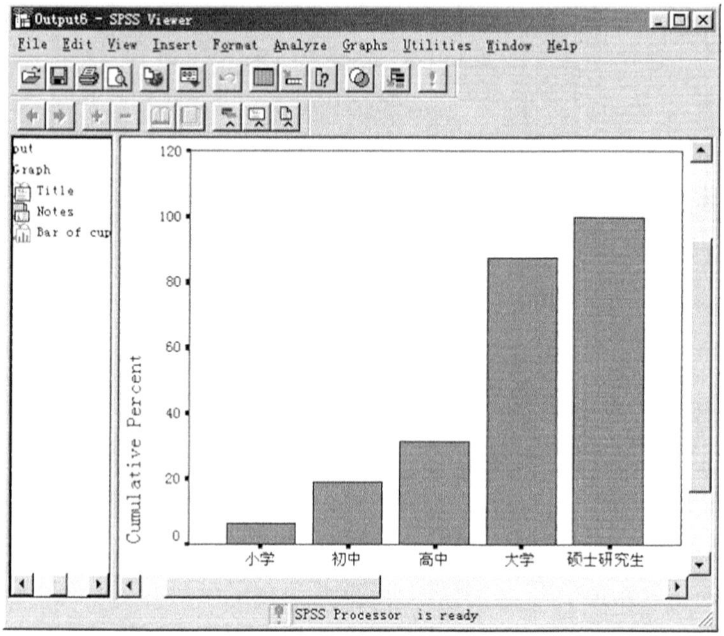

图 4.2.19　科室受教育程度累积频率图

(2)绘制简单累积频率条形图(Aa 组合)例题二

绘制例 3.1.1 的累积频率图(数据见附盘中文件“CH3CH4 价格 30”)。

读入数据后,点击 Graphs→Bar,在系统弹出对话窗中接受系统的默认状况(即上半部的 A 与下半部的 a 的组合)。点击 Define 按钮,系统弹出一个新的对话窗(结构同图 4.2.18)。在此窗口中,把“某商品价格”作为分类轴(Category Axis)上的变量,送入分类轴的小框中。进而,按照题目的要求,选择累积频率(Cum. % of cases)为纵轴上的量。点击 OK,系统输出结果如图 4.2.20 所示。

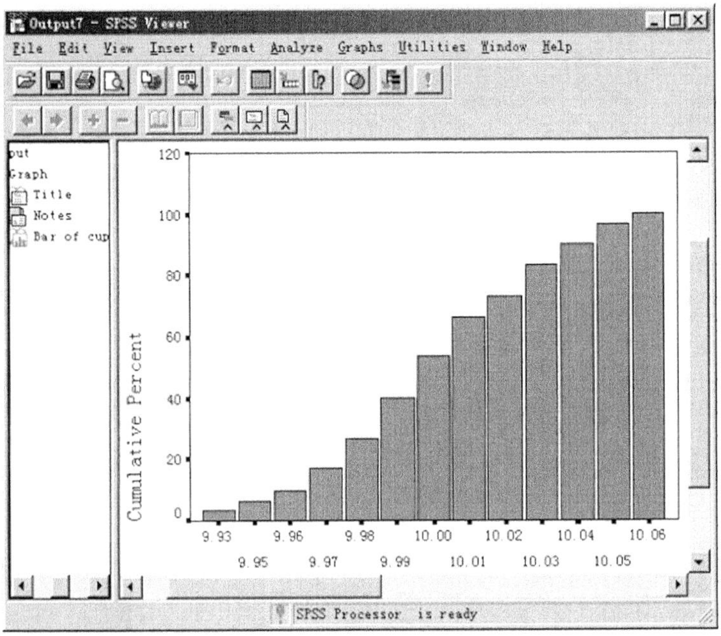

图 4.2.20 某商品不同价格累积频率图

4.2.5 标准化数据与描述统计:描述统计模块(Descriptive Process)

本模块能够统计计算的几乎所有的量,如均值、标准差、均值的标准误差、最大值、最小值、分布的峰度、分布的偏度等,都是频次分析模块所具有的。只有一个例外,能够计算标准化数据。所谓“标准化数据”就是把样本数据的所有离差值除以样本标准差。公式是

$$z_i = \frac{x_i - \overline{x}}{s}$$

在读入数据后,点击 Analyze→Descriptive Statistics→Descriptives。此时,系统弹出一个窗口(见图4.2.21),在该窗口的下端,问你是否要把标准化的值作为变

量值保存起来(Save standardized value as variables)。如果你选择了这一要求,系统将对你选择变量(用箭头把所选择的一个或多个变量送入右框中),做标准化处理,并作为新的变量存入“数据编辑器"中。标准化数据的变量名,由机器自动赋予:在原变量名前面加字母 z)。

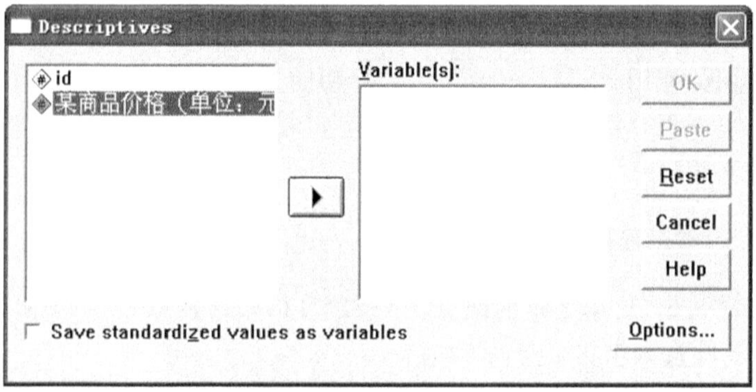

图 4.2.21　描述统计选项子窗口

在图4.2.21 中。点击右下角的 Option 键,弹出一个 Option 子窗口。由于其选项与频次分析模块中的重复,故本书不再介绍。

点击 OK,数据编辑窗口中会出现所选择变量的标准化值。图 4.2.22 中的 zprice 是例 3.1.1 的数据 price(见附盘中文件“CH3CH4 价格 30”)的标准化的结果。

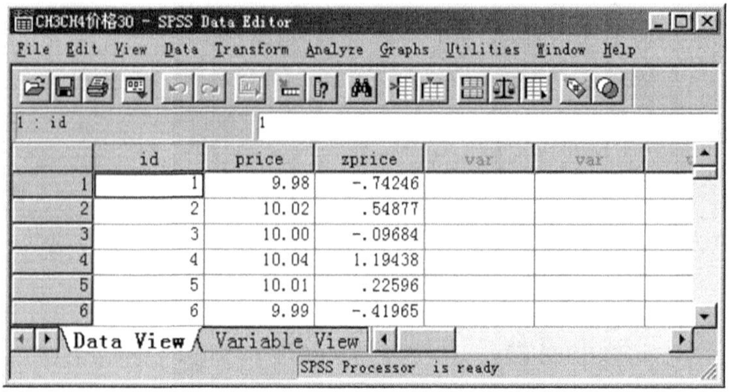

图 4.2.22　标准化数据自动存于数据编辑窗口中

4.2.6　输出茎叶图与箱形图:探索分析模块(Explore Process)

探索分析模块的基本功能是初步考察分析样本数据集合的特征。

它主要包括以下功能：检查数据集合中是否存在异常值，通过茎叶图和箱形图观察数据的基本结构，检验数据是否服从正态分布，检验不同组的数据是否具有方差齐性(检验是否具有同方差，如 Levene 检验)，计算均值和均值的 95%的置信区间，计算中位数、方差、标准差、极大值、极小值、极差、斜度、峰度等等。探索分析模块的主要功能，都可以在数据分组或不分组的情况下完成。

在上述统计、计算和分析的功能中，有一部分是我们尚未讨论到的，所以，这里暂不介绍它们的使用。还有一些统计、计算功能，是在前面的一些分析模块中介绍过的，所以，也不再介绍。这里仅重点介绍茎叶图和箱形图和数据分组问题，故依托例题展开介绍。

1. 茎叶图与箱形图：学生身高例

学生身高数据，见第 3 章的例 3.2.1(SPSS 格式的数据，见本书附盘中的文件“CH3CH4 茎叶直方箱男生身高 22”)。

(1)在调入数据后，点击 Analyze→Descriptive Statistics→Explore。此时系统弹出一个窗口(见图 4.2.23)。

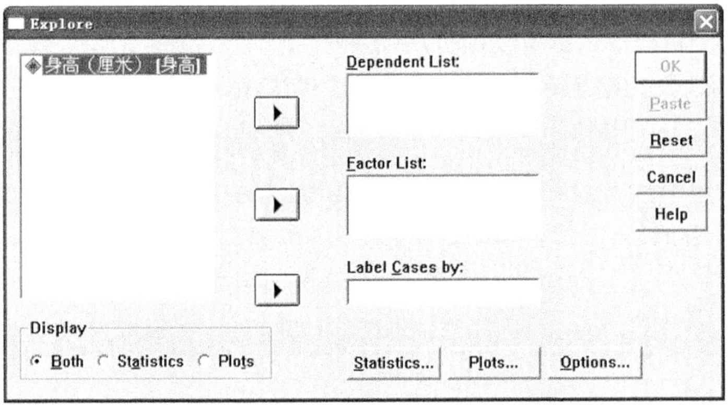

图 4.2.23 身高问题的探索模块主窗口

(2)在图 4.2.23 中，用箭头，把“身高”变量送入 Dependent List(因变量清单)框中(如果图中左框中，有多个变量可供选择，可以选多个变量，送入“因变量清单”框)。图中，左下角的 Display 小框的默认值是同时输出统计量和图形。可以接受它，也可以改变它。本例接受它。

此时，在 Statistics 按钮中的系统默认值(即点击该按钮后，出现对话窗中的默认值)，是输出 95%的置信区间，我们可以暂时不理睬它。在 Plots…按钮中的系统默认值，是输出箱图和茎叶图，所以，对于要输出这两个图的用户而言，不必点击这个按钮,接受系统默认值就行了。

(3)点击 OK,系统输出默认的统计结果和统计图。图 4.2.24 是男生身高的茎叶图(读者可与第 3 章的图 3.2.3 对比)。图 4.2.25 是相应的箱形图(读者可与第 3 章的图 3.5.3 对比)。

从这两个图中,我们都可以看出数据的基本结构特征:这个数据集合的数值有一点向较高身高的一端偏斜。

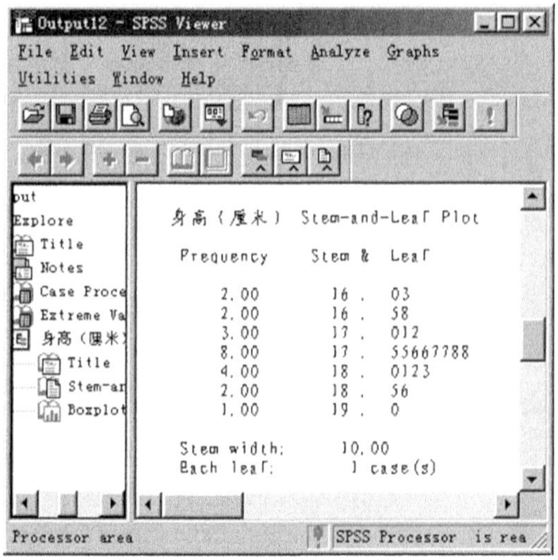

图 4.2.24　男生身高茎叶图

2. 分类的茎叶图与箱形图:职工工资例

例 4.2.2 某单位女职工 160 人,男职工 206 人,相应的年薪数据见附盘中的文件"CH4CH8 茎叶箱方差工资性别岗位 300 余"。

(1)在调入数据后,点击 Analyze → Descriptive Statistics → Explore。此时系统弹出一个窗口(见图 4.2.26)。

(2)在图 4.2.26 中,用中间的箭头,把"性别"变量送进入 Factor List(分类变量清单)框中(当然也可以把变量"工作类别",送入"变量清单框",考察不同工作类别的工资情况。或者,同时把"性别"和"工作类型"送入到"变量清单框",一次分别完成按照两个变量的分类计算结果)。

(3)把"当前工资"变量送入 Dependent List(因变量清单)框中(如果有多个要分析的变量,可以选多个变量,送入"变量清单框")。

(4)同上例,接受系统的默认值,点击 OK,输出结果。茎叶图见图 4.2.27 和

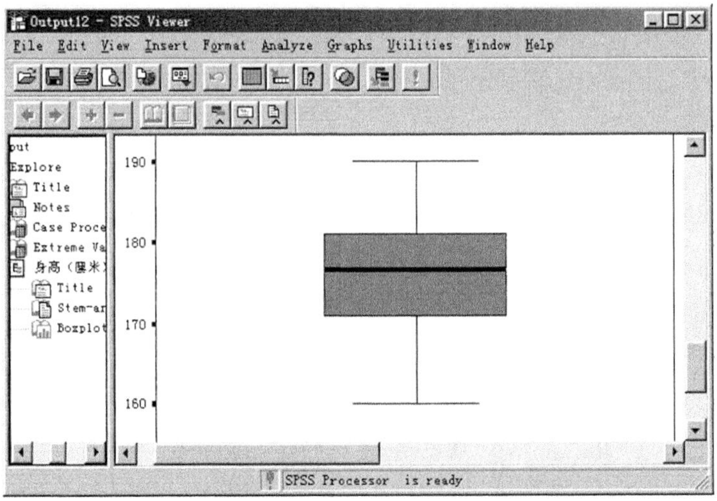

图 4.2.25　男生身高箱形图

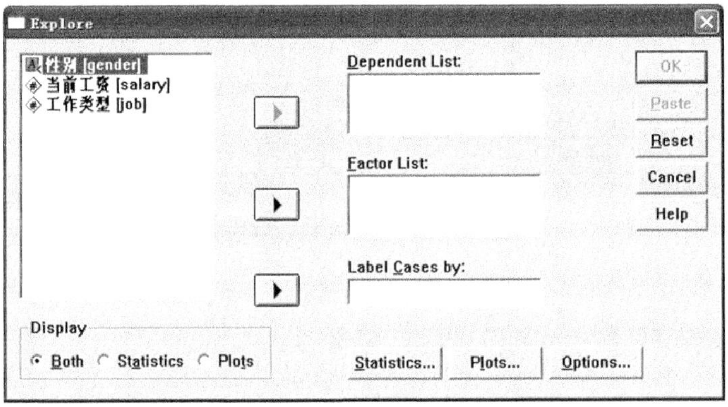

图 4.2.26　工资问题的探索模块主窗口

图 4.2.28，箱形图见图 4.2.29。

由图 4.2.27，可知女职工年薪的茎叶图的茎节宽为 10000（＄），茎节长为 0.2×10000＝2000（＄）。每一片叶，表示一个个体(case)。

由图 4.2.28 可知，男职工年薪的茎叶图的茎节宽也为 10000（＄），茎节长为 0.5×10000＝50000（＄）。每一片叶，表示两个个体(cases)。图中的符号 & 表示存在“半片叶”的情况。

由图 4.2.29 知，其中的两个箱形图都是修正箱形图。

由茎叶图和箱形图都可以看出，男女的年薪分布都向低收入端偏斜。

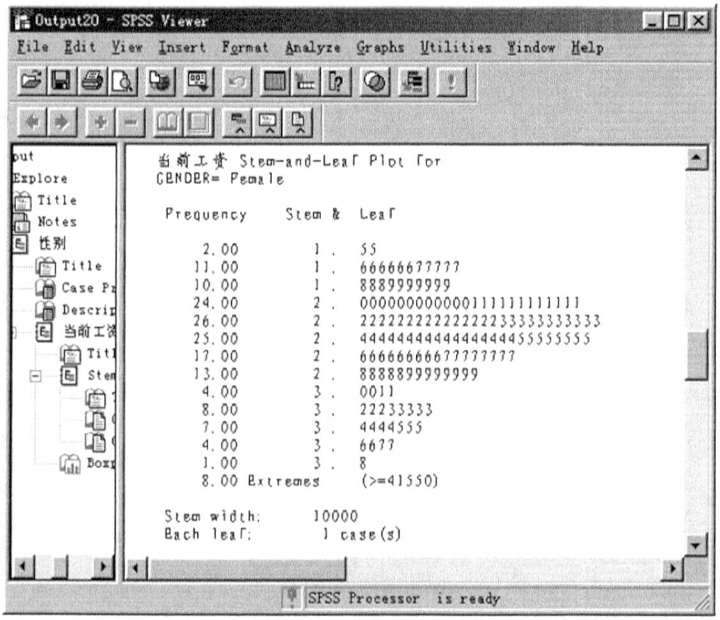

图 4.2.27　女职工工资茎叶图

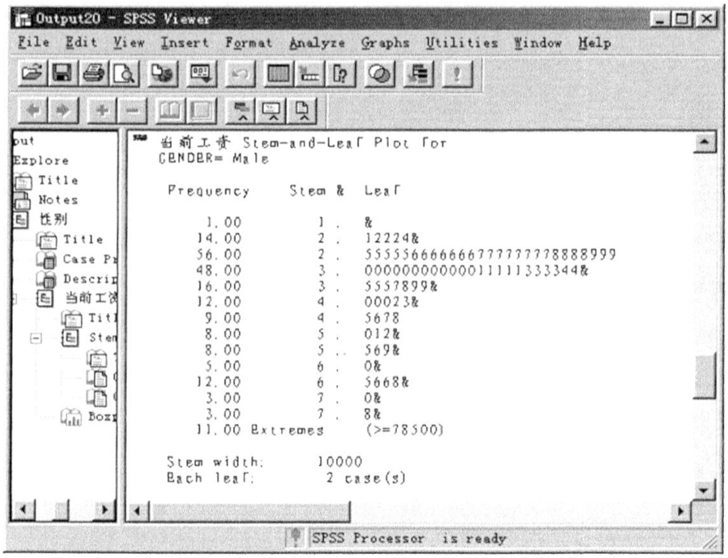

图 4.2.28　男职工工资茎叶图

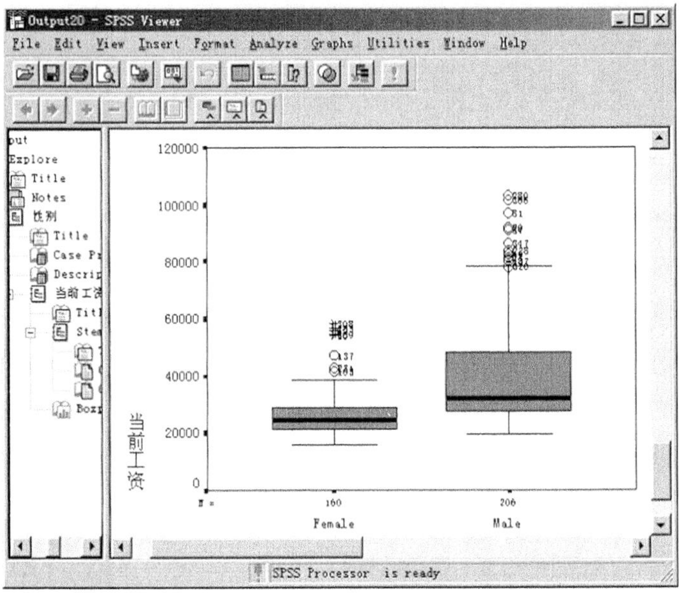

图 4.2.29　男女职工工资修正箱形图

第5章　总体分布、样本分布与参数估计

5.1　总体分布与样本分布

如第2章所述，所研究对象的全体，称为总体(Population or Universe)。我们先研究只有一个特征(指标或变量)的总体。如果某总体有两个以上的指标，可以一个一个指标地进行研究，也可以作为指标向量(或者变量向量进行研究)。

5.1.1　总体与总体分布

研究只有一个特征(指标或变量)的总体时，总体的这个指标(变量)，可以视为一维随机变量。例如，生产线上生产的零件的直径，某年某专业考生的成绩等。

研究多指标时，就是多维随机变量，或称随机向量。

只要反映总体特征的变量的取值满足如下3个条件，就是一个随机变量，记为 X：

(1)在同一条件下可无限次重复的取值；

(2)取值的可能结果有多个，且不确定；

(3)事前不知取值结果(Outcome)。

满足上述三条，其实就是一个随机实验。

反映总体特征的随机变量的取值的全体，也称为总体或母体(或者说是数值总体)。这个总体，其实就是样本空间。反映总体特征的随机变量的概率分布，就称为总体分布，或称为母体分布。

例如，表示“生产线上生产出来的零件的直径”的随机变量 X，通常服从正态分布。这个分布，就称为“生产线上生产出来的零件的直径”这个总体的分布。

☆注意☆　(1)对任何已知个体取值的总体而言，从无限次随机抽取(然后放回)的角度来看，上述三个条件都是成立的。也就是说，表征一个总体特征的变量(指标)，从无限次随机抽取(然后放回)的角度来看，都可以视为随机变量。哪怕一个总体的变量的取值都相同，从上述角度来看，也可以视为随机变量。只不过，此时，该随机变量服从均匀分布罢了。

(2)对于有限总体而言，相同个体重复的比率(在等概率抽样的情况下，即第2章所述的简单随机抽样的情况下)，就是个体出现的概率。例如，一个总体包括：红色球1枚、蓝色球2枚、黄色球3枚，共6枚球。红色球出现的比率是 $\frac{1}{6}$，蓝色球是 $\frac{1}{3}$，黄色球是 $\frac{1}{2}$。这也就是表示颜

色的随机变量 X 的概率分布。因此有限总体的不同个体的比率分布(频率分布),就是有限总体的概率分布。

> **总体与总体分布的概念**
>
> 总体或母体:反映总体特征的随机变量的取值的全体。
>
> 总体分布(或称为母体分布):反映总体特征的随机变量的概率分布。
>
> 从无限次随机抽取(然后放回)的角度来看,表征一个总体特征的变量(指标),都可以视为随机变量。
>
> 有限总体的概率分布,就是有限总体中不同个体的比率(频率)分布。

5.1.2 随机样本与样本观察值(样本数据)

1. 随机样本(Random Sample)

从重复抽样的角度看,"每次从总体中随机抽取个体"都可理解为一个随机实验,所以可以用一个随机变量 X_i 表示这次抽样。表征(n 次抽取个体的)随机抽样的一组随机变量 $X_1, X_2, \cdots, X_n$,就称为随机样本。并且,由于抽样的独立性,随机变量 $X_1, X_2, \cdots, X_n$ 也是相互独立的。n 称为样本容量(Sample Size)。同时,n 也是随机向量$(X_1, X_2, \cdots, X_n)$的维度,或随机向量$(X_1, X_2, \cdots, X_n)$的自由度。

简单随机样本(Simple Random Sample)是指在简单随机抽样中产生的一组随机变量 $X_1, X_2, \cdots, X_n$。简单随机抽样的概念已经在第 2 章的 2.3.1 小节中定义。其要点是:每个个体被抽取到的机会(概率)均等。由于在以下应用中,我们几乎不用非简单随机样本,所以在下文中,我们把简单随机样本,都简称为随机样本。

2. 样本观察值

n 次随机抽样的结果:$x_1, x_2, \cdots, x_n$ 称为随机样本 $X_1, X_2, \cdots, X_n$ 的样本观察值,简称样本观察值(Observation Value)。

样本观察值,简称样本值,又称为样本数据。

> **随机样本与样本观察值**
>
> 从重复抽样的角度看,"每次从总体中随机抽取个体"都可理解为一个随机实验。
>
> 随机样本:表征 n 次抽取个体的随机抽样的一组随机变量 $X_1, X_2, \cdots, X_n$。
>
> 样本观察值(即样本数据):n 次随机抽样的结果:$x_1, x_2, \cdots, x_n$(称为随机样本 $X_1, X_2, \cdots, X_n$ 的样本观察值)。
>
> n 也是随机向量$(X_1, X_2, \cdots, X_n)$的维度,即自由度。

5.1.3　样本分布函数

设:随机变量 X 的样本观察值,可按大小排序(即,为顺序级以上的数据),排序后为 $x_1 \leqslant x_2 \leqslant, \cdots, \leqslant x_n$,$k_i$ 为小于 x_{i+1} 的样本值出现的累积频次,n 仍为样本容量,则可得样本累积频率分布函数如下:

$$F_n(x)=\begin{cases}0, & 当\ x<x_1\\ k_i/n, & 当\ x_i \leqslant x<x_{i+1}\\ 1, & 当\ x_n \leqslant x\end{cases}$$

样本累积频率分布函数,又简称为样本(累积)分布函数。样本(累积)分布函数 $F_n(x)$,是对总体(反映总体特征的随机变量 X)的(累积)概率分布函数 $F_n(x)$ 的近似,n 越大,$F_n(x)$ 对 $F(x)$ 的近似越好,样本累积频率分布图也越接近与总体的累积概率分布图。两者之间的关系如图 5.1.1 所示。

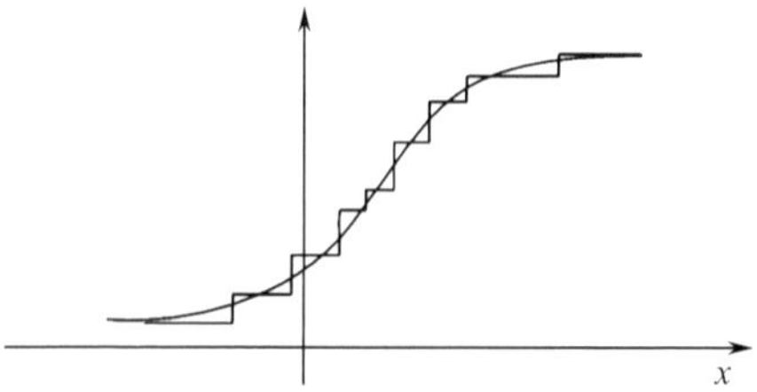

图 5.1.1　样本分布 $F_n(x)$ 与总体分布 $F(x)$

当 n 越来越大时,图中折线(样本分布函数 $F_n(x)$)所示的齿状,就会越来越细,越来越接近于总体(累积)概率分布的曲线 $F(x)$。

当然,总体(累积)概率分布曲线 $F(x)$ 不一定是连续的。例如,有限总体的(累积)概率分布曲线 $F(x)$ 是阶跃式的(如图 3.1.7)。此时,相应的样本(累积)分布函数 $F_n(x)$ 也是阶跃式的。图 5.1.2 是有限总体的样本(累积)分布函数 $F_n(x)$ 与有限总体的(累积)概率分布曲线 $F(x)$ 的相互关系的示意图。

图 5.1.2 中,颜色淡(淡绿色)的部分表示有限总体的分布,颜色重一些(桃红

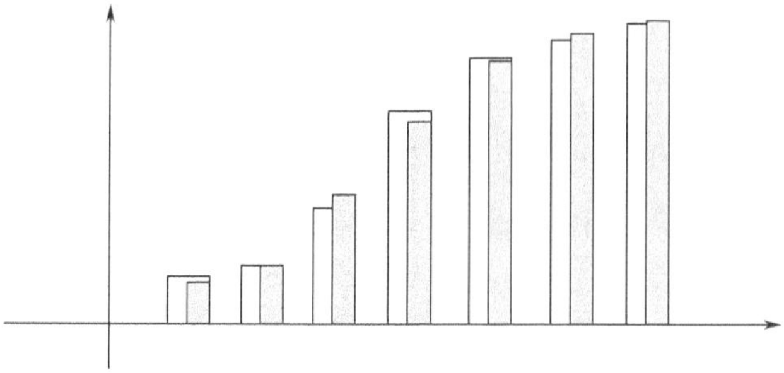

图 5.1.2　有限总体的样本分布与总体分布

色)的部分表示样本分布。随着样本数 n 的增大，样本分布会越来越接近于总体分布。

5.1.4 格利文科(*Glivenko*)定理(样本分布与总体分布的关系)

格利文科定理：当 n 趋于无穷大时，$F_n(x)$依概率 1(关于 x)均匀地收敛于 $F(x)$。

这是用样本推断总体的依据。

格利文科定理的数学表达如下：

$$P(\lim_{n\to\infty}\sup_{-\infty<x<+\infty}|F_n(x)-F(x)|=0)=1$$

这个数学表达式是不必记忆的。只要知道格利文科定理的大意(当 n 很大时，样本分布函数 $F_n(x)$将近似地等于总体的分布函数 $F(x)$)，以及格利文科定理的用途(是样本推断总体的依据)，就行了。

格利文科定理

当样本容量 n 趋于无穷大时，样本分布函数 $F_n(x)$依概率 1(关于 x)均匀地收敛于总体分布函数 $F(x)$。

这是用样本特征推断总体特征的依据。

例如，3.3.3 小节讲到样本数据的均值的计算公式是

$$\bar{x}=\frac{1}{n}\sum_{i=1}^{n}x_i$$

基于格利文科定理，我们可以证明，当 n 趋于无穷大时，样本均值依概率 1 收敛于总体均值：

$$\mu=\sum_{i=1}^{\infty}x_i p_i\text{(离散情况)}$$

式中，x_i 是随机变量 X 的所有可能取值中的第 i 个值。

$$\mu=\int_{-\infty}^{\infty}xf(x)\mathrm{d}x\text{(连续情况)}$$

式中，x 是限定随机变量 X 可能取值范围的量。

☆注意☆　对比样本均值 $\bar{x}$ 与总体均值 μ：在本均值中，$\frac{1}{n}$ 与离散型样本总体均值公式中的概率 p_i 对应，与连续型的 $f(x)dx$ 对应。

又如，3.4.3 小节讲到样本数据的方差 s^2 的计算公式是

$$s^2=\frac{1}{n-1}\sum_{i=1}^{n}(x_i-\bar{x})^2$$

基于格利文科定理，我们同样可以证明，当 n 趋于无穷大时，样本方差依概率 1 收敛于总体方差：

$$\sigma^2 = D(X) = \sum_{i=1}^{\infty}(x_i - \mu)^2 p_i（离散情况）$$

式中，x_i 是随机变量 X 的所有可能取值中的第 i 个值。

$$\sigma^2 = D(X) = \int_{-\infty}^{\infty}(x - \mu)^2 f(x)\mathrm{d}x（连续情况）$$

式中，x 是限定随机变量 X 可能取值范围的量。

5.1.5 随机样本的均值函数

在 5.1.2 小节，我们刻意区分了作为随机样本的 $X_1, X_2, \cdots, X_n$ 和作为样本观察值（即，样本数据）的 $x_1, x_2, \cdots, x_n$。

在 3.3.3 小节，我们基于样本数据定义了样本均值 $\overline{x}$（是一个数值）。本小节我们基于随机样本，定义样本均值函数（常常简称为样本均值）：

$$\overline{X} = \frac{1}{n}\sum_{i=1}^{n} X_i$$

式中，X_i 是随机样本（随机变量），所以，作为随机样本函数的 $\overline{X}$ 也是一个随机变量。

公式中，在 n 个随机样本求和后，再除以维度（自由度）n，是在“每个维度上”求平均的含义。基于样本数据的样本均值 $\overline{x}$，是随机变量 $\overline{X}$ 的观察值。

5.1.6 随机样本的方差函数

在 3.4.3 小节，我们基于样本数据定义了样本方差 s^2（是一个数值），本小节我们基于随机样本，定义样本方差函数（常常简称为样本方差）：

$$S^2 = \frac{1}{n-1}\sum_{i=1}^{n}(X_i - \overline{X})^2$$

S^2 是一个随机变量。

公式中，在 n 个随机离差求和后，没有再除以 n，而除以 $(n-1)$，是因为公式中存在 $\overline{X}$（而 $\overline{X}$ 是 $X_1, X_2, \cdots, X_n$ 的一个线性关系式，这会使得 $X_1, X_2, \cdots, X_n$ 的自由度减少一个），所以，要想得到“在每个维度上求平均”的含义，就不能除以 n，只能除以它的实际维度（自由度）$n-1$。

基于样本数据的样本方差 s^2，是随机变量 S^2 的观察值。

随机样本的均值函数

$$\overline{X}=\frac{1}{n}\sum_{i=1}^{n}X_i$$

基于样本数据的样本均值 $\overline{x}$，是随机变量 $\overline{X}$ 的观察值。

随机样本的方差函数

$$S^2=\frac{1}{n-1}\sum_{i=1}^{n}(X_i-\overline{X})^2$$

基于样本数据的样本方差 s^2，是随机变量 S^2 的观察值。

5.2 统计量与统计量的分布

5.2.1 统计量的定义

不含未知参数的、随机样本 $X_1,X_2,\cdots,X_n$ 的函数 $f(X_1,X_2,\cdots,X_n)$，称为统计量。由于 $X_1,X_2,\cdots,X_n$ 是随机变量，所以，$f(X_1,X_2,\cdots,X_n)$ 也是随机变量。例如，上一节讲到的样本均值函数、样本方差函数，都是统计量，同时，也是随机变量。

从理论上来说，已知随机变量 X 的分布，就应当存在由 X 的随机样本 $X_1,X_2,\cdots,X_n$ 所决定的统计量的分布。只是在许多情况下，我们难以得出统计量的分布的解析表达式。但需注意，不含未知参数的、样本观察值$(x_1,x_2,\cdots,x_n)$的函数 $f(x_1,x_2,\cdots,x_n)$，不是随机变量，仅仅是一个数值，称为统计量的值。

统计量的定义

统计量是不含未知参数的、随机样本 $X_1,X_2,\cdots,X_n$ 的函数。

统计量的值的定义

统计量的值是不含未知参数的、样本观察值 $x_1,x_2,\cdots,x_n$ 的函数。

5.2.2 由标准正态分布 N(0,1)的随机样本所引出的几个重要统计量的分布：χ^2、t 与 F 分布

1. $\chi^2(n)$分布的构成

设随机变量 X 服从 $N(0,1)$分布，$X_1,X_2,\cdots,X_n$，为 X 的样本，则

$$\chi^2 = \sum_{i=1}^{n} X_i^2 = X_1^2 + X_2^2 + \cdots + X_n^2$$

服从自由度为 n 的 χ^2 分布。记为：$\chi^2 \sim \chi^2(n)$。

$\chi^2(n)$分布的均值与方差分别是：$E(\chi^2)=n$，$D(\chi^2)=2n$。其图形见图5.2.1。

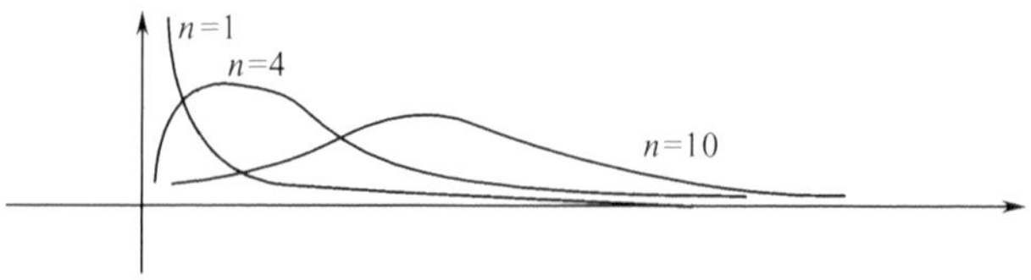

图 5.2.1　$\chi^2(n)$分布示意图

2. t 分布

自由度为 n 的 t 分布，记为 $t(n)$，是由 $N(0,1)$分布和 $\chi^2(n)$分布组成的，其表达式为

$$T = \frac{X}{\sqrt{\frac{Y}{n}}}$$

其中，X 服从 $N(0,1)$，Y 服从 $\chi^2(n)$分布，且 X 与 Y 相互独立（“相互独立的随机变量”的概念见 1.2.3 小节）。其图形见图 5.2.2。

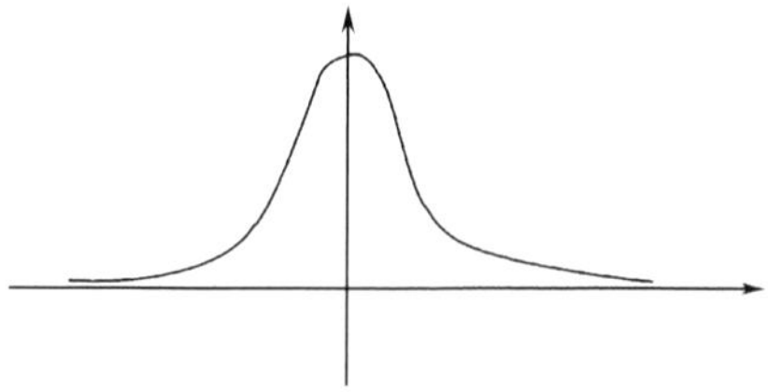

图 5.2.2　t 分布示意图

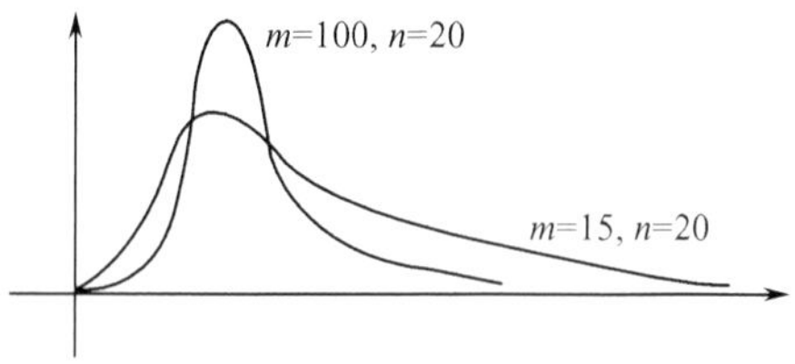

图 5.2.3　F 分布示意图

3. F 分布

F 分布是由两个 χ^2 分布之比组成的：

$$F = \frac{\frac{U}{n}}{\frac{V}{m}} \text{ 服从 } F(n, m)$$

其中，U 服从 $\chi^2(n)$，V 服从 $\chi^2(m)$。其图形见图 5.2.3。

> **基于 $N(0,1)$ 分布的几个重要统计量的分布**
>
> 设随机变量 X 服从 $N(0,1)$ 分布，$X_1, X_2, \cdots, X_n$，为 X 的样本，则
>
> (1) $\sum\limits_{i=1}^{n} X_i^2 \sim \chi^2(n)$
>
> (2) $\dfrac{X}{\blacksquare\sqrt{\dfrac{Y}{n}}\blacksquare} \sim t(n)$，其中，$Y \sim \chi^2(n)$
>
> (3) $\dfrac{\dfrac{U}{n}}{\dfrac{V}{m}} \sim F(n,m)$，其中，$U \sim \chi^2(n)$，$V \sim \chi^2(m)$

5.2.3 由一般正态分布的随机样本所构成的若干重要统计量的分布

若 $X_1, X_2, \cdots, X_n$ 是正态总体 $N(\mu, \sigma^2)$ 的一个随机样本，则（由上一节所定义的）样本均值函数与样本方差函数，满足如下性质：

(1) $\overline{X}$ 服从 $N\left(\mu, \dfrac{\sigma^2}{n}\right)$ 分布。

(2) $Z = \dfrac{\overline{X} - \mu}{\dfrac{\sigma}{\sqrt{n}}}$ 服从 $N(0, 1)$ 分布。

(3) $\dfrac{(n-1)S^2}{\sigma^2}$（记为 χ^2）服从 $\chi^2(n-1)$ 分布。

由于 $\dfrac{\overline{X} - \mu}{\dfrac{\sigma}{\sqrt{n}}}$ 服从 $N(0, 1)$ 分布，$\dfrac{(n-1)S^2}{\sigma^2}$ 服从 $\chi^2(n-1)$ 分布，且两者相互独立，所以，由上一小节所介绍的 t 分布的构成，$N(0, 1)$ 分布与 $\chi^2(n-1)$ 分布之比，得到 t 分布：

(4) $T = \dfrac{\overline{X} - \mu}{\dfrac{S}{\sqrt{n}}}$ 服从 $t(n-1)$ 分布。

由上一小节知，两个 χ^2 分布（如 $\chi_1^2(n_1 - 1)$、$\chi_2^2(n_2 - 1)$），各自除以自己的自由度，再相比，就得到 F 分布：

(5) $F = \dfrac{S_1^2/\sigma_1^2}{S_2^2/\sigma_2^2}$ 服从 $F(n_1 - 1, n_2 - 1)$。

式中，S_1^2 是容量为 n_1 的 X 的样本方差，S_2^2 是容量为 n_2 的随机变量 Y 的样本方差。

基于 $N(\mu,\sigma^2)$ 分布的若干重要统计量的分布

设随机变量 X 服从 $N(\mu,\sigma^2)$ 分布，$X_1, X_2, \cdots, X_n$，为 X 的样本，则

(1) $\overline{X} \sim N\left(\mu, \frac{\sigma^2}{n}\right)$

(2) $\frac{\overline{X}-\mu}{\frac{\sigma}{\sqrt{n}}} \sim N(0, 1)$

(3) $\frac{(n-1)S^2}{\sigma^2} \sim \chi^2(n-1)$

(4) $\frac{\overline{X}-\mu}{\frac{S}{\sqrt{n}}} \sim t(n-1)$

(5) $\frac{S_1^2/\sigma_1^2}{S_2^2/\sigma_2^2}$ 服从 $F(n_1-1, n_2-1)$，式中，S_1^2 是容量为 n_1 的 X 的样本方差，S_2^2 是容量为 n_2 的随机变量 Y 的样本方差。

5.2.4* 任意分布的随机样本均值函数的均值与方差

1. 任意分布的随机样本均值函数的均值与方差

设：随机变量 X 服从任何均值为 μ 标准差为 σ（有限值）的分布，$\overline{X}$ 是随机样本 $X_1, X_2, \cdots, X_n$ 的均值函数。记随机变量 $\overline{X}$ 的分布函数的均值为 $\mu_{\overline{X}}$，标准差为 $\sigma_{\overline{X}}$，则有如下结论成立：

(1) $\mu_{\overline{X}} = \mu$，这就是说，任何一个分布函数的均值函数的分布的均值，与原分布函数的均值相同。简单说，$\overline{X}$ 的分布的均值，就是 X 的分布的均值。

(2) $\sigma_{\overline{X}} = \frac{\sigma}{\sqrt{n}}$，这就是说，任何一个分布函数的均值函数的分布的标准差，是原分布函数的标准差的 $\sqrt{n}$ 分之一。或者说，任何一个分布函数的均值函数的分布的方差，是原分布函数方差的 n 分之一。简单说，$\overline{X}$ 的分布的方差，就是 X 的分布的方差的 n 分之一。

关于这两个性质的证明，是非常容易的（见 Neter, John et al, 1993, P. 266—267）。

任意分布的随机样本均值函数的均值与方差

设：随机变量 X 的均值为 μ，标准差为 σ，分布形式任意。从总体得到一组随机样本 $X_1, X_2, \cdots, X_n$，由此得出均值函数 $\overline{X}$。记统计量 $\overline{X}$ 的分布函数的均值为 $\mu_{\overline{X}}$，标准差为 $\sigma_{\overline{X}}$，则：1) $\mu_{\overline{X}}=\mu$，2) $\sigma_{\overline{X}}=\dfrac{\sigma}{\sqrt{n}}$ 或 $\sigma_{\overline{X}}^2=\dfrac{\sigma^2}{n}$。

2. 一个应用广泛的样本均值函数的均值与方差：0-1 分布的样本均值函数均值与方差

某类个体数量占总体数量的比例问题，是几乎所有的社会科学，包括相当数量的自然科学门类（例如，医学科学、农学科学等）中，经常会遇到的问题。例如，高收入人数的比例、贫困户的比例、土地转让的比例、开展电子商务的企业的比例、支持某项政策的农民的比例、某种药物的有效疗效的比例等等。

反映总体中某类个体的比例的随机变量 X，可以简单地用 0-1 分布 $B(1, p)$ 来表示，p 就是总体中某类个体的比例。就像投一枚不均匀的硬币，正面朝上 $X=1$，反面朝上 $X=0$。正面朝上的概率为 p，即 $P(X=1)=p$，反面朝上的概率就是 $1-p$，即 $P(X=0)=1-p$。由第一章知，0-1 分布的均值是 p，方差是 $p(1-p)$。

从总体中（也就是从 0-1 分布中），随机地抽得 n 个样本 $X_1, X_2, \cdots, X_n$，从而得到均值函数 $\overline{X}$。那么，按照上述“任意分布的样本均值函数的均值与方差”的性质，可知，随机变量 $\overline{X}$ 的均值 $\mu_{\overline{X}}$ 就是 0-1 分布的均值 p，$\overline{X}$ 的方差 $\sigma_{\overline{X}}^2$ 就是 $\dfrac{(\text{0-1 分布的方差})}{n}$。即

$$\mu_{\overline{X}}=p$$

$$\sigma_{\overline{X}}^2=\frac{p(1-p)}{n}$$

0-1 分布的样本均值函数均值与方差

反映总体中某类个体的比例的随机变量 X，可以简单地用 0-1 分布 $B(1,p)$ 来表示。$E(X)=p, D(X)=p(1-p)$。p 就是总体中某类个体的比例。

由样本 $X_1, X_2, \cdots, X_n$ 产生均值函数 $\overline{X}$ 的均值 $\mu_{\overline{X}}=p$，方差 $\sigma_{\overline{X}}^2=\dfrac{p(1-p)}{n}$。$\overline{X}$ 的均值也是总体中某类个体的比例 p。所以，今后常用 $\overline{x}$ 来估计 p。

5.2.5　大样本均值函数的分布：中心极限定理

本小节我们讨论任何总体分布的、大容量随机样本的、均值函数的分布问题。

设：随机变量 X 服从任何均值为 μ 标准差为 σ 的分布，$\overline{X}$ 是随机样本 X_1，X_2，…，X_n 的均值函数。

中心极限定理(Central Limit Theorem)：当 n 充分大时，$\overline{X}$ 近似地服从均值为 μ、标准差为 $\frac{\sigma}{\sqrt{n}}$ 的正态分布（见 Peck，Roxy et al，2001，P.416，或 Clark，Charles et al，1983，P.157）。

究竟 n 等于多少，才算充分大，不同的书说法是不同的，有的说应当要求 $n\geqslant 30$（见 Peck，Roxy et al，2001，P.417）；有的说，应当要求 $n>45$（Fisher 关于的 $\sqrt{2\chi^2}$ 近似服从正态分布的一个证明，见浙江大学数学系高等数学教研室，1979，P.219）。其实，n 应当因具体问题而异。如果 X 的分布原来非常偏（斜度的绝对值很大），就要求 n 大一些。如果 X 分布的斜度本来就很小，近似于正态分布的“难度”就小一些，n 就可以小一些。

在处理非特定问题时，本书采纳 $n\geqslant 30$ 就可以用中心极限定理的说法。

中心极限定理的另一种表述：当 n 充分大时，$\dfrac{\overline{X}-\mu}{\frac{\sigma}{\sqrt{n}}}$ 近似地服从标准正态分布。

中心极限定理在统计学中，有着广泛的应用。

大样本均值函数的分布（中心极限定理）
设随机变量 X 的均值为 μ，方差 σ^2，X_1，X_2，…，X_n 为 X 的样本，则有
中心极限定理：当 n 充分大时，$\overline{X}$ 近似地 $\sim N\left(\mu,\frac{\sigma^2}{n}\right)$；
中心极限定理的另一种形式：当 n 充分大时，$\dfrac{\overline{X}-\mu}{\frac{\sigma}{\sqrt{n}}}$ 近似地 $\sim N(0,1)$。
一般，$n\geqslant 30$ 就可以用中心极限定理了。

5.3　点　估　计

在实际问题中，人们常常可以大致判断出总体分布的类型（例如，由大量的小的随机因素组成的随机变量，服从正态分布），但却难以直观地判断出总体分布的参数(如均值、方差等)。这就需要用样本来推断总体分布的这些参数。这就是所谓参数估计。

参数估计分为点估计与区间估计两种方法。点估计,是用样本的某一函数值,来估计总体分布中的未知参数。区间估计,是(以一定概率)把总体分布的参数确定在由样本所决定的某一区间内。

5.3.1 点估计的概念

设 θ 是总体分布中一个需要估计的参数。例如,总体分布的均值、方差等。现在从总体中得到一个随机样本 $X_1, X_2, \cdots, X_n$,如何估计 θ?

记估计 θ 的统计量为

$$\hat{\theta}(X_1, X_2, \cdots, X_n),\text{简记为 } \hat{\theta}$$

我们称 $\hat{\theta}$ 为 θ 的估计量。

若得到一组样本观察值 $x_1, x_2, \cdots, x_n$,就可得出 θ 的估计值:

$$\hat{\theta}(x_1, x_2, \cdots, x_n),\text{也记为 } \hat{\theta}$$

只是称为 θ 的估计值。

总体分布参数 θ 的点估计,就是求出 θ 的估计值 $\hat{\theta}$。

5.3.2 矩估计法

这是一种古老的方法,用样本矩来估计总体矩。均值、方差,各是一种类型的矩。对总体而言,矩的一般形式是:

$E(X^k)$ 表示 k 阶原点矩(以原点为中心)。

$E(X-\mu)^k$ 表示 k 阶中心矩(以 μ 为中心)。

可作以下直观理解:E 表示用概率对它后面的内容加权求和了。

当 $k=1$ 时,$E(X)=\mu$,是总体一阶原点矩。

当 $k=2$ 时,$E(X-\mu)^2=\sigma^2$,是总体二阶中心矩。

对样本而言,存在对应的样本矩:

样本均值 $\overline{X}=\frac{1}{n}\sum_{i=1}^{n}X_i$ 是样本一阶原点矩。

样本方差 $S^2=\frac{1}{n-1}\sum_{i=1}^{n}(X_i-\overline{X})^2$ 是样本二阶中心矩。

矩估计法,就是用样本矩来估计对应的总体矩。例如,用样本均值来估计总体均值,用样本方差来估计总体方差。

5.3.3　极大似然估计法

设:总体 X 的(累积)概率分布函数为 $F(x,\theta)$,概率密度函数 $f(x,\theta)$,其中 θ 为未知参数(也可以表示未知参数向量)。若 X 为离散型随机变量,则由离散型与连续型的对应关系,$f(x,\theta)$对应于离散情况下的概率 $P(X=x)$。

于是,总体 X 为连续随机变量时,X 的随机样本 $X_1,X_2,\cdots,X_n$ 的联合概率密度函数为

$$\prod_{i=1}^{n} f(x_i,\theta),\text{记为 } L$$

L 又称为 θ 的极大似然函数。

当 X 为离散随机变量时,L 表示概率:

$$P(X_1=x_1,X_2=x_2,\cdots,X_n=x_n,\theta)$$

我们把一组样本观察值 $x_1,x_2,\cdots,x_n$,代入 L 后,就得到一个关于 θ 的函数。如果 L 关于 θ 的极大值存在,那么这个极大值:

$$\hat{\theta}(x_1,x_2,\cdots,x_n)$$

就是 θ 的极大似然估计值。

极大似然估计的含义是:一组观察值 $x_1,x_2,\cdots,x_n$ 在一次实验中出现了,其联合概率就应当是最大的(以离散情形来理解)。现在有许多"θ 的估计值"$\hat{\theta}$ 可供选择,不同的 $\hat{\theta}$ 会使 $x_1,x_2,\cdots,x_n$ 出现的联合概率取不同的值,因此,应当选择使联合概率密度 L 最大的那个 $\hat{\theta}$。

在上述"θ 的极大似然估计值" $\hat{\theta}$ 的表达式中,之所以在括号中放入 $x_1,x_2,\cdots,x_n$,是因为样本观察值 $x_1,x_2,\cdots,x_n$ 的不同,将导致"θ 的极大似然估计值"的不同。"θ 的极大似然估计值"是样本观察值 $x_1,x_2,\cdots,x_n$ 的函数。

极大似然估计量,是指:

$$\hat{\theta}(X_1,X_2,\cdots,X_n)$$

它是一个随机变量。

极大似然估计值

X 为连续随机变量时，X 的随机样本 $X_1,X_2,\cdots,X_n$ 的联合概率密度函数为 $\prod_{i=1}^{n} f(x_i;\theta)$，记为 L，又称为 θ 的极大似然函数。

当 X 为离散随机变量时，L 表示概率：
$P(X_1=x_1,X_2=x_2,\cdots,X_n=x_n)$

L 关于 θ 的极大值如果存在，极大值 $\hat{\theta}(x_1,x_2,\cdots,x_n)$，就是 θ 的极大似然估计值。其含义是：一组观察值 $x_1,x_2,\cdots,x_n$ 在一次实验中出现了，其联合概率就应当是最大的(以离散情形来理解)。所以，选择使联合概率密度 L 最大的那个 $\hat{\theta}$。

5.3.4　示例

例 5.3.1　设 $X_1,X_2,\cdots,X_n$是正态总体 $N(\mu,\sigma^2)$的一个样本观察值，求 μ 与 σ^2 的极大似然估计值。

通过对极大似然函数

$$L=\prod_{i=1}^{n}\left(\frac{1}{\sqrt{2\pi}\sigma}\right)e^{-\frac{(xi-\mu)2}{2\sigma 2}}$$

取对数，分别对 μ 与 σ^2 求偏导，并令偏导为 0，可求出 μ 与 σ^2 的极大似然估计值，如下：

$$\hat{\mu}=\frac{1}{n}\sum_{i=1}^{n}x_i=\overline{x}$$

$$\hat{\sigma}^2=\frac{1}{n}\sum_{i=1}^{n}(x_i-\overline{x})^2$$

☆注意☆　σ^2 的极大似然估计值 $\hat{\sigma}^2$，比矩法估计值(样本方差 $S^2=\frac{1}{n-1}\sum_{i=1}^{n}(X_i-\overline{X})^2$) 小。

如果把上面两个式子中的小写 x，换成大写 X，上面的极大似然估计值，就变成了极大似然估计量。

5.4　判断点估计的优劣标准

同样一组样本观察值，不同估计方法，可以得出不同的母体参数的估计值。例如上例中对母体方差 σ^2 的估计，极大似然法的估计式与矩法的估计式不同。到底哪一个更好呢？这就需要有一些恰当的标准来判别。

判断点估计的优劣的标准，就是判断总体参数估计量的优劣的标准。

5.4.1　无偏估计量

如果 $E(\hat{\theta})=\theta$，则称 $\hat{\theta}$ 为 θ 的无偏估计量。可以证明，总体均值 μ 的样本矩估计量 $\overline{X}$（同时也是极大似然估计量 $\hat{\mu}$）是无偏估计量。可以证明，总体方差 σ^2 的样本矩估计量 S^2 是无偏估计量，极大似然估计量 $\hat{\sigma}^2$ 是有偏的。

5.4.2* 　最小方差性

若总体参数为 θ，θ 的估计量 $\hat{\theta}$ 的方差 $\mathrm{Var}(\hat{\theta})$，小于等于其他所有对 θ 的估计量 $\widetilde{\theta}$ 的方差 $\mathrm{Var}(\widetilde{\theta})$，也就是 $\mathrm{Var}(\hat{\theta})\leqslant\mathrm{Var}(\widetilde{\theta})$ 总是成立，那么 θ 的估计量 $\hat{\theta}$ 就具有最小方差性。

5.4.3　有效估计量

在用估计量 $\hat{\theta}$ 来估计总体的某个参数 θ 时，如果

(1) 估计量 $\hat{\theta}$ 是无偏的，即，该估计量的均值与要估计的参数的真值 θ 相等；

(2) 在 θ 的所有的无偏估计量中，估计量 $\hat{\theta}$ 的方差最小。

那么，这个估计量 $\hat{\theta}$ 就是总体参数 θ 的有效估计量。

5.4.4** 　渐近无偏估计量

渐近无偏是指：$\lim\limits_{n\to\infty}E(\hat{\theta}_n)=\theta$，式中 n 为样本容量。

5.4.5** 　一致估计量

定义：如果 $\hat{\theta}$ 满足：

$$\lim_{n\to\infty}P(|\hat{\theta}_n-\theta|<\varepsilon)=1$$

则称 $\hat{\theta}$ 为 θ 的一致估计量。

上述定义式，又被缩写为

$$P\lim_{n\to\infty}\hat{\theta}_n=\theta$$

也就是 $\hat{\theta}$ 依概率收敛于 θ。

一致估计量的另一种等效的定义是

(1)$\hat{\theta}$ 渐无偏；

(2)$\lim\limits_{n\to\infty}\mathrm{Var}(\hat{\theta}_n)=0$。

渐进方差的定义(只需注意)是

$$\lim_{n\to\infty}Var(\hat{\theta}_n)=\frac{1}{n}\lim_{n\to\infty}E(n(\hat{\theta}_n-E(\hat{\theta}_n))^2)$$

除了极限符号以外，渐进方差与常规的方差定义的重要区别是：在均值符号 E 之前添了一个$\frac{1}{n}$，在均值符号 E 之后添了一个 n。两者并不能相互抵消，但却防止了“在大多数情况下$\lim\limits_{n\to\infty}(\hat{\theta}_n-E(\hat{\theta}_n))=0$”的问题。

5.4.6** 渐近有效性

渐近有效性定义：一个估计量是渐近有效的，如果(1) 这个估计量是一致估计量；(2) 这个估计量有着“比其他方法得到的估计量”更小的渐近方差。

在上述判断标准中，无偏估计量、有效估计量、一致估计量这三个概念最重要，应用最为广泛。

应用最为广泛的判别点估计优劣的准则

(1)小样本准则：

a. 无偏估计量：$E(\hat{\theta})=\theta$；

b. 有效估计量：A)估计量 $\hat{\theta}$ 是无偏的；B)在所有的无偏估计量中，估计量 $\hat{\theta}$ 的方差最小。

(2)大样本准则：

一致估计量：$\hat{\theta}$ 满足 $P\lim\limits_{n\to\infty}\hat{\theta}_n=\theta$。

5.5* 区间估计

点估计，即使是无偏的点估计，在一次估计中，都与总体参数(真值)有偏差。所谓“无偏”，是指在大量重复抽样基础上的均值，是无偏的。因此，需要估计点估计对总体参数的偏差。换一种说法是：根据估计量的分布，在一定概率下，给出总体参数的可能范围。

5.5.1* 置信区间

若总体分布含一个未知参数 β,找出了 2 个依赖于样本 $X_1, X_2, \cdots, X_n$ 的估计量:

$$\hat{\beta}_1(X_1, X_2, \cdots, X_n) \leqslant \hat{\beta}_2(X_1, X_2, \cdots, X_n)$$

使

$$P(\hat{\beta}_1 < \beta < \hat{\beta}_2) = 1-\alpha$$

其中,$0<\alpha<1$,α 一般取 0.05 或 0.01,则称随机区间$(\hat{\beta}_1, \hat{\beta}_2)$为 β 的 $100(1-\alpha)\%$ 的置信区间。百分数 $100(1-\alpha)\%$称为置信度。

5.5.2* 已知总体方差求总体均值的置信区间

例 5.5.1 设总体 X 服从 $N(\mu, 0.09)$,抽取了 4 个样本观察值 x_1, x_2, x_3, x_4,求总体均值 μ 的 95%的置信区间。

此例中,已知正态分布的方差 $\sigma^2=0.09$,所以 $\sigma=0.3$。

依据本章的 5.2.3 小节,知 $\overline{X}$ 服从 $N\left(\mu, \dfrac{\sigma^2}{n}\right)$分布,所以

$$Z=\frac{\overline{X}-\mu}{\dfrac{\sigma}{\sqrt{n}}}=\frac{2}{0.3}(\overline{X}-\mu)$$

服从 $N(0, 1)$分布。

随机变量 Z 所服从的 $N(0,1)$,是个已知的(与需要估计范围的 μ 无关的)分布,对于 Z 在其均值 0 附近的具有 95%概率的区间$(-k, k)$而言,有下式成立:

$$P\{-k < Z < k\}=0.95$$

式中,k 是待定系数。换句话说,区间$(-k, k)$以 95%的概率,把 Z(含有未知参数 μ)覆盖了。

由于 $N(0,1)$是关于 y 轴对称的,所以,应当有 $k=z_{0.025}$(注意符号规律,其含义如图 5.5.1 所示:表示 k 点右侧的概率是 0.025),也就是

$$P(-z_{0.025} < Z < z_{0.025})=0.95$$

即

$$P\left\{-z_{0.025} < \frac{2}{0.3}(\overline{X}-\mu) < z_{0.025}\right\}=0.95$$

所以,可以从正态分布的表中查出 $z_{0.025}$,$z_{0.025}$使 $P(Z<z_{0.025})=0.975$。查表(查概率为 0.975 所对应的 $z_{0.025}$),得:$z_{0.025}=1.96$。于是,得出

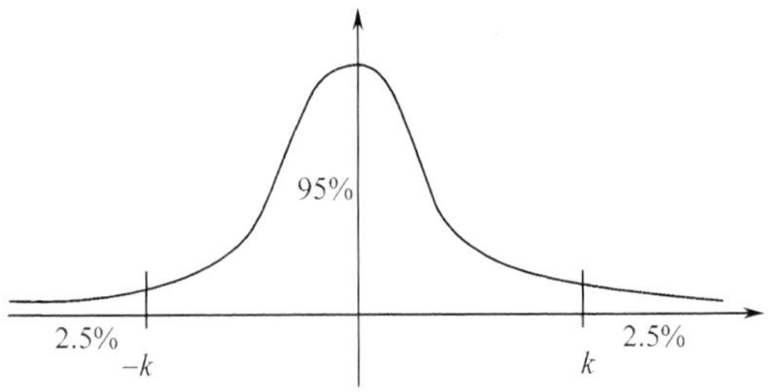

图 5.5.1 关于置信区间的图示

$$\overline{X}-(\frac{0.3}{2})z_{0.025}<\mu<\overline{X}+(\frac{0.3}{2})z_{0.025}$$

区间($\overline{X}-0.294,\overline{X}+0.294$)就称为置信区间,置信度就是95%。也就是说,随机区间($\overline{X}-0.294,\overline{X}+0.294$)以95%的概率,把母体均值$\mu$覆盖住。

☆注意☆ 随机区间($\overline{X}-0.294,\overline{X}+0.294$)是以$\overline{X}$为中心的,并且,其随机性也是由$\overline{X}$的随机性所决定的。

其图示见图5.5.2。

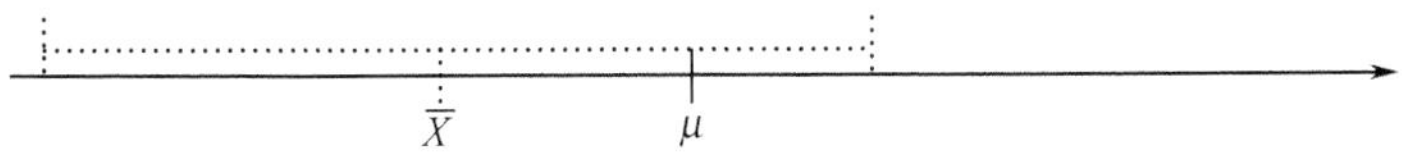

图 5.5.2 覆盖 μ 的随机区间

若给出具体的观察值x_1,x_2,x_3,x_4,就可以求出$\overline{X}$的观察值$\overline{x}$,从而求出具体的置信区间($\overline{x}-0.294,\overline{x}+0.294$)。

5.5.3* 未知总体方差求总体均值置信区间

例 5.5.2 设总体X服从$N(\mu,\sigma^2)$,抽取了一组样本观察值$x_1,x_2,\cdots,x_n$,求总体均值μ的$1-\alpha$的置信区间。

此例中,正态分布的方差σ^2未知。由5.2.3小节,若X服从$N(\mu,\sigma^2)$,则

$$\frac{\overline{X}-\mu}{\frac{S}{\sqrt{n}}}\sim t(n-1)\text{ 分布}$$

由于$t(n-1)$分布是关于y轴对称的,且$t(n-1)$分布与估计范围的μ无关,所以,依题目要求,有

$$P\left\{-t_{\frac{\alpha}{2}}(n-1)<\frac{\overline{X}-\mu}{\frac{S}{\sqrt{n}}}<t_{\frac{\alpha}{2}}(n-1)\right\}=1-\alpha$$

由此，可得置信区间：

$$\overline{X} - t_{\frac{\alpha}{2}}(n-1)\frac{S}{\sqrt{n}} < \mu < \overline{X} + t_{\frac{\alpha}{2}}(n-1)\frac{S}{\sqrt{n}}$$

当把样本观察值代入上式后，该置信区间也是以 $\overline{x}$ 为中心的区间。其端点为

$$\overline{x} \pm t_{\frac{\alpha}{2}}(n-1)\frac{S}{\sqrt{n}}$$

5.5.4* 未知总体均值求总体方差置信区间

例 5.5.3 设总体 X 服从 $N(\mu,\sigma^2)$，抽取了一组样本观察值 $x_1,x_2,\cdots,x_n$，求总体方差 σ^2 的 $1-\alpha$ 的置信区间。

此例中，正态分布的均值 μ 未知。

由 5.2.3 小节，有

$$\chi^2 = \frac{(n-1)S^2}{\sigma^2} \text{ 服从 } \chi^2(n-1) \text{ 分布}$$

$\chi^2(n-1)$分布不是关于 y 轴对称的，且 $\chi^2(n-1)$与要估计范围的 σ^2 无关，所以，有

$$P\left\{\chi^2_{1-\frac{\alpha}{2}}(n-1) < \frac{(n-1)S^2}{\sigma^2} < \chi^2_{\frac{\alpha}{2}}(n-1)\right\} = 1-\alpha$$

所以，可以得到关于 σ^2 的置信度为 $100(1-\alpha)\%$的置信区间：

$$\left(\frac{(n-1)S^2}{\chi^2_{\frac{\alpha}{2}}(n-1)}, \frac{(n-1)S^2}{\chi^2_{1-\frac{\alpha}{2}}(n-1)}\right)$$

当得到样本观察值 $x_1,x_2,\cdots,x_n$ 后，就可以把上式中的 S 换成 s，计算出具体的区间。

5.6 SPSS 在参数估计中的应用

本章只重点介绍了从样本数据来估计：总体分布的两个点参数总体均值 μ 与总体方差 σ^2，以及这两个点参数的区间估计问题。因此本节重点介绍这两方面的参数估计问题。

5.6.1 μ 与 σ^2 的点估计：样本均值 $\overline{x}$、样本方差 s^2 的计算

在 4.2 节中，我们已经断断续续遇到过计算样本均值(Mean) $\overline{x}$、样本方差(Variance) s^2 和样本标准差(Std. deviation) s 的选择问题。只不过在第 4 章，我

们是把它们作为样本数据的均值和方差来计算，而不是作为总体均值 μ 的估计值、总体方差 σ^2 的估计值和总体标准差 σ 的估计值来对待的。计算的点击过程，没有什么变化，只是本节给予它们一个新的理解罢了。

以例 4.2.1 的样本值为例，说明 SPSS 计算 $\overline{x}$、s^2 和 s 的点击过程。本问题可以把同年级的男女身高视为总体。而所面对的数据，可以理解为从该年级的学生抽样的结果。

1. 用频次分析模块(Frequency Process)来计算

(1)启动 SPSS，调入样本值(将本书附盘文件“CH4 男女性别身高 32”)；

(2)从主菜单的 Analyze 开始，依次点击 Analyze→Descriptive Statistics→Frequencies，就可以进入到频次分析模块(Frequency Process)；

(3)在频次分析模块的主窗口(见图 4.2.5)中，把身高变量送入右框，点击“Statistics”按钮。系统弹出频次模块的统计子窗口。在此子窗口中，选择左下角的标准差(Std. deviation)、方差(Variance)和右上角的均值(Mean)。选择结果见图 5.6.1；

(4)在点击 Continue 返回频次分析模块的主窗口后，点击 OK，得到结果如表 5.6.1 所示。

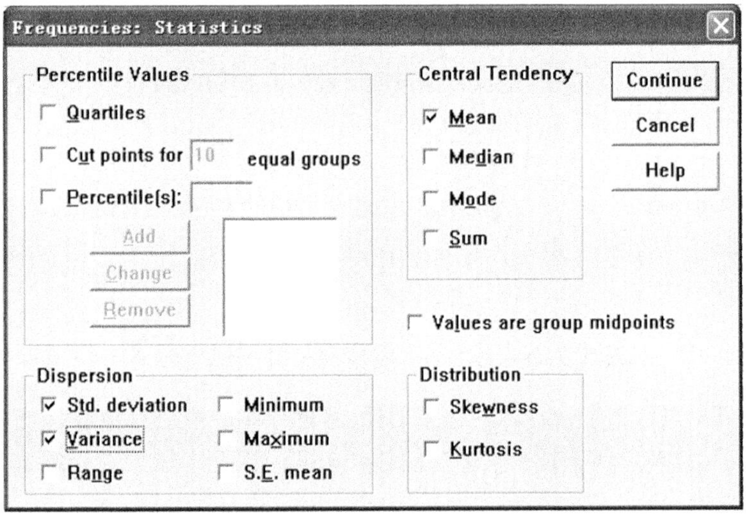

图 5.6.1　频次分析的输出的统计量的选择窗口

表 5.6.1　身高均值、方差估计值(厘米)

N	Valid	32
	Missing	0
Mean		173.4063
Std. Deviation		7.83647
Variance		61.41028

2. 用描述统计模块(Descriptive Process)来计算

(1)启动 SPSS,调入样本值(将本书附盘文件“CH4 男女性别身高 32”);

(2)点击 Analyze → Descriptive Statistics → Descriptives。此时,系统弹出一个窗口进入描述统计模块(见图 4.2.21);

(3)在此窗口中,把左框的身高变量送入右框。点击右下角的 Options,系统弹出选择输出统计值的窗口。在此窗口中,选择左列的均值(Mean)、标准差(Std. deviation)与方差(Variance)。选择结果见图 5.6.2;

(4)点击 Continue 返回描述统计模块的主窗口后,点击 OK,得到结果如表 5.6.2 所示。

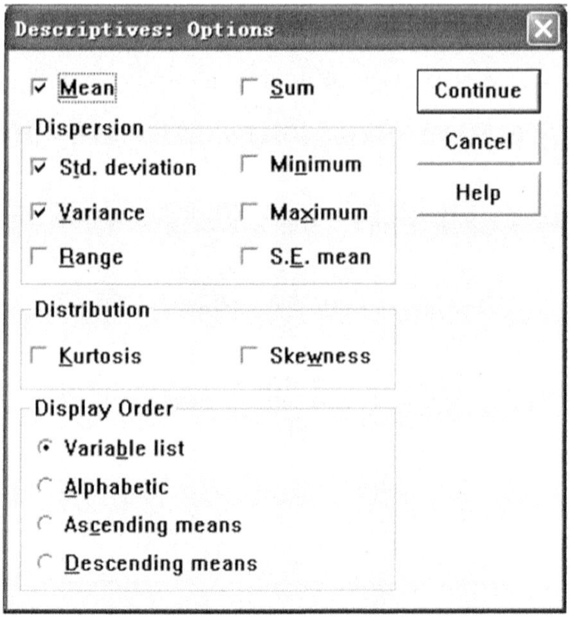

图 5.6.2　描述统计的选择窗口

表 5.6.2　身高均值、方差估计值(厘米)

	N	Mean	Std. Deviation	Variance
身高(厘米)	32	173.4063	7.83647	61.410
Valid N (listwise)	32			

5.6.2* 总体均值的置信区间的计算

仍以例 4.2.1 的样本值为例，说明 SPSS 计算总体均值 μ 的置信区间的点击过程。本问题仍可以把同年级的男女身高，视为总体。而所面对的数据，可以理解为从该年级的学生抽样的结果。

(1)在调入数据后，点击 Analyze → Descriptive Statistics → Explore。此时系统弹出一个窗口(见图 4.2.23)。

(2)在图 4.2.23 中，用箭头，把“身高”变量送入 Dependent list(因变量清单)框中(如果图中左框中，有多个变量可供选择，可以选多个变量，送入“变量清单框”)。

图中，左下角的 Display 小框的默认值是同时输出统计量和图形。可以接受它，也可以改变它。本例仅要求输出统计量。

(3)点击 Statistics 按钮，系统弹出一个窗口(探索分析统计窗口)，见图 5.6.3。该窗口的系统默认值，正是输出均值的 95%的置信区间，我们可以接受它，也可以改变它为 99%的置信区间(直接点击 95% 就可以修改它)，或其他百分点的置信区间。

(4)点击 Continue，返回主窗口。点击 OK，输出结果，见表 5.6.3。

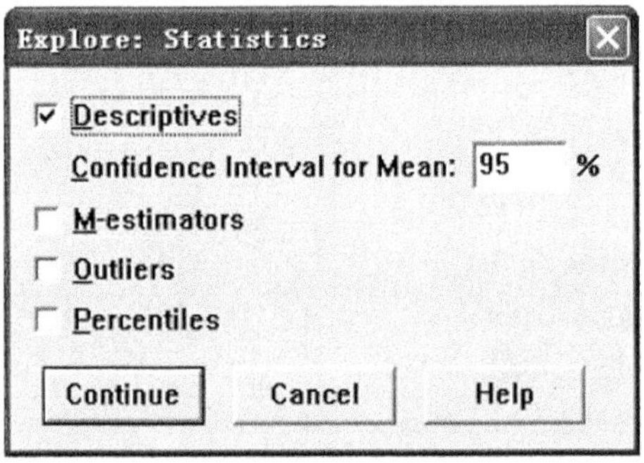

图 5.6.3　探索分析统计选择窗口

表 5.6.3　身高均值的 95%置信区间

			Statistic	Std. Error
身高(厘米)	Mean		173.4063	1.38531
	95% Confidence Interval for Mean	Lower Bound	170.5809	
		Upper Bound	176.2316	
	5% Trimmed Mean		173.4236	
	Median		174.0000	
	Variance		61.410	
	Std. Deviation		7.83647	
	Minimum		158.00	
	Maximum		190.00	
	Range		32.00	
	Interquartile Range		9.0000	
	Skewness		−.081	.414
	Kurtosis		−.201	.809

从该表格可以读出均值的估计值为 173.4063(厘米),覆盖总体均值的 95%的随机区间的一个观察区间的是(170.5809,176.2316)。此表格同时还输出了总体方差和总体标准差的估计值等。

5.6.3　总体的构成比例的估计问题

在几乎所有的社会科学中,包括相当数量的自然科学门类(例如,医学科学、农学科学等)中,具有不同特征的个体数量的比例问题是经常遇到的。例如,高收入人数的比例、贫困户的比例、科学种田的比例、土地转让的比例、开展电子商务的企业的比例、支持某项政策的农民的比例、及格学生的比例、某种药物的有效疗效的比例等等。总之,具有不同特征的个体数量的比例问题,是我们研究一个系统(特别是包含人的系统)的结构的基本问题。

问题是,我们通过随机抽样调查得到了 n 个样本,其中具有某种(我们关心的)特性的样本数为 t,于是,可以计算出具有该特性的样本的比例值 $\pi=\frac{t}{n}$(例如,$\pi=70\%$),我们是否可以通过这个比例值 π,来推断总体中具有该特性的比例也是 π?

概括为统计问题是:总体可以被理解为 0-1 分布(像投不均匀硬币的两点分布,正面朝上,$X=1$,反面朝上,$X=0$),总体中具有某特性的个体的比例是 p(相当于正面朝上的概率是 p)，从总体中，一次随机抽取 n 个样本 $X_1, X_2, \cdots, X_n$，依据其样本值 $x_1, x_2, \cdots, x_n$，可以统计出具有某特性的个体的比例值 π。我们能否用 π 来估计 p 呢?

当然可以。因为这时的样本比例值 π，正好就是样本均值 $\overline{x}$。$\sum_{i=1}^{n} x_i$ 就是样本观察值中，具有某种特性的个体的个数(正面朝上的个数，也就是样本中取值为的个数)，这个个数除以 n，正好就是 $\frac{1}{n}\sum_{i=1}^{n} x_i$，即均值 $\overline{x}$。由本章 5.2.4 小节可知，随机变量 $\overline{X}$ 的均值，就是 X 的均值 p，所以可以用 π(即 $\overline{x}$)来估计总体均值 p，而且是无偏估计值。

这样，我们就可以简单地用 SPSS，通过求均值的方法，解决估计总体比例 p 的问题。

第 6 章 参数假设检验

6.1 假设检验的基本概念

假设检验,分为参数检验与非参数检验。

参数检验所要处理的问题是:已知总体的分布并且猜到(或用样本估计出)总体某个参数的数值,那么这个猜出来的(或估计出来的)参数值,“对不对”呢?这个猜出来(或估计出来)的参数值,就称为(参数)假设,记为 H_0。参数检验,就是要用样本(注意不应当用估计出总体参数的样本)来判断,这个参数假设“对不对”,是接受这个假设,还是拒绝这个假设。

例 6.1.1 我们知道,对抛硬币来说总体分布为两点分布。我们猜这个硬币是均匀的,正面出现的概率为$\frac{1}{2}$。对不对呢?我们可以用样本观察值来检验它,例如抛了 100 次,正面出现了 55 次。

例 6.1.2 生产线上生产出来的零件,我们知道零件的直径是服从正态分布的(总体分布),抽出来 4 个,直径分别为 10.1,9.9,9.91,10.09,其样本均值为 10。我们猜(推断)总体均值也为 10。这对不对呢?我们可以用另外的一组样本来检验它。

当然,我们不能从绝对意义上,而只能从“统计意义”上,来判断“对不对”。

所谓统计意义上的“对”与“不对”,就是有可能犯错误。例如,当我们认为参数的某个假设 H_0 正确时(接受假设 H_0 时),有可能假设 H_0 本来是错误的,而我们却把它当成正确的了。但是我们应当保证犯这种错误(“以假为真”的错误,简称“存伪”的错误)的概率很小(例如 5%,1%),也就是概率 $P\{$接受 $H_0 | H_0$ 为假$\}$ 很小。“以假为真”的错误又被称为第 2 类错误。所犯的“以假为真”的错误的概率记为 β。β 也就是概率 $P\{$接受 $H_0 | H_0$ 为假$\}$之值。

反之,当我们拒绝假设 H_0 时,也可能犯“以真为假”的错误(简称“弃真”的错误,也称为第 1 类错误)。当然,我们也希望所犯的“以真为假”的错误的概率很小,也就是 $P\{$拒绝 $H_0 | H_0$ 为真$\} = \alpha$ 很小(通常 α 取 5%,或 1%)。

非参数检验,又称分布检验。它所要处理的问题是,我们并不知道总体的分布,但却可以借助于经验或总体的样本,对总体的分布做一个猜测(总体分布假设 H_0),然后,用总体的另一组样本,来判断这个假设“对不对”(接受或拒绝假设

H_0)。同样,分布检验也可能犯"存伪"(以假为真)或"弃真"(以真为假)的两类错误,并且给出的检验的结论,也应当使犯错误的概率很小。

假设检验的概念

参数检验:已知总体分布,猜出总体的某个参数(假设 H_0),用一组样本来检验这个假设,是否正确(是接受还是拒绝假设 H_0)。

非参数检验:猜出总体分布(假设 H_0),用一组样本来检验这个假设,是否正确(是接受还是拒绝假设 H_0)。

在检验中,我们通常设法保证"弃真"(以真为假)的错误的概率 α 很小,也就是概率 $P\{拒绝 H_0 | H_0 为真\}$ 很小。这是我们在假设检验时,分析问题的主线。

6.2 一个正态总体下的参数假设检验

设:总体 X 服从 $N(\mu,\sigma^2)$分布。本节介绍有关 μ 与 σ^2 的参数假设检验。

6.2.1 关于正态总体均值 μ 的假设检验

关于均值的假设检验,分如下三种情况:

(1)已知方差 σ^2,假设 H_0:总体均值 $\mu=\mu_0$,通过样本观察值 $x_1,x_2,\cdots,x_n$,检验 H_0 是否成立(使"以真为假"的错误的概率 α 很小,也就是概率 $P\{拒绝 H_0 | H_0 为真\}$很小)。

(2)未知方差 σ^2,假设 H_0:总体均值 $\mu=\mu_0$,通过样本观察值 $x_1,x_2,\cdots,x_n$,检验 H_0 是否成立(使"以真为假"的错误的概率 α 很小,也就是概率 $P\{拒绝 H_0 | H_0 为真\}$很小)。

(3)未知方差 σ^2,假设 H_0:总体均值 $\mu\leqslant\mu_0$,通过样本观察值 $x_1,x_2,\cdots,x_n$,检验 H_0 是否成立(使"以真为假"的错误的概率 α 很小,也就是概率 $P\{拒绝 H_0 | H_0 为真\}$很小)。

1. 已知方差 σ^2,检验假设:$\mu=\mu_0$

例 6.2.1 已知生产线上生产出来的零件直径服从正态分布,已知方差为0.09(毫米^2),现有假设 H_0:均值 $\mu=10$(毫米)。这个假设可以是猜出来的,也可以是生产标准所要求的。现在有一组样本观察值:10.01,10.02,10.02,9.99(当然在实际检验中,样本容量应当大一些。这里为理解方便,只列出 4 个样本观察值)。

请判断假设 H_0 是否正确。

首先，应当找出一个统计量，满足如下条件：

a. 已经知其分布和参数（从而可以得出水平轴上的任何一点右侧的概率）。

b. 在题目的条件下，能够算出这个统计量的值。具体而言，这个统计量中应当包含所要检验的参数 μ（代入假设值后为 μ_0）和与之对应的 $\bar{x}$，以及已知的 σ^2 或 σ，以便依据样本观察值，计算出这个统计量的值。

由 5.2.3 小节，我们知道统计量 $Z=\dfrac{\overline{X}-\mu}{\frac{\sigma}{\sqrt{n}}}$ 服从 $N(0,1)$ 分布。这个分布满足上述 a，b 两个条件。$N(0,1)$ 分布及参数已知，并且，可以由样本计算出 $\bar{x}$，代入已知的 σ 和假设 $\mu_0=10$，就可以求出统计量 Z 的值，所以，可以用这个统计量来检验假设 $\mu=\mu_0=10$（在统计意义上）是否正确。

分析思路：假设 H_0：$\mu=10$，只有在 $\bar{x}$ 远离 10（即 μ_0）时，我们才拒绝 H_0。而 $\bar{x}$ 远离 10，意味着 $z=\dfrac{\bar{x}-\mu_0}{\frac{\sigma}{\sqrt{n}}}$ 的绝对值很大。$|z|$ 大到什么程度，我们才拒绝 H_0 呢？

我们假设 $|z|\geqslant k$ 时，就拒绝 H_0（认为 $\mu\neq 10$）。

如果 H_0 是正确的，我们当然希望拒绝 H_0（犯错误）的概率很小。也就是使

$$P(|Z|\geqslant k)=\alpha$$

很小。

这正是“弃真"（以真为假）的概率很小，即 $P\{拒绝 H_0 \mid H_0 为真\}=\alpha$ 很小。

现在的问题是如何确定 k？如果 $\alpha=0.05$，由 Z 服从 $N(0,1)$ 分布的图形很容易知道，k 右侧的面积（概率）应当为 0.025，$-k$ 左侧的面积（概率）也应当为 0.025，当 z 在 k 的右侧，或 $-k$ 的左侧时，（在 X 的密度函数 $N(10,0.09)$ 图上）$\bar{x}$ 就远离 10，于是，就拒绝 $\mu=10$ 的假设。

显然，此时，若 $\mu=10$ 正确，而我们又拒绝它的概率只有 0.05。

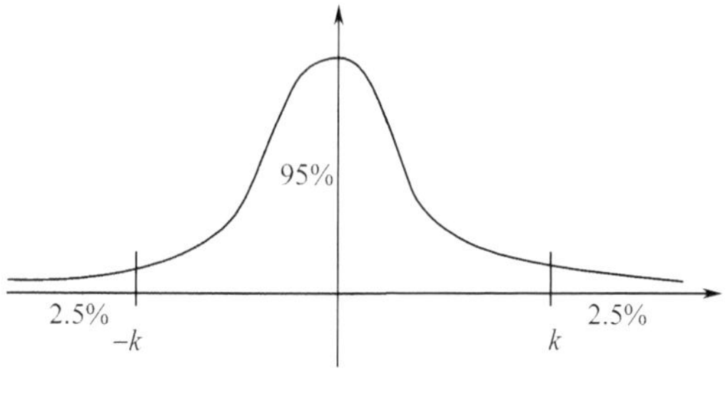

图 6.2.1　k 的外侧概率很小

查找标准正态分布概率表(0.975 所对应的)$k=z_{0.025}=1.96$。

现在,依据题目的条件,可以算出:

$$z=\frac{\overline{x}-\mu_0}{\frac{\sigma}{\sqrt{n}}}=\frac{10.01-10}{\frac{0.3}{2}}=0.067$$

显然,$z<z_{0.025}=1.96$,所以,在 0.05 的显著性水平上,不应当拒绝假设 H_0,可以接受均值 $\mu=10$(毫米)的假设。反之,若 $z\geqslant z_{0.025}=1.96$,就拒绝假设 H_0。

已知方差 σ^2,检验假设 $H_0:\mu=\mu_0$

一些习惯格式与术语:

$$\text{习惯格式:}\begin{cases}\text{原假设(或零假设)}H_0:\mu=\mu_0\\ \text{备择假设 }H_1:\mu\neq\mu_0\end{cases}$$

若拒绝原假设 H_0,那么,就相当于备择假设 $H_1(\mu<\mu_0,\mu>\mu_0)$可能发生,此时称为双尾检验。若取 $\alpha=0.05$,则 $z_{0.025}$ 记为 $z_{\frac{\alpha}{2}}$。α 称为显著性水平,也是犯“弃真”错误的概率。当然,也可取 $\alpha=0.01$,或其他值(在 0 与 1 之间),它反映出犯“弃真”错误的不同的概率。

理解的关键:$z=\dfrac{\overline{x}-\mu_0}{\frac{\sigma}{\sqrt{n}}}$是一个可以利用已知条件计算出来的值,$Z$ 服从完全已知的$N(0,1)$分布。

$\overline{x}$ 远离 μ_0(等价于$|z|\geqslant k$)时,就拒绝 H_0。如果“拒绝”错了,概率也很小,即 $P(|Z|\geqslant k)=\alpha$ 很小。在图 6.2.1 中,就是 z 落在 k 和$-k$ 外侧的概率很小。也就是说,k 和$-k$ 外侧的概率只能是$\dfrac{\alpha}{2}$。

符号 $z_{\frac{\alpha}{2}}$ 就是图 6.2.1 中表示其外侧的概率为$\dfrac{\alpha}{2}$的、水平轴上的点。所以,$k=z_{\frac{\alpha}{2}}$。

2. 未知方差 σ^2,检验假设:$\mu=\mu_0$(这种情形更为常见)

例 6.2.2 已知生产线上生产出来的零件直径服从正态分布,现有假设 H_0:均值 $\mu=10$(毫米)。这个假设可以是猜出来的,也可以是生产标准所要求的。现在有一组样本观察值:10.01,10.02,10.02,9.99(当然在实际检验中,样本容量应当大一些。这里为理解方便,只列出 4 个样本观察值)。请判断假设 H_0 是否正确。

同样,先要找出一个统计量,满足:(1)已经知其分布和参数;(2)在题目的条件下，可以依据样本，算出这个统计量的值。具体而言，这个统计量中应当包含所要检验的参数 μ（代入假设值后为 μ_0）和与之对应的 $\overline{x}$，不能包含 σ。

由第 5 章的 5.2.3 小节，我们知道统计量 T，$T=\dfrac{\overline{X}-\mu}{\dfrac{S}{\sqrt{n}}}$，服从 $t(n-1)$分布，它满足上述两个条件：$t(n-1)$分布完全已知，并且可以依据已知条件（μ 对应的 μ_0，$\overline{X}$ 对应的 $\overline{x}$，S 对应的 s）计算出该统计量的值 t。

于是，我们今后可以拿计算出来的 t 与待定参数 k 比较，得出接受或者拒绝假设 H_0 结论。使“弃真”的错误的概率 α 很小，也就是概率 $P\{拒绝 H_0 | H_0 为真\}$很小。

分析思路：假设 $H_0:\mu=10$。只有在 $\overline{x}$ 远离 $\mu_0=10$ 时，我们才拒绝 H_0。而 $\overline{x}$ 远离 10，意味着 $t=\dfrac{\overline{x}-\mu_0}{\dfrac{s}{\sqrt{n}}}$的绝对值很大。$|t|$大到什么程度，我们才拒绝 H_0 呢？

我们假设$|t|\geqslant k$ 时，就拒绝 H_0（认为 $\mu\neq 10$）。如果 H_0 是正确的，我们当然希望拒绝 H_0（犯错误）的概率很小。也就是使 $P(|T|\geqslant k)=\alpha$ 很小。这正是“弃真”的概率很小。

现在的问题仍然是如何确定 k。如果 $\alpha=0.05$，由 T 服从 $t(4-1)$分布的图形，很容易知道，k 右侧的面积（概率）应当为 0.025，$-k$ 左侧的面积（概率）也应当为 0.025，当 t 在 k 的右侧，或 $-k$ 的左侧时，（在 X 的密度函数 $N(10,\sigma^2)$图上）$\overline{x}$ 就远离 10，于是，就拒绝 $\mu=10$ 的假设。

显然，此时，若 $\mu=10$ 正确，而我们又拒绝它的概率只有 0.05。

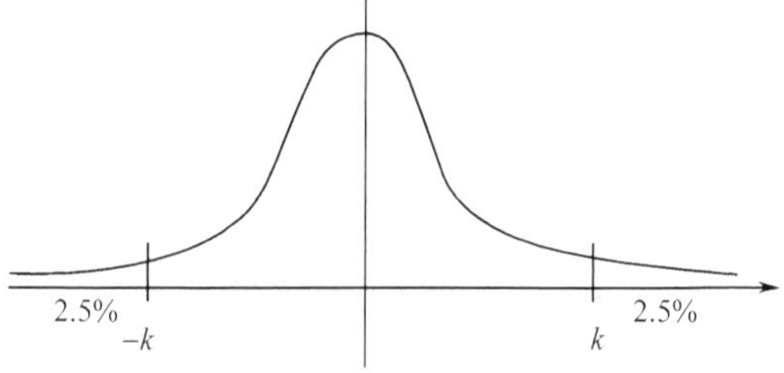

图 6.2.2　k 外侧的概率仅 2.5%

在 $t(4-1)$分布的图形中，如果 k 的右边的概率是 0.025，就记 k 为 $t_{0.025}$，于是，就有

$$P(|T|\geqslant t_{0.025})=0.05$$

在 T 的表达式中，把 $\overline{x}$ 代入 $\overline{X}$，μ_0 代入 μ，s 代入 S，计算出 t。

如果$|t|$真的$\geqslant t_{0.025}$了，那么就拒绝H_0，此时，犯“弃真”错误的概率只有0.05。查$t(3)$表，$\frac{\alpha}{2}=0.025$所对应的$t_{0.025}$，得出3.182。现在，依据题目的条件，可以算出：

$$t=\frac{\overline{x}-\mu}{\frac{s}{\sqrt{n}}}=\frac{10.01-10}{\frac{\sqrt{0.0002}}{\sqrt{4}}}=1.414$$

也就是

$$|t|=1.414<3.182$$

所以，不能拒绝假设H_0，可以接受均值$\mu_0=10$（毫米）的假设，此时犯“弃真”的错误的概率为0.05。

3. 未知方差$\boldsymbol{\sigma^2}$，检验假设：$\boldsymbol{\mu>\mu_0}$（这是作为备择假设出现的）

下例的目的是为了说明单尾检验。

例6.2.3　已知生产线上生产出来的零件抗剪强度服从正态分布，以往的数据表明抗剪强度的均值$\mu_0=10$（某单位）。现在改用一种新材料来生产该零件，得到一组零件的抗剪强度的样本观察值：10.01，10.2，10.2，9.99（注意，这4个数据与例6.2.2的不同，这里$\overline{x}=10.1$，例6.2.2的数据的均值$\overline{x}$是10.01）。请问：改用新材料后，零件的平均抗剪强度是否提高？

此问题可对原假设和备择假设做如下安排：

$$H_0:\mu=\mu_0,H_1:\mu>\mu_0$$

同样，先要找出一个已经知分布和参数的统计量，并且，在上述题目的条件下，能够算出这个统计量的值。具体而言，这个统计量中应当包含所要检验的参数μ（代入假设值后为μ_0）和与之对应的$\overline{x}$。由于不知道总体方差σ^2，所以这个统计量中不能包含σ^2或σ。

同样选择统计量T：

$$T=\frac{\overline{X}-\mu}{\frac{S}{\sqrt{n}}}\text{，服从 } t(n-1)\text{分布}$$

要使“弃真”的错误的概率α很小，也就是概率$P\{$拒绝$H_0|$ H_0为真$\}$很小，也就是$P\{$拒绝H_0，认为$\mu>\mu_0|\mu=\mu_0$为真$\}=\alpha$很小，那么，就应当有

$$P\ (T\geqslant t_{0.05})=0.05$$

☆注意☆　此时的备择假设H_1是$\mu>\mu_0$，只有当$\overline{X}$大于μ_0很多时，才可能有H_1的结果。由统计量T的构成，可知T大于0，所以，这里仅考虑$T\geqslant k$的概率为α的式子，这决定了只能从单侧来考虑k的取值问题，所以是单尾检验。

如果 T 真的大于等于 $t_{0.05}$ 了,那么就拒绝 H_0,此时犯错误的概率只有 0.05。查 $t(3)$表,$\alpha=0.05$ 所对应的 $t_{0.05}$,得出 2.3534。现在,依据题目的条件,可以算出:

$$t=\frac{\bar{x}-\mu}{\frac{s}{\sqrt{n}}}=\frac{10.1-10}{\frac{\sqrt{0.0002}}{\sqrt{4}}}=14.14$$

也就是

$$|t|=14.14>2.3534$$

所以,拒绝假设 H_0,接受备择假设 H_1,认为 $\mu>\mu_0=10$(抗剪强度单位),也就是使用新材料后,零件的抗剪强度提高了。此时犯错误的概率为 0.05。

小结:关于总体参数假设检验的 3 个关键

(1)找到一个合适的统计量,使该统计量包括所要检验的参数(例如 μ,代入假设值后为 μ_0)和与之对应的样本估计量。如果已知条件中还知道总体的另外的参数,该统计量中也应包括它,以便充分利用信息。否则,不应包括。

(2)从犯"弃真"错误的角度考虑问题,使概率 $P\{拒绝\ H_0 \mid H_0\ 为真\}=\alpha$ 很小。从而得出关键的表达式。例如,$P(|T|\geqslant t_{0.025})=0.05$。

(3)从"原假设与备择假设"的安排,来判断是双尾检验还是单尾检验。

附:查表不是难点,今后在 SPSS 的应用中,系统会自动解决这个问题。

6.2.2　p 值:与查表找临界点的一个等价判别法

1. 双尾检验的情形

在例 6.2.2 中,我们是通过比较 t 统计值与临界值 k 之间的大小关系,来判断拒绝还是接受零假设($\mu=\mu_0$)的。

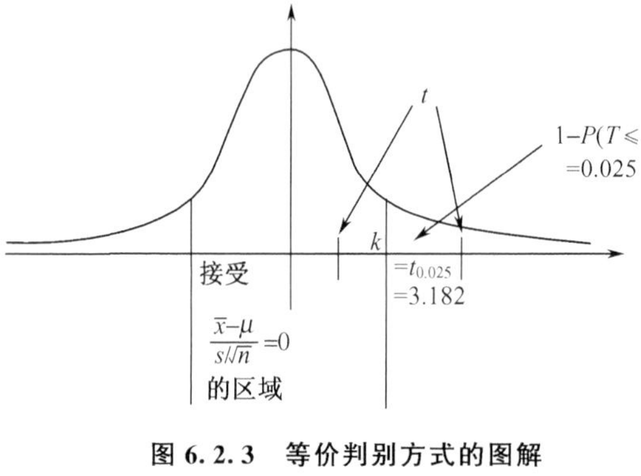

图 6.2.3　等价判别方式的图解

如果 t 落在临界值的内侧($-k$ 与 k 之间,参见图 6.2.3),则在 $t=\dfrac{\bar{x}-\mu}{\dfrac{s}{\sqrt{n}}}$ 的构成中,可以看出,$\bar{x}$ 与零假设值 μ_0 很接近,所以可以从样本 $\bar{x}$ 来判断总体的 μ 等于 μ_0,接受零假设($\mu=\mu_0=10$)。此时,t 的外侧的概率(参见图 6.2.3 中的 $t>0$ 的情形,$t<0$ 的情形结论相似)显然大于临界值 k 的外侧概率 0.025(即$\dfrac{\alpha}{2}$)。所以:

$$t<k(t>0\text{ 的情形})\text{等价于 } t \text{ 的外侧概率}>\frac{\alpha}{2}(\text{双尾情形})$$

如果 t 落在临界值的外侧,且 $t>0$,也就是 $t>k$(临界值,即 $t_{0.025}$,参见图 6.2.3),则拒绝 H_0,表明样本 $\bar{x}$ 与零假设的 μ_0 相差太远,总体均值不应当是 μ_0(本例 $\mu_0=10$)。而

$$t>\text{临界值 } k(\text{即 } t_{0.025},\text{见图 6.2.3}),\text{等价于 } t \text{ 的外侧概率}<\frac{\alpha}{2}(0.025)$$

注意到在图 6.2.3 中,t 点外侧概率的表达式为 $1-P(T\leqslant t)$。显然,双尾问题下 $t<0$ 的情形,结论相似(读者可以自行把图 6.2.3 左侧的图形补齐)。总之,在双尾检验的情形下,比较 t 与临界值 k,与比较 t 的外侧概率 $1-P(T\leqslant t)$ 和$\dfrac{\alpha}{2}$,是等价的。

据此,我们定义双尾检验情况下 t 的统计值的 p 值为:t 统计值“外侧”概率的两倍。即双尾检验情况下:

$$t \text{ 的 } p \text{ 值}=2\times(1-P(T\leqslant t))$$

本书把“t 统计值的 p 值”称为 t 统计值的显著性概率。

今后,我们就可以简单地,用 t 统计值的显著性概率 p,与显著性水平 α(α 取 0.01,或 0.05)比较(同时考虑左右两翼,相当于图 6.2.3 中仅考虑右翼的 2 倍的概率面积的比较):

若 $p<\alpha$,则表明 t 落在由 α 所决定的分界点的外侧,应当拒绝 H_0,接受 H_1。

若 $p>\alpha$,则表明 t 落在由 α 所决定的分界点的内侧,应当接受 H_0。

当然,除了可以针对 t 统计值定义 p 值以外,还可以对其他统计值(例如 z 统计值)定义 p 值。SPSS 使用的就是后一种判别方法(用 p 值判别法)来判别接受还是拒绝 H_0 的。

2. 单尾检验的情形

在单尾检验的情况下,由于已经先验地得知 μ 与 μ_0 的关系($\mu>\mu_0$ 或 $\mu<\mu_0$),因此,在图 6.2.3 中,就不应考虑另一半的情形。先验地得知 $\mu>\mu_0$ 时,不必考虑左半边(小于 0 的一半图形);先验地得知 $\mu<\mu_0$ 时,不必考虑右半边(大于 0

的一半图形）。因此，显著性水平 α 也就不需要分成两半。如在例 6.2.3 中，当 $\alpha=0.05$ 时，拒绝 H_0 的概率表达式是

$$P\ (T\geqslant t_{0.05})=0.05$$

显著性水平 α 就没有被分成两半。因此，在单尾检验的情形下，统计值的 p 值就是该统计值外侧的概率。在单尾检验的情形下，定义是

统计值的 p 值 $=1-P$（相应统计量≤该统计值）

对于例 6.2.3 来说，t 的显著性概率 $p=1-P(T\leqslant t)$。p 是 t 点外侧的概率。相应的判别方法是(相当于图 6.2.3 中概率面积的比较)：

若 $p<\alpha$，则表明 t 落在由 α 所决定的分界点的外侧，应当拒绝 H_0，接受 H_1。

若 $p>\alpha$，则表明 t 落在由 α 所决定的分界点的内侧，应当接受 H_0。

这与双尾判别方法在形式上统一起来了。

小结

对于双尾检验而言，统计值的显著性概率定义为

统计值的 p 值 $=2\times(1-P$（相应统计量≤该统计值））

对于单尾检验而言，统计值的显著性概率定义为

统计值的 p 值 $=1-P$（相应统计量≤该统计值）

检验方法是

若 $p<\alpha$，则表明 t 落在由 α 所决定的分界点的外侧，应当拒绝 H_0，接受 H_1。

若 $p>\alpha$，则表明 t 落在由 α 所决定的分界点的内侧，应当接受 H_0。

6.2.3* 关于正态总体的方差 σ^2 的检验

关于方差的假设检验，分如下两种情况：

(1)未知均值 μ，假设 H_0：总体方差 $\sigma^2=\sigma_0^2$，通过样本观察值 $x_1,x_2,\cdots,x_n$，检验 H_0 是否成立（使“弃真”的错误的概率 α 很小，也就是概率 $P\{拒绝\ H_0 \mid H_0\ 为真\}$ 很小）。

(2)未知均值 μ，假设 H_0：总体方差 $\sigma^2\leqslant\sigma_0^2$（反之亦然），通过样本观察值 $x_1,x_2,\cdots,x_n$，检验 H_0 是否成立（使“弃真”的错误的概率 α 很小，也就是概率 $P\{拒绝\ H_0 \mid H_0\ 为真\}$ 很小）。

以下，我们一一研究上述两类检验问题。

1. 未知均值 μ，检验假设 H_0：总体方差 $\sigma^2=\sigma_0^2$ 是否成立

例 6.2.4　已知生产线上生产出来的零件直径服从正态分布，长期以来直径的均方差 $\sigma=0.3$ 毫米，现材质改进，抽出 20 个样本，（为简单计，这里不列出这 20

个样本的数据,仅给出由这 20 个样本计算出来的样本方差 $s^2=0.16$)。请判断该生产线的方差是否改变。

此时的检验假设可以定为

H_0:总体方差 $\sigma^2=\sigma_0^2=0.09$

H_1:总体方差 $\sigma^2\neq\sigma_0^2=0.09$

同样,先要找出一个已经知分布和参数的统计量,并且,在上述题目的条件下,能够算出这个统计量的值。具体而言,这个统计量中应当包含所要检验的参数 σ^2(在代入假设值之后为 σ_0^2)和与之对应的 s^2。由于不知道总体均值 μ,所以这个统计量中不能包含 μ。

由 5.2.3 小节,我们知道统计量 $\chi^2=\dfrac{(n-1)S^2}{\sigma^2}$服从 $\chi^2(n-1)$ 分布。它包含 S^2(对应于假设 σ_0^2 的样本估计量),但不包含 μ(因为 μ 未知),所以可以算出统计量 χ^2 的值。拿 χ^2 的值与待定参数 k 比较,得出接受或者拒绝假设 H_0 结论。使"弃真"的错误概率 α 很小,也就是概率 $P\{$拒绝 $H_0|\ H_0$ 为真$\}$很小。

分析思路:如果 $\sigma^2=\sigma_0^2$ 是正确的,我们要使"弃真"的错误概率 α 很小,也就是 $P\{$拒绝 $H_0|\ H_0$ 为真$\}$很小,也就是 $P\{$拒绝 $H_0|\ H_0:\sigma^2=0.09$ 为真$\}=\alpha$ 很小,那么,就应当有(注意:分布 $\chi^2(n-1)$关于 y 轴是不对称的。当 σ 确定后,若 S^2 大,则 χ^2 大;若 S^2 小,则 χ^2 小):

$$P(\chi^2\geqslant\chi^2_{\frac{\alpha}{2}})=\frac{\alpha}{2}\text{或 }P(\chi^2\leqslant\chi^2_{1-\frac{\alpha}{2}})=\frac{\alpha}{2}$$

如果真的发生:

$$\chi^2\geqslant\chi^2_{\frac{\alpha}{2}}\text{ 或 }\chi^2\leqslant\chi^2_{1-\frac{\alpha}{2}}$$

那么就应当拒绝 H_0,此时犯错误的概率最多只有$\dfrac{\alpha}{2}$。否则,就接受 H_0。

由题目条件,可算出:

$$\chi^2=\frac{(n-1)s^2}{\sigma_0^2}=19\times\frac{0.16}{0.09}=33.7778$$

取 $\alpha=0.05$,查表得:

$$\chi^2_{0.025}(19)=32.9$$

$$\chi^2_{0.975}(19)=8.91$$

现在,$\chi^2=33.7778>\chi^2_{0.025}(19)=32.9$。

所以,拒绝 H_0。此时,犯错误的概率最多只有 0.05。

2. 未知均值 μ,检验假设:总体方差 $\sigma^2\geqslant\sigma_0^2$ 是否成立

例 6.2.5 已知生产线上生产出来的零件直径服从正态分布,长期以来直径

的均方差 $\sigma=0.3$ 毫米，现材质改进，抽出 9 个样本(为方便，不列出这 9 个样本的数据，给出由这 9 个样本计算出来的样本方差 $s^2=0.35^2$)。请判断该生产线的方差是否会大于 0.09。

此问题与例 6.2.3 相似，但检验的目标有所不同。

可安排假设如下：

H_0：总体方差 $\sigma^2=\sigma_0^2=0.09$

H_1：总体方差 $\sigma^2>\sigma_0^2=0.09$

这是单尾检验问题(而且是左侧单尾问题)。

仍然选择上题的 χ^2 统计量，来检验假设 $\sigma^2=\sigma_0^2=0.09$，是否成立。

取“弃真”的错误的概率 $\alpha=0.05$，即

$$P(\chi^2>\chi_\alpha^2)=\alpha=0.05$$

由题目条件，可算出：

$$\chi^2=\frac{(n-1)s^2}{\sigma^2}=\frac{8\times 0.35^2}{0.09}=10.8889$$

查表得：$\chi_{0.05}^2(8)=15.5$

$$\chi^2=10.8889<\chi_{0.05}^2(8)=15.5$$

统计值在右临界值的左侧，所以，接受假设 H_0，总体方差没有明显改变。

6.2.4 关于一个正态分布总体的参数检验的小结

1. 检验用的统计量的小结

关于一个正态分布总体的参数检验的统计量

(1)检验均值($\mu=\mu_0$ 否)，用 Z 统计量(已知 σ^2)或用 T 统计量(未知 σ^2)：

$$Z=\frac{\overline{X}-\mu}{\frac{\sigma}{\sqrt{n}}}\sim N(0,1);\quad T=\frac{\overline{X}-\mu}{\frac{S}{\sqrt{n}}}\sim t(n-1)\text{ 分布}$$

(2)检验方差($\sigma^2=\sigma_0^2$ 否)，用 χ^2 统计量(未知 μ)：

$$\chi^2=\frac{(n-1)S^2}{\sigma^2}\sim\chi^2(n-1)\text{ 分布}$$

2. 关于应用范围的说明

为了简单，本节所用的例子都是生产零件的尺寸或强度问题，但假设检验的应用范围，决不限于此，它在管理科学，乃至整个社会科学中，以及所有用到统计方法

的自然科学中,都有着广阔的应用。例如:

(1)检验均值是否改变(是否等于原来的均值 μ_0)?

改变工艺或者配方,是否提高了平均效率(平均强度等)?培训前后(或学习前后或训练前后)是否提高了技术水平、效率、智商?某政策实施后,某效率(或产量、某标志量)是否有显著提高?某药物使用后,病人的某指标是否有明显的改变?等等。当然,改变与否,都是从平均角度来看的。

特点是:一个是采取措施之前,一个是采取措施之后。

(2)检验方差是否改变(是否等于原来的均值 σ_0^2)?

应用范围同前。只是检验的对象,改为方差。对方差检验的应用普遍程度,远远不及对均值的检验。

3. 数据的形式:

已知过去的(或先验的)μ_0 或 σ_0^2。

已得现在的样本值:$x_1, x_2, \cdots, x_n$。

6.3* 一个 0-1 总体分布下的参数假设检验

如 5.2.4 小节所述,某类个体占总体的比例问题,是社会科学研究和自然科学研究中的最常见的基本问题之一。而反映总体中某类个体的比例的随机变量 X,可以简单地用 0-1 分布 $B(1,p)$来表示,p 就是总体中某类个体的比例。

本节就讨论总体随机变量 X 服从 0-1 分布(即 $B(1,p)$分布)的 p 的假设检验问题。

6.3.1* 一个 0-1 分布总体的小样本比例值的参数检验

例 6.3.1 招聘测试问题。某公司人力资源部要招聘若干名某专业领域的工程师。出了 10 道选择题,每题有 4 个备选答案,其中只有一个是正确的。或者说,正确的比率只有$\frac{1}{4}$。问:至少应当答对几道题,才能考虑录取?

如果应聘者答对的问题比较少(例如,只答对 2～3 题),则很可能是猜到的。这样的样本所反映的母体的正确比例应与 0.25 没有本质区别。只有答对的题目多了,样本所反映的母体的正确比例 p,才可能大于 0.25(即凭借知识回答问题,而不是随机地猜)。于是,问题就转化为:

总体是 0-1 分布，$B(1,p)$。应聘者答对了(相当于投不均匀的硬币，正面朝上)X 取值为 1；答错了，X 取值为 0。由 0-1 分布知，$E(X)=p$，$D(X)=p(1-p)$。

一个完全瞎猜的应聘者，答对的概率应当是 0.25，即 $p=0.25$。

对任意一个应聘者而言，我们并不知道他是不是瞎猜的(即不知道他的 p 是多少)，我们不妨先假设他的 $p=0.25$，然后依据他答对题目数来判别他是不是瞎猜的。如果是瞎猜的(接受 $p=0.25$)，就不能录用；如果是靠自己的知识回答的，这个应聘者的 p 就应当大于 0.25(拒绝 $p=0.25$)。

于是，聘用问题就转化为如下假设检验问题：

H_0：$p=0.25$(回答者随机地猜答案，不聘)

H_1：$p>0.25$(回答者依据知识选择答案)

这是一个单侧检验的问题。任一个应聘者回答 10 个问题，就相当于得到 0-1 分布的样本 $X_1, X_2, \cdots, X_{10}$，进而得到均值函数 $\overline{X}$。尽管由 5.2.4 小节，我们知道统计量 $\overline{X}$ 的均值和方差，但是我们不知道统计量 $\overline{X}$ 的分布形式，所以，不能直接用 $\overline{X}$ 做假设检验。但是，我们却完全知道统计量 $Y=X_1+X_2+\cdots+X_{10}$ 的分布，即二项分布 $B(n,p)$，此处 $n=10$。并且这个分布中包含所要检验的参数，所以，我们可以从二项分布 $B(n,p)$ 的角度，也就是用统计量 Y，来考虑上述假设检验问题。

Y 的实际含义，就是(某个应聘者)答对题目的个数。设 r 是 Y 的观察值。

当正确回答题目的个数 r 大于等于阈值 k 时，就拒绝 H_0，认为相应总体(某个应答者)的正确的比例大于 0.25(即不是随机猜出来的)。当然，拒绝 H_0，也可能犯错误。在 H_0(猜对的比例为 0.25)的假设下，拒绝 H_0 的概率 α 应当较小，例如，$\alpha=0.05$。如果在某个 r 大于等于 k 时拒绝 H_0，那么在回答正确的题目数为 $r+1, r+2, \cdots$，时，也应当拒绝 H_0。于是应有：

$$\sum_{\text{所有大于等于}k\text{的}r} P(\text{答对的题目数 } r \geqslant k)=\alpha$$

式中，k 是拒绝 H_0 的答对的最少题目数。

由二项分布的概率公式：

$$P(\text{正面次数}=r)=\binom{n}{r}p^r(1-p)^{n-r}$$

式中，n 为题目的个数，r 为答对题目的个数，p 为答对题目的概率(或者说，答对题目的总体比例值)。可以算出结果如表 6.3.1。

由此可以看出，取 $k=6$ 时，由所有大于等于 k 的 r 计算出的概率之和 $0.0197<\alpha=0.05$。刚好满足拒绝的概率(也是可能犯弃真错误的概率)为 0.05 的要求。

不能取 $k=5$，因为由所有大于等于 k 的 r 计算出的概率之和 0.078 大于 α 了。

取 $k=7$，也没有必要，此时对犯错误的概率控制太严了。

表 6.3.1　累积概率表

回答正确（正面）的次数 r	P（正面$=r$）	自下而上的累计概率
0	0.0563	1.0000
1	0.1877	0.9437
2	0.2816	0.7560
3	0.2503	0.4474
4	0.1460	0.2241
5	0.0584	0.0781
6	**0.0162**	**0.0197**
7	0.0031	0.0035
8	0.0004	0.0004
9	0.0000	0.0000
10	0.0000	0.0000

精确一些说，不必取 $\alpha=0.05$，只要 $\alpha=0.02$ 就行了。此时，r 的外侧概率（$r\geqslant k$的概率之和）$0.0197<\alpha=0.02$，所以，拒绝 H_0，认为回答者不是瞎猜的，是依靠自己知识回答的，可以及格。此时，犯“弃真”错误（本来是瞎猜的，结果也猜对了 6 道题）的概率，只有 2%。这就是我们在考试中，要求 60 分及格的理由（假设题目的难度是 4 选 1）。如果题目的难度变了，要求的及格分数也就变了。题目的难度越大，及格的分数也就越低。

题目的数量也会影响及格的分数。题目的数量越多，要求及格的分数也就越低一些。

上述结论，读者不妨依托 SPSS 做计算实验。

一个 $B(1,p)$ 总体的小样本比例值 p 的检验问题

有关某类个体在总体中的比例问题，本质上是用 $B(1,p)$ 分布的样本 $X_1,X_2,\cdots,X_n$，来检验均值 p 和先验值 p_0 的关系问题。

统计量 $\overline{X}$ 的均值和方差是已知的，但是不知道 $\overline{X}$ 的分布形式，所以，不能直接用均值函数做假设检验。

统计量 $Y=X_1+X_2+\cdots+X_n$ 的分布，是二项分布 $B(n,p)$，完全已知，并且包含要检验的参数 p，所以，可以用统计量 Y 来作为假设检验。

对于考分问题，零假设 $H_0:p=p_0$，备择假设 $H_1:p>p_0$。

设 k 是拒绝 H_0 的阈值（$Y\geqslant k$ 就拒绝 H_0），k 的外侧概率为 α。也就是

$$\sum P(Y\geqslant k)=\alpha,$$

用 Y 的概率计算公式（二项分布的概率计算公式），把大于等于 k 的 Y 的概率都加起来。这个概率和应当小于等于 α。

所以，从 $Y=r=10$ 的概率开始，加 $Y=r=9$ 的概率，…，直到再加一个，其概率和要超过 α 为止。此时的 $r-1$ 就是 k（拒绝 H_0 的阈值）。

6.3.2* 一个 0-1 总体的大样本比例值的参数检验

我们通过一个例子来讨论大样本的比例值的假设检验问题。

例 6.3.2 招聘测试问题。某公司人力资源部要招聘若干名某专业领域的工程师。出了 100 道“正误”选择题(true-false test),就是说,如果什么都不会,猜正确的比率是 0.5。问:至少应当答对几道题,才能考虑录取?

任意一个应聘者(applicant)如果是随机地猜答案,正确的比例是 0.5,即 $p=0.5$。但是我们并不知道这个被抽到的应聘者是不是瞎猜的,所以,可以假设 $p=0.5$,然后再依据样本值,来检验这个假设是否成立。

与例 6.3.1 类似,这个问题的总体是一个 0-1 分布 $B(1,p)$,$p=0.5$。对任一个应聘者回答 100 个问题,就相当于得到 0-1 分布的样本 $X_1,X_2,\cdots,X_{100}$,每一个应聘者的总分是 $Y=X_1+X_2+\cdots+X_{100}$。总分 Y(随即变量)服从二项分布 $B(100,p)$。我们当然可以从二项分布的角度来考虑上述假设检验问题,但是由于本题的 n 较大($n=100$),所以可以从大样本的近似分布的角度,来解决问题。

由 5.2.4 小节知,总体为 0-1 分布 $B(1,p)$ 的样本均值函数 $\overline{X}$(是个统计量)的均值和方差分别为

$$\mu_{\overline{X}}=p$$

$$\sigma_{\overline{X}}^2=\frac{p(1-p)}{n}$$

我们虽然不知道 $\overline{X}$ 的分布形式,但是,由第 5 章的 5.2.5 小节的中心极限定理知:当 n 充分大时,$\overline{X}$ 近似地服从均值为 μ(对于本问题是 $\mu_{\overline{X}}$)、标准差为 $\frac{\sigma}{\sqrt{n}}$(对于本问题是 $\sigma_{\overline{X}}$)的正态分布,即 $\overline{X}\sim N(\mu_{\overline{X}},\sigma_{\overline{X}}^2)$。

对于这类问题而言,按照经验,只要 $n\times p\geqslant 10$,同时,$n\times(1-p)\geqslant 10$,就可以认为 n 足够大了(见 Peck, Roxy et al, 2001, P. 444),可以用正态分布来近似它。本问题 $n\times p=50$,$n\times(1-p)=50$,满足要求。所以,可以按照 $\overline{X}\sim N(\mu_{\overline{X}},\sigma_{\overline{X}}^2)$处理。基于此,易知标准化统计量:

$$Z=\frac{\overline{X}-p}{\sqrt{\frac{p(1-p)}{n}}}$$

近似于标准正态分布。于是,我们有假设检验:

H_0:$p=0.5$(回答者猜答案,不聘用)

H_1:$p>0.5$(回答者依据知识选择答案,聘用)

这是一个单尾检验(one-tail test)的问题。

若 H_0 成立，则 Z 应当很小。当 $Z \geqslant k$ 时，就拒绝 H_0，接受 H_1，认为回答者与猜答案有显著差异。此时，仍然可能有犯错误的可能，如果此时 $Z \geqslant k$ 的概率

$$P(Z \geqslant k) = \alpha$$

很小，当然犯错误的概率也就很小。

如果应聘者得了 62 分（即 $\bar{x} = 0.62$），则由标准化计算式，容易算出 $z = \dfrac{0.62 - 0.5}{\sqrt{\dfrac{0.5 \times 0.5}{100}}} = 2.4$，$z > z_\alpha \approx 2.33 (\alpha = 0.01)$，拒绝 H_0，在 1% 的置信水平上，62 分与 50 分有显著区别，不是瞎猜的，可以及格。此时，靠瞎猜猜到 62 分的概率不超过 1%。

当 $\alpha = 0.0233$ 时，查表得 $z_\alpha = 1.99$，此时，若 $\bar{x} = 0.60$（得了 60 分），$z = \dfrac{0.6 - 0.5}{\sqrt{\dfrac{0.5 \times 0.5}{100}}} = 2 > z_\alpha = 1.99$，拒绝 H_0，60 分与 50 分有显著区别（靠瞎猜猜到 60 分的概率不超过 2.33%）。

例 6.3.3　一个卖男士衬衣的邮购店（mail-order house），从过去的经验中总结出有 15% 的购买者说衬衣的大小不合身，要求退货。现在这家邮购店改进了邮购定单（order blank）的设计，结果在接下来售出的 500 件衬衣中，有 60 件要求退货。问：在 5% 的 α 水平上（at an α level of 0.05），改进后的退货的比例（母体比例）与原来的退货比例有无显著差异？

对于每个邮购者而言，买来的衬衣只有两种可能的情形：合身、不合身。按照过去的经验，不合身的概率为 15%，此时随机变量 $X = 1$；合身的概率是 0.85，此时 $X = 0$。或者从总体角度说，不合身的比例为 15%。即这个 0-1 分布 $B(1, p)$ 中 $p = 15\%$。

于是，由 500 个随机样本 $X_1, X_2, \cdots, X_{500}$，构成的统计量 $Y = X_1 + X_2 + \cdots, + X_{500}$ 服从二项分布 $B(500, p)$。根据题目，现在的样本观察值是 $x_1, x_2, \cdots, x_n$，$n = 500$。得到的不合身的比例（退货的比例）为 $\bar{x} = \dfrac{60}{500}$，即 $\hat{p} = 12\%$。

由于 $n \times p = 500 \times 0.15 = 75 > 25$，已经足够大，故，由中心极限定理，$\overline{X}$ 近似地服从均值为 p、方差为 $\dfrac{p(1-p)}{n}$ 的正态分布。统计量 $\overline{X}$ 符合做假设检验的条件：完全已知（近似的）概率分布函数，且含有要检验的参数 p。

于是，此时的假设检验是

$$H_0: p = 0.15$$

$$H_1: p < 0.15$$

取显著性水平 $\alpha = 0.05$，这是一个单尾检验问题。

$$\sigma_{\bar{x}}=\sqrt{\frac{p(1-p)}{n}}=0.016$$

$$z=\frac{\hat{p}-p}{\sigma_{\bar{x}}}=\frac{-0.03}{0.016}=-1.875$$

查表，$z_\alpha=1.645$，由 $z<-z_\alpha=-1.645$，所以，拒绝 H_0，邮购定单改进后的退货比例 12%与改进前的退货比例 15%有显著差异。

一个 $B(1,p)$ 总体的大样本比例值 p 的检验问题

有关某类个体在总体中的比例问题，本质上是用 $B(1,p)$ 分布的样本 $X_1,X_2,\cdots,X_n$，来检验 $B(1,p)$ 的均值 p 和先验值 p_0 的关系问题。

虽然 $Y=X_1+X_2+\cdots+X_n$ 服从二项分布 $B(n,p)$，完全已知，并且包含要检验的参数 p，可以用 Y 来检验 p 和先验值 p_0 的关系。

但当 n 太大时，计算不便，需采用中心极限定理，按照统计量 $\overline{X}$ 近似地服从正态分布来处理（只要 $n\times p\geqslant 10$，且 $n\times(1-p)\geqslant 10$，就可以认为 n 足够大了）。

在标准化变换后，$Z=\dfrac{\overline{X}-p}{\sqrt{\dfrac{p(1-p)}{n}}}$ 近似 $\sim N(0,1)$ 分布。于是，可以用 Z 来做关于其均值 p 和先验值 p_0 的关系问题的检验。

6.4　两个正态总体下的参数假设检验

本节研究两个相互独立的正态总体的参数检验问题。

6.4.1　两个正态总体参数检验概貌

设：获得来自两个总体的相互独立的样本观察值：$x_1,x_2,\cdots,x_n$ 与 $y_1,y_2,\cdots,y_m$。所要完成的参数检验问题，主要有如下 4 种情况：

(1)未知两个总体的均值 μ_1,μ_2，检验假设 H_0：总体方差 $\sigma_1^2=\sigma_2^2$。

(2)未知两个总体的均值 μ_1,μ_2，检验备择假设：总体方差 $\sigma_1^2>\sigma_2^2$。

上两种检验，又称为对方差齐性的检验。

(3) 未知两个总体的方差 σ_1^2,σ_2^2，但知道 $\sigma_1^2=\sigma_2^2$（称为方差齐性），检验假设 $H_0:\mu_1=\mu_2$。

(4)未知两个总体的方差 σ_1^2,σ_2^2,但知道 $\sigma_1^2\neq\sigma_2^2$(称为非齐次方差),检验假设 $H_0:\mu_1=\mu_2$。

于是,检验的顺序是:当 $\mu_1,\mu_2,\sigma_1^2,\sigma_2^2$ 均未知时,先做(1),检验 $\sigma_1^2=\sigma_2^2$ 成立否。

若证实 $\sigma_1^2=\sigma_2^2$,再做(3),检验假设 $H_0:\mu_1=\mu_2$ 成立否。

若不能证实 $\sigma_1^2=\sigma_2^2$,再做(4),检验假设 $H_0:\mu_1=\mu_2$ 成立否。

对第(1)与第(2)个问题而言,显然应当用 F 统计量来检验:

$$F=\frac{S_1^2/\sigma_1^2}{S_2^2/\sigma_2^2},\text{服从 } F\ (n-1,m-1)\text{分布}$$

6.4.2 四种类型的假设检验的要点

1. 对问题(1):未知总体均值 $\boldsymbol{\mu}_1,\boldsymbol{\mu}_2$,检验 $\boldsymbol{H}_0$:总体方差 $\boldsymbol{\sigma}_1^2=\boldsymbol{\sigma}_2^2,\boldsymbol{H}_1:\boldsymbol{\sigma}_1^2\neq\boldsymbol{\sigma}_2^2$

由于假设 H_0 是总体方差 $\sigma_1^2=\sigma_2^2$,所以,F 统计量可以简化为

$$F=\frac{S_1^2}{S_2^2}\text{服从 } F\ (n-1,m-1)\text{分布}$$

备择假设 H_1 安排为:$\sigma_1^2\neq\sigma_2^2$,这是一个双尾检验。注意 F 分布是非对称的。所以检验分析式为

$$P\{F\geqslant f_{\frac{\alpha}{2}}\}=\frac{\alpha}{2}$$

$$P\{F\leqslant f_{1-\frac{\alpha}{2}}\}=\frac{\alpha}{2}$$

以下,只要计算出 f 值,与查表值 $f_{\frac{\alpha}{2}}$ 与 $f_{1-\frac{\alpha}{2}}$ 比较,就行了。

只是在查表时注意,如果查不到 $f_{1-\frac{\alpha}{2}}$,就应当用 $f_{1-\frac{\alpha}{2}}=\dfrac{1}{f_{\frac{\alpha}{2}}}$来计算。这是 F 分布的一个重要性质(见范大茵、陈永华,1996,P. 156)。

2. 对问题(2):未知总体均值 $\boldsymbol{\mu}_1,\boldsymbol{\mu}_2$,检验备择假设:总体方差 $\boldsymbol{\sigma}_1^2>\boldsymbol{\sigma}_2^2$

由于备择假设是 $H_1:\sigma_1^2>\sigma_2^2$,所以,这是一个单尾检验问题。此时,$H_0$ 仍设定为 $\sigma_1^2=\sigma_2^2$,以便利用统计量 $F=\dfrac{S_1^2}{S_2^2}$。拒绝 H_0 而接受 H_1 的表达式为:

$$P\{F\geqslant f_\alpha\}=\alpha$$

接下去,只要计算出 F 的观察值 f,与查表值 f_α 比较,就行了。

3. 对问题(3):未知总体方差 $\boldsymbol{\sigma}_1^2,\boldsymbol{\sigma}_2^2$,但知 $\boldsymbol{\sigma}_1^2=\boldsymbol{\sigma}_2^2$,检验假设 $\boldsymbol{H}_0:\boldsymbol{\mu}_1=\boldsymbol{\mu}_2$

由于已知 $\sigma_1^2=\sigma_2^2$,要检验的零假设 H_0 是 $\mu_1=\mu_2$(此时,备择假设是 $\mu_1\neq\mu_2$),

为此我们引入一个新的 T 统计量：在 $\sigma_1^2=\sigma_2^2$ 的条件下

$$T=\frac{(\overline{X}-\overline{Y})-(\mu_1-\mu_2)}{\sqrt{\dfrac{(n-1)S_1^2+(m-1)S_2^2}{n+m-2}}\sqrt{\dfrac{1}{n}+\dfrac{1}{m}}}\text{服从 } t(m+n-2)$$

式中，n 是来自总体 X 的样本数，m 是来自总体 Y 的样本数。

由于原假设 H_0 是 $\mu_1=\mu_2$，所以上式分子的第二项（$\mu_1-\mu_2$）可以删去（由于两个正态分布的样本容量不同，S_1^2、S_2^2 还需保留）。于是，只要依据样本观察值 $x_1,x_2,\cdots,x_n$ 与 $y_1,y_2,\cdots,y_m$，就可以由下式计算出 T 统计量所对应的 t 统计值：

$$t=\frac{\overline{x}-\overline{y}}{\sqrt{\dfrac{(n-1)s_1^2+(m-1)s_2^2}{n+m-2}}\sqrt{\dfrac{1}{n}+\dfrac{1}{m}}}$$

然后比较 t 与 $t_{0.025}$（若 $\alpha=0.05$），就可以得出拒绝或接受 $H_0:\mu_1=\mu_2$ 的结论了：

若 $|t|\geqslant t_{0.025}$，则拒绝 H_0，

若 $|t|<t_{0.025}$，则接受 $H_0:\mu_1=\mu_2$。

4. 对问题(4)：未知总体方差 σ_1^2,σ_2^2，但知 $\sigma_1^2\neq\sigma_2^2$，检验假设 $H_0:\mu_1=\mu_2$

在不具备方差齐性（即 $\sigma_1^2\neq\sigma_2^2$）的情况下，检验的零假设 $H_0:\mu_1=\mu_2$。SPSS 使用如下统计量进行两个正态总体的均值的检验（见卢纹岱，2000）。

$$T=\frac{(\overline{X}_1-\overline{Y}_1)-(\mu_1-\mu_2)}{\sqrt{\dfrac{S_1^2}{n}+\dfrac{S_2^2}{m}}}$$

检验过程同上。

☆注意☆　(1)由于计算繁琐，我们把例题都放到 SPSS 的应用中了。

(2)这里对来自两个正态总体的参数的比较，并没有要求其中一组样本 $x_1,x_2,\cdots,x_n$ 与另一组样本 $y_1,y_2,\cdots,y_m$ 之间，有任何对应关系。两组样本之间的样本个数都可以不相同（即可以 $m\neq n$）。

在有些问题中，例如在某些对比实验中，数据都是成对出现的。例如，用两套问卷测试实验组中的每个人，所得到的两套问卷的数据就是成对出现的。这时就不再用上述方法进行均值的 T 检验，而是简单地令 $u_i=x_i-y_i$（$i=1,2,\cdots,n$。此时 $m=n$），然后用 6.2 节、6.3 节的单样本检验方法，检验 u_i 的均值与 0 有无显著差异，从而得出两组样本的均值有无显著差异。这种检验方法，称为配对 T 检验。SPSS 中专门有对应的分析模块来处理这类问题。

6.4.3　关于两个正态分布总体的参数检验的小结

1. 检验用的统计量小结

两个正态分布总体的参数检验的统计量

(1)检验方差(是否 $\sigma_1^2=\sigma_2^2$),用 F 统计量(未知 μ_1,μ_2)

(2)检验方差(是否 $\sigma_1^2>\sigma_2^2$),用 F 统计量(未知 μ_1,μ_2)

上述两个检验的零假设都是 $\sigma_1^2=\sigma_2^2$,统计量都是

$$F=\frac{S_1^2}{S_2^2}\text{ 服从 }F(n-1,m-1)\text{ 分布}$$

(3)检验均值(是否 $\mu_1=\mu_2$),用 T 统计量(未知其方差值,但 $\sigma_1^2=\sigma_2^2$)

$$T=\frac{(\overline{X}-\overline{Y})-(\mu_1-\mu_2)}{\sqrt{\dfrac{(n-1)S_1^2+(m-1)S_2^2}{n+m-2}}\sqrt{\dfrac{1}{n}+\dfrac{1}{m}}}\text{ 服从 }t(m+n-2)$$

(4)检验均值(是否 $\mu_1=\mu_2$),用 T 统计量(未知其方差值,且 $\sigma_1^2\neq\sigma_2^2$)

$$T=\frac{(\overline{X}_1-\overline{Y}_1)-(\mu_1-\mu_2)}{\sqrt{\dfrac{S_1^2}{n}+\dfrac{S_2^2}{m}}}$$

两个 T 统计量,都不必记忆,了解大致结构就行,剩下的工作有 SPSS 去做。

2. 关于应用范围的说明

为了简单,本节把例题都放到下一节 SPSS 的应用中去了。两个正态总体的参数比较问题,特别是均值的比较问题(两个总体的比例值的大样本的比较问题,也可以运用中心极限定理,化为两个正态总体的均值的比较问题),在管理科学乃至整个社会科学中,以及所有用到统计方法的自然科学中,都有着广阔的应用。例如,两台设备生产的产品的某种性质、两种工艺的产品某种性能、两批原料生产的产品某种效果、两种药品的疗效、两种饲料的效果、两种治疗方法的效果、两种训练方法的效果、两种学习方法的效果、两种激励方法的效果、两种组织方法的效果、两种(税收、投资等)政策的效果等等。而表示效果、性质的指标,又可以多种多样,因此应用面实际上是非常广泛的。

在上述两组样本的对比中,其中的一个可以是“以前”的,另一个是“其后”的;也可以两个样本数据是同期发生的。

需要特别注意的是,在有些对比实验中,数据都是成对出现的。需要用配对 t 检验来处理,即令 $u_i=x_i-y_i(i=1,2,\cdots,n$。此时 $m=n)$,然后用单样本的检验

方法，检验 u_i 的均值与 0 有无显著差异，从而得出两组样本的均值有无显著差异。

3. 数据的形式

非配对的数据（样本观察值）的形式：

总体 1：	$x_1, x_2, \cdots, x_n$
总体 2：	$y_1, y_2, \cdots, y_m$

配对的数据（样本观察值）的形式：

总体 1：	$x_1, x_2, \cdots, x_n$
总体 2：	$y_1, y_2, \cdots, y_n$

6.5* 大样本下两个任意总体的均值检验

6.5.1* 大样本下两个任意总体均值检验问题

本小节内容可参见 Neter, John et al, 1993, P. 400～401。

在大样本下检验两个任意总体的均值 μ_1、μ_2 是否相同，其实，就是在大样本下 $\mu_1-\mu_2=0$ 的检验问题。因为是大样本，所以，按照中心极限定理，每个总体的随机均值函数（$\overline{X}$ 与 $\overline{Y}$）都近似地服从正态分布。

设：相互独立地从两个总体中随机抽取数量足够大的样本。来自总体 1 的样本为 $X_1, X_2, \cdots, X_{n1}$，来自总体 2 的样本为 $Y_1, Y_2, \cdots, Y_{n2}$。则

$$\overline{X} \text{ 近似地} \sim N(\mu_1, \frac{\sigma_1^2}{n_1})$$

$$\overline{Y} \text{ 近似地} \sim N(\mu_2, \frac{\sigma_2^2}{n_2})$$

于是，统计量 $\overline{X}-\overline{Y}$ 的分布，具有如下性质：

(1) 均值：$E[\overline{X}-\overline{Y}]=\mu_1-\mu_2$

(2)方差：$D[\overline{X}-\overline{Y}]=D(\overline{X})+D(\overline{Y})=\frac{\sigma_1^2}{n_1}+\frac{\sigma_2^2}{n_2}$

(3)分布形式：在大样本下，近似的正态分布。即

$$(\overline{X}-\overline{Y})\text{近似地}\sim N(\mu_1-\mu_2,\frac{\sigma_1^2}{n_1}+\frac{\sigma_2^2}{n_2})$$

于是，在已知 σ_1^2、σ_2^2 的情况下，用如下统计量检验 $H_0:\mu_1-\mu_2=0$

$$Z=\frac{(\overline{X}-\overline{Y})-(\mu_1-\mu_2)}{\sqrt{\frac{\sigma_1^2}{n_1}+\frac{\sigma_2^2}{n_2}}}\sim N\ (0,\ 1)\text{，在大样本下近似成立。}$$

在未知 σ_1^2、σ_2^2 的情况下，只要在上式中，分别用 S_1^2、S_2^2 代替 σ_1^2、σ_2^2 即可。检验 $H_0(\mu_1-\mu_2=0)$的统计量为(见 Neter, John et al,1993, P. 403)：

$$Z=\frac{(\overline{X}-\overline{Y})-(\mu_1-\mu_2)}{\sqrt{\frac{S_1^2}{n_1}+\frac{S_2^2}{n_2}}}\sim N\ (0,\ 1)\text{，在大样本下近似成立。}$$

☆注意☆ 在小样本下，上式为 T 分布，在大样本下，T 分布近似于正态分布。

大样本下两个任意总体均值检验的统计量

零假设 $H_0:\mu_1-\mu_2=0$

在大样本下，

$$Z=\frac{(\overline{X}-\overline{Y})-(\mu_1-\mu_2)}{\sqrt{\frac{\sigma_1^2}{n_1}+\frac{\sigma_2^2}{n_2}}}\sim N\ (0,\ 1),\qquad Z=\frac{(\overline{X}-\overline{Y})-(\mu_1-\mu_2)}{\sqrt{\frac{S_1^2}{n_1}+\frac{S_2^2}{n_2}}}\sim N\ (0,\ 1)$$

由于假设 H_0 成立，所以上两式的分子都可以简化为 $\overline{X}-\overline{Y}$。

6.5.2* 大样本下两个 0-1 总体的比例值(即均值)检验问题

本小节所介绍的问题，在管理科学、一般社会科学和相当多的自然科学中，有着广泛的应用(本小节内容可参见 Peck, Roxy et al, 2001, P. 567～569)。

现在，我们所面对的两个总体的分布，都是 0-1 分布：$B(1,p_1)$和 $B(1,p_2)$。检验两个总体的比例值(也即均值)是否相同，即检验 $H_0:p_1-p_2=0$。

设：相互独立地从两个总体中随机抽取数量足够大的样本，来自总体 1 的样本为 $X_1,X_2,\cdots,X_{n_1}$，来自总体 2 的样本为 $Y_1,Y_2,\cdots,Y_{n_2}$，则按照 6.5.1 小节的结论，可以得出：

$$(\overline{X}-\overline{Y})\text{近似地}\sim N\left(p_1-p_2,\frac{p_1(1-p_1)}{n_1}+\frac{p_2(1-p_2)}{n_2}\right)$$

由于假设 $H_0: p_1 - p_2 = 0$，所以有 $p_1 = p_2 = p$，所以在大样本下

$$Z = \frac{\overline{X} - \overline{Y}}{\sqrt{\frac{p(1-p)}{n_1} + \frac{p(1-p)}{n_2}}} \sim N(0, 1)$$

但是，由于 p 未知，故无法利用上式进行检验。为此，先解决 p 的估计问题。

设：样本 $X_1, X_2, \cdots, X_{n_1}$ 中具有某性质的样本数为 r_1，样本 $Y_1, Y_2, \cdots, Y_{n_2}$ 中具有某性质的样本数为 r_2。我们用下式定义的 π(两组样本的综合比例)来估计 p：

$$\pi = \frac{r_1 + r_2}{n_1 + n_2}$$

于是，在大样本下，近似地服从 $N(0, 1)$的如下统计量是可以计算的：

$$Z = \frac{\overline{X} - \overline{Y}}{\sqrt{\frac{\pi(1-\pi)}{n_1} + \frac{\pi(1-\pi)}{n_2}}}$$

计算 z 的值时，用 $\overline{x}$ 代替 $\overline{X}$，$\overline{y}$ 代替 $\overline{Y}$。而 $\overline{x} = \frac{r_1}{n_1}$，$\overline{y} = \frac{r_2}{n_2}$。

现在，在选定 α 和规定备择假设($p_1 - p_2 \neq 0$，或 $p_1 - p_2 > 0$ 等)后，就可以依据两组样本观察值做相应的假设检验了。

6.5.3* 示例

例 6.5.1 有一个奶酪进口商是靠直接邮寄广告来销售产品的。在开发圣诞节的广告小册子时，进口商设计了两种根本不同的方案，为了想知道方案 1 是否比方案 2 更好，该进口商从它的客户名单中随机地抽取了样本进行实验，结果如表 6.5.1：

表 6.5.1　抽样结果

	方案 1	方案 2
样本数	$n_1 = 400$	$n_2 = 200$
定单数	$r_1 = 100$	$r_2 = 44$
样本比例	$\overline{x} = \frac{r_1}{n_1} = 0.25$	$\overline{y} = \frac{r_2}{n_2} = 0.22$

对于每个接到定单的消费者而言，只有“买”与“不买”两种可能的情形。对于第一组样本而言，购买的客户的样本比例为 25%，即 $\overline{x} = 25\%$。对于第二组样本而言，购买的客户的样本比例为 22%，即 $\overline{y} = 22\%$。

按照上一小节的分析，此问题的解法是

$H_0: p_1 - p_2 = 0$

$H_1: p_1 > p_2$

按照上面的公式，可以计算出：

$$\pi = \frac{r_1 + r_2}{n_1 + n_2} = 0.24$$

$$\hat{\sigma}_{\bar{x}-\bar{y}} = \sqrt{\frac{\pi(1-\pi)}{n_1} + \frac{\pi(1-\pi)}{n_2}} = 0.037$$

从而算出：

$$z = \frac{(\bar{x} - \bar{y}) - (p_1 - p_2)}{\hat{\sigma}_{\bar{x}-\bar{y}}} = \frac{0.25 - 0.22 - 0}{0.037} = 0.81$$

在 $\alpha = 0.05$ 的水平上，$z_\alpha \approx 1.645$，即 $z < z_\alpha \approx 1.645$，所以，接受 H_0，方案 1 没有比方案 2 有显著差别。

6.6 用 *SPSS* 作假设检验

6.6.1 单样本 *T* 检验(*One-Sample T Test*)

在 SPSS 中，单样本 T 检验(One-Sample T Test)模块的主要功能是解决本书 6.2 节的主要检验问题。它对一组样本，检验相应总体均值是否为某个值。

先用一个简单的例子(例 6.2.1)说明主要的点击过程。

例 6.2.1 现在有一组样本观察值：10.01，10.02，10.02，9.99。假设 H_0：总体均值 $\mu = 10$(毫米)。请判断假设 H_0 是否正确。

在启动 SPSS，定义变量、输入数据后：

(1) 点击 Analyze→Compare Means→ One-Sample T Test。屏幕上弹出一个对话窗口，见图 6.6.1。点击 Reset 键(清除以前用本模块时的设置。建议：在作任何分析之前，都要点击一下 Reset 键，以确保本次计算的单纯性)。

(2) 从左框中选取要分析的变量，通过箭头，放入右框(Test Variables 框)中。

(3) 在右框下方的“Test Value [0]”格中，填入总体均值假设 μ_0(本例为 10)。

(4) 点击 OK，机器给出检验结果(见表 6.6.1)。

结果说明：在 One-Sample Test 表格(表 6.6.1)中，在 Sig. (2-tailed)名称下的值 0.252，是 t 的显著性概率 p 值(即 $2[1-P(T \leqslant t)]$ 之值)。$p > 0.05$，表明统计值 t 落在 $t_{0.025}$ 的左边，应当接受假设 H_0(总体均值为 10 毫米)。

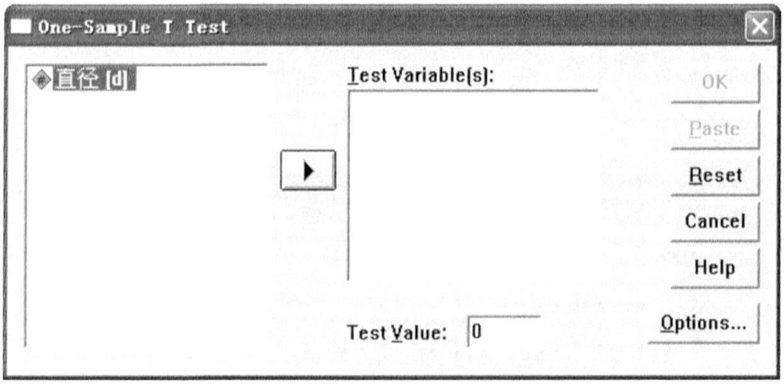

图 6.6.1　单样本 T 检验主窗口

表 6.6.1　单样本 T 检验结果(One-Sample Test)

	Test Value = 10					
	t	df	Sig. (2—tailed)	Mean Difference	95% Confidence Interval of the Difference	
					Lower	Upper
直径	1.414	3	.252	.0100	—.0125	.0325

* 本表为 SPSS 软件直接输出结果，为方便读者理解与参照，对其格式未作修饰。本书对此类表格均作相同处理，以后不再一一说明。

例 6.6.1　已知去年某小学五年级学生 400 米的平均成绩是 100 秒，今年该校测得 60 个五年级学生的 400 米成绩，检验该校五年级学生的 400 米的平均成绩是否仍为 100 秒(有无提高或下降)?

数据见本书附盘中的数据文件“CH6 参检 1 小学生 400 米 v 提高?”。

此检验的假设是

H_0:该校五年级学生的 400 米的平均成绩仍为 100 秒。

H_1:该校五年级学生的 400 米的平均成绩不为 100 秒。

用 SPSS 检验的点击过程是

(1) 点击 Analyze→Compare Means→ One-Sample T Test。屏幕上弹出一个对话窗口(参见图 6.6.1)。点击 Reset 键。

(2) 从左框中选取要分析的变量，通过点击箭头，放入右框(Test Variables 框)中。

(3) 在右框下方的“Test Value [0]”格中，填入总体均值假设 μ_0 值(本例为

100)。

(4) 点击右下的 Options 按钮,弹出一个对话框,见图 6.6.2。在此框中,你可选择 $1-\alpha$ 值,如 95%,99%等。点击 Continue,结束 Options 对话。

(5) 点击 OK,机器给出检验结果(见表 6.6.2 和表 6.6.3)。

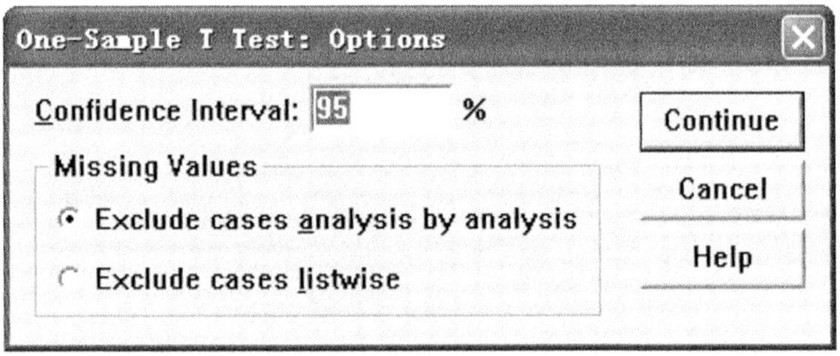

图 6.6.2　选择置信区间的显著性水平的窗口

表 6.6.2　有关参数统计结果(One-Sample Statistics)

	N	Mean	Std. Deviation	Std. Error Mean
小学生跑 400 米的时间	60	105.3850	38.8201	5.0116

表 6.6.3　单样本 T 检验结果(One-Sample Test)

	Test Value =100					
	t	df	Sig. (2-tailed)	Mean Difference	95% Confidence Interval of the Difference	
					Lower	Upper
小学生跑 400 米的时间	1.074	59	.287	5.3850	−4.6433	15.4133

结果说明 1:在 One-Sample Test 表格(表 6.6.3)中,在 Sig. (2-tailed)名称下的值 0.287,是 t 统计值的显著性概率 p 值(即 t 统计值外侧的概率:$2[1-P(T\leqslant t)]$ 之值)。$p>0.05$,表明统计值 t 落在 $t_{0.025}$ 的内侧,应当接受假设 H_0,即该校五年级学生的 400 米的平均成绩仍为 100 秒。

这是一个很有意思的例子:由样本计算出来的该校五年级学生的 400 米的平均成绩为 105.385 秒,以往的平均成绩是 100 秒,许多没学管理统计的人,会说"平均速度降低了”。但这样的判断是错误的，这两个数字之间的差异，是抽样的随机性造成的。统计检验说明，该校五年级学生的 400 米的平均成绩仍为 100 秒，并没有降低。

结果说明 2：在 One-Sample Test 表格（表 6.6.3）的右端，给出的是“95%Confidence Interval of the Difference”（其实是差值的 95%置信区间）。

由本书 5.5 节，我们知道总体均值的置信区间是

$$\bar{x} \pm t_{\frac{\alpha}{2}}(n-1)\frac{s}{\sqrt{n}}$$

由 5.2.3 小节知，当 X 服从 $N(\mu,\sigma^2)$ 分布时，$\bar{X} \sim N\left(\mu,\frac{\sigma^2}{n}\right)$ 分布。由此可知，$\frac{s}{\sqrt{n}}$ 是随机变量 $\bar{X}$ 的样本均值的标准差。即 Std. Error (of sample) Mean。这个值可从 SPSS 的上一个输出表格（One-Sample Statistics，即表 6.6.2）中找到：5.0116。

而当 $n>45$ 时，$t_{\frac{\alpha}{2}}(n-1)$ 近似于 $z_{\frac{\alpha}{2}}$（范大茵，陈永华，1996，P.154）。由于 $z_{0.025}\approx 1.96$，所以，总体均值的 95%的置信区间是

$\bar{x}\pm 1.96\times$（样本均值的标准差，即 5.0116）

把 $\bar{x}=105.3850$，代入上式，计算出来的置信区间是(95.3567，115.4133)。

这个区间以 95%的概率覆盖总体均值 100。这个区间的两个端点与总体均值 100 的差，为(−4.6433，15.4133)。

这就是所谓“95% Confidence Interval of the Difference”（差值的 95%置信区间）。意思是：95%的置信区间的两个端点，离总体均值 100 的距离分别是(−4.6433，15.4133)。

这样做的意图是，若置信区间的两个端点一负一正，必然覆盖了总体均值。应当接受零假设（假设 H_0）。

6.6.2　相互独立的两组样本的 T 检验（*Independent-Sample T test*）

这里所说独立样本是指，样本 $x_1,x_2,\cdots,x_n$ 与 $y_1,y_2,\cdots,y_m$，可以独立颠倒顺序而不对问题产生影响的样本。例如，调查对象是某单位的职工，一组样本是男职工的工资，另一组样本是女职工的工资。你可以任意颠倒职工的顺序，而不对问题产生影响。

在 6.4 节中，我们讨论了两个正态总体的参数检验问题。已知来自两个正态总体的相互独立的样本：$x_1,x_2,\cdots,x_n$ 与 $y_1,y_2,\cdots,y_m$，检验(1)两组样本的总体的方差齐性问题（即检验假设 H_0：总体方差 $\sigma_1^2=\sigma_2^2$ 是否成立）；(2)在两个正态总

体具有方差齐性($\sigma_1^2=\sigma_2^2$)的前提下,检验两组样本的总体的均值是否相等的问题(即检验假设 $H_0:\mu_1=\mu_2$ 是否成立);(3)在两个正态总体不具有方差齐性($\sigma_1^2\neq\sigma_2^2$)的前提下,检验两组样本的总体的均值是否相等的问题(即检验假设 $H_0:\mu_1=\mu_2$ 是否成立)。

SPSS 对方差齐性的检验(方差 $\sigma_1^2=\sigma_2^2$ 是否成立),所使用的 F 统计量是

$$F=\frac{S_1^2}{S_2^2}$$

并把这个检验称为 Levene 检验(Levene Test for Equality of Variance)。

例 6.6.2 用两种激励方法(A 与 B),对同样工种的 A、B 两个班组进行激励,每个班组都是 7 个人(但实际上两个班组的人数既使有所不同,也不妨碍对两种激励方法的效果的考察),测得激励后业绩增长率(%),如表 6.6.4 所示。问:两种激励方法的平均激励效果有无显著差异?

表 6.6.4 两种激励方法分别用于两个班组的效果(%)

激励法 A	16.10	17.00	16.80	16.50	17.50	18.00	17.20
激励法 B	17.00	16.40	15.80	16.40	16.00	17.10	16.90

数据见本书附盘中的数据文件“CH6CH7 独立检验激励实验齐”。

(1) 在读入数据之后,点击 Analyze→Compare Means→Independent-Sample T test。机器弹出 Independent-Sample T Test 对话窗口(见图 6.6.3)。

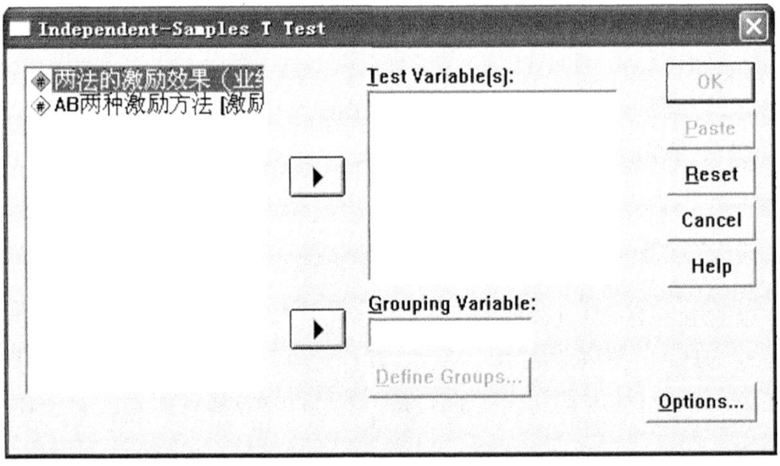

图 6.6.3 独立样本 T 检验的主窗口

(2) 从左框变量名中选出“激励效果”变量,用箭头放入右边 TestVariable(s)

框中。

(3) 从左框变量名中选出"激励方法"变量,用箭头放入右边 Grouping Variable 框中。此时,该框下面的 Define Groups 按钮被激活。

(4) 点击 Define Groups 按钮,机器弹出一个小对话框(图 6.6.4)。要求输入两个组的变量值。对于本例方法类别而言,可把"0"输入 Group1,把"1"输入 Group2。

如果分组变量是个连续变量,则需要在 Group1 与 Group2 之下的选项(Cut point)中,输入一个分界值。

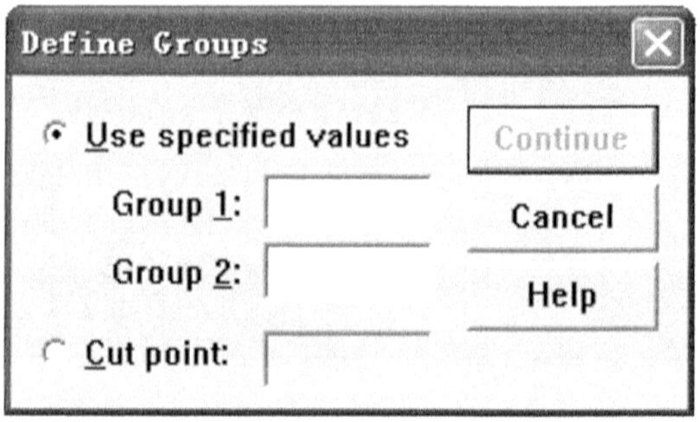

图 6.6.4 输入分组标识窗口

表 6.6.5 两种激励方法的效果统计(Group Statistics)结果

	AB两种激励方法	N	Mean	Std. Deviation	Std. Error Mean
两法的激励效果(业绩增长%)	A法	7	17.0143	.63095	.23848
	B法	7	16.5143	.50474	.19077

(5) 点击 Continue,回到主窗口。

(6) 点击 OK,机器输出检验结果和默认的 95%的置信区间(见表 6.6.5 和表 6.6.6)。

☆注意☆ 首先,从"Independent Sample Test"表(表 6.6.6)中数字可知,F 检验(Levene 检验)表明方差齐性成立(f 的显著性概率 $p=0.734>0.05$),两种激励方法的效果的方差没有明显差异。

表 6.6.6 独立样本 T 检验(Independent Samples Test)结果

		Levene's Test for Equality of Variances		T-test for Equality of Means						
		F	Sig.	t	df	Sig. (2-tailed)	Mean Difference	Std. Error Difference	95% Confidence Interval of the Difference	
									Lower	Upper
两法的激励效果(业绩增长%)	Equal variances assumed	.121	.734	1.637	12	.128	.5000	.3054	-.1654	1.1654
	Equal variances not assumed			1.637	11.448	.129	.5000	.3054	-.1690	1.1690

所以,观察 T 检验的值,应当用上面一行的结果(Equal variance assumed)。此时,t 统计量的显著性(双尾)概率 $p=0.128>0.05$,即接受零假设($\overline{x}-\overline{y}=0$),两种激励方法的平均效果没有明显差异。

☆注意☆ 记忆中应有 6.2 节的如下图形(p 是相应统计量的外侧概率):

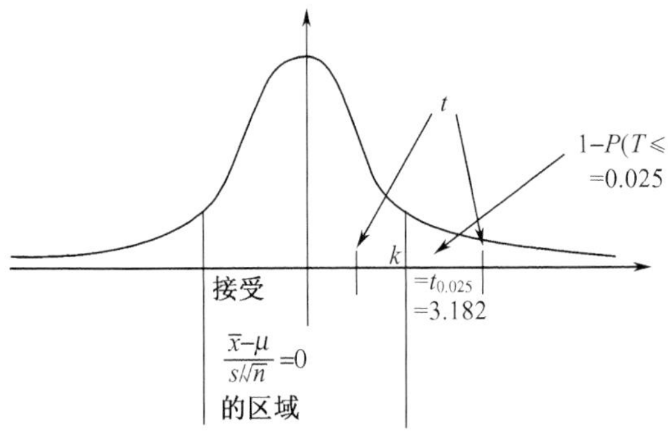

图 6.2.3 等价判别方式的图解

例 6.6.3 某证券公司从某城市某区有关营业点抽样调查得到散户股民买进、卖出和投资的有关数据(见本书附盘中的数据文件"CH6CH9CH10 证券投资额与依据")。

问:不同文化程度(受教育程度)的股民的证券投资额、证券市场外的收入和入市年份(的平均值)有无显著差异?

启动 SPSS 后,在数据编辑器的变量定义窗口(Variable View)可以看到变量值定义,例如:

"文化程度"的变量值定义为

1=初中及以下,2=高中,3=大专,4=大学,5=硕士,6=博士。

"入市年"的变量值定义为

1=1991 年,2=1992 年,…,10=2000 年。

"投资额"的变量值定义为

1=5 万元以下,2=5 至 10 万元,3=10 至 15 万元,4=15 至 20 万元,5=20 至 30 万元,6=30 至 40 万元,7=40 至 60 万元,8=60 至 100 万元,9=100 万元以上。

"券外收入"(证券市场以外的年收入)的变量值定义为

1=3 千元以下,2=3 千至 5 千元,3=5 千至 1 万元,4=1 万至 2 万元,5=2 万至 3 万元,6=3 万至 4 万元,7=4 万至 5 万元,8=5 万至 6 万元,9=6 万元以上。

(1) 读入数据,点击 Analyze→Compare Means→Independent→Sample T test。机器弹出 Independent-Sample T test 对话窗口(结构参见图 6.6.3)。

(2) 从左框变量名中选出变量"券外收入"、"投资总额"和"入市年",用箭头放入右边的 Test Variable(s)框中。

(3) 从左框变量名中选出"文化程度"变量,用箭头放入右边 Grouping 框中。此时,该框下面的 Define Groups 按钮被激活。

(4) 点击 Define Groups 按钮,机器弹出一个小对话框。要求输入两个组的变量值或分组变量的分界点(Cut point)的值,选择"Cut point",输入"3",见图 6.6.5。

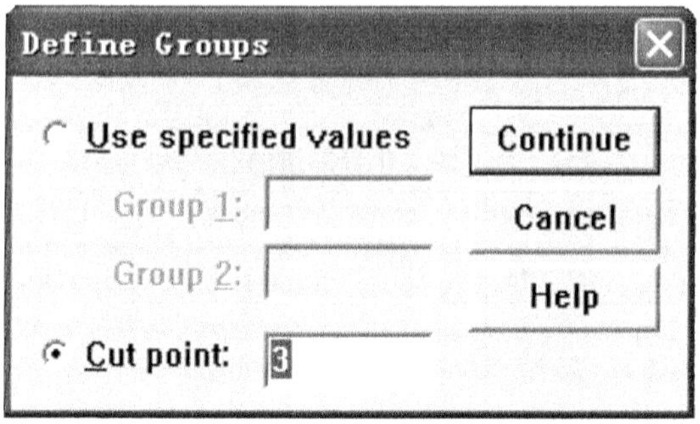

图 6.6.5　输入分组变量的分界点的值

选择文化程度的"3"作分界点,意味着把大专(用"3"表示)及以上的文化程度的投资者分为一组，把高中(用“2”表示)及以下文化程度分为一组。

点击 Continue，返回分析主窗口。

若接着点击 OK，则机器完成默认的选项分析。

(5)若点击 Options 按钮，会弹出一个对话窗，见图 6.6.6。

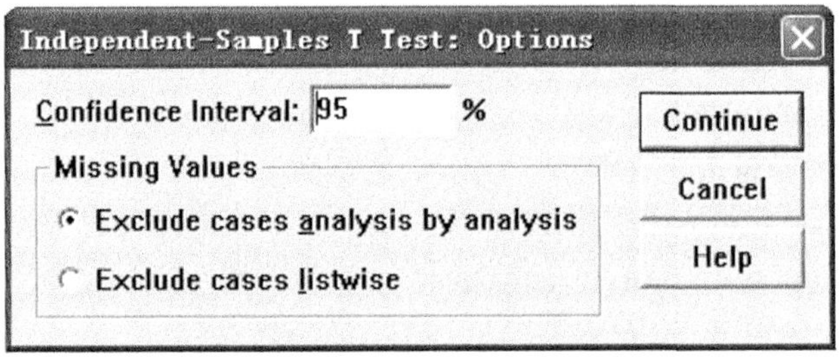

图 6.6.6　选择置信区间水平和缺失值处理方式

在此窗的第一行，你可选择 $1-\alpha$ 值，如 95%，99%等。

在此窗下部的“Missing Value”框中，有两项选择：

a. 选项 Exclude cases analysis by analysis(在 T 检验的过程中使用所有的这样的 case：正在计算的这个变量中是有效数据的。当要对多个变量作 T 检验时，在检验过程中，不同变量的有效样本容量是变化的)。这是系统的默认值，本例接受这个默认值。

b. 选项 Exclude cases by listwise(在 T 检验的过程中仅仅使用这样的 case，这个 case 的所有变量的数据都是有效数据，在此 T 检验过程中，有效样本容量是不变的)。

点击 Continue，结束 Options 对话。

(6)点击 OK，输出结果，见表 6.6.7 与表 6.6.8。

(7)结果分析：

表 6.6.7　不同文化程度组的有关统计结果

	受教育程度	*N*	Mean	Std. Deviation	Std. Error Mean
证券市场以外的年收入	>= 3.00	262	4.7748	2.61276	.16142
	<3.00	109	4.1835	2.59331	.24839
投入证券市场总资金	>= 3.00	261	5.3372	2.44189	.15115
	<3.00	120	4.8583	3.00223	.27406
入市年份	>= 3.00	247	5.2065	2.41310	.15354
	<3.00	117	4.4274	2.58749	.23921

表 6.6.8　独立样本假设检验的结果(*Independent Sample Test*)

		Levene's Test for Equality of Variances F	Sig.	T-test for Equality of Means t	df	Sig. (2-tailed)	Mean Difference	Std. Error Difference	95% Confidence Interval of the Difference	
									Lower	Upper
券外收入	Equal variances assumed	.189	.664	1.990	369	.047	.5913	.29715	.00700	1.17565
	Equal variances not assumed			1.996	203.461	.047	.5913	.29623	.00724	1.17541
投资总额	Equal variances assumed	16.199	.000	1.650	379	.100	.4788	.29015	−.09168	1.04934
	Equal variances not assumed			1.530	194.178	.128	.4788	.31298	−.13845	1.09611
入市年份	Equal variances assumed	1.256	.263	2.810	362	.005	.7791	.27724	.23392	1.32434
	Equal variances not assumed			1.33941	2.741	214.131	.007	.7791	.28425	.21884

表 6.6.7 给出了三个变量在不同文化程度组的均值等统计值。

表 6.6.8 给出了方差齐性检验(Levene 检验)、T 检验和 95%置信区间的计算结果。详述如下:

a. 对变量"证券市场外的年收入"而言,首先从"Independent Sample Test"表(表 6.6.8)中数字可知:F 检验(Levene 检验)通过(f 的显著性概率 $p=0.664>0.05$),表明"大专以上组"与"高中以下组"的"证券市场外的年收入"的方差没有明显差异,接受 $\sigma_1^2=\sigma_2^2$ 的假设。

这一结果决定了观察 T 检验的值,要用上面一行(Equal variance assumed 行)的结果,此时,t 统计量的显著性(双尾)概率 $p=0.047<0.05$,即 T 假设检验 $\overline{x}-\overline{y}=0$)未通过,"大专以上组"与"高中以下组"的"证券市场外的年收入"的平均值有明显差异。

同一行，95% Confidence Interval of the Difference 表示的是置信区间的两个端点与 $\overline{x}-\overline{y}$ 的距离。表中显示的数字是(0.00700，1.17565)。这表明，落在这个区间里的 $\overline{x}-\overline{y}$ 不可能为0。也就是说，$\overline{x}\neq\overline{y}$。这与上面的检验的结果是一致的。

b. 对变量“证券投资总额”而言，从“Independent Sample Test”表(表 6.6.8)中数字可知：F 检验(Levene 检验)通过(f 的显著性概率 $p=0.000<0.05$)，表明“大专以上组”与“高中以下组”的“证券投资总额”的方差有明显差异，拒绝 $\sigma_1^2=\sigma_2^2$ 的假设，接受 $\sigma_1^2\neq\sigma_2^2$。

这一结果决定了观察 T 检验的值，要用下面一行(Equal variance not assumed 行)的结果，此时，t 统计量的显著性(双尾)概率 $p=0.128>0.05$，即 t 假设检验($\overline{x}-\overline{y}=0$)未通过，“大专以上组”与“高中以下组”的“证券投资总额”的平均值没有明显差异。

在 Equal variance not assumed 行，95% Confidence Interval of the Difference 表示的是置信区间的两个端点与 $\overline{x}-\overline{y}$ 的距离。表中显示的数字是(−0.13845，1.09611)。这表明，落在这个区间里的 $\overline{x}-\overline{y}$ 在统计意义上等于0。也就是说，$\overline{x}\neq\overline{y}$。这与上面的的 t 检验的结果是一致的：“大专以上组”与“高中以下组”的“证券投资总额”的平均值没有明显差异。

c. 对变量“入市年份”而言，从“Independent Sample Test”表(表 6.6.8)中数字可知：F 检验(Levene 检验)通过(t 的显著性概率 $p=0.263>0.05$)，表明“大专以上组”与“高中以下组”的“入市年份”的方差没有明显差异，接受 $\sigma_1^2=\sigma_2^2$ 的假设。

这一结果决定了观察 T 检验的值，要用上面一行(Equal variance assumed 行)的结果，此时，t 统计量的显著性(双尾)概率 $p=0.005<\alpha$，从这个数字可以判断“大专以上组”与“高中以下组”的“入市年份”的平均值有明显差异。

但是在同一行，95% Confidence Interval of the Difference 表示的是置信区间的两个端点与 $\overline{x}-\overline{y}$ 的距离。表中显示的数字是(0.23392，1.32434)。这表明，落在这个区间里的 $\overline{x}-\overline{y}$ 不可能为0。也就是说，$\overline{x}\neq\overline{y}$。也就是说，“大专以上组”与“高中以下组”的“入市年份”的平均值有明显差异。这显示了区间估计在这一问题上的优越性。

6.6.3　配对样本的 *T* 检验(*Paired-sample T test*)

这里所说配对样本是指，样本 $x_1,x_2,\cdots,x_n$ 与 $y_1,y_2,\cdots,y_m$，不可以独立颠倒顺序。如果独立颠倒，就会改变问题的性质。例如，用两套问卷测量 20 个管理人员的素质，两套问卷的满分都是 200 分。两套问卷的测量结果 $x_1,x_2,\cdots,x_n$ 与 $y_1,y_2,$

…,y_m,就是不能独立颠倒顺序的。因为每一个被测量的人都有两个分值(x_i,y_i)。如果独立地颠倒其中任何一组样本的顺序,则被测人的分值就被改变了。

例 6.6.4　用两套问卷测量 20 个管理人员的素质,两套问卷的满分都是 200 分。两套问卷的测量结果见表 6.6.9。

表 6.6.9　配对数据

卷 A	147	150	152	148	155	146	149	148	151	150
卷 B	146	151	154	147	152	147	148	146	152	150
卷 A	147	148	147	150	149	149	152	147	154	153
卷 B	146	146	148	153	147	146	148	149	152	150

问:两套问卷所得结果的平均值有无显著差异?

在读入数据(见本书附盘中的数据文件"CH4CH6CH7 配对问卷实验差值前")后:

(1) 点击 Analyze→Compare Means→Paired-sample T test。机器弹出 Paired-sample T test 对话窗口,见图 6.6.7。

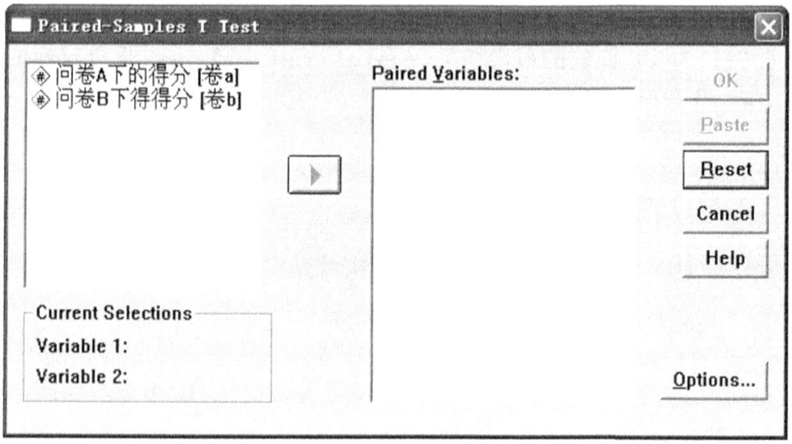

图 6.6.7　配对 T 检验主窗口

(2) 从左框变量名中选出"卷 a"、"卷 b"变量,用箭头放入右边 Test Variables 框中。此时,可以看到 Test Variables 框中,两个变量已经以差的形式出现了。

(3) 击 Options 按钮,弹出一个对话框。在此框中,你可选择 $1-\alpha$ 值,如 95%,99%等。

(4) 点击 Continue,返回主窗口。

(5) 点击 OK,则机器输出结果,见表 6.6.10 和表 6.6.11。

表 6.6.10 有关配对样本的统计(Paired Samples Statistics)结果

		Mean	N	Std. Deviation	Std. Error Mean
Pair 1	问卷 A 下的得分	149.60	20	2.542	.568
	问卷 B 下的得分	148.90	20	2.654	.593

表 6.6.11 有关配对 T 检验(Paired Samples Test)的结果

		Paired Differences					t	df	Sig. (2-tailed)
		Mean	Std. Deviation	Std. Error Mean	95% Confidence Interval of the Difference				
					Lower	Upper			
Pair 1	问卷 A 下的得分 问卷 B 下的得分	.70	1.976	.442	−.22	1.62	1.584	19	.130

表 6.6.11 中,T 检验的最后结果($p=0.130>0.05$)显示:两套问卷的得分结果的平均值,没有显著差异。

6.6.4 二项分布的参数检验问题

二项分布 $B(n,p)$的参数检验问题,其实就是检验 p。

1. 用 SPSS 计算例 6.3.1

10 道题目,每道题目 4 选 1,数据见本书附盘文件"CH6 考试及格问题"。

读入数据后:

(1)点击 Analyze→Nonparametric Tests→Binominal,系统弹出有关二项分布检验的主对话窗,见图 6.6.8。

(2)在该窗口中,把左框中的要分析的变量(本例是"4 选 1 得分"),用箭头送入右框中。可以同时选择多个变量,但需注意,它们所要检验的 $B(n,p)$分布的 p 值必须相同。

(3)在中下部的 Test Proportion 的 [.50] 框中,输入 p 值,本例是 0.25(4 选 1,若随机猜,正确的比例是 0.25)。

(4)点击 OK,系统输出计算结果,见表 6.6.12。

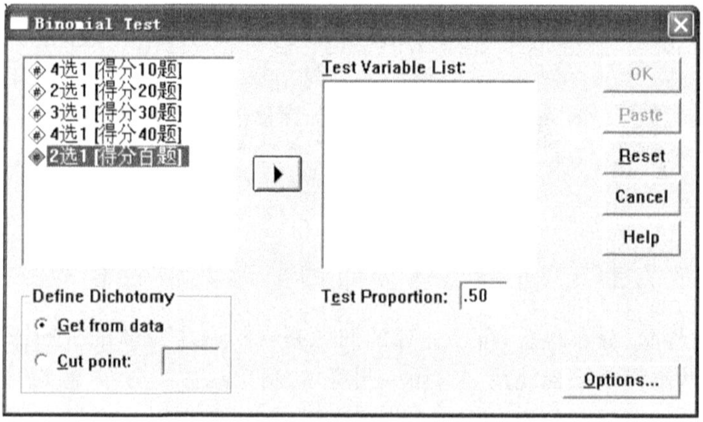

图 6.6.8　二项分布检验的主对话窗

表 6.6.12　10 道题目的检二项分布检验(Binaminal Test)结果

		Category	N	Observed Prop.	Test Prop.	Exact Sig. (1-tailed)
4 选 1 得分	Group 1	答对	6	.60	.25	.020
	Group 2	答错	4	.40		
	Total		10	1.00		

表中统计量的显著性概率 0.02,是按照二项分布准确计算的,它小于 0.05,也就是说与 $p=0.25(H_0)$有显著差异。答对 6 题,应当及格。

2. 用 SPSS 计算例 6.3.2

100 道题目,每道题目 2 选 1,数据见本书附盘文件“CH6 考试及格问题”。

重复第 1 个问题的点击过程。

表 6.6.13　百题的二项分布检验(Binaminal Test)结果

		Category	N	Observed Prop.	Test Prop.	Asymp. Sig. (2—tailed)
2 选 1	Group 1	答对	62	.62	.50	.021
	Group 2	答错	38	.38		
	Total		100	1.00		

☆注意☆　表中给出的 z 值显著性概率(外侧概率)0.021,是基于近似的 Z 分布(标准正态分布)计算出来的,并且是双尾的显著性概率,改成单尾的约为 0.01。

第 7 章* 非参数假设检验

7.1* 两个总体分布的非参数假设检验

非参数检验(分布检验)所要处理的问题是:(1)两个总体的分布未知,它们是否相同(用两组样本来检验);(2)(由一组样本)猜出总体的分布(假设),然后用(另一组)样本检验它是否正确。

需要注意的问题是,两种分布是否相同,一般包含了参数(均值、方差等)是否相同的问题。如果两个总体的分布函数形式相同,而参数不同,也将被判别为概率分布不同。

7.1.1* 检验两个总体的分布是否相同:符号检验法(正负号个数检验法)

检验两个总体的分布是否相同的符号检验法(Sign Test)又称正负号个数检验法。它所要处理的问题是:假设两个总体的分布 $F(x)$ 与 $G(x)$ 相同,用容量相同的、两个总体的配对样本 $x_1,x_2,\cdots,x_n$ 与 $y_1,y_2,\cdots,y_n$ 来检验它,即检验假设 $H_0:F(x)=G(x)$ 是否成立(关于"配对"的进一步解释见本小节第 3 点)。

设两个总体的样本相互独立,当 $H_0:F(x)=G(x)$ 成立时,概率 $P\{X_i<Y_i\}$ 应当与概率 $P\{X_i>Y_i\}$ 相同,$i=1,2,\cdots,n$。

也就是说,对于样本观察值而言,$x_i-y_i>0$ 的个数(记为 n_+),应当与 $x_i-y_i<0$ 的个数(记为 n_-)基本相同(从样本观察值角度,不一定刚好相等)。如果两者相差很远,我们就有理由拒绝假设 $H_0:F(x)=G(x)$。

如果我们把 $x_i=y_i$ 的个数,记为 n_0,并从样本总数 n 中扣除,则 $m=n-n_0$,表示了 n 个样本中,$x_i\neq y_i$ 的个数。

在 m 个样本对中,把 $x_i-y_i>0$ 的个数记为 n_+,$x_i-y_i<0$ 的个数记为 n_-,则有 $m=n_++n_-$。设整数 r 满足:$0\leqslant r\leqslant m$,则可以由下式计算出"$x_i-y_i>0$ 的个数为 n_+"的概率:

$$P\{x_i>y_i \text{ 的个数}=r\}=\binom{m}{r}p^r(1-p)^{m-r}$$

这是一个二项分布(Binominal Distribution),记为 $U\sim B(m,p)$,当 $x_i-y_i>0$ 时,$U=1$,当 $x_i-y_i<0$ 时,$U=0$。如果 $F(x)=G(x)$ 成立,则上式中的 p 应与

0.5 没有本质区别。也就是说，非参数的假设 $F(x)=G(x)$ 的检验问题，转化成了参数 $p=0.5$ 是否成立的检验问题。于是，我们就可以按照 6.3 节关于参数 p 的检验方法来处理了。只不过这里只检验特殊的 p 值(0.5)。

同样，我们也可以从 $x_i-y_i<0$ 的个数(n_-)的角度，来作二项分布的参数检验，以判断假设 $F(x)=G(x)$ 的接受或拒绝问题。

1. 小样本情况下，正负号个数检验法的处理

小样本情况下，正负号个数检验法的处理，与 6.3.1 小节的处理原理相同，只不过 6.3.1 小节是单尾检验(检验一个方向的备择假设)，我们现在要作双尾检验(检验两个方向的备择假设)。

以计算"$x_i-y_i>0$ 的个数为 r"的概率为例，可以仿照 6.3.1 小节的方法，对选定的 α，在假设 $p=0.5(H_0)$ 的前提下，按照 $B(m,p)$ 的概率计算公式，对 r 从小到大，求累积概率：

$$\sum P\{r \leqslant k_1\} \leqslant \frac{\alpha}{2}$$

确保 k_1 的外侧概率(即 r 小于等于 k_1 的概率之和)小于等于 $\frac{\alpha}{2}$，从而求出 k_1。

进而，在假设 $p=0.5(H_0)$ 的前提下，按照 $B(m,p)$ 的概率计算公式，对 r 从大到小，求累积概率：

$$\sum P\{r \geqslant k_2\} \leqslant \frac{\alpha}{2}$$

确保 k_2 的外侧概率(即 r 大于等于 k_2 的概率之和)小于等于 $\frac{\alpha}{2}$，从而求出 k_2。

如果实际的"$x_i-y_i>0$ 的个数 n_+"在(k_1,k_2)中，就接受 $H_0: p=0.5$(即 $F(x)=G(x)$)，否则，拒绝 H_0，认为 $p\neq 0.5$。即 $F(x)\neq G(x)$。

2. 大样本情况下，正负号个数检验法的处理

在大样本的情况下，可以近似地用正态分布来处理。

所谓"大样本"，就是要 $m\times p\geqslant 10$，同时，$m\times(1-p)\geqslant 10$。现在 $p=0.5$，所以，只要 $m\geqslant 20$，就可以认为 m 足够大了，可以用正态分布来近似它。即

$$Z=\frac{\overline{U}-p}{\sqrt{p(1-p)/m}} \text{ 近似 } \sim N(0,1)$$

在计算统计量 Z 的值 z 时，在上式中，要用 $\bar{u}$(即 n_+/m)代替 $\overline{U}$。

于是，我们有假设检验：

$$H_0: p=0.5(\text{即 } F(x)=G(x))$$

$$H_1: p \neq 0.5(\text{即 } F(x) \neq G(x))$$

对于显著性水平 α，只要判断 $|z|$ 是否大于 $z_{\frac{\alpha}{2}}$（或者 z 的显著性概率是否小于 α），就可以得出拒绝还是接受 $H_0: p=0.5$（即 $F(x)=G(x)$）了。

符号检验法（正负号个数检验法）

其基本思路是通过两组配对样本之差 x_i-y_i 的正负号的出现特征，即 $B(n,p)$ 分布的 p 是否等于 0.5，来判断假设 $F(x)$ 是否等于 $G(x)$ 的，也就是把非参数的假设 $F(x)=G(x)$ 的检验问题转化成了参数 $p=0.5$ 与否的检验问题。

3. 处理正负号个数检验法的 s 统计量方法

有人算出了 s 统计量的概率分布表（由于 SPSS 软件中提供了多种可代替的检验方法，我们也不主张采用查表方法，故本书略去此表），从而能够用来做这一问题的显著性检验。

仍然记 $m=n_+ + n_-$，选统计量

$$s=\min(n_+, n_-)$$

s 越大，n_+ 与 n_- 就越接近。s 越小，n_+ 与 n_- 的差别就越大。在显著性水平 α 之下，依据 m 与 α，可从“符号检验表”中查出 $s_{m,\alpha}$：

若 $s \leqslant s_{m,\alpha}$，则拒绝假设 H_0，认为 $F(x) \neq G(x)$。

若 $s > s_{m,\alpha}$，则接受假设 H_0，认为 $F(x)=G(x)$。

☆注意☆　这一检验法的重要的前提与前两个方法相同，样本 x_i 或 y_i 不能各自独立地颠倒顺序。它们必须按照问题本来的属性，天然地配对。

例如，如表 7.1.1 的数据，按照这里的顺序，x_i-y_i 的结果是 4 正 2 负 1 个相等。

表 7.1.1　两组数据顺序不变时的差值正负号

x	3	8	5	7	2	4	6
y	6	3	2	1	7	4	5
$x-y$	−	+	+	+	−	0	+

x_i-y_i 如果刻意排列，可得表 7.1.2 所示的 1 正 7 个相等的结果。

表 7.1.2　两组数据顺序某种改变后的差值正负号

x	2	3	4	5	6	7	8
y	2	3	4	5	6	7	1
$x-y$	0	0	0	0	0	0	+

通过刻意排列，x_i-y_i 也可以是表 7.1.3 所示的 7 个正。

表 7.1.3　两组数据顺序又一种改变后的差值正负号

x	2	3	4	5	6	7	8
y	1	2	3	4	5	6	7
$x-y$	+	+	+	+	+	+	+

正负号检验的一个重要的前提是，样本 x_i 或 y_i 不能各自独立地颠倒顺序。

例 7.1.1　用两套问卷测量 20 个管理人员的素质，两套问卷的满分都是 200 分。测量结果如例 6.6.4 的表格(表 6.6.9)所示。问：两套问卷有无显著差异(本质是两套问卷的结果的分布是否相同)?

这就是一个不能分别颠倒 x_i 或 y_i 的顺序的问题(同时颠倒并无妨碍)。对这样一类问题，用本节的正负号检验法来处理，是恰当的。按照本节所介绍的、在大样本下的检验方法，为了检验“卷 A 分”的总体分布 $F(x)$是否与“卷 B 分”的总体分布 $G(x)$相同，我们先计算“x_i-y_i”的正负号的个数(“卷 A－卷 B”的正负号的个数)，然后，依据关于正负号的二项分布 $B(m,p)$来检验 p 是否为 0.5。即

$$H_0: p=0.5$$

$$H_1: p\neq 0.5$$

如果接受 $p=0.5$ 的假设，就接受 $F(x)=G(x)$的假设。否则，就拒绝 $F(x)=G(x)$的假设。也就是说，这种解决问题的思路，是把非参数检验的问题，转化为参数检验问题来处理。

依据表 6.6.9 的数据，计算出正负号，列于表 7.1.4 中。

表 7.1.4　“卷 A－卷 B”的正负号的个数

卷 A	147	150	152	148	155	146	149	148	151	150
卷 B	146	151	154	147	152	147	148	146	152	150
	+	−	−	+	+	−	+	+	−	0
卷 A	147	148	147	150	149	149	152	147	154	153
卷 B	146	146	148	153	147	146	148	149	152	150
	+	+	−	−	+	+	+	−	+	+

此时，正负号的总个数 $m=19$，所要检验的参数 $p=0.5$，$m\times p\approx 10$(略小于 10)，还可以勉强作为大样本来处理。可统计出此例中的正号的个数 $n_+=12$。

设定随机变量 U，若 $x_i - y_i > 0$ 出现，令 $U=1$，若 $x_i - y_i < 0$ 出现，令 $U=0$。于是可以计算出 z 统计量的值如下：

$$z=\frac{\bar{u}-p}{\sqrt{p(1-p)/m}}=\frac{12/19-0.5}{\sqrt{0.5\times0.5/19}}=1.1473$$

若取 $\alpha=0.05$，查表得 $z_{\frac{\alpha}{2}}=1.96$，有 $-1.96=-z_{\frac{\alpha}{2}}<z=1.1473<z_{\frac{\alpha}{2}}=1.96$，故，接受 $H_0: p=0.5$，也就是接受假设 $F(x)=G(x)$，即两套问卷的结果的分布是相同的。

此类应用，还可以见于如下问题中：消费者对两种包装的（或品牌）的评分，学生对两门不同课程的成绩，企业对两种政策的反映（评分）等，都存在两个总体的分布是否相同的检验问题。

表 7.1.5　配对样本在 SPSS 中的存放

ID	特征 A	特征 B
1		
2		
n		

这类问题的数据都是成对出现的。在 SPSS 中，称这类为"配对样本"，其存放方式是：每个个体（每一行）都具有两个特征的数值（例如得分）。或者说，两个特征在 SPSS 的数据窗口中各占一列。数据存放格式如表 7.1.5 所示。

但是，下面的"独立样本"的问题，是不宜使用正负号检验法的。

例 7.1.2　用两种激励方法，分别对同样工种的两个班组（每个班组 7 个人）进行激励，测得激励后业绩增长（%），数据同 6.6 节例 6.6.2（为阅读方便，将数据重新列为表 7.1.5）。问：两种激励方法的效果有无显著差异（两种激励方法的总体分布是否相同）？

表 7.1.5　两种激励方法分别实施于不同组工人的效果

激励法 A	16.10	17.00	16.80	16.50	17.50	18.00	17.20
激励法 B	17.00	16.40	15.80	16.40	16.00	17.10	16.90

可以用参数检验的方法来检验两种激励方法的平均效果有无显著差异。但这是一个能够独立颠倒 x_i 或 y_i 的顺序的问题，对这一类问题不能使用正负号检验法进行检验，而要用下面的序号和方法来处理。这种序号和的方法还可以用来处理两组样本容量不同的问题。

表 7.1.6　独立样本在 SPSS 中的存放

效果	激励方法
16.10	A
…	…
17.0	B
…	…

在 SPSS 中，这类可以各自颠倒顺序的样本，称为“两组独立样本”。在 SPSS 中，“独立样本”的存放方式是：每个个体(被实验者)占一行，效果数据是一个“效果”变量的值(占一列)；而“方法”变量占另一列，其取值(1 或 0)用来表示区分效果值是由哪个激励方法得到的。

7.1.2* 检验两个总体的分布是否相同的另一种方法：*Wilcoxon* 秩和检验法(序号和检验法)

设有两个总体的样本为：$x_1, x_2, \cdots, x_n$ 与 $y_1, y_2, \cdots, y_m$，可能 $m \neq n$。两组样本可以是各自独立颠倒顺序的。

不妨设 $n \leqslant m$，把两组样本放在一起，按样本观察值的大小重新排序，那么每个观察值就有一个序号，称为秩。把样本个数少的这组样本 $x_1, x_2, \cdots, x_n$ 的序号(秩)加总起来，记为 W。如果两个总体的分布相同，那么样本 $x_1, x_2, \cdots, x_n$ 与 $y_1, y_2, \cdots, y_m$ 应当是均匀混合的，也就是说，W 不能太小，也不能太大。W 太小，说明样本 $x_1, x_2, \cdots, x_n$ 较多地集中在左段。W 太大，说明样本 $x_1, x_2, \cdots, x_n$ 较多地集中在右段。

由于 $n \leqslant m$，W 应当比另一组样本的序号之和小一些。也就是说，W 应在某两个数字之间：$W_1 < W < W_2$。W_1, W_2 是由 n, m, α(显著性水平)所决定的。威尔可可逊(Wilcoxon)给出了 W 的概率分布数值表，对于给定的显著性水平 α，可以由威尔可可逊表，依据 n, m, α 查出 W_1, W_2。

若 $W \leqslant W_1$，或 $W \geqslant W_2$，则拒绝 $H_0: F(x) = G(x)$(认为两个总体的分布不同)。

反之，若 $W_1 < W < W_2$，则接受 $H_0: F(x) = G(x)$(认为两个总体的分布相同)。

7.1.3* 检验两个总体的分布是否相同的第三种方法：*Mann-Whitney* 秩和检验法(序号和检验法)

问题：有两个总体的样本为：$x_1, x_2, \cdots, x_n$ 与 $y_1, y_2, \cdots, y_m$，可能 $m \neq n$。两组样本可以是各自独立颠倒顺序的。检验这两组样本是否来自同一个总体(或两组样本的总体分布是否相同)。

同样，把两组样本放在一起，按样本观察值的大小重新排序，那么每个观察值就有一个序号(称之为秩)。把第一组样本 $x_1, x_2, \cdots, x_n$ 的序号(秩)加总起来，记为 w_1。把第二组样本 $y_1, y_2, \cdots, y_m$ 的序号(秩)加总起来，记为 w_2。

Mann-Whitney U 检验的统计量是

$$U = \min\{U_1, U_2\}$$

式中

$$U_1 = nm + \frac{n(n+1)}{2} - w_1$$

$$U_2 = nm + \frac{m(m+1)}{2} - w_2$$

对给定 α,查 U 值表,得 U_α。若 $U<U_\alpha$,则总体分布相同。

7.1.4* 两个总体分布的非参数检验小结

1. 两个总体分布的非参数检验的方法

两个总体分布的非参数检验方法小结

(1) 检验两个总体的分布是否相同的方法:正负号个数检验法

要求样本是配对的,即每个个体同时具有 2 个随机变量的样本值。两组样本的个数相同。在剔除 $x_i - y_i = 0$ 的样本后,按照 $x_i - y_i$ 的正负,转化为 0—1 分布参数检验($H_0: p = 0.5$)。

(2) 检验两个总体的分布是否相同的第二种方法:Wilcoxon 序号和检验法

样本混合排序后,序号分布应当均匀。样本数量少的序号之和,不应太大,当然也不应太小,用 Wilcoxon 给出的概率分布表来检验。两组样本的个数可以不同。

(3) 检验两个总体的分布是否相同的第三种方法:Mann-Whitney U 检验

又一种序号和检验法。序号和的概念同上,统计量与 Wilcoxon 的不同:

$U = \min\{U_1, U_2\}$,式中,$U_1 = nm + \frac{n(n+1)}{2} - w_1$,$U_2 = nm + \frac{m(m+1)}{2} - w_2$

式中,w_1 为 $x_1, x_2, \cdots, x_n$ 的序号和,w_2 为 $y_1, y_2, \cdots, y_m$ 的序号和。

2. 数据(样本)形式

总体	样本观察值
总体 1	$x_1, x_2, \cdots, x_n$
总体 2	$y_1, y_2, \cdots, y_n$

正负号个数检验法,要求数据是配对的,见左表。而且在 SPSS 中存放形式,也与此类似,是每个变量占一列。

Wilcoxon 序号和检验法、Mann-Whitney U 检验(又一种序号和检验法),有两组样本,但不是配对的,见下表。表中可以有 $m = n$。但是,在SPSS中数据的存放方式，不是这样。而是两个总体的样本存放在同一列，然后，在另外一列设置一个分类变量，区别哪个是 x_i，哪个是 y_i，详见表 7.1.6。

总体	样本观察值
总体 1	$x_1, x_2, \cdots, x_n$
总体 2	$y_1, y_2, \cdots, y_m$

3. 应用

方法(1)、(2)、(3)是两个总体分布的比较，与分布的具体形式无关，所以，理论上可以用来检验两个任何形式的分布是否相同。

7.2** 一个总体分布的非参数假设检验

7.2.1** 检验总体分布是否与猜想的分布 F(x)相同：拟合优度 χ^2 检验法

问题：假设(猜测)总体的概率密度函数为 $f(x)$(若总体为离散型，则假设总体的概率密度为 $P\{X=x_i\}=P_i$)，用一组样本 $x_1, x_2, \cdots, x_n$ 来检验假设是否成立。

作法：

(1)零假设 H_0：总体的累积概率分布函数为 $F(x)$，

备择假设 H_1：总体的累积概率分布函数不是 $F(x)$。

(2) 在数轴上选取 $k-1$ 个分点 $t_1, t_2, \cdots, t_{k-1}$，将数轴分为 k 个区间(不必等区间)：$(-\infty, t_1]$，$(t_1, t_2]$，…，$(t_{k-1}, +\infty)$，见图 7.2.1。

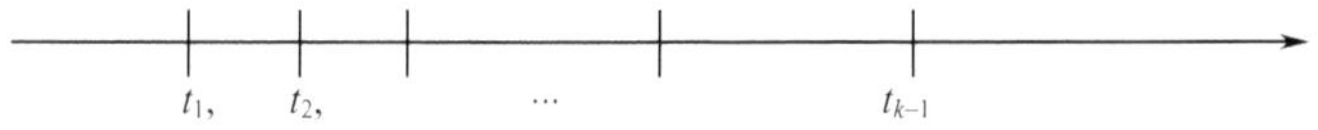

图 7.2.1　对随机变量取值数轴的分割

记 p_i 为总体在第 i 个区间上的概率值，则有

$$p_1 = P(X \leqslant t_1) = F(t_1)$$

$$p_2 = P(t_1 < X \leqslant t_2) = F(t_2) - F(t_1)$$

……

$$p_{k-1} = P(t_{k-2} < X \leqslant t_{k-1}) = F(t_{k-1}) - F(t_{k-2})$$

$$p_k = P(X > t_{k-1}) = 1 - F(t_{k-1})$$

记 n_i 为样本 $x_1, x_2, \cdots, x_n$ 中，落在区间 i 中的个数(频次，或频数)，那么，频率$\frac{n_i}{n}$(n 至少为 50，最好 100 以上)与概率 p_i 之差，应当很小，否则就应当拒绝假设 H_0(总体的累积概率分布函数为 $F(x)$)。

☆注意☆ $\left(\frac{n_i}{n}\right)-p_i$ 很小与 n_i-np_i 很小是等效的。

可以证明(K.Pearson)，在 H_0 成立的条件下，统计量

$$\chi^2=\sum_{i=1}^{k}\frac{(n_i-np_i)^2}{np_i}$$

服从 $\chi^2(k-1-r)$ 分布，其中 r 是总体中未知参数的个数。

在计算 χ^2 时，由于式中的 p_i，可用 $\hat{p}_i$(如，极大似然估计值)代替。为了计算 $\hat{p}_i$，常常需要用样本估计总体的某些参数，例如，假设总体服从正态分布，就需要用样本估计总体的均值与方差，有了这两个参数，就可以计算出各个区间的概率 $\hat{p}_i$。这里估计了总体的 2 个未知参数，所以 r 为 2，相应的 p_i 分布的自由度就是 $k-3$。

(3) 对于给定的显著性水平 α，可由 $\chi^2(k-1-r)$分布表，查出临界值 χ^2_α。

(4) 若由样本计算出来的 $\chi^2 \geqslant \chi^2_\alpha$(意味着 χ^2 的分子大，即频率$\frac{n_i}{n}$与概率 p_i 之差大)，故拒绝 H_0，否则接受 H_1。

Pearson 的 χ^2 公式，也可以理解为

$$\chi^2=\sum_{i=1}^{k}\frac{(n_i-e_i)^2}{e_i}$$

式中，n_i 为样本落在区间 i(或者种类 i 出现)的频次，e_i 为样本落在区间 i(或者种类 i 出现)的“理想(预期)”频次，也就是：由总体分布的概率计算出来的频次 np_i。n 为样本总数。

如果理想分布(总体的分布)为均匀分布，可直接算出每个区间(种类)理想的频次$\frac{k}{n}$，由于 n 是 k 个类别(每个类别可以理解为一个变量)取值之和，把 n 投入运算，就要减少一个自由度，所以相应的 χ^2 分布的自由度就是 $k-1$。

如果理想分布是其他需要估计参数的分布，在用样本计算总体参数的估计值时，还要减少自由度，如果有 r 个参数，就要再减去 r，所以，χ^2 统计量的自由度是 $k-1-r$。

☆注意☆ 应用 Pearson 的 χ^2 检验时，要求 e_i 大于等于 5(见 Fleming, Michael C et al., 1996，牛南浩等译，1999，P. 186)。如果小于 5，就要进行区间(类别)合并，从而区间(类别)数 k 减少，而有关区间内的样本个数增加。

例 7.2.1 六个企业生产汽车，(在一次观测中，观测到)每小时的产量如表 7.2.1 所示(数据见本书附盘中的文件“CH7 非参六厂汽车产量”)。

表 7.2.1　六个汽车厂家每小时的产量

企业	企业 A	企业 B	企业 C	企业 D	企业 E	企业 F	合计
产量/小时	41	66	45	56	49	43	300

问:这些企业的生产能力,有无显著差异?

这个问题可以归纳为一个离散的随机变量 X 的分布问题。假想:用小球代表汽车,每个小球上都有厂家的标记。把一个小时内六个厂家生产的小球(汽车)混合起来,一次从中摸出一个球,看看这个小球是哪个厂生产的。如果这个小球是厂 i 生产的,就令 $X=i, i=1,2,\cdots,6$。也就是 $k=6$(共有 6 个类别)。

记 $p_i=P\{X=i\}$。如果这六个厂的生产能力都相同,X 就应当服从均匀分布,即,所有的 p_i 都相等。于是,我们有假设如下:

零假设 $H_0: p_i=p, i=1,2,\cdots,6$,(即六个企业的生产能力服从均匀分布)。

备择假设 H_1:六个企业的生产能力 p_i 是不全相同的。

按照零假设,应有 $p_i=\frac{1}{6}$。本问题的 $n=300$(总样本个数,即本次抽样得到的这六家企业在一小时内生产的汽车数)。于是,我们可以算出各个企业(一小时内)生产的汽车的理想数量,即理想的频次(也就是,由总体均匀分布计算出来的频次)。理想频次都等于 $300\times\frac{1}{6}=50$(每个厂家每小时生产的车辆数都相同)。

于是,按照公式 $\chi^2=\sum_{i=1}^{k}\frac{(n_i-e_i)^2}{e_i}$,先在表上计算 n_i-e_i(见表 7.2.2),然后,再计算 χ^2 统计量的值。

表 7.2.2　χ^2 统计量的计算

企业	企业 A	企业 B	企业 C	企业 D	企业 E	企业 F	合计
产量 n_i	41	66	45	56	49	43	300
理想产量 $e_i=p_in$	50	50	50	50	50	50	
n_i-e_i	−9	16	−5	6	−1	−7	

可以计算出:$\chi^2=8.96$。取显著性水平 α 为 0.05,查自由度为 5 的 χ^2 表,得 $\chi^2_\alpha=11.0705$,$\chi^2<\chi^2_\alpha$,所以,接受零假设,这六个企业生产能力是相同的。

7.2.2** 检验总体分布是否与猜想的分布 F(x) 相同:拟合优度 k-s 检验法

k-s 检验法是柯尔莫哥洛夫(Kolmogorov)-斯米尔诺夫(Smirnov)检验法的简称。

我们现在所面临的问题依然是:用一组样本 $x_1, x_2, \cdots, x_n$ 来检验关于某个总体分布 $F(x)$ 的假设是否成立。也就是说,所假设的 $F(x)$ 是一个已知的函数。即

零假设 H_0:总体的累积概率分布函数为 $F(x)$

备择假设 H_1:总体的累积概率分布函数不是 $F(x)$

k-s 检验法的基本思路是(见 M. 费史,1958,王福保译,1962,P.393-394,以及 Neter, John et al,1993, P.492-496):

(1) 把不重复的样本观察值从小到大排列,依据不重复的样本观察值的频率,建立一个样本累积频率函数 $F_n(x)$。$F_n(x)$是一个阶跃函数(Step function)。

(2) 对于任何确定的 n,定义 $D(n)$统计量:

$$D(n)=\sup_{-\infty<x<+\infty}|F_n(x)-F(x)|。$$

(3) 对于任何确定的 n,统计量 $D(n)\sqrt{n}$ 的(累积)概率分布函数为 $P\{D(n)\sqrt{n}<\lambda\}$,记为 $Q(\lambda,n)$。

柯尔莫哥洛夫和斯米尔诺夫求出了统计量 $D(n)\sqrt{n}$ 的累积概率的极限分布 $Q(\lambda)$,并给出了 $Q(\lambda)$的概率表格(不同的 λ 值及所对应的概率 $Q(\lambda)$的值)。于是,对给定的 α,通过表中 $Q(\lambda)$列($Q(\lambda)$列的值,即 $1-\alpha$ 的值),查到 $1-\alpha$,对应地找出 λ 值(即 λ_α 值,它表明 λ_α 处的外侧概率为 α)。对于计算出来的统计量 $D(n)\sqrt{n}$ 的值 $d(n)\sqrt{n}$,若

$d(n)\sqrt{n}<\lambda_\alpha$,则接受 H_0:总体的累积概率分布函数为 $F(x)$

$d(n)\sqrt{n}\geq\lambda_\alpha$,则拒绝 H_0:总体的累积概率分布函数不是 $F(x)$

SPSS 给出了 $F(x)$为正态分布、均匀分布、泊松分布、指数分布等多种选择。

7.2.3** 小结

1. 一个总体分布的非参数检验的方法

一个总体分布的非参数检验的方法

(1) 检验总体分布是否与猜想的分布 $F(x)$相同:拟合优度 χ^2 检验法

把总体取值的数轴分为 k 段,按照假设的总体分布计算出各段的概率 p_i。p_i 应与样本分布在各段中频率接近。

用 Pearson 的 χ^2 来检验:$\sum_{i=1}^{k}\frac{(n_i-np_i)^2}{np_i}\sim\chi^2(k-1-r)$分布,$r$ 是总体中未知参数的个数。

若计算出的统计值 $\chi^2\geq\chi^2_\alpha$(查表值),则拒绝 H_0:$F(x)$。

(2) 检验总体分布是否与猜想的分布相同:拟合优度 *k-s* 检验法

考虑样本累积频率函数 $F_n(x)$与猜想的分布 $F(x)$的关系,定义。

$$D(n)=\sup_{-\infty<x<+\infty}|F_n(x)-F(x)|$$

用 *k-s* 给出统计量 $D(n)\sqrt{n}$ 的累积概率的极限分布 $Q(\lambda)$来检验。

2. 应用

本节方法理论上可以用来检验猜测的任何分布是否正确。

7.3* 用 *SPSS* 作非参数检验

7.3.1* 两组独立样本的总体分布是否相同的检验

非参数检验的两个独立样本(2 Independent Samples)的分析模块,包括了7.1节介绍的方法:Wilcoxon 检验和 Mann-Whitrney U 检验。

例 7.3.1 两种激励方法的效果问题(同例 6.6.2,数据见本书附盘中的数据文件"CH6CH7 独立检验激励实验齐")。两种方法各用 7 个人做实验,激励效果用业绩增长的百分比表示。

注意在 SPSS 中数据存放方式,不是

激励法 A									
激励法 B									

而是"效果"占一列,区别效果来源的"方法"占一列,详见 7.1 节表 7.1.6。

读入数据后:

(1) 点击 Analyze→Nonparametric Test→2 Independent Sample,系统弹出一个窗口(见图 7.3.1),要求你确定要分析的变量和分组变量等。

(2) 点击左框中的"激励效果",用箭头把它放入右边的 Test Variable List 框中(如果左框中有多个变量,可以同时选多个,但须注意,只能用一个分类变量对这多个变量分类)。

(3) 点击左框中的"激励方法",用箭头把它放入右边的 Grouping Variable 框中。

点击 Define Groups,弹出一个小对话窗(见图 7.3.1)。在 Group 1 框中,输入 0(该问题数据,用 0 表示激励方法 A),在 Group 2 框中,输入 1(该问题数据,用 1 表示激励方法 B)。点击 Continue,返回。

(4) 在下面的 Test Type 框中,有四种检验法可供选择。系统默认的 Mann-Whitney U 是 7.1.3 小节介绍的一种"序号和(秩和)"检验法。

(5) 选择检验方法后,点击 OK。系统输出结果见表 7.3.1、表 7.3.2。

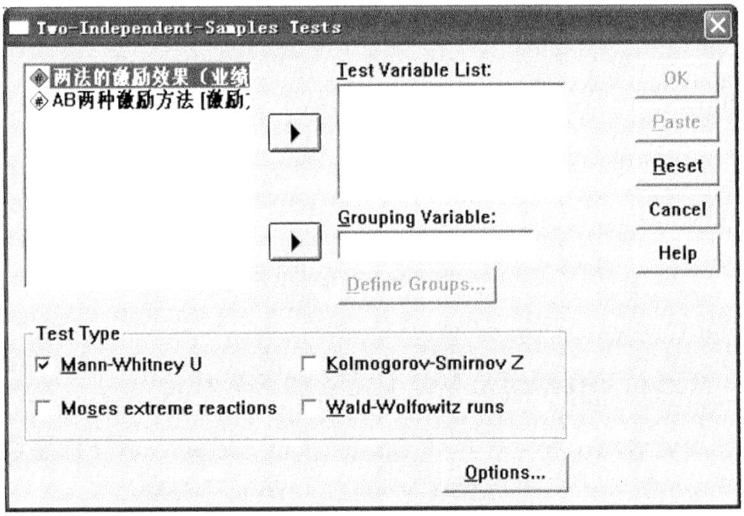

图 7.3.1　两个独立样本的非参数检验的主窗口

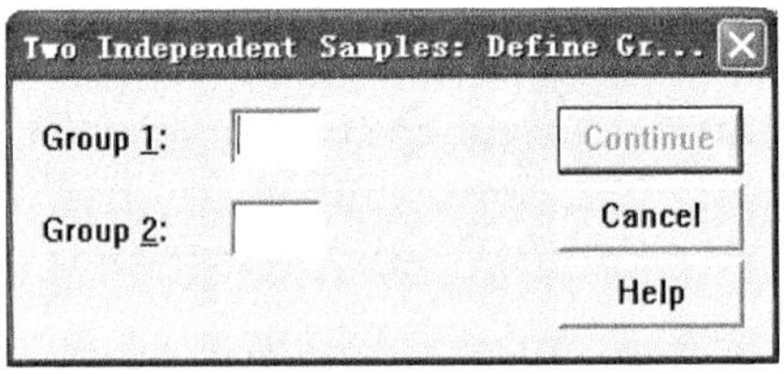

图 7.3.2　输入分布变量值的小窗

(6) 结果分析：

表 7.3.1(序号(Ranks)统计表)输出各组的样本数、序号和的均值等。

表 7.3.1　序号(Ranks)统计表

	A、B两种激励方法	N	Mean Rank	Sum of Ranks
两法的激励效果(%)	A法	7	9.21	64.50
	B法	7	5.79	40.50
	Total	14		

表 7.3.2(检验统计 Test Statistics 表)，给出了 Mann-Whitney 统计值(12.5)、Wilcoxon 统计值(40.5)和 Z 统计值(−1.537)，以及 Asymptotic(渐进)双尾显著性检验和 Exact(精确)显著性检验的结果。两个显著性概率 P 都大于

0.05,表示两种激励方法没有显著性差异。

表 7.3.2　检验统计(Test Statistics[b])表

	两法的激励效果(%)
Mann-Whitney U	12.500
Wilcoxon W	40.500
Z	−1.537
Asymp. Sig. (2-tailed)	.124
Exact Sig. [2*(1-tailed Sig.)]	.128[a]

a　Not corrected for ties

b　Grouping Variable: A、B 两种激励方法

7.3.2** 多组独立样本的总体分布是否相同的检验

本章没有介绍该分析模块的所使用的统计量(Kruskal-wallis H 统计量),但是在理解使用了"两个独立样本的检验"后,多个独立样本的检验是容易理解的,即,同时检验多组样本是否服从同一个总体分布 $F(x)$。只是使用的统计量不再是 Wilcoxon 和 Mann-Whitrney U,而是 Kruskal-wallis H。

"k 个独立样本的检验"点击过程为 Analyze→Nonparametric Test→k Independent Samples,它与"两个独立样本的检验"模块的点击类似:在主对话窗中,把要分析的变量(可以是多个,但与这里的独立样本的个数 k 无关),从左框送入右框后,点击 Define Range 按钮(原来的按钮名称是 Define Groups)后,弹出小对话窗(见图 7.3.3),要求送入分组变量的最小值与最大值。这一点与两个变量的模块不同。这里的分组变量把要分析的变量分成了 k 组。

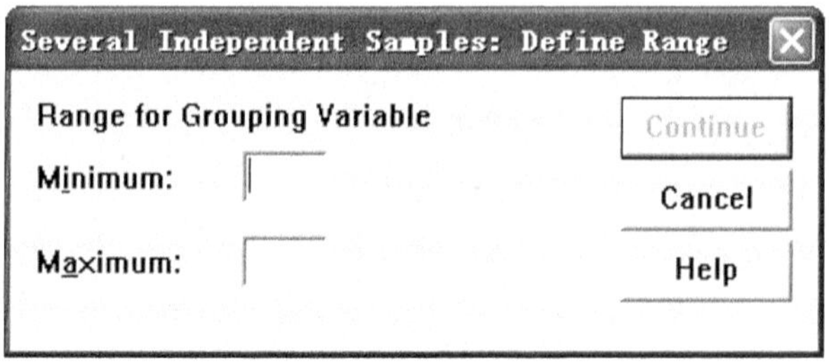

图 7.3.3　*k* 个独立样本的分组窗

对输出结果的分析也是从统计量的显著性概率与 α 的关系来判别(参见前述)。

7.3.3* 两组相关样本(配对样本)的总体分布是否相同的检验

这是处理配对样本问题的,即一个个体的两个特征(两个随机变量的样本)问题。

例 7.3.2 (同例 6.6.4)用 A、B 两套问卷测量 20 个管理人员的素质,两套问卷的满分都是 200 分。数据见本书附盘中的数据文件“CH4CH6CH7 配对问卷实验差值前”。

在读入数据后:

(1) 点击 Analyze→Nonparametric Tests→2 Related Samples;

(2) 把变量“问卷 a”和“问卷 b”放入右边的 Test Pairs List 框中;

(3) 在下面的 Test Type 框中,选 Wilcoxon 复选项和 Sign(正负号检验法)复选项;

(4) 点击 OK,输出结果,两个方法的 P 值都大于 0.05,故接受 H_0,两套问卷测试的数据服从同样的分布。

表 7.3.3 威尔可可逊检验结果 Test Statistics[b]

	问卷 B 下的得分-问卷 A 下的得分
Z	-1.529^a
Asymp. Sig. (2-tailed)	.126

a Based on positive ranks

b Wilcoxon Signed Ranks Test

表 7.3.4 符号检验法检验结果 Test Statistic[b]s

	问卷 B 下的得分-问卷 A 下的得分
Exact Sig. (2-tailed)	$.359^a$

a Binomial distribution used

b Sign Test

7.3.4** 多个相关样本(配组样本)的总体分布是否相同的检验

本章没有介绍该分析模块的所使用的统计量(Fridman 统计量、Kendall's W 统计量和 Cochran's Q 统计量),但是在理解使用了“两个配对样本的检验”后,多个配组样本的检验是容易理解的,即同时检验多个配组样本是否服从同一个总体分布 $F(x)$。只是使用的统计量不再是 Wilcoxon 和 Mann-Whitrney U,而是 Fridman 统计量,Kendall's W 统计量和 Cochran's Q 统计量。

“k 个配组样本的检验”点击过程为 Analyze→Nonparametric Test→k related Samples。这与“两个配对样本的检验”模块的点击完全类似。在主对话窗中，把要分析的变量(必须是两个以上的 k 个)从左框送入右框后，点击 OK 后，机器输出结果。

对输出结果的分析也是从统计量的显著性概率与 α 的关系来判别(参见前述)。

7.3.5** 检验一组样本的总体分布是否与猜想的分布(任意分布)相同：拟合优度 χ^2 检验法

例 7.3.3 同例 7.2.1，数据见本书附盘中的文件“CH7 非参六厂汽车产量”。在一次观测中，观测到六个企业每小时的汽车产量如表 7.2.1 所示。

问：这些企业的生产水平，有无显著差异?

零假设 H_0：六个企业的生产能力是相同的(即产量服从均匀分布)。

备择假设 H_1：六个企业的生产能力是不全相同的(产量不服从均匀分布)。

注意 SPSS 中数据的表达与存放方式：个体是小球，特征(变量)值是企业的编号。

在读入数据后：

(1) 点击 Analyze→Nonparametric Test→Chi-Square，系统弹出 χ^2 检验法的主对话窗口，见图 7.3.4。

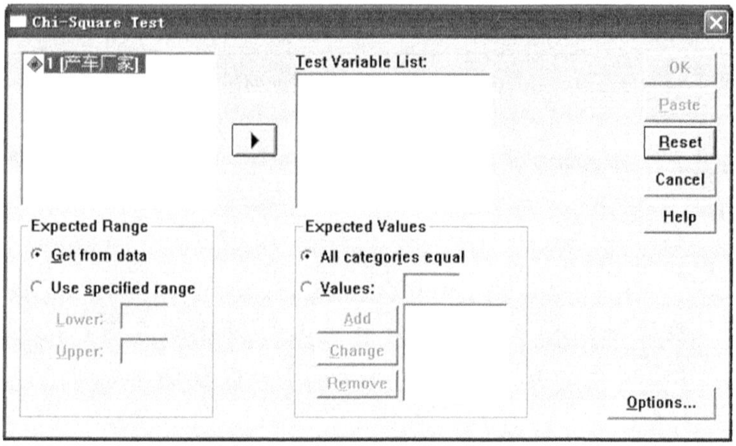

图 7.3.4　χ^2 非参数检验的主对话窗口

(2) 把变量“产车厂家”放入右边的 Test Variable List 框中。

(3) 由于假设各个企业生产能力相同(所抽出来的小车,应当是均匀分布),所以在 Expected Values 框中,接受系统的默认值 All Categories Equal(所有类别相同)。如果不同类的理想概率不同,则要选下面的 Values,一一送入不同类的理想概率。Values 选项体现了 χ^2 法检验任意分布的能力。

(4) 点击 OK,输出结果见表 7.3.5。

表 7.3.5　对汽车产量的统计

	Observed *N*	Expected *N*	Residual
F厂产	43	50.0	−7.0
E厂产	49	50.0	−1.0
D厂产	56	50.0	6.0
C厂产	45	50.0	−5.0
B厂产	66	50.0	16.0
A厂产	41	50.0	−9.0
Total	300		

表 7.3.6　检验结果(Test Statistics)

	汽车产量
Chi-Square	8.960
df	5
Asymp. Sig.	.111

a. 0 cells (.0%) have expected frequencies less than 5. The minimum expected cell frequency is 50.0.

χ^2 的显著性概率 $p=0.111$,大于 0.05,所以接受零假设,六个企业的生产能力是相同的。

7.3.6** 检验一组样本的总体分布是否与猜想的分布(正态、均匀、泊松、指数分布)相同:拟合优度 k-s 检验法

这里用的是柯尔莫哥洛夫(Kolmogorov)-斯米尔诺夫(Smirnov)检验。

例 7.3.4　在高速公路某观测点观测每分钟内通过的汽车数。共做了 2000 余次的观测。数据见表 7.3.7。

表 7.3.7　某观察点每分钟观察到车数

在 1 分钟内观察到的车数	0 辆	1 辆		10 辆
观察到相应车数的次数（频次），（也是实验次数）	53 次	192 次		16 次

注意数据的存放方式（见 SPSS）：是一列。在 1 分钟的时间内，观察到个数为变量值。

输入数据（数据见本书附盘中的数据文件："CH7 非参公路车流"）后：

(1) 点击 Analyze→Nonparametric Test→1 Sample k-s，系统弹出一个对话窗（见图 7.3.5），要求选择所要分析的变量（可以选多个，机器分析时，一个一个地做，还是单样本问题），选择所猜测的总体分布、所要输出的统计值等。

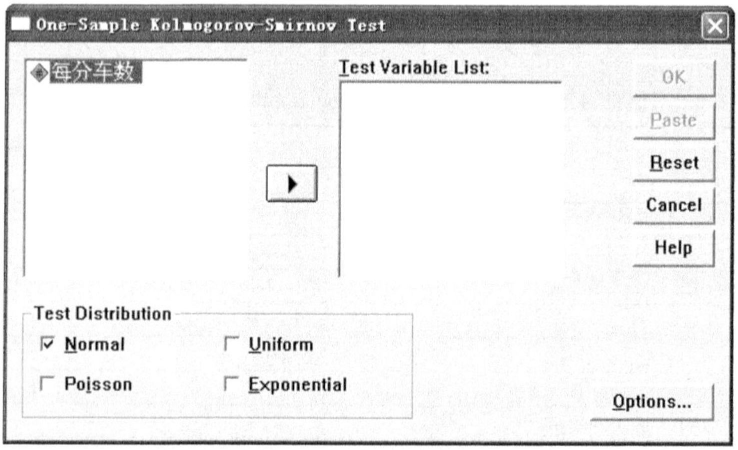

图 7.3.5　单样本 *k-s* 检验主对话窗

(2) 选左边的变量，用箭头送入右边的 Test Variable List 框中。

(3) 在下边的 Test Distribution 框中，有 4 项选择：

Normal：正态分布。系统的默认值。SPSS 允许用户设定正态分布的均值和标准差。

Uniform：均匀分布。

Poisson：泊松分布。

Exponential：指数分布。

因为不知道数据可能服从什么分布，所以建议，把上述选项都选中。当然也可以先做条形图、直方图等做初步观察，依据经验判断后，再选择。不过，经验不足的人，还是都选择为好。

(4) 点击 Options，选择输出的统计值和缺失值的处理方式。

Descriptive：输出均值、标准差等。

Quartiles：输出四分位值。

Missing Values：缺失值的处理方式，其中

Exclude cases test by test：默认值，在检验中删除缺失值。

Exclude cases listwise：一次删除所有含缺失值的个体，适于多个变量的情形。本问题只有一个变量，两种选项效果相同。

(5) 点击 OK。系统输出计算结果见表 7.3.8～7.3.11。

(6) 结果分析：

系统输出了 4 张 One-Sample Kolmogorov-Smirnov Test 表。

表 7.3.8 是关于正态分布的检验结果（英文说明在表格下方），显著性概率 $p=0.00<0.01$，表明样本与正态分布有显著差异。

表 7.3.8　对假设为正态分布的检验结果（One-Sample Kolmogorov-Smirnov Test）

		每分钟车数
N		2574
Normal Parameters[a,b]	Mean	3.9075
	Std. Deviation	1.89380
Most Extreme Differences	Absolute	.126
	Positive	.126
	Negative	−.083
Kolmogorov—Smirnov *Z*		6.384
Asymp. Sig. (2-tailed)		.000

a　Test distribution is Normal.

b　Calculated from data.

表 7.3.9 是关于均匀分布的检验结果（英文说明在表格下方），显著性概率 $p=0.00<0.01$，表明样本与均匀分布有显著差异。

表 7.3.9　对假设为均匀分布的检验结果（One-Sample Kolmogorov-Smirnov Test 2）

		每分钟车数
N		2574
Uniform Parameters[a,b]	Minimum	.00
	Maximum	10.00
Most Extreme Differences	Absolute	.312

续表

		每分钟车数
	Positive	.312
	Negative	−.105
Kolmogorov-Smirnov *Z*		15.820
Asymp. Sig. (2-tailed)		.000

a Test distribution is Uniform.

b Calculated from data.

表3.7.10是关于泊松分布的检验结果(英文说明在表格下方),显著性概率$p=0.309>0.05$,表明样本服从泊松分布。

表7.3.10 对假设为泊松分布的检验结果(One-Sample Kolmogorov-Smirnov Test 3)

		每分钟车数
N		2574
Poisson Parameter[a,b]	Mean	3.9075
Most Extreme Differences	Absolute	.019
	Positive	.013
	Negative	−.019
Kolmogorov-Smirnov *Z*		.957
Asymp. Sig. (2-tailed)		.319

a Test distribution is Poisson.

b Calculated from data.

表7.3.11是关于指数分布的检验结果(英文说明在表格下方),显著性概率$p=0.00<0.01$,表明样本与正态分布有显著差异。

表7.3.11 对假设为指数分布的检验结果(One-Sample Kolmogorov-Smirnov Test 4)

		每分钟车数
N		2574[c]
Exponential parameter[a,b]	Mean	3.9897
Most Extreme Differences	Absolute	.297
	Positive	.159
	Negative	−.297
Kolmogorov-Smirnov *Z*		14.916
Asymp. Sig. (2-tailed)		.000

a Test Distribution is Exponential.

b Calculated from data.

c There are 53 values outside the specified distribution range. These values are skipped.

总结论：公路上车流服从泊松分布。

7.3.7** 检验一组样本的总体分布是否与猜想的分布相同：拟合优度B(n,p)检验法

$B(n,p)$检验法在7.1节正负号个数检验法中有介绍。其实质是把非参数检验问题，通过x_i-y_i的正负号的出现是否大致均等，即$B(n,p)$分布的p是否等于0.5，来判断假设$F(x)$是否等于$G(x)$的。

☆注意☆ SPSS的本模块是对一个变量中（一列数据中）的两类不同取值，进行处理的。通过某个分割点，把一列数据分成两类值，也可以用本模块处理。

鉴于此，在使用本模块前，要对原始的配对数据做预处理。

以例7.1.1（用两套问卷测量20个管理人员的素质，所得结果的分布是否相同）来说明。数据见表6.6.9，或表7.1.4。

读入数据（见本书附盘中的数据文件“CH4CH6CH7配对问卷实验差值前”）后：

第一步：求差值，把两组样本转化为一组样本。

(1) 点击Transform→Compute，系统弹出一个窗口，见图7.3.6。在这个窗口的目标变量（Target Variable）中送入你想要得到的目标变量的名称。例如，这里送入“差A与B”。

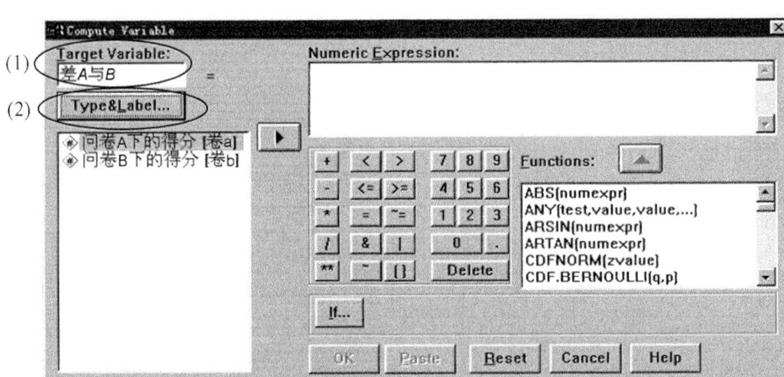

图7.3.6 求x_i-y_i的窗口

(2) 点击Type & Label按钮，系统又弹出一个小窗口，见图7.3.7。要求送入新变量的标签和类型。本例送入标签“两组样本之差”。点击Continue，返回上一个窗口（图7.3.6）。

(3) 通过箭头，把函数符号、原来的变量、四则运算等符号、系数等组合起来。

图 7.3.7　送入新变量的标签

本问题十分简单，只需分别把变量"卷 a"、"减号"、变量"卷 b"，用箭头送到 Numeric Expression 框中即可，参见图 7.3.8。

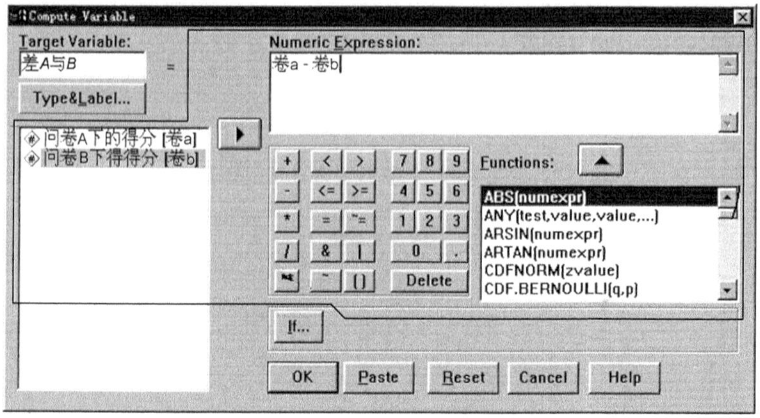

图 7.3.8　送入运算公式后

(4) 点击 OK，数据窗口中增加一列新变量的值。

第二步：消去变量中的零值(相当于求 $m=n-n_0$)

(1) 再次点击 Transform→Compute，系统弹出一个窗口，见图 7.3.6。在这个窗口的目标变量(Target Variable)中送入你想要得到的目标变量的名称。现在送入"差"。

(2) 把左框中的"差 a 与 b"送入右边的 Numeric Expression 框中，意思是"差"="差 a 与 b"。但是，要用下面的点击，把"0"剔除掉。

(3) 点击 If 键，系统弹出一个新窗，见图 7.3.9。

(4) 选择 Include if case satisfies condition，把变量"差 a 与 b"送入右框，并用

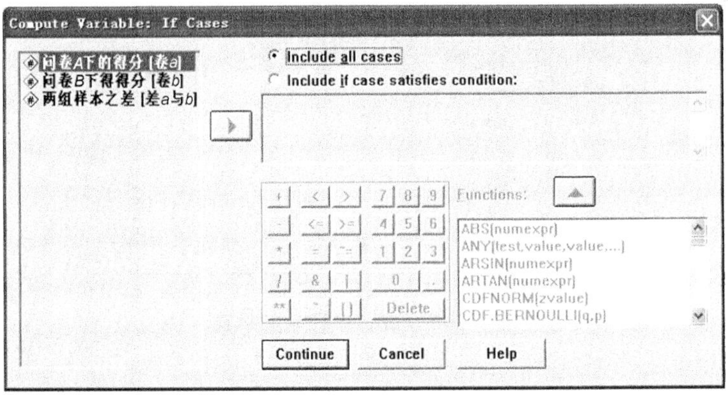

图 7.3.9　在“If ”窗操作

图中键盘中的符号“>”、“<”,以及实际键盘中的文字和数字,形成一条计算命令:“差 a 与 b>0 or 差 a 与 b<0”(见图 7.3.10)。

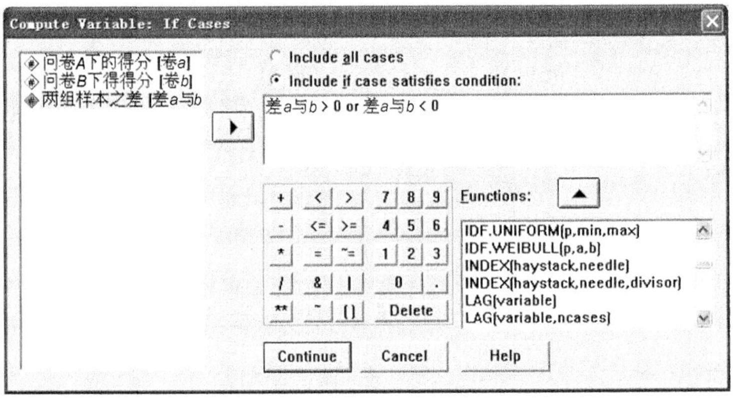

图 7.3.10　在“If”窗中剔除变量“差 a 与 b”中的 0

(5) 点击 Continue,回到主窗口。

(6) 点击 OK,系统在数据窗口中产生新变量“差”,其变量值不含 0,其余与变量“差 a 与 b”相同。

第三步:用 Binomial 过程判断新变量“差”之值(从 x_i-y_i 中剔除了 0 的数据)是否服从 $B(m,0.5)$分布。

(1) 点击 Analyze→Nonparametric Test→Binomial,系统弹出一个窗口。

(2) 把新的“差”变量,送入右边的框中,见图 7.3.11。

(3) 点击 Cut point,送入分界点之值 0。

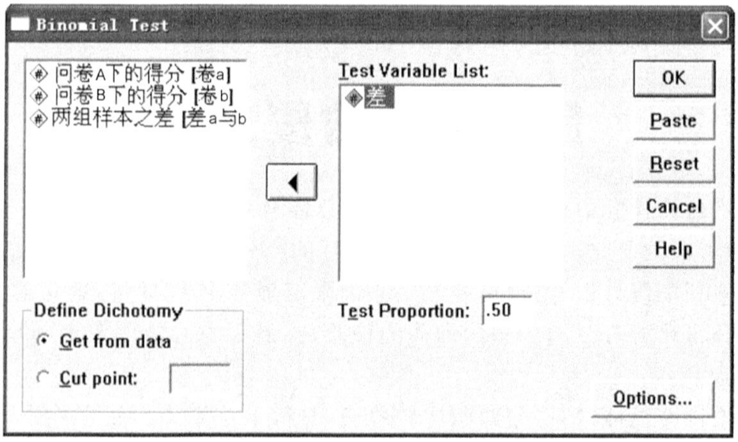

图 7.3.11　选择"差"变量做二项分布的检验

(4) 不改变 Test Proportion 后的 0.50 之值，我们正要检验是否有 $p=0.5$。

(5) 点击 OK，输出结果，见表 7.3.12。

表 7.3.12　对变量"差"的二项分布检验(Binomial Test)

		Category	*N*	Observed Prop.	Test Prop.	Exact Sig. (2-tailed)
差	Group 1	<=0	7	.37	.50	.359
	Group 2	>0	12	.63		
	Total		19	1.00		

表中 $p=0.359>0.05$，表明"差"变量中正值与负值服从二项分布 $B(m, 0.5)$，即 $F(x)=G(x)$。接受初始的零假设 H_0。

☆注意☆　这里统计值的双尾外侧的显著性概率 0.359，是准确(Exact)计算的，不像在例 7.1.1 中，为了手工计算方便，我们是把它作为近似的正态分布来处理的。

第 8 章　方差分析

在参数假设检验中，我们经常检验两个总体分布的均值是否相同。如第六章第四节、第五节的研究。在第四节中担当重任的统计量，主要是 t 统计量。在第五节中担当重任的统计量，主要是基于中心极限定理的 Z 统计量，就是对大样本的 $B(1,p_1)$分布和 $B(1,p_2)$分布的均值的检验，也是用中心极限定理，转化为 Z 统计量来处理的。

如果有多个总体，则必须两两比较检验，显得十分繁琐。而方差分析(Analysis of Variances，简记为 ANOVA)，可以一次完成对多个总体的均值是否相同的检验：

$$H_0: \mu_1 = \mu_2 = \cdots = \mu_s?$$

8.1　单因素方差分析

8.1.1　问题的提法

设有 s 个技术方案，各个方案的效果如下表所示：

表 8.1.1　单因素方差分析的已知条件

实验效果				
方案 1	x_{11}	x_{12}	……	x_{1n_1}
方案 2	x_{21}	x_{22}	……	x_{2n_2}
…	…	⋮		⋮
方案 s	x_{s1}	x_{s2}	……	x_{sn_s}

表中，n_i 表示方案 i 的实验个数

问：怎样判断这 s 个方案的效果，是否有显著区别(均值是否相同)？

这 s 个方案，还可以是 s 项政策，x_{ij} 是被访问人对政策起作用大小的评分。μ_i 表示政策 i 的平均得分。还可以表示 s 个阶层的人，x_{ij} 是 s 个阶层的人对同一个问题的评分。μ_i 表示阶层 i 的对某个问题看法的平均值。也可以表示 s 种训练方法，x_{ij} 是 s 种训练方法对不同人的训练效果。μ_i 表示训练方法 i 的效果的平均值。也可以是某项政策的 s 个重要程度，x_{ij} 是评价人(或单位)的与该项政策有关的业绩。μ_i 表示把某政策的重要程度评为 i 级的人(或单位)的平均业绩。总之，上述问题的提法，可以代表许多管理问题。当然，也可以是 s 台设备，s 种药品，s 种饲料，s 种工艺，s 种材料等。

所谓单因素，就是指：只有“方案”这个变量（因素）。不同方案，就是“方案”这个变量的不同取值。这些不同的“取值”，又称为“方案”这个因素的不同“水平”。

单因素方差分析的作用

单因素方差分析起源于对多套实验方案的效果的对比分析，可以用来检验多组相关样本之间均值，有无显著差异。

例如，s 项政策的效果，s 个阶层的人的对某一问题的评价，政策作用的 s 个评价程度与对应的效果，s 组人员的工资水平，s 种同功能药品的效果，s 种训练方法的训练效果，s 种饲料的作用，s 台设备的故障率，s 种工艺的效果，s 种材料的强度等等，有无显著差异，都可以用单因素方差分析来解决。

8.1.2　理论假设与分析

假设这 s 个方案的总体都服从正态分布：$N(\mu_i, \sigma^2)$，注意这个式子相当于假设这 s 个总体分布的方差，都相同了。但均值可能不同。

随机样本 X_{ij}，可以视为各个方案的总体均值 μ_i 与随机误差 ε_{ij} 之和：

$$X_{ij} = \mu_i + \varepsilon_{ij}$$

式中，ε_{ij} 服从 $N(0, \sigma^2)$ 分布，并且 ε_{ij} 之间相互独立。

上式称为单因素（一元）方差分析的统计模型。所谓“一元”是指：表示效果的数据是一元的。如果效果是多元的（向量），就是单因素多元问题。由上式可得随机项的表达如下：

$$\varepsilon_{ij} = X_{ij} - \mu_i$$

对应于 μ_i 的样本均值（统计量）是 $\overline{X}_{i\cdot}$，也就是说，“$X_{ij} - \overline{X}_{i\cdot}$”表示是随机误差项。这一点对于理解后面的计算很有意义。

定义：

“总平均” $\mu = \dfrac{1}{n}\sum_{i=1}^{s} n_i\mu_i$

“方案 i 的主效应” $a_i = \mu_i - \mu$

由 $X_{ij} = \mu_i + \varepsilon_{ij}$ 和上式，有

$$X_{ij} = \mu_i + \varepsilon_{ij} = \mu + a_i + \varepsilon_{ij}$$

即 X_{ij} 可以表达为总平均、方案 i 的主效应与随机项之和。

本小节的以上关系式，可以简单地概括在表 8.1.2 中。

表 8.1.2　单因素模型构成表

X_{ij}的构成		
μ_i (行稳定中心)的构成		ε_{ij}服从 $N(0,\sigma^2)$
μ	$a_i(=\mu_i-\mu)$	
全局稳定的中心	行的稳定中心 μ_i 与全局中心 μ 的偏差	随机扰动

这个构成表格概括了 8.1.2 小节主要公式

由 $a_i=\mu_i-\mu$，易知：若各个方案的主效应 a_i 都为 0，则各个方案的均值相同（都等于 μ）。

单因素方差分析的基本任务，是检验如下假设：

H_0：所有 $a_i=0$，或 $\mu_1=\mu_2=\cdots=\mu_s=\mu$

H_1：$\mu_1,\mu_2,\cdots,\mu_s$ 不全相等(至少有两个不相等)。

8.1.3　实际作法

学习本节时，最重要的是要掌握 8.1.1 小节问题的提法与本小节的实际作法。

单因素方差分析的基本思想，是用方案之间的方差(它服从 χ^2 分布)与所有方案内部的方差之和(它也服从 χ^2 分布)的比值(它服从 F 分布)，与 f_α 的比较，来判别 s 个方案的均值是否相同。

(1) 求各方案之间的变差 S_A(用各方案的均值 $\bar{x}_{i\cdot}$ 对所有数据的总均值 $\bar{x}$ 的离差平方和来表达)

$$S_A=\sum_{i=1}^{s}[(\bar{x}_{i\cdot}-\bar{x})^2 n_i]$$

式中，$\bar{x}=\dfrac{1}{n}\sum_{i=1}^{s}\sum_{j=1}^{ni}x_{ij}$，$n=\sum_{i=1}^{s}n_i$，为所有数据的总平均值。

$\bar{x}_{i\cdot}=\dfrac{1}{n}\sum_{j=1}^{ni}x_{ij}$，为第 i 个方案的均值。

(2) 求所有方案内部变差之和 S_E(方案 i 的内部变差是该方案的实验数据 x_{ij} 对该方案实验数据均值 $\bar{x}_{i\cdot}$ 的变差)

$$S_E=\sum_{i=1}^{s}\sum_{j=1}^{ni}(x_{ij}-\bar{x}_{i\cdot})^2$$

☆注意☆　由于 x_{ij} 与 X_{ij} 对应，$\bar{x}_{i\cdot}$ 与 μ_i 对应(样本观察值与母体之间的对应关系)，上式括号中的内容 $(x_{ij}-\bar{x}_{i\cdot})$ 就与 $X_{ij}-\mu_i$ 对应，是误差项，与 ε_{ij} 相对应。

(3) 计算 F 统计量之值(方案间的方差与所有方案内的方差之比)

$$f=\frac{S_A/(s-1)}{S_E/(n-s)}$$

f 对应的统计量 F(也就是在以上的式子中,把 x_{ij} 换成 X_{ij})服从 $F(s-1,n-s)$ 分布。

(4) 做假设检验

$H_0:\mu_1=\mu_2=\cdots=\mu_s=\mu$

$H_1:H_0$ 不成立

若 $f>f_\alpha(s-1,n-s)$,(则表明 S_A 较大,$\bar{x}_i.-\bar{x}$ 的平方和较大,对应的总体参数是 $\mu_i-\mu$ 的绝对值较大,所以,则以 α 的概率(或在 α 水平上),拒绝 H_0,即至少有两个方案之间的平均效果(均值)差异足够大,方案之内的差异相对小。反之,接受 H_0,即不同方案的效果(均值)没有显著差异。

单因素方差分析的实际算法

(1) 先算组间变差 $S_A=\sum_{i=1}^{s}[(\bar{x}_i.-\bar{x})^2n_i]$;(2) 再算组内变差 $S_E=\sum_{i=1}^{s}\sum_{j=1}^{ni}(x_{ij}-\bar{x}_i.)^2$;(3) 计算方差之比(两个变差除以各自的自由度)$\frac{S_A/(s-1)}{S_E/(n-s)}$ 就是用来做方差分析的统计量的值 f。f 对应的统计量 F 服从 $F(s-1,n-s)$ 分布。

判断:若 $f>f_\alpha(s-1,n-s)$,则以不超过 α 的犯错误的概率,拒绝 H_0,即至少有两个方案(两组样本)之间的平均效果(均值),有显著差异。

把握方差分析的要点是:①弄清分析思路;②确认适于用此办法的实际问题;③正确地使用 SPSS 进行计算并会使用计算结果。

☆注意☆ (1)在拒绝 H_0 时,我们仅仅能够断定至少有两个方案之间的平均效果(均值)有显著性差异,但是哪些方案之间有显著性差异、哪些方案之间没有,则无法判定。如果要想知道这一结果,从理论上应当返回第六章,用那里的方法,对不同方案做两两对比检验,也就是说要有相互交叉的很多组合的对比检验,准确地说,是 $\binom{s}{2}=\frac{s!}{2!\times(s-2)!}$ 个。幸好,SPSS 给出了简洁的点击计算选择,而且功能要比这里讲的还多。

(2)这里的检验是单尾的。其直观解释是,组间方差(组均值 $\bar{x}_i.$ 对总均值 $\bar{x}$ 的差异程度)比组内的方差大,就说明组总体均值 μ_i 之间不可能全部相等。同时,不可能把较小的 S_A(组间方差的较小差异),解释为组均值之间的较大的差异。所以,这里的 f 检验只能是单尾的。

8.1.4　用统计值 f 的显著性概率与 α 比较,做检验

与 T 检验的判别类似,在 SPSS 中,F 检验的判别也是用的统计值 f 的外侧概率(显著性概率),与 α 比较大小,来判别接受还是拒绝 H_0 的。而常规的数理统计

学，是用统计值（如 z,t,f,χ^2 等）与统计值的阈值（如：$z_{\alpha/2},z_\alpha,t_{\alpha/2},f_\alpha$ 等）比较大小，来判别接受还是拒绝 H_0 的。

对 F 检验而言，两者的关系可用下图表达：

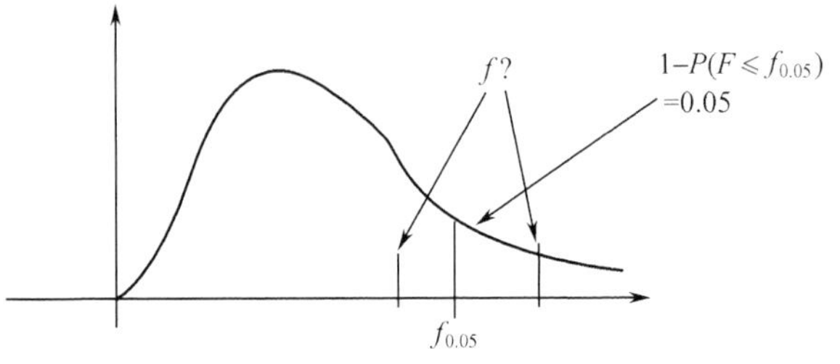

图 8.1.1 方差分析中，两种判别方法示意

从统计值 f 和由 α 所决定的阈值 f_α 的角度看，若 $f \geqslant f_{0.05}$，则表明 S_A 较大，$\bar{x}_{i\cdot}-\bar{x}$ 的平方和较大，对应的总体参数是 $\mu_i-\mu$ 的绝对值较大，即 $\mu_i \neq \mu$，所以拒绝 H_0。

而由图 8.1.1 可知，$f \geqslant f_{0.05}$，表明 f 落在 $f_{0.05}$ 的右侧，f 右侧的概率（f 右侧的曲线与水平轴之间的面积），就会小于等于 $f_{0.05}$ 右侧的概率 0.05。

容易理解，$f \geqslant f_{0.05}$，与 f 右侧的概率 $p \leqslant 0.05$ 是等价的。因此，若计算出来的统计值 f 右侧的概率 $p \leqslant 0.05$（由图 8.1.1 可知，统计值 f 落在阈值 $f_{0.05}$ 的右边），就应拒绝 H_0，即 $\mu_i \neq \mu$。这就是 SPSS 的检验判别方法。两种判别方法是等价的，但看得出 SPSS 中使用的方法，更方便一些。因为从 f 的外侧概率，可以更方便地与不同的犯错误的概率 α 比较。

8.2 用 *SPSS* 作单因素方差分析

在 SPSS 中，单因素方差分析模块被放置在“均值比较”模块之下。在数据编辑窗口中，进入该模块的点击过程是：Analyze → Compare Means → One-way ANOVA。

8.2.1 使用系统默认选项的操作示例

例 8.2.1 不同岗位的平均工资问题，是任何单位的人事管理都要考虑的基本问题。设某单位的职工的工作岗位可以分成三类：一线工人、科以上干部、一般干部。请比较,这三类职工的当前平均工资有无显著差异?数据见本书附盘中的文件“CH4CH8 茎叶箱方差工资性别岗位 300 余”。

在思考分析问题时,数据的排列如表 8.1.1 所示。但在 SPSS 中的数据排列与此差别很大。它把“当前工资”作为一个变量,排成一列。“工作性质”作为第二个变量,排成另一列。它的作用是对“当前工资”分组。这种存放方式,与独立 T 检验的数据存放方式相同。其优点将在后面的双因素方差分析中进一步表现出来。

读入数据后:

(1) 点击 Analyze→Compare Means→One-way ANOVA,系统弹出对话窗如图 8.2.1 所示。

(2) 选左框中的变量“当前工资”,用箭头送入右边 Dependent list 框中。

(3) 选左框中的变量“工作性质”,用箭头送入右边 Factor(因素变量)框中。

(4) 点击 OK,机器输出结果,见表 8.2.1。

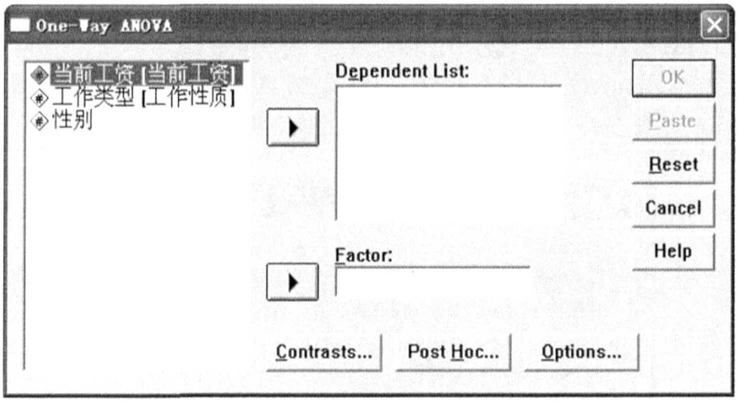

图 8.2.1　单因素方差分析的主对话窗

表 8.2.1　单因素方差分析(ANOVA)

当前工资

	Sum of Squares	df	Mean Square	F	Sig.
Between Groups	42070380885.005	2	21035190442.503	146.373	.000
Within Groups	52166613580.787	363	143709679.286		
Total	94236994465.792	365			

(5) 结果说明:

第一列是方差来源。说明是来源于组间的,还是组内的。第二列是变差(sum of squares 与样本均值的离差平方和)。组内变差,也就是对应于 ε_{ij}(即 $X_{ij}-\mu_i$)

的误差项的平方和。第三列是自由度($s-1=2, n-s=366-3=363$)。第四列是方差(变差除以相应的自由度,Variance = Mean Square 离差平方和的均值)。第五列是统计量 F 的值 f:组间方差与组内方差之比。组内方差,反映的是线性模型($X_{ij}=\mu_i+\varepsilon_{ij}$)的误差项的状况。第六列是 f 统计值的显著性概率(外侧概率 p),用于显著性检验。此处,$p=0.000<0.01$,所以,拒绝假设 H_0,即不同工作性质的工资有显著差异。

8.2.2 使用选项的操作示例

仍以例 8.2.1 的数据作为分析对象。

读入数据后:

(1) 点击 Analyze→Compare Means→One-way ANOVA。

(2) 选左框中的变量"当前工资",用箭头送入右边 Dependent list 框中。

(3) 选左框中的变量"工作性质",用箭头送入右边 Factor(因素变量)框中。

(4) 指定选项:

① 点击 Options 按钮,机器弹出一个对话窗口,见图 8.2.2。在该对话窗中:Descriptive 复选项,要求选择需要输出的统计量。

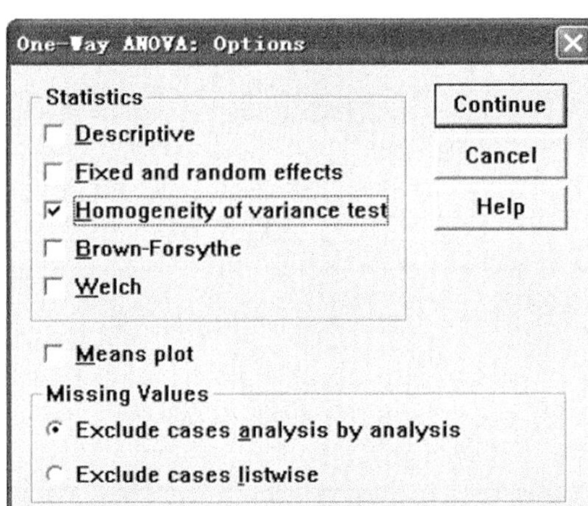

图 8.2.2 Options 对话窗

Homogeneity of variance 复选项,表示要进行方差齐次性检验(Levene 检验),并输出检验结果。这一选择十分重要,关系到在 **Post Hoc** 窗口中如何读取计算结果问题。

Means plot 选项,表示输出各组均值分布图。

在 Missing Values 框中，选择 Exclude cases Analyze by Analyze(只剔除正在分析的组内的缺失值)。

② 点击 Post Hoc 按钮。机器弹出 Post Hoc Multiple Comparisons(各组均值的两两比较)窗口，见图 8.2.3。

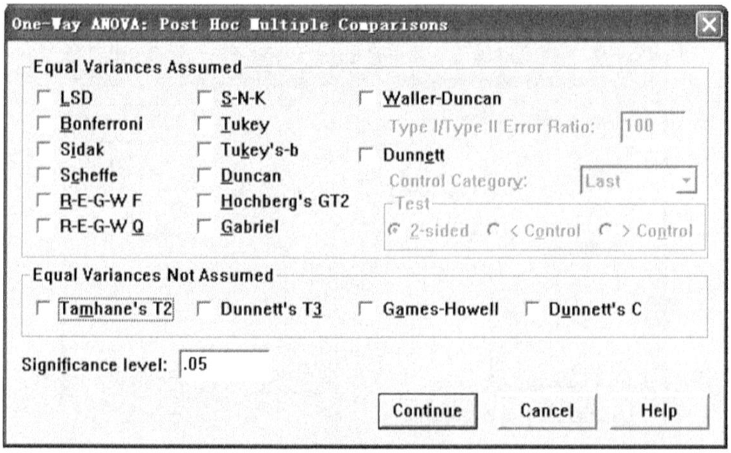

图 8.2.3　Post Hoc 多重比较窗口

在该窗口的 Equal variance assumed 框(齐次方差框)中，有 14 个选项，其中 LSD(Least-significant difference)选项表示：在具有方差齐性时，用最小显著性差异方法的 t 统计量，两两检验各组均值是否有显著性差异。同时不调整两两比较误差。本例选择此选项。

在该窗口的 Equal variance not assumed 框(非齐次方差框)中，有 4 个选项，其中 Tamhane T2(在方差不相等的、没有正态分布假设的前提下)的两两 t 检验。也就是说，要看 Options 对话窗中的 Homogeneity-of-variance 选项(方差齐次性的 Levene 检验)的计算结果。在不具有方差齐性时，关注 Tamhane T2 的结果。本例，选择此选项。

点击 Continue，返回主窗口(图 8.2.2)

③ 点击 Contrasts(对照)按钮，弹出 Contrasts(对照)对话窗(见图 8.2.4)。

点击该窗中的 Polynomial(多项式)选项，Degree 被激活，点击 Dgree 右边的小箭头，出现下拉菜单，有线性、二次方、三次方的多项式模型，可供选择。一般选择线性模型。

在 Coefficients ☐ 的方框中，输入各组均值的系数，确定所要比较的组均值的组合。例如，输入 1，点击 Add，再输入 −1，点击 Add，再输入 0，点击 Add，就完成了一个完整组合(1，−1，0)的输入，表示要对照检验“1＝一线工人”的平均工资与“2＝科以上干部”的平均工资，有无显著性差异。点击 next 后，再按照上述方式，输入“1，0，－1”，表示要对照检验“1＝一线工人”的平均工资与“3＝一般机关员工”的平均工资，有无显著性差异。再点击 next 后，再按照上述方式，输入“0，1，－1”，表示要对照检验“2＝科以上干部”的平均工资与“3＝一般机关员工”的平均工资，有无显著性差异。

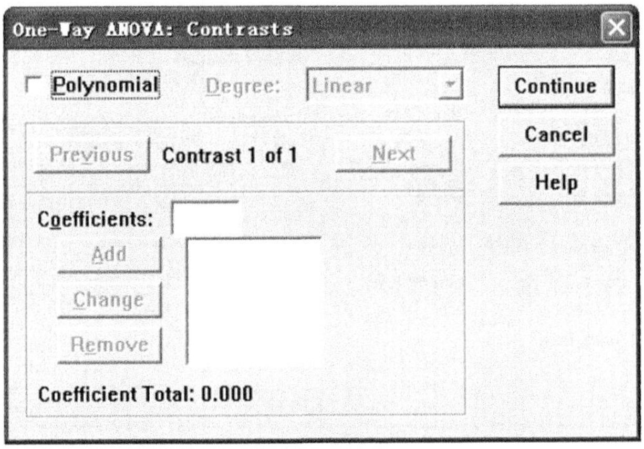

图 8.2.4　Contrcts 对比窗口

其实，以上输入(想要两两对比三类工作的平均工资)是不必要的，因为在 Post Hoc 多重比较的窗口中，做了选项后，系统就会自动输出两两对比的检验结果。

本例题输入：“1，－1，－1”，用意是对比“1＝一线工人”的平均工资，与“2＋3＝所有机关人员”的平均工资，有无显著性差异。

SPSS 的方差分析的这一选择功能，对我们选择比较不同组的组合的均值有无显著差异，带来了极大的方便。这是值得高度重视的，应当能够熟练地应用 SPSS 中单因素方差分析的这一功能。

(5) 点击 OK，输出结果，见表 8.2.2 至表 8.2.6。

(6) 结果分析：

表 8.2.2　三组当前工资的方差齐性检验(Test of Homogeneity of Variances)

Levene Statistic	df1	df2	Sig.
10.512	2	363	.000

表 8.2.2(Homogeneity of variance 表格)中，显著性概率 $p=0.00<0.05$，表示三个组的数据不具有方差齐性。这决定了如何读表 8.2.5 的结果。

表 8.2.3　方差分析表(ANOVA)

当前工资

	Sum of Squares	df	Mean Square	F	Sig.
Between Groups	42070380885.005	2	21035190442.503	146.373	.000
Within Groups	52166613580.787	363	143709679.286		
Total	94236994465.792	365			

表 8.2.3(ANOVA 表格),其实就是表 8.2.1,同样问题,同样的方差分析,结果当然应当相同。

表 8.2.4　组合比较的对照系数(Contrast Coefficients)

	工作类型		
Contrast	一线工人	科以上干部	一般机关员工
1	1	−1	−1

表 8.2.4(Contrast Coefficients 表格),给出了你所输入的所要比较的各组均值的系数。

表 8.2.5　组合对比检验结果(Contrast Tests)

		Contrast	Value of Contrast	Std. Error	t	df	Sig. (2-tailed)
当前工资	Assume equal variances	1	−$68,401.42	$2,940.143	−23.265	363	.000
	Does not assume equal variances	1	−$68,401.42	$3,479.100	−19.661	33.286	.000

说明:在 SPSS 的输出中,由于表格宽度所限,有些数字太长时,屏幕上将出现一串"******"。当把它拷贝到 word 文件中时,"******"所代表的数据,就会自动出现。

表 8.2.5(Contrast Test 表格),给出了"具有方差齐性"与"不具有方差齐性"下,你所输入的均值组合与 0 有无显著差异的 t 检验的结果。由于前面已经得出了不具有方差齐性的结论,所以这里应当读取"不具有方差齐性(Does not assume equal variances)"那一行的结果。第 1 个组合(本例只选了一个组合)的 $p=0.00<0.05$,表示其均值的组合与 0 有显著差异(即表示要对照检验一线工人的平均工资与所有机关人员的平均工资,有显著性差异)。

表 8. 2. 6　多重比较结果：Multiple Comparisons

Dependent Variable：当前工资

			Mean Difference (I-J)	Std. Error	Sig.	95% Confidence Interval	
	(I)工作性质	(J)工作性质				Lower Bound	Upper Bound
LSD	一线工人	科以上干部	－$40,666.78*	$2,455.919	.000	－$45,496.40	－$35,837.17
		一般机关员工	$4,153.93*	$1,765.545	.019	$681.95	$7,625.90
	科以上干部	一线工人	$40,666.78*	$2,455.919	.000	$35,837.17	$45,496.40
		一般机关员工	$44,820.71*	$2,853.103	.000	$39,210.02	$50,431.40
	一般机关员工	一线工人	－$4,153.93*	$1,765.545	.019	－$7,625.90	－$681.95
		科以上干部	－$44,820.71*	$2,853.103	.000	－$50,431.40	－$39,210.02
Tamhane	一线工人	科以上干部	－$40,666.78*	$3,313.638	.000	－$49,089.42	－$32,244.15
		一般机关员工	$4,153.93*	$1,281.874	.005	$1,046.24	$7,261.61
	科以上干部	一线工人	$40,666.78*	$3,313.638	.000	$32,244.15	$49,089.42
		一般机关员工	$44,820.71*	$3,403.657	.000	$36,222.90	$53,418.52
	一般机关员工	一线工人	－$4,153.93*	$1,281.874	.005	－$7,261.61	－$1,046.24
		科以上干部	－$44,820.71*	$3,403.657	.000	－$53,418.52	－$36,222.90

* The mean difference is significant at the .05 level.

表 8. 2. 6(Multiple Comparisons 表格)，即两两比较检验的结果表，给出了你所选择的 LSD(Least-significant difference)和 Tamhane T2 的两两 t 检验的结果。由于前面已经得出了不具有方差齐性的结论，所以这里应当读取“不具有方差齐性”的 Tamhane T2 的 t 检验结果。该表格还用“＊”标出两两均值之间，是否有显著差异。

8.3* 无重复实验的双因素方差分析

8.3.1* 问题的提出

为了便于理解,我们从一个具体的例子开始:对运动员进行训练的效果,不仅与训练方法有关,而且与运动员本身的特质有关。如果我们选出了 n 组运动员,每个组的运动员都具有同样的体质特征,每个组有 s 个运动员,用 s 种不同方法进行训练。我们就会得到 $s\times n$ 个不同的训练效果,怎样判断不同的训练方法的效果是否有显著效益? 不同体质特征对训练效果是否有显著影响?

把这些已知条件概括为数学问题,就如表 8.3.1 所示。

表 8.3.1　无重复、双因素方差分析的已知条件

	因素 B_1	因素 B_2		因素 B_n
因素 A_1	x_{11}	x_{12}	……	x_{1n}
因素 A_2	x_{21}	x_{22}	……	x_{2n}
⋮	⋮	⋮		⋮
因素 A_s	x_{s1}	x_{s2}	……	x_{sn}

表中,x_{ij} 表示因素 A_i 和因素 B_j 下的实验效果的观察值。

问:因素 A 的不同水平(方案)的效果(均值),有无显著不同?

因素 B 的不同水平(方案)的效果(均值),有无显著不同?

所谓"双因素",是指问题中有两个(反映条件或前提的)变量:变量 A 与变量 B。A_i 是变量 A 的一个取值(又称因素 A 的一个水平),B_j 是变量 B 的一个取值(又称因素 B 的一个水平)。

除了上述训练方法和运动员的特质问题外,还有如下实际问题,可以概括为双因素方差分析问题:

不同激励方法的效果与被激励者的素质(或文化环境,或传统观念)有关,是个双因素问题。不同药品的治疗效果,与病人的体质特征有关,也是个一个双因素问题。不同饲料的效果,与猪的食量有关(或者与猪的品种有关),也可以视为一个双因素问题。不同营销方案的效果与产品的质量有关等,也是双因素问题。看得出,有的问题起作用的因素,会比 2 大许多。今后,我们用其他统计方法来处理更多因素的问题。

8.3.2* 理论假设与分析

假设在 A_i 与 B_j 下的总体 X_{ij}，服从 $N(\mu_{ij},\sigma^2)$分布。注意这个式子相当于假设这 $s\times n$ 个总体分布的方差，都相同了。但均值可能不同。

设：$\mu=\frac{1}{s\times n}\sum_{i=1}^{s}\sum_{j=1}^{n}\mu_{ij}$，称为总体 X_{ij} 的总平均。

$\mu_{i\cdot}=\frac{1}{n}\sum_{j=1}^{n}\mu_{ij}$，称为第 i 行总体的平均。

$\mu_{\cdot j}=\frac{1}{s}\sum_{i=1}^{s}\mu_{ij}$，称为第 j 列总体的平均。

把“第 i 行的平均 $\mu_{i\cdot}$ 与总平均 μ 之差”

$$a_i=\mu_{i\cdot}-\mu，其中，i=1,2,\cdots,s$$

称为 A_i 的主效应。

把“第 j 列的平均 $\mu_{\cdot j}$ 与总平均 μ 之差”

$$b_j=\mu_{\cdot j}-\mu，其中，j=1,2,\cdots,n$$

称为 B_j 的主效应。

如果 A_i 与 B_j 间不存在交互效应，就有

$$\mu_{ij}=\mu+a_i+b_j，其中，i=1,2,\cdots,s，j=1,2,\cdots,n$$

也就是，随机样本 X_{ij} 的均值 μ_{ij}，是由“总平均 μ”、“A_i 的主效应 a_i”、“B_j 的主效应 b_j”组成。

随机样本 X_{ij}，可以视为其总体均值 μ_{ij} 与随机误差 ε_{ij} 之和：

$$X_{ij}=\mu_{ij}+\varepsilon_{ij}$$

式中，ε_{ij} 服从 $N(0,\sigma^2)$分布，并且 ε_{ij} 之间相互独立。于是，有

$$X_{ij}=\mu+a_i+b_j+\varepsilon_{ij}，其中，i=1,2,\cdots,s，j=1,2,\cdots,n$$

称为“无交互影响的双因素(一元)模型”。

这个构成 X_{ij} 的模型可以形象地理解为

表 8.3.2 无交互影响的双因素模型构成表

<table>
<tr><td colspan="3">X_{ij} 的构成</td></tr>
<tr><td colspan="2">μ_{ij} 的构成</td><td rowspan="3">ε_{ij} 服从 $N(0,\sigma^2)$</td></tr>
<tr><td rowspan="2">μ</td><td>$a_i(=\mu_{i\cdot}-\mu)$</td></tr>
<tr><td>$b_j(=\mu_{\cdot j}-\mu)$</td></tr>
<tr><td>全局稳定的中心</td><td>行、列的稳定中心与全局中心的偏差</td><td>随机扰动</td></tr>
</table>

这个构成表格概括了 8.3.2 小节主要公式

无重复实验，无法进行交互影响的分析。由表8.3.2可得：

$\varepsilon_{ij}=X_{ij}-\mu-a_i-b_j=X_{ij}-\mu_{i\cdot}-\mu_{\cdot j}+\mu$，其中，$i=1,2,\cdots,s$，$j=1,2,\cdots,n$

如果效果的的数据是多元的（向量），就是双因素多元问题。

8.3.3* 实际处理

1. 假设

零假设：$H_{0A}:\mu_{i\cdot}=\mu$，即，$a_i=0$，$i=1,2,\cdots,s$

$H_{0B}:\mu_{\cdot j}=\mu$，即，$b_j=0$，$j=1,2,\cdots,n$

备择假设：$H_{1A}:\mu_{1\cdot},\mu_{2\cdot},\cdots,\mu_{s\cdot}$之间不完全相等（至少有两个不等），或$a_i$不全等于0。

$H_{1B}:\mu_{\cdot 1},\mu_{\cdot 2},\cdots,\mu_{\cdot n}$之间不完全相等（至少有两个不等），或$b_j$不全等于0。

2. 计算

按如下定义，计算出S_A、S_B、S_E所对应的值s_A、s_B、s_E，进而，计算出与F_A、F_B对应的值f_A、f_B。

定义统计量：

总变差：$S_T=\sum_{i=1}^{s}\sum_{j=1}^{n}(X_{ij}-\bar{X})^2$

行间变差：$S_A=n\sum_{i=1}^{s}(\bar{X}_{i\cdot}-\bar{X})^2$

列间变差：$S_B=s\sum_{j=1}^{n}(\bar{X}_{\cdot j}-\bar{X})^2$

总误差平方和：$S_E=\sum_{i=1}^{s}\sum_{j=1}^{n}(X_{ij}-\bar{X}_{i\cdot}-\bar{X}_{\cdot j}+\bar{X})^2$

由表8.3.2可知，上式括号中的内容与ε_{ij}对应。

式中，

$$\bar{X}=\frac{1}{sn}\sum_{i=1}^{s}\sum_{j=1}^{n}X_{ij}$$

$$\bar{X}_{i\cdot}=\frac{1}{n}\sum_{j=1}^{n}X_{ij}$$

$$\bar{X}_{\cdot j}=\frac{1}{s}\sum_{i=1}^{s}X_{ij}$$

可以证明：在"无交互影响的双因素模型"下，有如下结论成立：

(1) S_A、S_B、S_E 相互独立，且 $S_T=S_A+S_B+S_E$。

(2) $\frac{S_E}{\sigma^2}$服从 $\chi^2((s-1)(n-1))$分布。

(3) 当 H_{0A}成立时，有$\frac{S_A}{\sigma^2}$服从 $\chi^2(s-1)$分布。

(4) 当 H_{0B}成立时，有$\frac{S_B}{\sigma^2}$服从 $\chi^2(n-1)$分布。

从而，有

(5) 当 H_{0A}成立时，有

$$F_A=\frac{\dfrac{S_A}{(s-1)}}{\dfrac{S_E}{(s-1)(n-1)}}=\frac{(n-1)S_A}{S_E}$$

服从 $F((s-1),(s-1)(n-1))$分布

(6) 当 H_{0B}成立时，有

$$F_B=\frac{\dfrac{S_B}{(n-1)}}{\dfrac{S_E}{(s-1)(n-1)}}=\frac{(s-1)S_B}{S_E}$$

服从 $F((n-1),(s-1)(n-1))$分布

3. 对给定的 α，查表，查出 $f_\alpha((s-1),(s-1)(n-1))$，若 $f_A>f_\alpha((s-1),(s-1)(n-1))$，(则表明 S_A 较大，$\bar{x}_{i.}-\bar{x}$ 的绝对值较大，对应的总体参数是 $\mu_{i.}-\mu$的绝对值较大，所以)，则以 α 的概率(或在 α 水平上)，拒绝 H_{0A}，即至少 A 因素中有两个水平之间的平均效果(均值)，差异足够大。反之，接受 H_{0A}，即 A 因素的不同水平的效果(均值)没有显著差异。

同样，对给定的 α，查表，查出 $f_\alpha((n-1),(s-1)(n-1))$，若 $f_B>f_\alpha((n-1),(s-1)(n-1))$，(则表明 S_B 较大，$\bar{x}_{.j}-\bar{x}$ 的绝对值较大，对应的总体参数是 $\mu_{.j}-\mu$ 的绝对值较大，所以)，则以 α 的概率(或在 α 水平上)，拒绝 H_{0B}，即至少 A 因素有两个水平之间的平均效果(均值)差异足够大。反之，接受 H_{0B}，即 A 因素中的不同水平的效果(均值)，没有显著差异。

无重复双因素方差分析的实际算法(本表述假设每行都是 n 列)

① 算行间变差 $S_A=n\sum_{i=1}^{s}(\bar{X}_{i.}-\bar{X})^2$；② 算列间变差 $S_B=s\sum_{j=1}^{n}(\bar{X}_{.j}-\bar{X})^2$；③ 算总误差平方和：$S_E=\sum_{i=1}^{s}\sum_{j=1}^{n}(X_{ij}-\bar{X}_{i.}-\bar{X}_{.j}+\bar{X})^2$；④ 计算两个方差之比：

$F_A=\frac{(n-1)S_A}{S_E}$ 服从 $F((s-1),(s-1)(n-1))$ 分布，$F_B=\frac{(s-1)S_B}{S_E}$ 服从 $F((n-1),(s-1)(n-1))$ 分布。

判断：① 若 $f_A>f_\alpha((s-1),(s-1)(n-1))$，则拒绝 $\mu_{i\cdot}=\mu$，即行均值不全相等；②若 $f_B>f_\alpha((n-1),(s-1)(n-1))$，则拒绝 $\mu_{\cdot j}=\mu$，即列均值不全相等。

说明：背记这些公式没有意义。重要的是①弄清分析思路；②所适于解决的实际问题（见 8.5 节）；③正确地使用 SPSS 进行计算和分析结果。

8.4* 重复实验的双因素方差分析

8.4.1* 问题的提出

为了便于理解，我们仍从一个具体的例子开始，还是对运动员进行训练的效果问题。两个因素，仍然是 A：训练方法 s 种，B：运动员本身的体质特征 n 种，同样体质特征的运动员分在同一组，即共有 n 组运动员。为了便于比较，每个组安排 $s\times t$ 个具有同样体质特征的运动员，也就是说，每种训练方法在每个组内，对 t 个运动员进行了训练。我们就会得到 $s\times n\times t$ 个不同的训练效果值。怎样判断不同的训练方法的效果是否有显著效益？不同特质对训练效果是否有显著影响？

表 8.4.1 有重复、双因素方差分析的已知条件

因素	因素 B_1	因素 B_2		因素 B_n
因素 A_1	$x_{111}\ x_{112}\cdots x_{11t}$	$x_{121}\ x_{122}\cdots x_{12t}$	……	$x_{1n1}\ x_{1n2}\cdots x_{1nt}$
因素 A_2	$x_{211}\ x_{212}\cdots x_{21t}$	$x_{221}\ x_{222}\cdots x_{22t}$	……	$x_{2n1}\ x_{2n2}\cdots x_{2nt}$
…	…			
因素 A_s	$x_{S11}\ x_{S12}\cdots x_{S1t}$	$x_{S21}\ x_{S22}\cdots x_{S2t}$	……	$x_{Sn1}\ x_{Sn2}\cdots x_{Snt}$

表中，x_{ijk} 表示因素 A_i 和因素 Bj 下的第 k 次实验的效果的观察值。

问：因素 A 的不同水平（方案）的效果（均值），有无显著不同？

因素 B 的不同水平（方案）的效果（均值），有无显著不同？

因素 A 与 B 之间的交互作用如何？

在管理科学、其他社会科学、农学、医学、生物学、工学等诸多领域，可以概括为上述统计学结构的问题非常之多。例如：

s 种激励方法，n 种被激励者的素质（或文化环境，或传统观念），同种素质的人归为同一个组，每个组 $s\times t$ 个人（每个组内，每种激励方法施加于 t 个人），这样

就可以得到 $s\times n\times t$ 个效果数据，构成一个有重复实验的双因素问题。

s 种药品，n 组体质特征的病人（每个组的病人的体制特征相同），每个组有 $s\times t$个病人（每个组内，每种药品施加于 t 个人），这样也可以得到 $s\times n\times t$ 个效果数据，构成一个有重复实验的双因素问题。

用 s 种不同饲料，喂养 n 种猪，每种猪都安排 $s\times t$ 头（每个组内，每种饲料喂养 t 头猪），也可以得到 $s\times n\times t$ 个效果数据，构成一个有重复实验的双因素问题。

当然，每个组内的被实验对象不一定安排 $s\times t$ 个，也就是说，在同一个组内，每种方法（或饲料、或药品、或方案等）不一定施加与 t 的对象，其数量可多可少。这是可以认为安排数量问题。有一些问题，是不能认为安排所有数量的。常常会出现每个组内的对象数不同的情形。

例如，政策的作用大小分为 s 个等级，评价政策作用大小的有 n 种类型的企业，同样类型的企业归为一个组，每个组内企业数，可以相同，也可以不同。请这些企业对该项政策的作用等级进行评价，这样每个组内把该政策的作用评价为同样等级的企业数，就可能很不相同（可能是 $t_1,t_2,\cdots,t_s$ 个），这就是一个不能完全控制数量的、有重复实验的双因素问题。

8.4.2* 理论假设与分析

假设在 Ai 与 Bj 下的总体 X_{ij}，服从 $N(\mu_{ij},\sigma^2)$分布。注意这个式子相当于假设这 $s\times n$ 个总体分布的方差，都相同了。但均值可能不同。

与 8.3.2 小节相同，设：

$$\mu=\frac{1}{s\times n}\sum_{i=1}^{s}\sum_{j=1}^{n}\mu_{ij}$$，称为总体 X_{ij} 的总平均；

$$\mu_{i\cdot}=\frac{1}{n}\sum_{j=1}^{n}\mu_{ij}$$，称为第 i 行总体的平均；

$$\mu_{\cdot j}=\frac{1}{s}\sum_{i=1}^{s}\mu_{ij}$$，称为第 j 列总体的平均；

把“第 i 行的平均 $\mu_{i\cdot}$ 与总平均 μ 之差”

$$a_i=\mu_{i\cdot}-\mu，其中\ i=1,\ 2,\cdots,s$$

称为 A_i 的主效应；

把“第 j 列的平均 $\mu_{\cdot j}$ 与总平均 μ 之差”

$$b_j=\mu_{\cdot j}-\mu，其中，j=1,\ 2,\cdots,n$$

称为 B_j 的主效应。

如果 A_i 与 B_j 间存在交互效应，就有

$$c_{ij}=\mu_{ij}-a_i-b_j-\mu=\mu_{ij}-\mu_{i\cdot}-\mu_{\cdot j}+\mu$$

称为 A_i 与 B_j 的交互效应。于是，有

$$\mu_{ij}=\mu+a_i+b_j+c_{ij}\text{，其中 } i=1,\ 2,\cdots,s,\ j=1,\ 2,\cdots,n$$

也就是，随机变量 X_{ij} 的均值 μ_{ij}，由"总平均 μ"、"A_i 的主效应 a_i"、"B_j 的主效应 b_j"、"A_i 与 B_j 的交互效应 c_{ij}"组成。

从重复抽样的角度看，随机样本 X_{ijk}，可以视为其总体均值 μ_{ij} 与随机误差 ε_{ijk} 之和：

$$X_{ijk}=\mu_{ij}+\varepsilon_{ijk}$$

式中，ε_{ijk} 服从 $N(0,\sigma^2)$ 分布，并且 ε_{ijk} 之间相互独立。于是

$X_{ijk}=\mu+a_i+b_j+c_{ij}+\varepsilon_{ijk}$，$i=1,\ 2,\cdots,s$，$j=1,\ 2,\cdots,n$，$k=1,2,\cdots,t$，$t$ 是实验次数。此式称为"有交互影响的双因素(一元)模型"。

表 8.4.2　有交互影响的双因素模型构成表

X_{ijk} 的构成			
μ_{ij} 的构成			ε_{ijk} 服从 $N(0,\sigma^2)$
μ	$a_i(=\mu_{i\cdot}-\mu)$ $b_j(=\mu_{\cdot j}-\mu)$	c_{ij}	
全局稳定的中心	行、列的稳定中心与全局中心的偏差	交互作用	随机扰动

这个构成表格概括了 8.4.2 小节主要公式

由表 8.4.2 可得：

$\varepsilon_{ijk}=X_{ijk}-\mu-a_i-b_j-c_{ij}=X_{ijk}-\mu_{ij}$，$i=1,\ 2,\cdots,s$，$j=1,\ 2,\cdots,n$，$k=1,\ 2,\cdots,t$。

如果效果的的数据是多元的(向量)，就是双因素多元问题。

8.4.3* 实际处理

1. 假设

零假设：

$H_{0A}:\mu_{i\cdot}=\mu$，即 $a_i=0,i=1,\cdots,s$(或者说，因素 A 的主效应是否显著异于零)。

$H_{0B}:\mu_{\cdot j}=\mu$，即 $b_j=0,j=1,\cdots,n$(或者说，因素 B 的主效应是否显著异于零)。

$H_{0C}:c_{ij}=\mu_{ij}-a_i-b_j-\mu=0,i=1,\cdots,s,j=1,\cdots,n$(或者说，因素 A 与 B 的交互效应是否显著异于零)。

备择假设：

H_{1A}：a_i 不全等于 0。或 $\mu_{1\cdot}, \mu_{2\cdot}, \cdots, \mu_{s\cdot}$ 之间不完全相等（至少有两个不等）。或者说，因素 A 的作用是显著的。

H_{1B}：b_j 不全等于 0。或 $\mu_{\cdot 1}, \mu_{\cdot 2}, \cdots, \mu_{\cdot n}$ 之间不完全相等（至少有两个不等）。或者说，因素 B 的作用是显著的。

H_{1C}：$c_{ij} = \mu_{ij} - a_i - b_j - \mu$，不全等于 $0, i=1, \cdots, s, j=1, \cdots, n$ 。或者说，交互作用是存在的。

2. 计算

按如下定义，计算出 S_A、S_B、$S_{A\times B}$、S_E 所对应的 s_A、s_B、$s_{A\times B}$、s_E，进而，计算出与 F_A、F_B、$F_{A\times B}$ 对应的 f_A、f_B、$f_{A\times B}$。

定义统计量：

总变差：$S_T = \sum_{i=1}^{s}\sum_{j=1}^{n}\sum_{k=1}^{t}(X_{ijk} - \overline{X})^2$

行间变差：$S_A = nt\sum_{i=1}^{s}(\overline{X}_{i\cdot\cdot} - \overline{X})^2$

列间变差：$S_B = st\sum_{j=1}^{n}(\overline{X}_{\cdot j\cdot} - \overline{X})^2$

交叉变差：$S_{A\times B} = t\sum_{i=1}^{s}\sum_{j=1}^{n}(\overline{X}_{ij\cdot} - \overline{X}_{i\cdot\cdot} - \overline{X}_{\cdot j\cdot} + \overline{X})^2$

由表 8.4.2 可知，上式括号中的内容与 c_{ij} 对应。

总误差平方和：$S_E = \sum_{i=1}^{s}\sum_{j=1}^{n}\sum_{k=1}^{t}(X_{ijk} - \overline{X}_{ij\cdot})^2$

由表 8.4.2 可知，上式括号中的内容与 ε_{ij} 对应。

式中，$\overline{X} = \frac{1}{snt}\sum_{i=1}^{s}\sum_{j=1}^{n}\sum_{k=1}^{t}X_{ijk}$

$$\overline{X}_{i\cdot\cdot} = \frac{1}{nt}\sum_{j=1}^{n}\sum_{k=1}^{t}X_{ijk}$$

$$\overline{X}_{\cdot j\cdot} = \frac{1}{st}\sum_{i=1}^{s}\sum_{k=1}^{t}X_{ijk}$$

$$\overline{X}_{ij\cdot} = \frac{1}{t}\sum_{k=1}^{t}X_{ijk}$$

可以证明：在“有交互影响的双因素模型”下，如下结论成立：

(1) S_A、S_B、$S_{A\times B}$、S_E 相互独立，且 $S_T = S_A + S_B + S_{A\times B} + S_E$。

(2) S_E/σ^2 服从 $\chi^2(sn(t-1))$分布。

(3) 当 H_{0A}成立时，有 S_A/σ^2 服从 $\chi^2(s-1)$分布。

(4) 当 H_{0B} 成立时,有 S_B/σ^2 服从 $\chi^2(n-1)$分布。

(5) 当 H_{0C} 成立时,有 $S_{A\times B}/\sigma^2$ 服从 $\chi^2((s-1)(n-1))$分布。

从而

(6) 当假设 H_{0A} 成立时,有

$$F_A=\frac{S_A/(s-1)}{S_E/sn(t-1)}=\frac{sn(t-1)S_A}{(s-1)S_E}$$

服从 $F((s-1),sn(t-1))$分布;

(7) 当假设 H_{0B} 成立时,有

$$F_B=\frac{S_B/(n-1)}{S_E/sn(t-1))}=\frac{sn(t-1)S_B}{(n-1)S_E}$$

服从 $F((n-1),sn(t-1))$分布;

(8) 当假设 H_{0C} 成立时,有

$$F_{A\times B}=\frac{S_{A\times B}/(s-1)(n-1)}{S_E/sn(t-1)}=\frac{sn(t-1)S_{A\times B}}{(s-1)(n-1)S_E}$$

服从 $F((s-1)(n-1),sn(t-1))$分布。

3. 查表

对给定的 α,查表,查出 $F_\alpha((s-1),sn(t-1))$,若 $f_A>f_\alpha((s-1),sn(t-1))$,则表明 S_A 较大,$\bar{x}_{i\cdot\cdot}-\bar{x}$ 的绝对值较大,对应的总体参数是 $\mu_{i\cdot}-\mu$ 的绝对值较大,所以,以 α 的概率(或在 α 水平上),拒绝 H_{0A},即至少 A 因素有两个水平之间的平均效果(均值)差异足够大。反之,接受 H_{0A},即 A 因素的不同水平的效果(均值)没有显著差异。

同样,对给定的 α,查表,查出 $F_\alpha((n-1),sn(t-1))$,若 $f_B>f_\alpha((n-1),sn(t-1))$,则表明 S_B 较大,$\bar{x}_{\cdot j\cdot}-\bar{x}$ 的绝对值较大,对应的总体参数是 $\mu_{\cdot j}-\mu$ 的绝对值较大,所以,以 α 的概率(或在 α 水平上),拒绝 H_{0B},即至少 A 因素有两个水平之间的平均效果(均值)差异足够大。反之,接受 H_{0B},即 A 因素的不同水平的效果(均值)没有显著差异。

同样,对给定的 α,查表,查出 $f_\alpha((s-1)(n-1),sn(t-1))$,若 $f_{A\times B}>f_\alpha((s-1)(n-1),sn(t-1))$,则表明 $S_{A\times B}$较大,$\bar{x}_{ij\cdot}-\bar{x}_{i\cdot\cdot}-\bar{x}_{\cdot j\cdot}+\bar{x}$ 的绝对值较大,对应的总体参数是 $\mu_{ij}-\mu_{i\cdot}-\mu_{\cdot j}+\mu$ 的绝对值较大,即 c_{ij} 的绝对值较大,所以以 α 的概率(或在 α 水平上),拒绝 H_{0C},即 A 因素与 B 因素交互效果中,至少有一个明显异于 0。反之,接受 H_{0C},即 A 因素与 B 因素交互效果,与 0 没有显著差异。

有重复双因素方差分析的实际算法（本表述假设重复实验的次数都是 t 次）

①算行间变差 $S_A = nt\sum_{i=1}^{s}(\overline{X}_{i\cdot\cdot} - \overline{X})^2$；②算列间变差 $S_B = st\sum_{j=1}^{n}(\overline{X}_{\cdot j\cdot} - \overline{X})^2$；③交叉变差：$S_{A\times B} = t\sum_{i=1}^{s}\sum_{j=1}^{n}(\overline{X}_{ij\cdot} - \overline{X}_{i\cdot\cdot} - \overline{X}_{\cdot j\cdot} + \overline{X})^2$；④算总误差平方和：$S_E = \sum_{i=1}^{s}\sum_{j=1}^{n}\sum_{k=1}^{t}(\overline{X}_{ijk} - \overline{X}_{ij\cdot})^2$；⑤计算三个方差之比：$F_A = \dfrac{sn(t-1)S_A}{(s-1)S_E}$ 服从 $F((s-1), sn(t-1))$ 分布，$F_B = \dfrac{sn(t-1)S_B}{(n-1)S_E}$ 服从 $F((n-1), sn(t-1))$ 分布，$F_{A\times B} = \dfrac{sn(t-1)S_{A\times B}}{(s-1)(n-1)S_E}$ 服从 $F((s-1)(n-1), sn(t-1))$ 分布。

判断：①若 $f_A > f_\alpha((s-1), sn(t-1))$，则拒绝 $\mu_{i\cdot} = \mu$，即行均值不全相等；②若 $f_B > f_\alpha((n-1), sn(t-1))$，则拒绝 $\mu_{\cdot j} = \mu$，即列均值不全相等；③若 $f_{A\times B} > f_\alpha((s-1)(n-1), sn(t-1))$，则 c_{ij} 不全等于 0，A 因素与 B 因素交互效果中，至少有一个明显异于 0。

说明：背记这些公式没有意义。重要的是①弄清分析思路；②所适于解决的实际问题（见 8.5 节）；③正确地使用 SPSS 进行计算和分析结果。

8.5* 用 SPSS 作双因素方差分析

（一元或单因变量）多因素方差分析使用的是 Analyze→General Linear Model→Univariate 分析模块。

8.5.1* （一元）无重复双因素方差分析示例

例 8.5.1 某公司对某产品设计了 4 种类型的产品包装（用 A、B、C、D 表示），又设计了 3 种销售方案，在某地区用 3 种销售方案，对 4 种包装的该产品试销一个月，业绩如表 8.5.1 所示。现在想知道：不同包装、不同销售方案，对销售业绩的影响，是否有显著差异。数据文件见“CHB 无重双因包装销售”。

表 8.5.1 不同销售方案对不同包装的产品的销售业绩

	不同销售方案		
包装类型	甲	乙	丙
A	103	106	135
B	82	102	118
C	71	100	106
D	52	66	85

这是一个典型的无重复实验的双因素方差分析问题。其模型是

$X_{ij}=\mu+a_i+b_j+\varepsilon_{ij}$ 其中，$i=1,\cdots,s,j=1,\cdots,n$，（$\mu$ 相当于截距项）

☆注意☆　在 SPSS 中，数据是按照表 8.5.2 的方式表达的：

表 8.5.2　SPSS 中数据存放方式

包装类型	销售方案	销售业绩
A	甲	103
A	乙	106
A	丙	135
B	甲	82
B	乙	102
B	丙	118
C	甲	71
C	乙	100
C	丙	106
D	甲	52
D	乙	66
D	丙	85

这种存放与表达方式的优越性是，当问题为 3 因素、4 因素问题时，也可以轻而易举地表达。

SPSS 的操作过程如下：

（1）点击 Analyze→General Linear Model→Univariate（一元），系统弹出一个对话窗口，见图 8.5.1。

（2）从该窗口的左框中，选择因变量（表示不同因素效果的变量。这是一个一

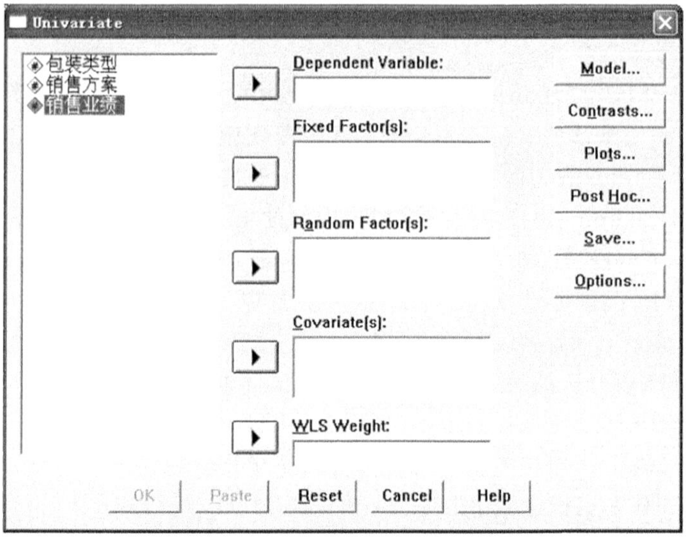

图 8.5.1　双因素方差分析主窗口

元问题，所以只用选一个变量），用箭头放入右边的 Dependent Variables 小框中。本题目选“销售业绩”。

(3) 从左框中，选择“包装类型”和“销售方案”为因素变量，用箭头送入右边的 Fixed Factor(s)(固定因素)小框中。

(4) 这是一个无重复实验问题（此时，不要点击 OK，因为系统默认值是对主效应、交互效应做全分析。若作交互效应分析，将使残差项的方差为 0，从而求不出其他的 F 统计量的值）。

点击所在窗口右边的 Model 按钮，系统弹出 Model 对话小窗，见图 8.5.2。该对话框的主题是 Specify Model(指定模型)。

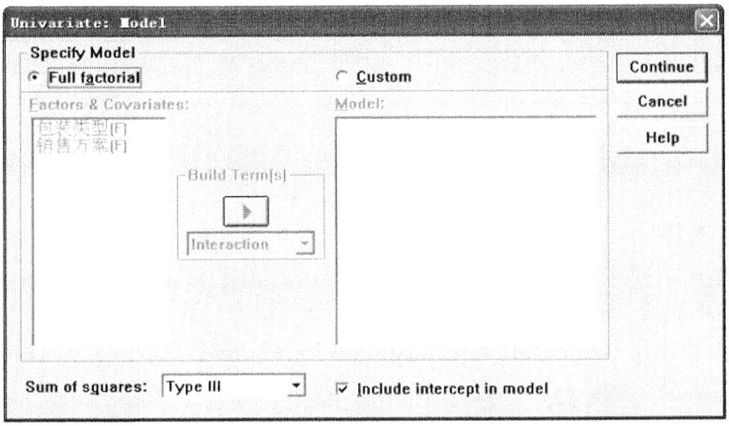

图 8.5.2　双因素方差分析的模型选择小窗

a. 左边的 Full Factorial(建立全模型，分析所有因素变量的主效应和交互效应)，这是系统的默认值。由于本例题是无重复实验，不存在分析交互效应问题，所以不选择此项(点击右边的“用户定制”Custom 选项)。

b. 点击 Custom(用户自定义模型)，中间的 Build term(s)被激活，同时，左边的 Factor & Covariates 框(因素变量与协变量框)中的变量也被激活，并且在变量名后面注明(*F*)因素变量或(*C*)协变量(由于在前一窗口中没有送入协变量，所以，此时系统不显示 Covariates 协变量 *C*)。

◇ 选择所要分析的效应：点击 Build term(s)框中的向下的小箭头，出现一个下拉菜单见图 8.5.3。

* Interaction，可以任意指定所要分析的交互效应。

* Main Effects，指定做主效应分析，本题选择此项。

* 其他，略。

◇ 选择所要分析的变量。点击左框中“销售方案”和“包装类型”，用 Build

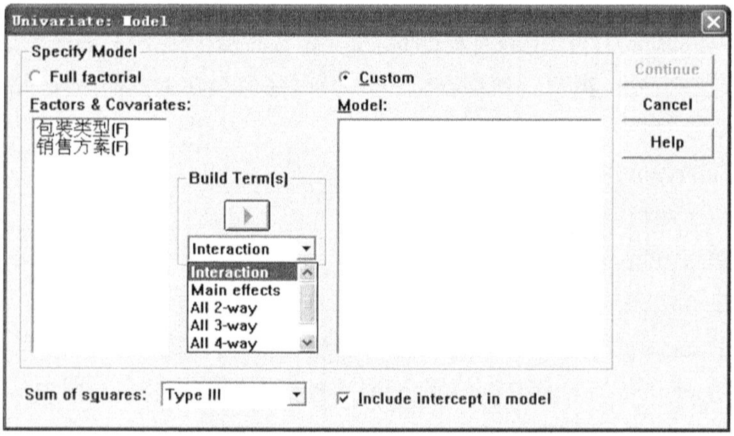

图 8.5.3　选择所要分析的效应

terms 下面的箭头，把该变量放入右边的 Model 框中。

◇ 左下的小框，是选择平方和的处理方法。一般接受系统的默认值 TYPE Ⅲ，其适用面宽。

◇ 右下的 Include intercept in model(把截距项包括在模型中)，这是系统的默认值。如果取消此选项，等于假设数据过原点。一般接受系统的默认值。一般默认此项。

点击 Continue，回到上一个对话窗口。

◇ 其他选项，略。

◇ 点击 OK，输出结果，见表 8.5.3。

◇ 结果分析：

Between-Subjects Factors 表格，给出因素变量的取值及样本数(此处略)。

表 8.5.3　方差分析结果(Tests of Between-Subjects Effects)

Source	Type III Sum of Squares	df	Mean Square	F	Sig.
Corrected Model	5815.667[a]	5	1163.133	32.919	.000
Intercept	105656.333	1	105656.333	2990.274	.000
包装类型	3503.000	3	1167.667	33.047	.000
销售方案	2312.667	2	1156.333	32.726	.001
Error	212.000	6	35.333		
Total	111684.000	12			
Corrected Total	6027.667	11			

Dependent Variable：销售业绩

a　R Squared $=.965$ (*Adjusted R Squared* $=.936$)

表 8.5.3(*Tests of Between-Subjects Effects* 表格)给出方差分析的结果。

该表第一列，注明了变差来源：

Corrected Model：校正的模型(的变差＝包装类型的变差＋销售方案的变差。相当于把截距项校正掉了。如果有交叉效应项，还应当在上式的右端，增加交叉效应项的变差)

Intercept：截距，相当于 μ

包装类型：包装类型的变差 s_A

销售方案：销售方案的变差 s_B

Error：误差(残差)项的变差 s_E，相对于 ε_{ij} 的平方和

Total：总变差 S_T(＝截距变差＋剂量变差＋种系变差＋残差平方和)

Corrected Total：校正的变差和(＝校正模型的变差和＋残差的平方和)

该表的第二列，是常规的变差(*Type* Ⅲ *Sum of Squares*)。

该表的第三列，是自由度(df)。

该表的第四列，是方差(变差与相应自由度之比)。

该表的第五列，是 F 统计量的值(相应方差与 *Error* 的方差 35.333 之比)。

该表的第六列，是 F 统计量的显著性水平。其 p 值，均小于 0.05，所以在两因素的不同水平的不同组合中，至少有的效果之间，有显著性差异。

8.5.2* 在因素的不同水平的效果有显著差异(不都相同)时，进一步确定有显著差异的水平

第(1)～(4)步，点击过程同前。

(5) 点击 *Contrasts*(对照)按钮，系统弹出又一个窗口，见图 8.5.4。

① 点击窗口下部“*Contrast*：”所对应的向下的小箭头，机器下拉出一个菜单。*None*：表示不进行均值比较。

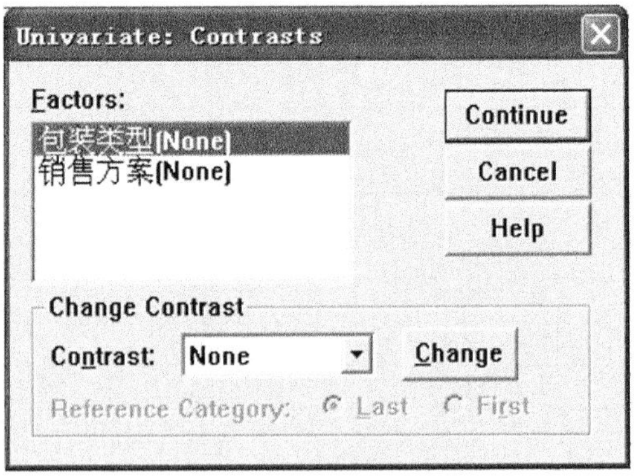

图 8.5.4 对照对话窗

Deviation：表示所选择的因素的每个水平的效果均值，第一个与最后一个水平，为忽略水平。

Simple：选择 *Last* 水平（或 *First* 水平）为参考水平（*Reference Category*），然后，其他水平的效果均值，都与参考水平的效果均值作比较（实际上是求均值之差，做显著性检验）。

Difference：表示除第一个水平外，每个水平的效果均值，都与它前面的所有水平的效果总平均值作比较。

Hermert：与上一个比较的方向相反。除最后一个水平外，每个水平的效果均值，都与它后面的所有水平的效果总平均值作比较。

Repeated：表示每一个水平的效果均值，都与它前面一个水平的效果均值作比较，但第一个水平除外。

Polynomial：略。

② 本例选择 *Simple*。确定参考水平（*Reference Category*），系统默认值是 *Last*，本例接受 *Last*，即每个因素的不同水平都与最后一个水平比较（当然用户也可以选 *First*）。

③ 选择 *Factors* 框中的变量，点击“*Change*”，把第②步选择的 *Simple*，贴到所选变量的尾部。本例中，两个变量都选。结果如图 8.5.5 所示。

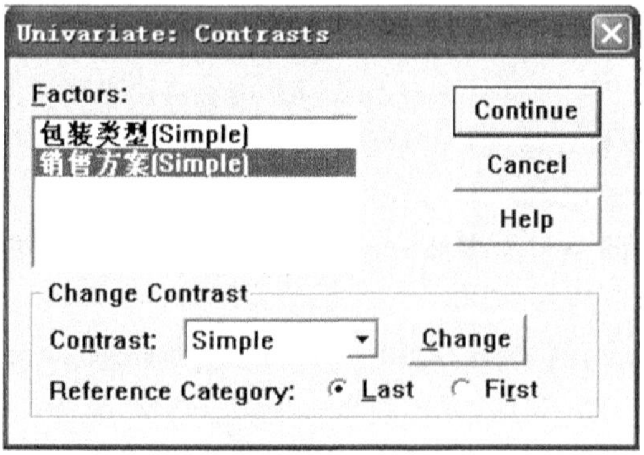

图 8.5.5　选择简单对比

点击 *Continue*，回到主窗口（图 8.5.2 所示的 *Univiatate* 窗口）。

(6) 点击 *Option* 按钮（如果要选择 *Post Hoc* 按钮，作两两水平的效果均值的比较，一般都应当先点击 *Option* 按钮）。系统弹出一个新窗口，见图 8.5.6。

① 在下半部的 *Display* 框中，一般要选择 *Homogeneity teats*（作方差齐性检验）。但是本例是无重复实验，其实不要作方差齐性检验。现在选择它，是为了试看输出结果。

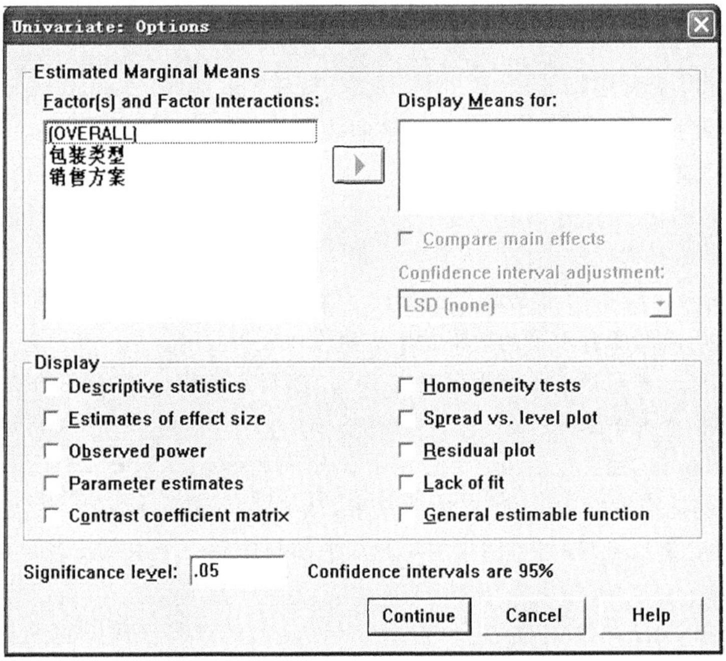

图 8.5.6　选择窗口

② 在上半部的 *Estimated Marginal Means*(估计边际均值)框中,把两个变量放入右边的框中,要求计算边际均值(无视另一个因素的存在,求其中一个因素的不同水平的效果均值)。

该窗口的下半部分与上半部分的关系,是复选关系,可以都选(也可以都不选),也可以只选其中的一个。

点击 *Continue*,回到主窗口(图 8.5.2 所示的 *Univiatate* 窗口)。

(7) 点击 *Post Hoc* 按钮,系统弹出一个新对话窗,见图 8.5.7。

在上半部选择要对因素的水平作两两对比的变量。例如,可以依据需要,把两个变量或者其中的一个变量,送入到右边的框中。这时,下半部的两个框被激活。这表明,必须先选上半部,才能选择下半部的 t 检验结果。在下半部的 *Equal Variance Assumed* 框中,选择 *LSD*(*Least-significant difference*),用最小显著性差异方法的 t 统计量,两两检验各水平效果均值是否有显著性差异。

(8) 在下半部的 *Equal variance not assumed* 框(非齐次方差框)中,选择 *Tamhane T2*:(方差不相等的、没有正态分布假设的前提)的两两 t 检验。本例是无重复实验,不需要在此框选择。

点击 *Continue*,回到主窗口(图 8.5.2 所示的 *Univiatate* 窗口)。

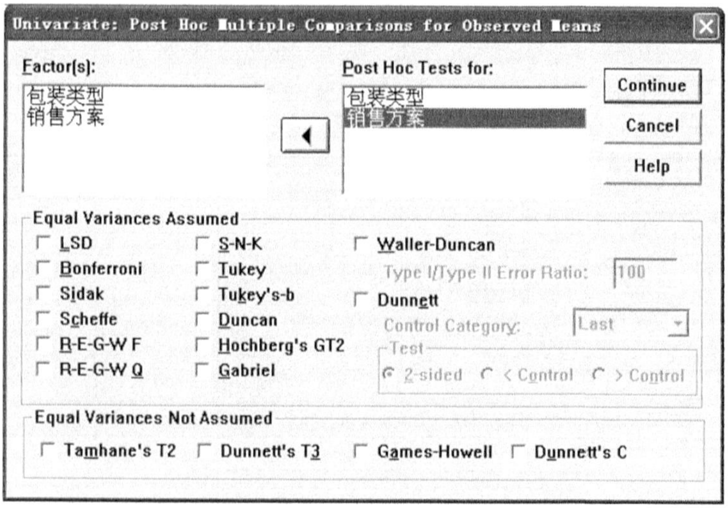

图 8.5.7 Post Hoc 选择项

(9) 点击 *OK*，输出结果，见表 8.5.4 至表 8.5.9。

结果说明：

① *Between-subjects Factors* 表格(略)，给出各个因素的水平值和样本数。

② 表 8.5.4(*Levene's Test of Equality of Error Variances* 表格)，给出方差齐性的检验结果。但是本例的样本总数是 12，因素向量(二维)有 12 个，所以误差项的自由度 n－s ＝12－12＝0，因此，F 统计量的分母误差项的方差(误差项的变差/自由度)，就不存在，F 统计量的值就无法显示。

表 8.5.4　方差齐性检验结果(*Levene's Test of Equality of Error Variances*[a])

Dependent Variable：销售业绩

F	*df*1	*df*2	*Sig.*
.	11	0	.

Tests the null hypothesis that the error variance of the dependent variable is equal across groups.

a：*Design*：*Intercept*＋包装类型＋销售方案

③ *Between-Subjects Factors* 表格，同前面的表 8.5.3，说明在两因素的不同水平的不同组合中，至少有的效果之间，有显著性差异。

④ *Custom Hypothesis Tests Index* 是用户定义的假设检验的索引表(此略)。

⑤ 表 8.5.5(*Custom Hypothesis Tests* ＃1 表格)，是第一个对照分析的表格，

是关于包装类型的效果均值的比较结果。表底注指出，对比的对象是分类 4，即包装 D。

表 8.5.5　两两对比检验结果(*Contrast Results*：*K Matrix*)

			Dependent Variable
包装类型 *Simple Contrast*[a]			销售业绩
Level 1 *vs*. *Level* 4	*Contrast Estimate*		47.000
	Hypothesized Value		0
	Difference (*Estimate-Hypothesized*)		47.000
	Std. *Error*		4.853
	Sig.		.000
	95% *Confidence Interval for Difference*	*Lower Bound*	35.124
		Upper Bound	58.876
Level 2 *vs*. *Level* 4	*Contrast Estimate*		33.000
	Hypothesized Value		0
	Difference (*Estimate-Hypothesized*)		33.000
	Std. *Error*		4.853
	Sig.		.000
	95% *Confidence Interval for Difference*	*Lower Bound*	21.124
		Upper Bound	44.876
Level 3 *vs*. *Level* 4	*Contrast Estimate*		24.667
	Hypothesized Value		0
	Difference (*Estimate-Hypothesized*)		24.667
	Std. *Error*		4.853
	Sig.		.002
	95% *Confidence Interval for Difference*	*Lower Bound*	12.791
		Upper Bound	36.543

a　Reference category=4

表中 Level 1 vs. Level 4 行，给出的水平 1(包装 *A*)的效果的均值，与水平 4(包装 *D*)的效果的均值，求差值，为 47.000。$p=0.000<0.05$(看第一个 Sig.行)，表示水平 1(包装 *A*)与水平 4(包装 *D*)的效果有显著差异。

表中 Level 2 与 Level 4 行，给出了包装 *B* 与包装 *D* 的均值的比较效果，$p=0.000<0.05$(看第二个 Sig.行)两者之间也有显著差异。

表中 Level 3 与 Level 4 行，给出了包装 *B* 与包装 *D* 的均值的比较效果，$p=0.002<0.05$(看第三个 Sig.行)两者之间也有显著差异。

⑥ 表 8.5.6(Tests Result 表格)，从方差分析角度，给出了有关包装类型的方差分析结果，$p=0.000<0.05$，当然从这个角度看，该因素不同水平的效果均值也是有显著差异的。

表 8.5.6 其实就是表 8.5.3 方差分析结果的局部(包装类型的方差与误差项方差之比的 F 值为 33.047,与这里是相同的)。

表 8.5.6　包装类型因素的方差分析结果(Test Results)

Dependent Variable:销售业绩

Source	Sum of Squares	df	Mean Square	*F*	Sig.
Contrast	3503.000	3	1167.667	33.047	.000
Error	212.000	6	35.333		

⑦ 表 8.5.7(*Custom Hypothesis Tests* #2),是第二个对照分析的表格,是关于不同销售方案的平均效果的比较结果。

表 8.5.7　两两对比检验结果(*Contrast Results*:K *Matrix*)

			Dependent Variable
销售方案 *Simple Contrast*[a]			销售业绩
Level 1 *vs*. *Level* 3	*Contrast Estimate*		−34.000
	Hypothesized Value		0
	Difference (*Estimate-Hypothesized*)		−34.000
	Std. *Error*		4.203
	Sig.		.000
	95% *Confidence Interval for Difference*	*Lower Bound*	−44.285
		Upper Bound	−23.715
Level 2 *vs*. *Level* 3	*Contrast Estimate*		−17.500
	Hypothesized Value		0
	Difference (*Estimate-Hypothesized*)		−17.500
	Std. *Error*		4.203
	Sig.		.006
	95% *Confidence Interval for Difference*	*Lower Bound*	−27.785
		Upper Bound	−7.215

a　Reference category=3

表中 Level 1 与 Level 3 行,给出了方案甲与方案丙的效果均值的比较,$p=0.000<0.05$(看第一个 Sig. 行)两者之间也有显著差异。

表中 Level 2 与 Level 3 行,给出了方案甲与方案丙的效果均值的比较,$p=0.006<0.05$(看第二个 Sig.行)两者之间也有显著差异。

⑧ 表 8.5.8(Tests Result 表格),给出了有关包装方案因素的方差分析结果,$p=0.001<0.05$,不同包装方案的效果均值是有显著差异的。

表 8.5.8 其实也是表 8.5.3 方差分析结果的局部(销售方案的方差与误差项

方差之比的 F 值为 32.726，与这里是相同的）。

表 8.5.8　销售方案因素的方差分析结果（Test Results）

Dependent Variable：销售业绩

Source	Sum of Squares	df	Mean Square	F	Sig.
Contrast	2312.667	2	1156.333	32.726	.001
Error	212.000	6	35.333		

⑨ 表 8.5.9（Estimated Marginal Means 的两张表格中的第一张，第二张略去），给出了包装类型的不同水平的边际均值（无视另一个因素的存在，求其中一个因素的不同水平的效果均值）。读者不妨手工验算表 8.5.9 中的均值之差与表 8.5.5 中的不同包装方案的效果均值之差是否相同。

表 8.5.9　边际均值表之一：包装类型

Dependent Variable：销售业绩

	Mean	Std. Error	95% Confidence Interval	
包装类型			Lower Bound	Upper Bound
类型 A	114.667	3.432	106.269	123.064
类型 B	100.667	3.432	92.269	109.064
类型 C	92.333	3.432	83.936	100.731
类型 D	67.667	3.432	59.269	76.064

(10) 在 Post Hoc Test 表格中，要看方差齐性 LSD 的两两对比的结果。可以看出，有很多两两效果的对比是没有显著性差异的。例如，在用户定义的对照 Contrasts 中，种系 2 与种系 4 的效果无显著差异，在两两对比中，也是这样，而且均值之差、p 值、置信区间的上下界，都是相同的（也印证了应当看“方差齐性”栏目的结果）。

8.5.3* 使用系统默认值的（一元）有重复双因素方差分析示例

例 8.5.2　3 种类型的科技企业（大型科技企业、中型科技企业、小型科技企业），每个类型各足够数量的企业，对某项政策的作用大小打分，共分为 3 个等级。已知这些企业的与该项政策密切相关（先验判断密切相关）的指标 U。现在想知道：该政策（作用的不同等级）对不同类型的企业的指标 U 的作用（均值）有无显著差异。

这是一个典型的有重复实验的双因素方差分析问题。并且，对企业所选择的政策的不同等级而言,“重复实验”的次数,是不相同的(如果是两种药品的用与否的效果,或者饲料与品种的交叉效果问题,都可以做到重复实验的次数相同)。

数据如表 8.5.10 所示:

表 8.5.10　评价某政策作用大小的企业的业绩(指标 U)

	企业类型 A (大型科技企业)	企业类型 B (中型科技企业)	企业类型 C (小型科技企业)
政策作用大	1.8,1.6,1.9,2.0,	0.9,1.8,1.7,1.2,1.6	1.3,0.6,1.1
政策作用中	1.9,1.3,1.5,0.9,1.1	0.9,1.1,1.0,1.3	1.1,0.9,0.7,0.5
政策作用小	0.8,1.0,0.6	1.1,0.8,0.9,1.0	0.6,0.7,0.8,0.9

注意 SPSS 的数据存放方式:两个因素和业绩指标 U,各占一列。重复实验的“重复”,表现在相同企业类型对政策相同等级的“重复”上。数据见本书附盘中的文件“CH8 有重双因企业政策评价”。

读入数据后:

(1) 点击 Analyze→General Linear Model→Univariate,系统弹出一个对话窗口(参见图 8.5.1)。

(2) 选变量方式同前。从该窗口的左框中,选择因变量(表示不同因素效果的变量。这是一个一元问题,所以只用选一个变量),用箭头放入右边的 Dependent Variables 小框中。本题目选指标 U(企业业绩),用箭头放入右边的 Dependent Variables 小框中。

(3) 从左框中,选择“企业评价政策等级”和“科技企业规模”为因素变量,用箭头送入右边的 Fixed Factor(s)(固定因素)小框中。

(4) 默认系统对 model 的选择(全分析,包括交互效应)

(5) 点击 Option 按钮(如果要选择 Post Hoc 按钮,作两两水平的效果均值的比较,一般都应当先点击 Option 按钮)。系统弹出一个新窗口,参见图 8.5.6。

在该窗口的下半部的 Display 框中,选择 Homogeneity tests(要求作方差齐性检验)。

点击 Continue,返回主窗口。

(6) 点击 Post Hoc 按钮,系统弹出一个新对话窗,参见图 8.5.7。

在该窗口的上半部选择需要对因素的水平作两两对比的变量。(例如,可以依据需要,把两个变量或者其中的一个变量,送入到右边的框中)。

这时,下半部的两个框被激活(这表明,必须先选上半部,才能选择下半部的 t 检验结果:具有方差齐性与不具有方差齐性情况下的 t 检验结果)。

在下半部的 Equal Variance Assumed 框中,选择 LSD(Least-significant

difference)，用最小显著性差异方法的 t 统计量，两两检验各水平效果均值是否有显著性差异。

在下半部的 Equal variance not assumed 框(非齐次方差框)中，选择 Tamhane T2:(方差不相等的、没有正态分布假设的前提)的两两 t 检验。

(7) 点击 OK。输出结果，见表 8.5.11 至表 8.5.13。

① 表 Between-Subjects Factors 是变量标签与样本个数的统计表，略。

② 表 8.5.11 是方差齐性检验结果。表中，F 统计量的值为 1.882，其显著性概率 P=0.105>0.05，接受零假设，认为本问题具有方差齐性。

表 8.5.11 方差齐性检验结果(Levene's Test of Equality of Error Variances[a])

Dependent Variable：指标 U

F	df1	df2	Sig.
1.882	8	27	.105

Tests the null hypothesis that the error variance of the dependent variable is equal across groups

a Design：Intercept+政策作用+企业类型+政策作用 * 企业类型

③ 表 8.5.12 是含交叉项的双因素方差分析结果。表中数据表明：

政策作用的 F 统计量的值为 13.379，相应的显著性概率 $p=0.000<0.05$，说明政策(对企业的指标 U)的作用是显著的。

企业类型的 F 统计量的值为 8.661，相应的显著性概率 $p=0.001<0.05$，说明不同企业的指标 U 的差异是显著的。

政策作用与企业类型的交互作用的 F 统计量的值为 1.925，相应的显著性概率 $p=0.135>0.05$，说明交互作用与零没有显著性差异。

表 8.5.12 含交叉项的双因素方差分析结果(Tests of Between-Subjects Effects)

Dependent Variable：指标 U

Source	Type Ⅲ Sum of Squares	df	Mean Square	F	Sig.
Corrected Model	4.164[a]	8	.521	7.101	.000
Intercept	42.993	1	42.993	586.564	.000
政策作用	1.961	2	.981	13.379	.000
企业类型	1.270	2	.635	8.661	.001
政策作用 * 企业类型	.564	4	.141	1.925	.135
Error	1.979	27	7.330E-02		
Total	52.610	36			
Corrected Total	6.143	35			

a R Squared = .678 (Adjusted R Squared = .582)

④ 表 8.5.13 是关于政策等级对指标 U 的影响均值的两两多重比较(t 检验)

的结果。由于前面(表 8.5.11)的方差齐性(*Levene*)检验结果是具有方差齐性,所以,在本表中应当读 *LSD* 的结果(即表的上半部分的结果)。从显著性概率来看,都小于 0.05,所以政策作用的不同等级,都有显著性差异。

表 8.5.13　政策作用等级的两两 t 检验的结果:*Multiple Comparisons*

Dependent Variable: 指标 U

	(*I*) 企业评价政策等级	(*J*) 企业评价政策等级	*Mean Difference (I-J)*	*Std. Error*	*Sig.*	*95% Confidence Interval* *Lower Bound*	*Upper Bound*
LSD	作用小	作用中	−.2559*	.11091	.029	−.4835	−.0284
		作用大	−.6220*	.11301	.000	−.8538	−.3901
	作用中	作用小	.2559*	.11091	.029	.0284	.4835
		作用大	−.3660*	.10838	.002	−.5884	−.1436
	作用大	作用小	.6220*	.11301	.000	.3901	.8538
		作用中	.3660*	.10838	.002	.1436	.5884
Tamhane	作用小	作用中	−.2559*	.11053	.096	−.5478	.0359
		作用大	−.6220*	.13506	.001	−.9870	−.2569
	作用中	作用小	.2559*	.11053	.096	−.0359	.5478
		作用大	−.3660*	.16009	.095	−.7807	.0486
	作用大	作用小	.6220*	.13506	.001	.2569	.9870
		作用中	.3660*	.16009	.095	−.0486	.7807

Based on observed means

* *The mean difference is significant at the* .05 *level*

此外,系统还输出一张关于“企业类型”指标 U 的均值的两两多重比较(*T* 检验)的结果,此处略。

第9章 普通相关分析

变量之间的相关关系有两种：一种是确定型的关系，一种是不确定型的关系。相关分析是研究变量之间不确定关系的统计方法。其中，最为常见的是两个或多个随机变量之间的线性相关关系。本章主要研究这类统计关系。

9.1 两个随机变量的总体相关与样本相关

9.1.1 两个随机变量的总体(简单)相关系数

定义：X，Y是随机变量，已知二维(X，Y)分布，总体相关系数

$$\rho_{XY}=\frac{\operatorname{cov}(X,Y)}{\sqrt{D(X)}\sqrt{D(Y)}}=\frac{E[(X-E(X))(Y-E(Y))]}{\sqrt{E(X-E(X))^2}\sqrt{E(X-E(X))^2}}$$

☆注意☆ 没有理工基础的读者，只要注意结论。

可以证明，相关系数是区间[−1，1]之间的一个量。

$\rho_{XY}=0$，则称X与Y不相关。

若X与Y相互独立，则必然不相关，即$\rho_{XY}=0$。

所谓相互独立，对事件而言，是指：$P\{AB\}=P\{A\}\cdot P\{B\}$，对随机变量而言，是指：$P\{X<x,Y<y\}=P\{X<x\}\cdot P\{Y<y\}$。

相互独立的随机变量之间的相关系数，必然为0。

相关系数为0的两个随机变量，不一定相互独立。

相关系数为0的两个服从正态分布的随机变量，一定相互独立。

9.1.2 样本相关

定义：(X_1,Y_1)，…(X_n,Y_n)是(X，Y)的一组样本(这表明样本X、Y是配对的，不可独自交换顺序)，则样本相关系数：

$$r_{XY}=\frac{\sum_i x_i y_i}{\sqrt{\sum_i x_i^2}\sqrt{\sum_i y_i^2}}=\frac{\sum_i (X_i-\bar{X})(Y_i-\bar{Y})}{\sqrt{\sum_i (X_i-\bar{X})^2}\sqrt{\sum_i (Y_i-\bar{Y})^2}}$$

☆注意☆　式中小写 x、y 是相应大写字母的中心化处理的结果，并不是表示观察值。即 $x_i=X_i-\bar{X}, y_i=Y_i-\bar{Y}$。但在本章中，x、y 又有时表示 X、Y 的样本观察值。请注意每次使用 x、y 时的说明。

这种相关关系，又称 *Pearson* 积矩相关。

样本相关系数也是区间[−1,1]之间的一个量。

9.1.3* 样本相关系数的几何解释

样本相关系数的几何解释可如图 9.1.1 所示。图中，x、y 都是 X、Y 的中心化的结果，是 n−1 维空间中的向量。

图中，θ 角的余弦就是配对样本 $X_1, X_2, \cdots, X_n$ 与 $Y_1, Y_2, \cdots, Y_n$ 的相关系数。即

$$r=\frac{\langle \boldsymbol{x}, \boldsymbol{y}\rangle}{\|\boldsymbol{x}\| \times \|\boldsymbol{y}\|}=\cos\theta$$

$\|\boldsymbol{y}\|=\sqrt{y_1^2+\cdots+y_n^2}$，表示向量 $\boldsymbol{y}=(y_1,\cdots,y_n)^T$ 的模长。一组样本，可以视为一个向量。

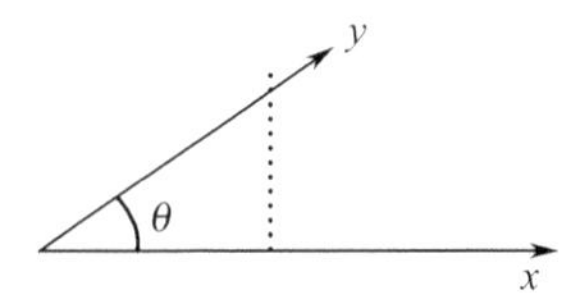

图 9.1.1　样本相关系数的几何解释

9.1.4 直观散点图

设有配对样本观察值 $x_1, x_2, \cdots, x_n$ 与 $y_1, y_2, \cdots, y_n$，则其直观散点图如图9.1.2所示。图中，每个点的平面坐标是(x_i, y_i)。

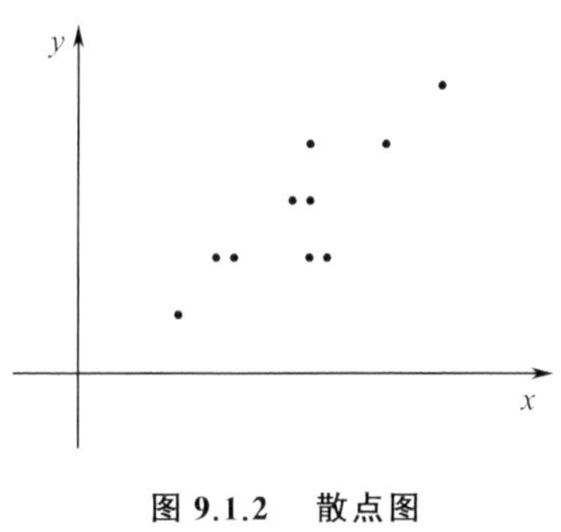

图 9.1.2　散点图

这个散点图，反映出的是 ***x***、***y*** 之间的正相关关系。当散点图从左上向右下分布时，反映出的是 ***x***、***y*** 之间的负相关关系。

9.2 *Spearman* 等级相关

9.2.1 两组配对的顺序数据的 *Spearman* 等级相关系数(又称秩相关或名次相关)

对两组配对顺序样本而言,无法求出上述样本相关系数(Pearson 积矩相关系数)。而应当采用 Spearman 等级相关系数。

设有配对样本观察值 $x_1, x_2, \cdots, x_n$ 与 $y_1, y_2, \cdots, y_n$。

等级相关系数的公式如下:

$$\theta = 1 - \frac{6\sum_{i=1}^{n} d_i^2}{n(n^2-1)}$$

式中,$d_i = R_{xi} - R_{yi}$,而 R_{xi} 表示 x_i 的名次,R_{yi} 表示 y_i 的名次(从大到小排名次,或从小到大排名次,都可以)。

☆注意☆ 两个相同的名次,要加起来除以 2。若多个相同,处理方法详见 4.2.2 小节。

一个等价的公式是

$$\theta = \frac{\sum_i (R_{xi} - \bar{R}_x)(R_{yi} - \bar{R}_y)}{\sqrt{\sum_i (R_{xi} - \bar{R}_x)^2}\sqrt{\sum_i (R_{yi} - \bar{R}_y)^2}}$$

9.2.2 刻度级(*Scale*)配对样本的等级相关系数

刻度级的配对样本,也可以排名次(秩),也可以求 Spearman 等级相关系数。计算公式与上述公式完全相同。

等级相关,又称非参数相关。

9.3* 偏 相 关

所谓偏相关,是指在诸多相关的变量中,剔除了(控制了)其中的一个或若干个变量的影响后,两个变量之间的相关关系。例如,可以剔除年龄和工龄的影响,看工资收入与受教育程度之间的关系。剔除其他变量(如销售能力)的影响,研究销售量与广告费用之间的关系。

偏相关的概念，在管理科学、经济科学等社会科学中有着广泛的应用；而且，正确地使用它，对正确地得出相应的结论至关重要。

关于剔除的含义，我们将在回归分析之后介绍。

9.3.1* 剔除了一个变量 Z 的影响后，两个变量 X、Y 之间的偏相关系数

此时的偏相关系数是

$$r_{xy,z} = \frac{r_{xy} - r_{xz} r_{yz}}{\sqrt{(1 - r_{xz}^2)}\sqrt{(1 - r_{yz}^2)}}$$

式中，$r_{..}$ 是普通样本相关系数。

9.3.2* 剔除了两个变量 Z_1、Z_2 的影响后，两个变量 X、Y 之间的偏相关系数

此时的偏相关系数是

$$r_{xy,z1z2} = \frac{r_{xy,z1} - r_{xz2,z1} r_{yz2,z1}}{\sqrt{(1 - r_{xz2,z1}^2)}\sqrt{(1 - r_{yz2,z1}^2)}}$$

式中，$r_{..,.}$ 是偏相关系数。要注意下标(不要求记忆公式)。

对于配对样本 $(X_1, Y_1), \cdots (X_n, Y_n)$，本章讨论三种相关系数

(1) 样本相关系数(Pearson)

$$r_{XY} = \frac{\sum_i x_i y_i}{\sqrt{\sum_i x_i^2}\sqrt{\sum_i y_i^2}} = \frac{\sum_i (X_i - \bar{X})(Y_i - \bar{Y})}{\sqrt{\sum_i (X_i - \bar{X})^2}\sqrt{\sum_i (Y_i - \bar{Y})^2}}$$

注意：式中 $x_i = X_i - \bar{X}$，$y_i = Y_i - \bar{Y}$，并不是表示样本观察值。

(2) Spearman 等级相关系数

$$\theta = 1 - \frac{6\sum_{i=1}^{n} d_i^2}{n(n^2 - 1)}$$

式中，$d_i = R_{xi} - R_{yi}$，而 R_{xi} 表示 x_i 的名次，R_{yi} 表示 y_i 的名次

(3) 剔除了一个变量 Z 的影响后，两个变量 X、Y 之间的偏相关系数

$$r_{xy,z} = \frac{r_{xy} - r_{xz} r_{yz}}{\sqrt{(1 - r_{xz}^2)}\sqrt{(1 - r_{yz}^2)}}$$

式中，$r_{..}$ 是普通样本相关系数。

9.4 相关系数异于零的显著性检验

由于我们是通过抽样的方法来研究变量之间的关系，所以，当我们求出各类样本相关系数不为0时，并不能真正表明变量之间是相关的，还需通过显著性检验来判别是否显著异于0。

9.4.1 简单样本相关系数(*Pearson*)显著异于0的 *T* 检验

在二维总体(X,Y)服从正态分布的前提下，Fisher给出了检验简单相关系数(Pearson)显著异于0的t统计量如下：

$$t=\frac{r\sqrt{n-2}}{\sqrt{1-r^2}}，服从\ t(n-2)\ 分布$$

式中，n是样本容量，r是简单相关系数(Pearson)。

设定假设：

$H_0:r=0$

$H_1:r\neq 0$

这是一个双尾检验问题。

9.4.2 等级相关系数(*Spearman*)显著异于0的 *T* 检验

检验等级相关系数(Spearman)显著异于0的t统计量同上：

$$t=\frac{r\sqrt{n-2}}{\sqrt{1-r^2}}，服从\ t(n-2)\ 分布$$

式中，n是样本容量，r是等级相关系数(Spearman)。

设定假设：

$H_0:r=0$

$H_1:r\neq 0$

这也是一个双尾检验问题。

9.4.3* 偏相关系数显著异于0的 *T* 检验

检验偏相关系数显著异于0的t统计量如下：

$$t=\frac{r\sqrt{n-k-2}}{\sqrt{1-r^2}}\text{，服从 } t(n-k-2) \text{ 分布}$$

式中，n 是样本容量，k 是剔除了的变量数，r 是偏相关系数。

只需注意一个问题：如果要作正负相关的双向检验，就要作双尾的 T 检验。

如果只作正相关或负相关的检验，就只作单尾的 T 检验。

还需注意，选择双尾还是单尾的 T 检验，所计算出来的 t 值是相同的，但是 t 的显著性概率 p（统计值 t 的外侧的概率）是不同的。在双尾情况下，t 的外侧的概率是 $2[1-P(T<t)]$。在单尾的情况下，t 的外侧的概率是 $1-P(T<t)$。

相关系数显著异于 0 的显著性检验（T 检验）：

（1）样本相关系数（Pearson）的显著性检验：

$$t=\frac{r\sqrt{n-2}}{\sqrt{1-r^2}}\text{，服从 } t(n-2)\text{ 分布，} n \text{ 是样本容量}$$

（2）检验等级相关系数（Spearman）显著异于 0 的 t 统计量同上。

（3）偏相关系数的显著性检验的 t 统计量如下：

$$t=\frac{r\sqrt{n-k-2}}{\sqrt{1-r^2}}\text{，服从 } t(n-k-2)\text{ 分布}$$

式中，n 是样本容量，k 是剔除了的变量数，r 是偏相关系数。

9.5　SPSS 对普通相关分析的处理

9.5.1　简单相关分析（*Pearson*）

例 9.5.1　某城市某区散户股民的场外收入与场内投资的相关问题。数据见本书附盘中的文件“CH6CH9CH10 证券投资额与依据”。

读入数据后：

（1）点击 Analyze→Correlate→Bivariate，系统弹出一个对话窗口，见图 9.5.1。

（2）在该对话窗口中，在左框中选择所要作相关分析的变量，用箭头送入右框（Variables）中。本例选中变量“证券市场以外年收入”和“投入证券市场总资金”，送入右框（Variables）中。

（3）在对话窗口的第一个下框（Correlation coefficients）中，列出了三种相关系数，供选择：

a. Pearson 相关系数（简单相关系数）是系统的默认值。

b. Kandell's tu-b 相关系数，是一种依据配对样本之差的正负号的个数，计算

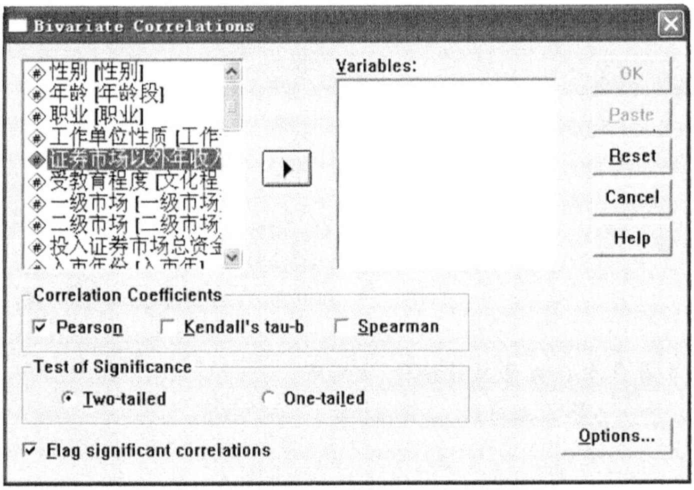

图 9.5.1　相关分析对话窗口

出来的相关系数，本书不作详细介绍。

c. Spearman 等级相关系数。

由于本题只作简单相关分析，所以不用在此框中操作，接受系统的默认值。

(4) 在对话窗口的第二个下框(Test of Significance)中，要求你选择单尾还是双尾检验。系统的默认值是双尾。本题可以接受系统的默认值，也可以选择单尾，因为可以确认变量“证券市场以外年收入”和“投入证券市场总资金”是正相关关系。

(5) 对话窗口的第三个下框(Flag Significant Correlations)，问你要不要用星号标明输出结果的显著性。系统的默认值是“要”，一般接受它。

(6) 点击 OK，系统输出结果，见表 9.5.1。

(7) 结果说明：注意输出的表表 9.5.1 中，t 统计量的值的显著性概率(外侧概率) $p=0.000<0.05$，相关系数是显著异于 0 的。

表 9.5.1　相关系数的计算及显著性检验(Correlations)

		证券市场以外年收入	投入证券市场总资金
证券市场以外年收入	Pearson Correlation	1	.369**
	Sig. (2-tailed)	.	.000
	N	379	370
投入证券市场总资金	Pearson Correlation	.369**	1
	Sig. (2-tailed)	.000	.
	N	370	405

** *Correlation is significant at the 0.01 level (2-tailed).*

(8) 在主对话框中，还有一个 *Option* 按钮，是要求你选择输出额外的统计值及选择缺失值的处理方式的，对于后者，一般接受系统的默认值。

9.5.2　简单相关分析(*Pearson*)：修改运行语句的例子

仍然以例 9.5.1 的数据为分析对象。

我们的目的是要分析股民的“证券市场以外年收入”和“投入证券市场总资金”与其他一些变量(如“受教育程度”、“入市年份”等)的相关关系。

(1) 点击 *Analyze*→*Correlate*→*Bivariate*，系统弹出一个对话窗口。

(2) 在该对话窗口中，在左框中选择所要作相关分析的变量(“证券市场以外年收入”、“投入证券市场总资金”、“受教育程度”、“入市年份”)，用箭头送入右框(*Variables*)中。

(3) 在对话窗口的第一个下框(*Correlation coefficients*)中，接受系统的默认值(简单相关系数)。

(4) 在对话窗口的第二个下框(*Test of Significance*)中，接受系统的默认值(双尾)。

(5) 对话窗口的第三个下框(*Flag Significant Correlations*)，接受系统的默认值是“要”。

(6) 点击 *Paste*，系统弹出语句窗口(*Syntax*)，见图 9.5.2。

图 9.5.2　语句窗口

由于我们所要分析仅仅是“证券市场以外年收入”和“投入证券市场总资金”与其他一些变量(如“受教育程度”、“入市年份”)的相关关系，所以要对语句作一个修改：

对“/”后的语句，改为模式“*VARIABLES* = A B *with* C D E”。意思是：分别计算 A 与 C、D、E 的简单相关系数，以及计算 B 与 C、D、E 的简单相系数。否则系统计算你选择的所有变量之间的两两的相关系数(输出一个矩阵)。

要达到本例的分析目的，只需在变量“投资总额”之后，添进“*WITH*”一词即可，见图 9.5.3。

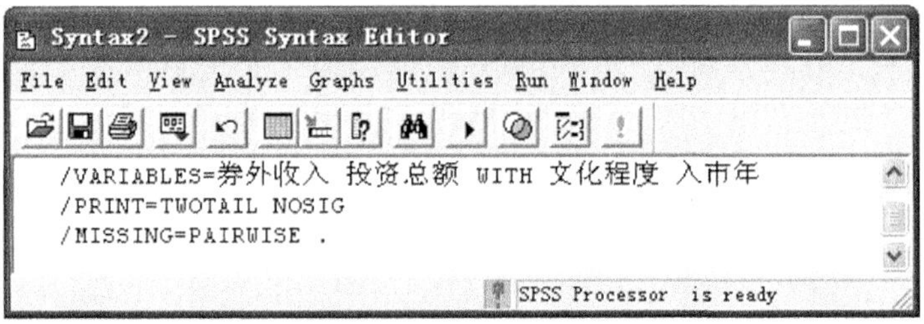

图 9.5.3　修改后的命令语句

(7) 点击 *Run*→*all*。系统输出计算结果，见表 9.5.2。

(8) 结果说明：

表 9.5.2　按照要求输出的相关系数与显著性检验：(*Correlations*)

		受教育程度	入市年份
证券市场以外年收入	*Pearson Correlation*	.095	—.016
	Sig.(2-*tailed*)	.068	.765
	N	371	354
投入证券市场总资金	*Pearson Correlation*	.116*	—.239**
	Sig. (2-*tailed*)	.024	.000
	N	381	384

*　*Correlation is significant at the* 0.05 *level* (2-*tailed*).

**　*Correlation is significant at the* 0.01 *level* (2-*tailed*).

由表 9.5.2 知，有关变量“证券市场以外年收入”与“受教育程度”和“入市年份”的相关系数检验的 t 统计量的显著性概率，分别为 0.068 和 0.765，均大于 0. 05，故，接受零假设，认为被调查的这些散户股民的“证券市场以外年收入”与“受教育程度”和“入市年份”没有显著的相关关系。

而“投入证券市场总资金”与“受教育程度”和“入市年份”的相关系数检验的 t 统计量的显著性概率，分别为 0.024 和 0.000，一个小于 0.05，一个小于 0.01，故，分别在 0.05 与 0.01 的显著性水平上，拒绝零假设，认为被调查的这些散户股民的“投入证券市场总资金”与“受教育程度”和“入市年份”有显著的相关关系。

如果我们在第(6)步，不进入语句的修改，直接点击 *OK*，相关系数的计算结果如表 9.5.3 所示：

表 9.5.3　两两相关系数与显著性检验(*Correlations*)

		证券市场以外年收入	投入证券市场总资金	受教育程度	入市年份
证券市场以外年收入	*Pearson Correlation*	1	.369**	.095	−.016
	Sig. (2-*tailed*)	.	.000	.068	.765
	N	379	370	371	354
投入证券市场总资金	*Pearson Correlation*	.369**	1	.116*	−.239**
	Sig.(2-*tailed*)	.000	.	.024	.000
	N	370	405	381	384
受教育程度	*Pearson Correlation*	.095	.116*	1	.117*
	Sig.(2-*tailed*)	.068	.024	.	.026
	N	371	381	390	364
入市年份	*Pearson Correlation*	−.016	−.239**	.117*	1
	Sig.(2-*tailed*)	.765	.000	.026	.
	N	354	384	364	388

** *Correlation is significant at the* 0.01 *level* (2-*tailed*).

* *Correlation is significant at the* 0.05 *level* (2-*tailed*).

9.5.3　等级相关分析(*Spearman* 相关系数)

仍用例 9.5.1 的数据来作等级相关分析,分析所调查的股民“依据公司业绩买入”与“依据公司的业绩卖出”的行为的相关性如何。

(1) 点击 *Analyze*→*Correlate*→*Bivariate*,系统弹出一个对话窗口,参见图 9.5.1。

(2) 在该对话窗口中,在左框中选择要作相关分析的变量(“依据公司业绩买入”与“依据公司的业绩卖出”),用箭头送入右框(*Variables*)中。

(3) 在对话窗口的第一个下框(*Correlation coefficients*)中,选择 *Spearman* 等级相关系数。

(4) 在对话窗口的第二个下框(*Test of Significance*)中,选择单尾,因为可以确认两变量是正相关的。如果不能确认这种关系,就只能选择双尾检验。

(5) 对话窗口的第三个下框(*Flag Significant Correlations*),接受系统的默认值“要”。

(6) 点击 *OK*,系统输出结果。

(7) 结果说明:见表 9.5.4。

表 9.5.4　买卖同性质依据的相关系数与显著性检验:(*Correlations*)

			买入据公司业绩	卖出据公司业绩
Spearman's rho	买入据公司业绩	*Correlation Coefficient*	1.000	.551**
		Sig. (1-*tailed*)	.	.000
		N	407	407
	卖出据公司业绩	*Correlation Coefficient*	.551**	1.000
		Sig. (1-*tailed*)	.000	.
		N	407	407

** *Correlation is significant at the* .01 *level* (1-*tailed*).

计算结果表示,依据公司业绩买入与依据公司业绩卖出有显著的相关性。

例 9.5.2　某小组 10 个学生的数学与语文的成绩是否等级相关? 数据见本书附盘中是文件“*CH*9 数学语文成绩”。

(1) 点击 *Analyze*→*Correlate*→*Bivariate*,系统弹出一个对话窗口,参见图 9.5.1。

(2) 在该对话窗口中,在左框中选择要作相关分析的变量(数学成绩、语文成绩),用箭头送入右框(*Variables*)中。

(3) 在对话窗口的第一个下框(*Correlation coefficients*)中,选择 *Spearman* 等级相关系数。

(4) 在对话窗口的第二个下框(*Test of Significance*)中,因为无法确定两门成绩是否正相关,所以接受系统的默认值,采用双尾检验。

(5) 对话窗口的第三个下框(*Flag Significant Correlations*),接受系统的默认值“要”。

(6) 点击 *OK*,系统输出结果,见表 9.5.5。

表 9.5.5　数学语文成绩的相关系数与显著性检验:(*Correlations*)

			数学成绩	语文成绩
Spearman's rho	数学成绩	*Correlation Coefficient*	1.000	.610
		Sig. (2-*tailed*)	.	.061
		N	10	10
	语文成绩	*Correlation Coefficient*	.610	1.000
		Sig. (2-*tailed*)	.061	.
		N	10	10

(7) 结果说明:

这里的结果很有趣:数学成绩与语文成绩的相关系数高达 0.610,却在 0.05 的显著性水平上与 0 没有显著差异,也就是说,在 0.05 的显著性水平上,不能认为这个小组的数学与语文的成绩是相关的。

由此可见,相关系数的显著性检验是非常必要的,切不可一见到相关系数大于

0.5，就妄言两个变量是相关的。有些研究报告，在不作显著性检验的情况下，基于 0.3 左右的相关系数，就断定所研究的两个变量是相关的，就是缺乏对这一问题的了解。

9.5.4* 偏相关分析（*Partial*）

例 9.5.3　某研究者收集了南方 26 个旅游风景区某年的商店投资数据、游客增长率和风景区的经济增长率。该研究者想从变量之间的相关关系，寻求与风景区经济增长密切相关的因素。数据见本书附盘中的文件"*CH*9 偏相关商客旅"。

该研究者首先研究了风景区商业投资额与风景区经济增长之间相关关系，在读入数据后，按照前面讲的求相关系数的方法，得出的结果如表 9.5.6 所示。

表 9.5.6　商业投资与经济增长的相关系数及显著性检验：(*Correlations*)

		商业投资万元	地区经济增长
商业投资万元	*Pearson Correlation*	1	.644**
	Sig. (*2-tailed*)	.	.000
	N	26	26
地区经济增长	*Pearson Correlation*	.644**	1
	Sig. (*2-tailed*)	.000	.
	N	26	26

**　*Correlation is significant at the* 0.01 *level* (*2-tailed*).

从表中可以看出，风景区商业投资额与风景区经济增长之间相关系数为 0.644，t 检验的显著性概率为 0.000<0.01，拒绝零假设，表明两个变量之间显著相关。

那么，是否可以据此得出结论，风景区商业投资额与风景区经济的增长有密切关系呢？

该研究者又进而研究了风景区商业投资额与风景区经济增长之间的偏相关关系。

读入数据后：

(1) 点击 *Analyze* → *Correlate* → *Partial*，系统弹出一个对话窗口，见图 9.5.4。

(2) 在该对话窗口中，在左框中选择所要作相关分析的变量（风景区商业投资额与风景区经济增长率），用箭头送入右边的 *Variables* 框中。

(3) 选择游客增长率作为控制变量（剔除变量"游客增长率"的影响），用箭头送入右边的 *Controlling for* 框中。

(4) 在对话窗口的第一个下框（*Test of Significance*）中，选择双尾检验（不能确定是否是正相关）。

(5) 对话窗口的第二个下框（*Display actual significance level*），接受系统的

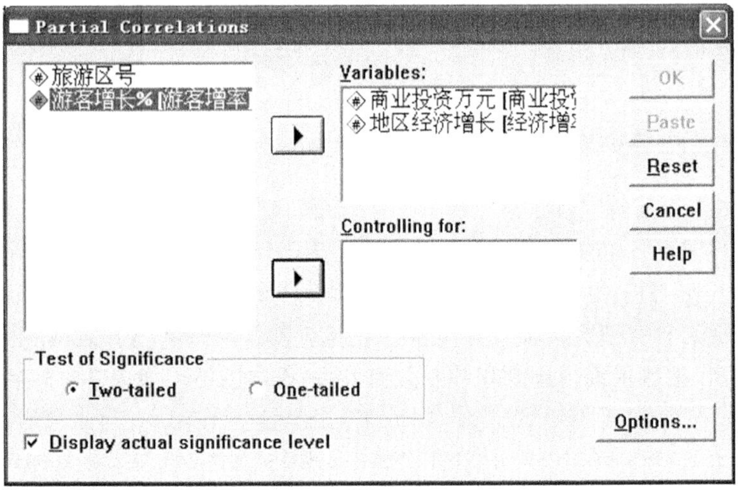

图 9.5.4　偏相关对话窗口

默认值“要”。

（6）点击 *OK*，系统输出结果，见表 9.5.7。

（7）结果说明：

表 9.5.7　偏相关系数与显著性检验

—*PARTIAL*	*CORRELATION*	*COEFFICIENTS*—
	Controlling for..	游客增率
	商业投资	经济增率
商业投资	1.0000	.0825
	(　0)	(　23)
	P= .	P=.695
经济增率	.0825	1.0000
	(　23)	(　0)
	P=.695	P= .

(Coefficient / (D.F.) / 2-tailed Significance)

“.”is printed if a coefficient cannot be computed

表中，括号中的数字，是相应偏相关系数的 t 统计量的自由度 $n-k-2=26-1-2=23$。表中，偏相关系数为 0.0825，显著性概率 $p=0.695>0.05$，说明剔除变量游客增长率的影响后，风景区商业投资额与风景区经济增长没有显著性关系，更不能说，风景区的商业投资导致了风景区的经济增长。

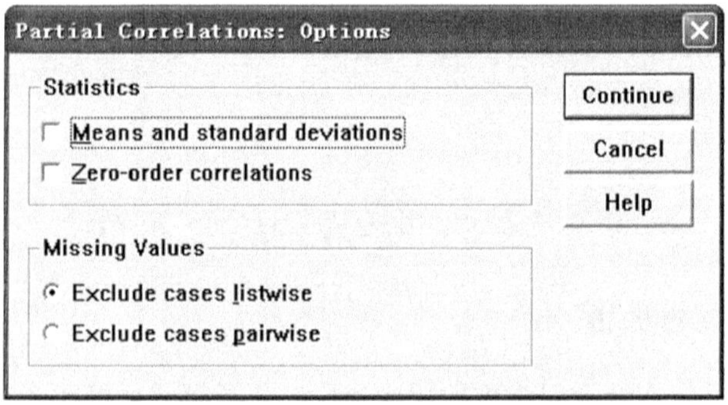

图 9.5.5　偏相关分析的选择窗口

(8) 在第(6)步点击 *OK* 前,可先点击 *Option* 按钮。在弹出一个对话窗,见图 9.5.5。

在此对话窗口的第一框中,选择 *Zero-order Correlations*(零阶相关),也就是要求输出两两简单相关(*Pearson*)系数。此时,可用于与偏相关系数比较。

点击 *Continue*,返回主窗口。

点击 *OK*,输出结果,见表 9.5.8。

表 9.5.8 零阶相关、偏相关与显著性检验

— P A R T I A L　　　C O R R E L A T I O N　　　C O E F F I C I E N T S —

Zero Order Partials

	商业投资	经济增率	游客增率
商业投资	1.0000	.6437	.7909
	(　0)	(　24)	(　24)
	P= .	P= .000	P= .000
经济增率	.6437	1.0000	.7734
	(　24)	(　0)	(　24)
	P= .000	P= .	P= .000
游客增率	.7909	.7734	1.0000
	(　24)	(　24)	(　0)
	P= .000	P= .000	P= .

(Coefficient / (D.F.) / 2-tailed Significance)

" . " is printed if a coefficient cannot be computed

表的下半部分与表 9.5.5 相同,略去

当然,也可以直接作简单相关分析:点击 *Analyze*→*Correlate*→*Bivariate*,所得结果与 *Zero Order Partials* 的结果相同。

9.6** 品质相关与 *SPSS* 的处理

9.6.1** 问题的提出

品质相关分析在社会科学中的用途很广。如下问题是可能经常遇到的:

(1) 不同文化程度的人对某一(些)政策的态度,是否相关?

(2) 不同富裕程度的农民对土地政策的态度,是否相关?

(3) 不同地区的人与不同工作作风,是否相关?

(4) 不同培训方法与培训后的业绩增长,是否相关?

(5) 不同经历的人与他们对某一问题的看法,是否相关?

(6) 不同层面的客户的偏好是否与产品不同包装相关?

(7) 不同民族与某种习惯是否相关?

(8) 不同观念(工作作风)与企业在不同领域的发展是否相关?

等等。

除此外,类似问题在农业、生物、医药科学中也有广泛的应用。例如,抽烟与癌症是否相关,饮食习惯与某种病症是否相关,都是会时常遇到的问题。

上述问题,可以用如下模式可用下表(表 9.6.1)来概括:

表 9.6.1 品质相关模式概括

	状态 1	…	状态 s	合计
因素水平 1	n_{11}	…	n_{1s}	$n_{1\cdot}$
⋮	⋮		⋮	⋮
因素水平 *k*	n_{k1}	…	n_{ks}	$n_{k\cdot}$
合计	$n_{\cdot 1}$	…	$n_{\cdot s}$	n

表中,n_{ij}表示处于交叉位置的人数(总体中的个体数)。每个个体至少有 2 个特征(变量)。

每个特征(变量)的取值,可以是顺序型(*Ordinal*),只能比较大小,不能作加减运算,也可以是名义型的(*Nominal*),连大小都不能比较,只是区别所取的“值”是不同的。如,方案 *A*、*B*、*C*、*D*,对不同色彩的爱好,对不同球队的选择,对不同政策的态度等。这里无法说哪个方案、色彩、球队、政策本身“值”,哪个大哪个小。

非要用品质相关来处理不可的问题，在个体的两个特征中，至少有一个是名义级的变量。

对于名义级的变量而言，尽管可以依据对名义级变量的的“值”的偏爱的人数，来排序。但这时的顺序已经不是这些变量的“值”的本身的顺序，而是对其偏爱的人数的顺序了。

9.6.2** 复习拟合优度的 χ^2 检验

在 7.2.1 小节，我们讨论了一个样本的非参数检验的 *Pearson* 的 χ^2 公式：

$$\chi^2 = \sum_{i=1}^{k} \frac{(n_i - np_i)^2}{np_i}$$

该公式也可以理解为：

$$\chi^2 = \sum_{i=1}^{k} \frac{(n_i - e_i)^2}{e_i} = \sum_{i=1}^{k} \frac{(\text{实际频次}_i - \text{期望频次}_i)^2}{\text{期望频次}_i}$$

式中，n_i 为样本落在区间 i(或者种类 i 出现)的频次。

e_i 为样本落在区间 i(或者种类 i 出现)的“理想(预期)”频次(由总体分布的概率计算出来的频次 np_i)。

n 为样本总数，k 为划分的区间个数。

如果理想分布(总体的分布)为均匀分布，需直接算出每个区间(种类)理想的频次 k/n，由于 n 是 k 个类别(每个类别可以理解为一个变量)取值之和，把 n 投入运算，就要减少一个自由度，所以相应的 χ^2 分布的自由度就是 k－1。

如果理想分布是其他需要估计参数的分布，在用样本计算总体参数的估计值时，还要减少自由度，如果有 r 个参数，就要再减去 r，所以，χ^2 统计量的自由度是 k－1－r。

☆注意☆　应用 *Pearson* 的 χ^2 检验时，要求 e_i 大于等于 5(*Peck*, *Roxy et al*, 2001, *P*.605)。如果小于 5，就要进行区间(类别)合并，从而区间(类别)数 k 减少。

在本节的(二维)问题中，如果我们可以计算出理想(期望)频次，也可以用 χ^2 统计量进行检验。

9.6.3** 品质相关的实质与判别方法

1. 品质相关问题的实质

两个随机变量的品质相关问题，本质上是这两个随机变量是否相互独立的检验问题。如果依据样本，在一定显著性水平上，可以判断这两个随机变量相互独立，就表明这两个变量之间是不相关的。否则，就是相关的。

于是问题转化为：对任何两个随机变量 X、Y，如果

$F(x,y)=F_1(x)F_2(y)$，对任何 $x,y\in R$（两个随机变量的取值范围）成立则随机变量 X、Y 之间是相互独立的。

设，得到一个二维总体(X,Y)的一组容量为 n 的样本($X_1,Y_1;X_2,Y_2;\cdots;X_n,Y_n$)。进而，将 X 的取值范围，分为 k 个区间，将 Y 的取值范围分为 s 个区间。记 X 属于区间 i，并且 Y 属于区间 j 的概率，为 p_{ij}。而 X 属于区间 i 的概率。为 $p_{i\cdot}$。Y 属于区间 j 的概率为 $p_{\cdot j}$。于是，随机变量 X、Y 之间是相互独立的检验问题，就转化为检验：

$$H_0: p_{ij}=p_{i\cdot}\times p_{\cdot j}$$

是否成立的问题。

在假设 H_0 中，$p_{i\cdot}$ 与 $p_{\cdot j}$ 都是未知参数，共 k+s 个，但是由于 $\sum p_{i\cdot}=\sum p_{\cdot j}=1$，少了两个自由度，所以，真正要估计的未知参数的个数是 k+s−2。

2. 品质相关的判别方法

依据表 9.6.1 的写法，在 H_0 的假设下，可以用极大似然法得出未知参数的估计值：

$$\hat{p}_{i\cdot}=\frac{n_{i\cdot}}{n},\quad \hat{p}_{\cdot j}=\frac{n_{\cdot j}}{n}$$

于是，把这 k 行样本"拉直"，就是拟合优度 *Pearson* 的 χ^2 检验的例子：

$$\chi^2=\sum_{i=1}^{n}\frac{(n_i-e_i)^2}{e_i}=\sum_{i=1}^{n}\frac{(n_i-np_i)^2}{np_i},$$

自由度是"n−1−待估参数的个数"。

对于本问题就是

$$\chi^2=\sum_{i=1}^{k}\sum_{j=1}^{s}\frac{(n_{ij}-n\hat{p}_{i\cdot}\hat{p}_{\cdot j})^2}{n\hat{p}_{i\cdot}\hat{p}_{\cdot j}}$$

将 $\hat{p}_{i\cdot}$ 与 $\hat{p}_{\cdot j}$ 的估计值代入上式：

$$\chi^2=\sum_{i=1}^{k}\sum_{j=1}^{s}\frac{\left(n_{ij}-\dfrac{n_{i\cdot}n_{\cdot j}}{n}\right)^2}{\dfrac{n_{i\cdot}n_{\cdot j}}{n}}=\sum_{i=1}^{k}\sum_{j=1}^{s}\frac{(n_{ij}-e_{ij})^2}{e_{ij}}$$

式中，$\dfrac{n_{i\cdot}\times n_{\cdot j}}{n}=e_{ij}$ 就是各个交叉位置上的理想频次。上式服从 $\chi^2[(k-1)(s-1)]$ 分布。自由度是"n−1−待估参数的个数"$=k\times s-(k+s-2)-1=(k-1)(s-1)$。

对显著性水平 α，若

$\chi^2<\chi^2_\alpha$，则接受零假设 H_0，因素与状态相互独立（不相关）。

$\chi^2\geqslant\chi^2_\alpha$，则拒绝零假设 H_0，接受备择假设 H_1，因素与状态显著相关。

问题

表 9.6.1 品质相关模式概括

	状态 1	…	状态 s	合计
因素水平 1	n_{11}	…	n_{1s}	$n_{1\cdot}$
⋮	⋮	⋮	⋮	⋮
因素水平 k	n_{k1}	…	n_{ks}	$n_{k\cdot}$
合计	$n_{\cdot 1}$	…	$n_{\cdot s}$	n

问:因素与状态是否相关?

检验的统计量

$$\chi^2 = \sum_{i=1}^{k}\sum_{j=1}^{s}\frac{\left(n_{ij}-\dfrac{n_{i\cdot}n_{\cdot j}}{n}\right)^2}{\dfrac{n_{i\cdot}n_{\cdot j}}{n}} = \sum_{i=1}^{k}\sum_{j=1}^{s}\frac{(n_{ij}-e_{ij})^2}{e_{ij}} \text{ 服从 } \chi^2[(k-1)(s-1)] \text{ 分布}$$

判断

$\chi^2 \geqslant \chi^2_\alpha$,则拒绝零假设 H_0,接受备择假设 H_1,因素与状态显著相关

9.6.4** *Fisher* 判别法

本小节内容参见 *M*. 费史,1958,王福保译,1962,*P*.390。

如果总体(X,Y)服从二维正态分布 $N(\mu_1,\mu_2,\sigma_1^2,\sigma_2^2,\rho)$,其中参数均未知,那么,X 与 Y 相互独立,等价于 $\rho=0$。于是,相互独立的检验问题是

$$H_0:\rho=0 \quad (H_1:\rho\neq 0)$$

设,r 为 ρ 的极大似然估计值,*Fisher* 于 1915 年,证明了:

$$T=\sqrt{n-2}\,\frac{r}{\sqrt{1-r^2}},\text{服从 } t(n-2) \text{ 分布}$$

于是我们可以用 t 统计量来完成上述假设检验:用统计值 t 的显著性概率(外侧概率)与显著性水平 α 比较,判断拒绝还是接受 H_0。

这是一个双尾检验问题。

9.6.5** 当只有一个自由度(且 n<50)时 *Yete* 的矫正方法

由于 χ^2 分布是连续的,而这里处理的是离散问题,在自由度为 1 时,按照公式 $\sum_{i=1}^{k}\sum_{j=1}^{s}\frac{(n_{ij}-e_{ij})^2}{e_{ij}}$ 所计算的统计量的值,就会与 χ^2 的值产生较大偏差,特别是在

$n<50$ 时，偏差较大，需要矫正。Yete 给出了矫正公式：

$$\chi^2=\sum_{i=1}^{k}\sum_{j=1}^{s}\frac{(|e_{ij}-n_{ij}|-0.5)^2}{e_{ij}}$$

在符合条件的情况下，要注意采用矫正的结果(参见 *Fleming*，*Michael C. et al*，1996，牛南浩等译，1999，*P*.192)，也就是在使用 *SPSS* 时，要注意选择 *Yete* 公式。

9.6.6** *SPSS* 的处理方法

例 9.6.1 用 *A*、*B* 两套方案对 170 余人进行培训，然后对培训后的业绩是否有明显改善做了统计，结果如表 9.6.2 所示。问：不同的培训方案是否与业绩改进相关？

表 9.6.2 培训方案与业绩数据

		效果		*Total*
		业绩明显提高	业绩无明显变化	
培训方案	*A*	93	31	124
	B	46	4	50
Total		139	35	174

☆注意☆ 在 *SPSS* 中，数据的存放方式是：个体是每个人，每个人都有两个变量值，即接受的培训方案(*A* 或 *B*)和业绩(明显改善与否)。

数据见本书附盘中的数据文件“*CH*9 品质相关培训效果”。

由于本问题中含有名义级的变量，所以不可能用相关系数来解决“相关”问题的判断，而只能用品质相关的方法来解决。

读入数据后：

(1) 点击 *Analyze*→*Descriptive Statistics*→*Crosstabs*，系统弹出一个对话窗口，见图 9.6.1。

(2) 把“培训方案”和“效果”变量，分别用箭头调入到 *Rows*(行)框和 *Columns*(列)框。至于哪个变量进行框，哪个变量进列框，是任意的。

(3) 点击 *Statistics* 按钮，系统弹出一个新的对话框，见图 9.6.2。

(4) 选择左上角的 *Chi-Square*，点击 *Continue* 返回主对话框，

(5) 点击 *OK*，输出结果。

系统输出三张表，一张是有关频次的统计，一张是交叉列表的统计(同表 9.6.2)，还有一张是 χ^2 检验的结果，见表 9.6.3。

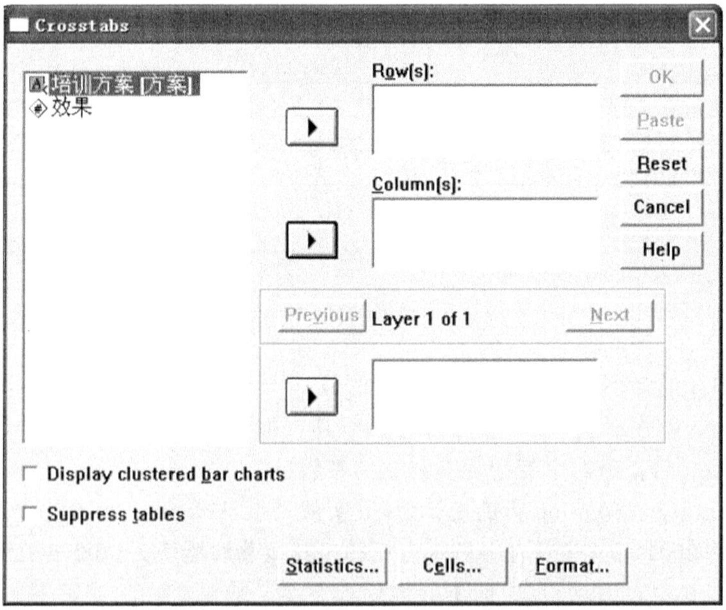

图 9.6.1 品质相关分析(交叉列表)主对话窗口

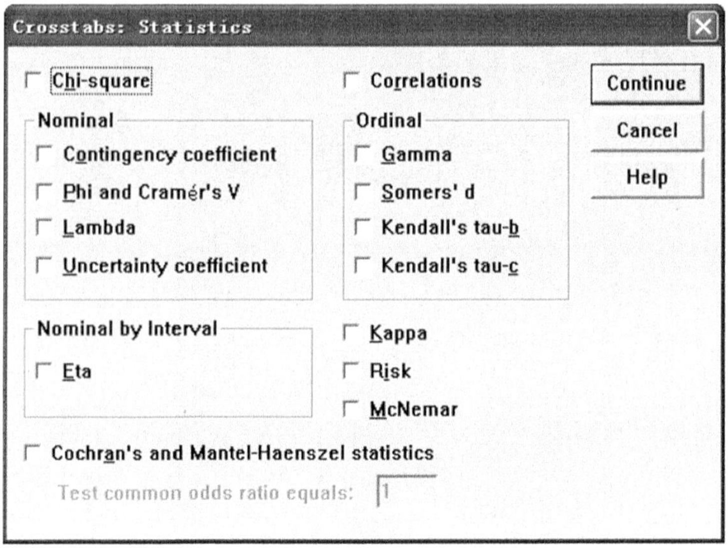

图 9.6.2 选择输出的统计量

表 9.6.3 χ^2 检验结果:(*Chi-Square Tests*)

	Value	*df*	*Asymp. Sig.* (*2-sided*)	*Exact Sig.* (*2-sided*)	*Exact Sig.* (*1-sided*)
Pearson Chi-Square	6.408[b]	1	.011		
Continuity Correction[a]	5.394	1	.020		
Likelihood Ratio	7.357	1	.007		
Fisher's Exact Test				.012	.007
N of Valid Cases	174				

a　Computed only for a 2×2 table

b　0 cells (.0%) have expected count less than 5. The minimum expected count is 10.06.

表 9.6.3 的结果里有 4 个 χ^2 统计量的值:

Pearson χ^2统计值,表中显示为 6.408,其近似分布的外侧概率(显著性概率)为 0.011<0.05,拒绝两个变量相互独立的零假设。

Continuity correction 行的统计值,其实就是本章第 9.5.5 小节的 Yete 统计值(SPSS Inc. 2001, P.260),表中显示为 5.394,其显著性概率为 0.020<0.05,拒绝两个变量相互独立的零假设,表明不同的培训方案的效果(业绩)明显不同。表中显示本问题的自由度为 1,所以,按照本章第 9.6.5 小节的准则,应当采用本行的结果作结论。

当表 9.6.2 中数据是 2×2 表格,并且某个 e_{ij}<5 时,要采用表 9.6.3 中的 Fisher's Exact Test 行的结果。本例的表 9.6.3 下方的注表明,最小的 e_{ij} 为 10.06,不符合采用 Fisher 结果的条件。

第 10 章 线性回归分析

变量之间的关系有两种:确定型的函数关系与不确定型的函数关系。

确定型的函数关系,我们以前研究过许多(例如:销售额=销售量×价格),这里不再讨论。

不确定型的函数关系,在社会经济与管理中,存在更为普遍。例如,商品的销售量与人口的关系,商品销售量与广告费之间的关系,收入与受教育程度之间的关系等。它们之间存在明显的相互关系(称为相关关系),但又是不确定的。

回归分析是研究随机变量之间的相关关系的一种统计方法。其用意是研究一个被解释变量(又称因变量)与一个或多个解释变量(又称自变量)之间的统计关系。

被解释变量必须是刻度级的变量。如果是顺序级的,要用 numeric 型的来表示,SPSS 会自动把它作为刻度级的来处理。如果被解释变量是名义级的,将用 Logistic 回归等方法处理,但那不在本书设定的范围之内。

解释变量可以是刻度级、顺序级、名义级的变量(本书不介绍名义级的处理方法)。不论是什么级别的数据,都必须用数字(numeric)型的来表示(在 SPSS 的变量定义中,定义为 numeric 型,然后在变量值 value 标签中,限定它们的含义)。若是名义级的解释变量,要用虚拟变量方法处理,读者可参看有关经济计量学的书籍。

10.1 一元线性回归

10.1.1 问题的提出

一元线性回归,只研究一个自变量与一个因变量之间的统计关系。

例 10.1.1 人均收入 X 与人均食品消费支出 Y 的散点关系可以如图 10.1.1 所示。我们有可能找到一条直线,从"平均"角度来反映两个变量之间的关系。从经济意义来看,这里的人均收入可以作为解释变量(解释人均食品支出的变化)。

这时两个变量之间的不确定关系,可以用下式表示:

$$Y=\beta_1+\beta_2 X+u$$

式中,人均食品消费支出 Y 是被解释变量,人均收入 X 是解释变量,β_1 是待估计参数(截距项),β_2 是待估计参数(斜率项,反映了 X 的边际效益),u 是随机干扰项,与 X 无关,它反映了 Y 被 X 解释的不确定性。

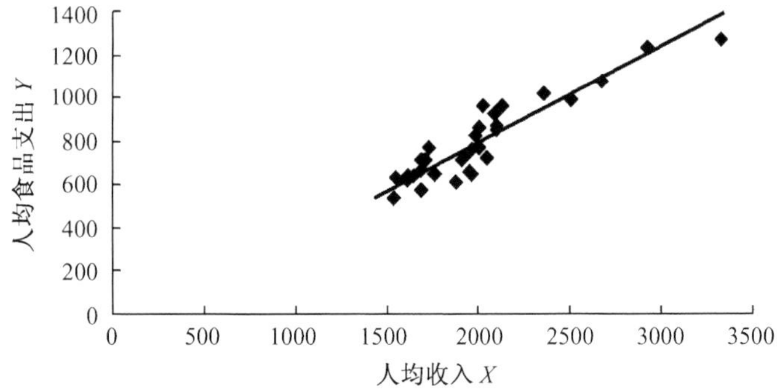

图 10.1.1 人均收入与人均食品支出关系的散点图

如果随机干扰项 u 的均值为 0，那么，对上式两边在 X 的条件下求均值，有

$$E(Y|X)=\beta_1+\beta_2X$$

反映出从“平均”角度看的确定函数关系（解释关系）。

例 10.1.2 地区的多孩率与人均国民收入的散点关系，大致可以如图 10.1.2 所示。同样，有可能找到一条曲线，从“平均”角度，来反映两个变量之间的关系。从经济意义来看，这里的人均国民收入可以作为解释变量（解释多孩率的变化）。

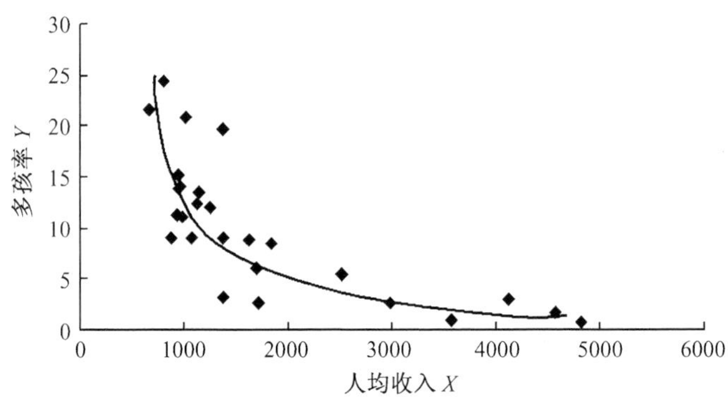

图 10.1.2 人均收入与多孩率的散点图

这时两个变量之间的不确定关系，大致可以用以对数为基础的式子表示：

$$Y=\beta_1+\beta_2\ln X+u$$

式中，多孩率 Y 是被解释变量，人均国民收入 X 是解释变量，β_1 是待估计参数（截距项），β_2 是待估计参数（斜率项，反映了 X 的边际效益），u 是随机干扰项，与 X 无关（当然也与 $\ln X$ 无关），它反映了 Y 被 X 解释的不确定性。

在该方程中，Y 与 X 之间没有大致的线性（直线）关系，但是与 $\ln X$ 之间有大致的线性关系，所以，还可以转化为线性关系来处理。比如，令：$Z=\ln X$，则上式变为：

$$Y=\beta_1+\beta_2 Z+u$$

这就是最普通的线性回归式。

可以做这类转化的问题很多。这反映出线性回归，可以较为广泛地用于研究变量之间的解释关系。

线性回归的任务，就是用恰当的方法，估计出参数 β_1，β_2，并且使估计出来的参数具有良好的统计特性，所以，回归问题也可以从某种视角，视同参数估计问题。

如果把 X 与 Y 的样本值代到线性回归方程中，就得到

$$Y_i=\beta_1+\beta_2 X_i+u_i,\quad i=1,2,\cdots,n,\quad n \text{ 为样本容量。}$$

从重复抽样的角度看，Y_i，X_i 也可以视为随机变量。

☆注意☆　由于小写的 x_i 与 y_i 另有用途，所以，本章大写的 Y_i 与 X_i 不再单一地表示随机样本，有时也表示样本观察值。例如，上面的回归方程的表达，就有两种含义（随机样本，或样本观察值）。

10.1.2　高斯基本假设

高斯基本假设，对正确地掌握线性回归的条件是非常重要的。

对于线性回归模型

$$Y_i=\beta_1+\beta_2 X_i+u_i,\ i=1,\ 2,\cdots,n,\quad n \text{ 为样本容量。}$$

而言，高斯基本假设如下：

(1) u_i 为随机变量（本假设当然成立，因为我们研究的就是不确定的关系）；

(2) $E(u_i)=0$，随机扰动项的期望值等于零（本假设天然成立，如果其均值不是 0，可以把它并入到 β_1 中）；

(3) $\mathrm{Var}(u_i)=\sigma_u^2$，随机扰动项的方差等于常数（本假设有可能不成立，今后将讨论不成立时，如何处理）；

(4) $E(u_i u_j)=0(i\neq j)$ 随机扰动项协方差等于零，即 u_i、u_j 相互独立（本假设有可能不成立，今后将讨论不成立时，如何处理）；

说明：Covarance$=E(u_i-E(u_i))(u_j-E(u_j))=E(u_i u_j)$

(5) u_i 服从 $N(0,\sigma_u^2)$ 分布（本假设在大多数情况下是成立的）；

(6) $E(X_i u_j)=0$，对 X_i 的性质有两种解释：

① X_i 可以视为随机变量，但与 u_j 无关。所以第(6)条假设成立。

② X_i 也可以视为确定型变量。所以第(6)条假设也成立。

一元线性回归的模型

$Y=\beta_1+\beta_2X+u$ （一批非线性模型，可以转化为线性模型，如 $Y=\beta_1+\beta_2\ln X+u$）代入样本后，为

$Y_i=\beta_1+\beta_2X_i+u_i$， $i=1,2,\cdots,n$， n 为样本容量。

高斯假设是：

(1) u_i 为随机变量；

(2) $E(u_i)=0$；

(3) $\mathrm{Var}(u_i)=\sigma_u^2$，随机扰动项的方差等于常数；

(4) $E(u_iu_j)=0(i\neq j)$，随机扰动项协方差等于零，即 u_iu_j 相互独立；

(5) u_i 服从 $N(0,\sigma_u^2)$分布；

(6) $E(X_iu_j)=0$。

10.1.3 普通最小二乘法(OLS:Ordinary Least Square)

设在线性回归模型 $Y=\beta_1+\beta_2X+u$ 中，$\hat{\beta}_1$，$\hat{\beta}_2$ 为 β_1，β_2 的估计值，则 Y 的计算值 $\hat{Y}$，可用下式表达：

$$\hat{Y}=\hat{\beta}_1+\hat{\beta}_2X$$

我们要求出这样的待估参数 $\hat{\beta}_1$，$\hat{\beta}_2$，使 Y 与其计算值 $\hat{Y}$ 之间的“误差平方和”极小。即，使

$$Q=\sum(Y_i-\hat{Y}_i)^2=\sum e_i^2=\sum(Y_i-\hat{\beta}_1-\hat{\beta}_2X_i)^2$$

极小。为此，分别求 Q 对 $\hat{\beta}_1$，$\hat{\beta}_2$ 的偏导，令其为零：

$$\frac{\partial Q}{\partial\hat{\beta}_1}=0,\frac{\partial Q}{\partial\hat{\beta}_2}=0$$

就可以求出符合要求的待估参数 $\hat{\beta}_1$，$\hat{\beta}_2$。

☆注意☆ 在这一分析方法中，并没有用到“u_i 为随机变量”的假设。

10.1.4 极大似然法

由高斯假设(5)，u_i 服从 $N(0,\sigma_u^2)$分布，而 $Y_i=\beta_1+\beta_2X_i+u_i$，所以，$Y_i$ 服从 $N(\beta_1+\beta_2X_i,\sigma_u^2)$分布，即

$$f(Y_i)=\frac{1}{\sqrt{2\pi}\sigma_u}\exp\left[-\frac{1}{2\sigma_u^2}(Y_i-(\beta_1+\beta_2X_i))^2\right]$$

于是有联合密度

$$L=\prod_{i=1}^{n}\left\{\frac{1}{\sqrt{2\pi}\sigma_u}\exp\left[-\frac{1}{2\sigma_u^2}(Y_i-(\beta_1+\beta_2X_i))^2\right]\right\}$$
$$=\left(\frac{1}{\sqrt{2\pi}\sigma_u}\right)^n\exp\left[-\frac{1}{2\sigma_u^2}\sum_{i=1}^{n}(Y_i-\beta_1-\beta_2X_i)^2\right]$$

为了求估计值 $\hat{\beta}_1,\hat{\beta}_2$，使 L 极大化(在一次实验中，样本 X_i,Y_i 出现了，那么 X_i,Y_i 出现的概率，应当是最大的，也就是说，参数 $\hat{\beta}_1,\hat{\beta}_2$ 应使 L 极大)。而这等价于求 $\hat{\beta}_1,\hat{\beta}_2$，使 $\sum(Y_i-\hat{\beta}_1-\hat{\beta}_2X_i)^2$ 最小，这与普通最小二乘法求 $\hat{\beta}_1,\hat{\beta}_2$，使 $Q(=\sum(Y_i-\hat{\beta}_1-\hat{\beta}_2X_i)^2)$ 极小，完全相同，故，所得出的计算 $\hat{\beta}_1,\hat{\beta}_2$ 的公式也相同。

☆注意☆　此方法用到了“u_i 为随机变量，u_i 服从 $N(0,\sigma_u^2)$ 分布”的假设，即高斯假设(1)、(2)、(5)。

10.1.5　所求出的参数计算公式

按照上述两种方法，所得出的计算公式如下：

$$\hat{\beta}_2=\frac{\sum x_iy_i}{\sum x_i^2}，其中，x_i=X_i-\bar{X}，y_i=Y_i-\bar{Y}$$

$$\hat{\beta}_1=\bar{Y}-\hat{\beta}_2\bar{X}$$

式中，x_i,y_i 不是样本观察值，而是样本或样本观察值中心化处理后的结果。

$\hat{\beta}_2$ 的另一个表达式是

$$\hat{\beta}_2=\frac{\boldsymbol{x}^{\mathrm{T}}\boldsymbol{y}}{\boldsymbol{x}^{\mathrm{T}}\boldsymbol{x}}=\frac{\langle\boldsymbol{x},\boldsymbol{y}\rangle}{\|\boldsymbol{x}\|\times\|\boldsymbol{x}\|}$$

式中，$\|\boldsymbol{x}\|=\sqrt{x_1^2+\cdots+x_n^2}$，表示向量 $\boldsymbol{x}$ 的模长。

☆注意☆　用上述公式估计出来的系数，在满足高斯基本假设(不要求“u_i 服从正态分布”假设)的情况下，具有无偏性和最小方差性。

非理工专业背景的读者，不必硬记以上公式，用多了自然会记住。

在满足高斯基本假设(不要求“u_i 服从正态分布”假设)的情况下，用上述公式估计出来的系数，具有无偏性和最小方差性。

普通最小二乘法与极大似然法

在线性回归的参数估计中，普通最小二乘法(**OLS**)与极大似然估计法的结果是一样的。

普通最小二乘法，没有用到对随机干扰项 $\boldsymbol{u}$ 的有关假设，是在寻求误差平方和 $\sum_i e_i^2$ 最小的参数的前提下，获得参数估计结果的。

极大似然法用到了有关随机干扰项的有关规定(u_i 服从 $N(0,\sigma_u^2)$ 分布)，在“一次实验中一组样本出现了，那么这组样本出现的概率应当比其他样本的大”的观点下，估计出参数来。

10.1.6* 几何解释

由 $\hat{Y}=\hat{\beta}_1+\hat{\beta}_2X$，知 $\hat{Y}-\bar{Y}=\hat{\beta}_1+\hat{\beta}_2X-\bar{Y}$。

而由前面推演出来的参数计算公式：$\hat{\beta}_1=\bar{Y}-\hat{\beta}_2\bar{X}$，有 $\bar{Y}=\hat{\beta}_1+\hat{\beta}_2\bar{X}$。

于是，$\hat{Y}-\bar{Y}=\hat{\beta}_1+\hat{\beta}_2X-\bar{Y}=\hat{\beta}_1+\hat{\beta}_2X-(\hat{\beta}_1+\hat{\beta}_2\bar{X})=\hat{\beta}_2(X-\bar{X})$。

设，$\hat{\boldsymbol{y}}=\hat{Y}-\bar{Y}$，$\boldsymbol{x}=X-\bar{X}$，$\boldsymbol{e}=Y-\hat{Y}$，于是，上式成为 $\hat{\boldsymbol{y}}=\hat{\beta}_2\boldsymbol{x}$。

再设 $\boldsymbol{y}=Y-\bar{Y}$，即，$\boldsymbol{x}$、$\boldsymbol{y}$ 都是 $\boldsymbol{X}$、$\boldsymbol{Y}$ 的中心化的结果，是 $n-1$ 维空间中的向量（在有关参数估计的第六章中讲过，由于 $\bar{X}$、$\bar{Y}$ 参与计算，会使其自由度少一）。

于是，残差向量 $\boldsymbol{e}=Y-\hat{Y}=(Y-\bar{Y})-(\hat{Y}-\bar{Y})=\boldsymbol{y}-\hat{\boldsymbol{y}}$。

向量 $\boldsymbol{y}$、$\hat{\boldsymbol{y}}$、$\boldsymbol{e}$ 三者之间的关系，可如图 10.1.3 所示。这就是线性回归的几何解释。

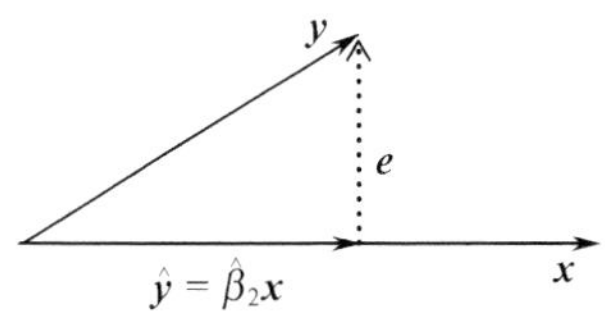

图 10.1.3　普通最小二乘法的几何解释

普通最小二乘法（OLS）要使残差平方和 $\sum e_i^2$ 极小，也就是要使图中 $\boldsymbol{e}$ 长度最小。

而要使 $\boldsymbol{e}$ 的长度 $\|\boldsymbol{e}\|$ 尽可能小，等价于在几何上使 $\boldsymbol{e}\perp\boldsymbol{x}$。或者说，$\hat{\boldsymbol{y}}$ 的长度应当是 $\boldsymbol{y}$ 在 $\boldsymbol{x}$ 上的投影长度。

事实上，由 $\hat{\boldsymbol{y}}=\hat{\beta}_2\boldsymbol{x}$，可知：

$$\|\hat{\boldsymbol{y}}\|=\hat{\beta}_2\|\boldsymbol{x}\|$$

把 $\hat{\beta}_2$ 的计算的另一种表达 $\hat{\beta}_2=\dfrac{\langle\boldsymbol{x},\boldsymbol{y}\rangle}{\|\boldsymbol{x}\|\times\|\boldsymbol{x}\|}$ 代入上式，就得到：

$$\|\hat{\boldsymbol{y}}\|=\hat{\beta}_2\|\boldsymbol{x}\|=\frac{\langle\boldsymbol{x},\boldsymbol{y}\rangle}{\|\boldsymbol{x}\|}=\langle\frac{\boldsymbol{x}}{\|\boldsymbol{x}\|},\boldsymbol{y}\rangle$$

刚好是 $\boldsymbol{y}$ 在 $\boldsymbol{x}$ 上的投影长度（等于 $\boldsymbol{y}$ 与 $\boldsymbol{x}$ 上的单位向量的内积）。

☆注意☆　$\boldsymbol{e}\perp\boldsymbol{x}$，等价于：内积 $\langle\boldsymbol{e},\boldsymbol{x}\rangle=0$，

等价于：$\boldsymbol{e}^{\mathrm{T}}\boldsymbol{x}=0$（向量表达），

等价于：$\sum e_ix_i=0$（代数表达）。

补充说明：若初始模型（不含常数项）为 $Y=\beta X+u$，令

$$\boldsymbol{Y}=(Y_1,Y_2,\cdots,Y_n)^{\mathrm{T}}$$

$$\boldsymbol{X}=(X_1,X_2,\cdots,X_n)^{\mathrm{T}}$$

$$\boldsymbol{u}=(u_1,u_2,\cdots,u_n)^{\mathrm{T}}$$

则，用向量和矩阵方式，可以把初始模型表达为

$$\boldsymbol{Y}=\boldsymbol{X}\beta+\boldsymbol{u}$$

设，已经估计出$\hat{\beta}$，于是有$\boldsymbol{Y}=\boldsymbol{X}\hat{\beta}$，从而有

$$\boldsymbol{Y}-\hat{\boldsymbol{Y}}=\boldsymbol{e}$$

$$\boldsymbol{Y}=\hat{\boldsymbol{Y}}+\boldsymbol{e}=\boldsymbol{X}\hat{\beta}+\boldsymbol{e}$$

等号两边同时左乘$(\boldsymbol{X}^{\mathrm{T}}\boldsymbol{X})^{-1}\boldsymbol{X}^{\mathrm{T}}$，得到

$$\hat{\beta}=(\boldsymbol{X}^{\mathrm{T}}\boldsymbol{X})^{-1}\boldsymbol{X}^{\mathrm{T}}\boldsymbol{Y}-(\boldsymbol{X}^{\mathrm{T}}\boldsymbol{X})^{-1}\boldsymbol{X}^{\mathrm{T}}\boldsymbol{e}$$

由于

$$\boldsymbol{e}\perp\boldsymbol{X}$$

所以，$\boldsymbol{X}^{\mathrm{T}}\boldsymbol{e}$ 等于0，所以

$$\hat{\beta}=(\boldsymbol{X}^{\mathrm{T}}\boldsymbol{X})^{-1}\boldsymbol{X}^{\mathrm{T}}\boldsymbol{Y}$$

这就是普通最小二乘法的计算公式。这是需要记住的。

对代入样本后的模型$\boldsymbol{Y}=\boldsymbol{X}\beta+\boldsymbol{u}$的等号两边，同时左乘$(\boldsymbol{X}^{\mathrm{T}}\boldsymbol{X})^{-1}\boldsymbol{X}^{\mathrm{T}}$，得到

$$\begin{aligned}\beta&=(\boldsymbol{X}^{\mathrm{T}}\boldsymbol{X})^{-1}\boldsymbol{X}^{\mathrm{T}}\boldsymbol{Y}-(\boldsymbol{X}^{\mathrm{T}}\boldsymbol{X})^{-1}\boldsymbol{X}^{\mathrm{T}}\boldsymbol{u}\\&=\hat{\beta}-(\boldsymbol{X}^{\mathrm{T}}\boldsymbol{X})^{-1}\boldsymbol{X}^{\mathrm{T}}\boldsymbol{u}\end{aligned}$$

从而

$$\hat{\beta}=\beta+(\boldsymbol{X}^{\mathrm{T}}\boldsymbol{X})^{-1}\boldsymbol{X}^{\mathrm{T}}\boldsymbol{u}$$

由高斯假设的第(6)条$E(X_iu_j)=0$(这个假设可以用向量表达为$\boldsymbol{E}[\boldsymbol{X}^{\mathrm{T}}\boldsymbol{u}]=0$)，对上式两边求均值，得：

$$\begin{aligned}E(\hat{\beta})&=\beta+\boldsymbol{E}[(\boldsymbol{X}^{\mathrm{T}}\boldsymbol{X})^{-1}\boldsymbol{X}^{\mathrm{T}}\boldsymbol{u}]\\&=\beta+(\boldsymbol{X}^{\mathrm{T}}\boldsymbol{X})^{-1}\boldsymbol{E}[\boldsymbol{X}^{\mathrm{T}}\boldsymbol{u}]\\&=\beta+0\end{aligned}$$

这表明$\hat{\beta}$是β的无偏估计量。

线性回归的几何解释

向量$\boldsymbol{y}$、$\boldsymbol{e}$、$\hat{\boldsymbol{y}}$三者构成一个直角三角形，$\boldsymbol{y}$为斜边，$\boldsymbol{e}$、$\hat{\boldsymbol{y}}$为直角边。

线性回归的几何解释有着广泛的用途，它可以用来理解公式、记忆公式、简洁地推导公式，简洁地引导出问题的性质，使问题大大简化。我们将在后面的研究、讨论中，反复地依靠这一方式。

10.2* 多元线性回归

本节研究一个被解释变量(因变量)，多个解释变量(自变量)的线性模型，即

$$Y=\beta_1+\beta_2X_2+\cdots+\beta_kX_k+u$$

10.2.1* 基本假设(多元回归的高斯假设):

(1) $\boldsymbol{u}$ 为随机向量

(2) $E(\boldsymbol{u})=0$

(3) $\text{Cov}(\boldsymbol{u})=E(\boldsymbol{u}\,\boldsymbol{u}^{\text{T}})=\sigma_u^2\boldsymbol{I}_n$

它实质上包括两条假设:一是不存在序列相关,即 $i\neq j$ 时,$\text{Cov}(u_i,u_j)=E(u_iu_j)=0$;二是具有同方差性(齐次方差性),即 $\text{Var}(u_i)=\sigma_u^2$

(4) $\boldsymbol{u}\sim N(\boldsymbol{0},\sigma_u^2\boldsymbol{I}_n)$

(5) $E(\boldsymbol{X}^{\text{T}}\boldsymbol{u})=\boldsymbol{0}$,或者,$\boldsymbol{X}$ 为确定矩阵

$$X=\begin{pmatrix}1 & X_{12} & \cdots & X_{1k}\\ 1 & X_{22} & \cdots & X_{2k}\\ \cdots & \vdots & \vdots & \cdots\\ 1 & X_{n2} & \cdots & X_{nk}\end{pmatrix}$$

由于 $k<n$,所以 $\boldsymbol{X}$ 是高矩阵。

(6) 秩 $\rho(\boldsymbol{X})=k$,$(k<n)$

由假设(6),可以证明,$\boldsymbol{X}^{\text{T}}\boldsymbol{X}$ 正定(当然非奇异,即逆矩阵存在),$\boldsymbol{X}\boldsymbol{X}^{\text{T}}$ 半正定。此结论将在今后用到。

(复习:若对于任意非 0 向量 $\boldsymbol{\xi}$ 和对称矩阵 $\boldsymbol{C}$,都有 $\boldsymbol{\xi}^{\text{T}}\boldsymbol{C}\boldsymbol{\xi}>0$,则称矩阵 $\boldsymbol{C}$ 是正定的。)

其他假设:

(7)行列式 $|\boldsymbol{X}^{\text{T}}\boldsymbol{X}|$ 远离零。

多元线性回归的高斯假设:

对模型 $Y=\beta_1+\beta_2X_2+\cdots+\beta_kX_k+u$,样本容量为 n,$k<n$,假设:

(1) $\boldsymbol{u}$ 为随机量

(2) $E(\boldsymbol{u})=\boldsymbol{0}$

(3) $\text{Cov}(\boldsymbol{u})=E(\boldsymbol{u}\boldsymbol{u}^{\text{T}})=\sigma_u^2\boldsymbol{I}_n$

(4) $\boldsymbol{u}\sim N(\boldsymbol{0},\sigma_u^2\boldsymbol{I}_n)$

(5) $E(\boldsymbol{X}^{\text{T}}\boldsymbol{u})=\boldsymbol{0}$,或者,$\boldsymbol{X}$ 为确定矩阵

(6) 秩 $\rho(\boldsymbol{X})=k$,$(k<n)$

由假设(6),有 $\boldsymbol{X}^{\text{T}}\boldsymbol{X}$ 正定,$\boldsymbol{X}\boldsymbol{X}^{\text{T}}$ 半正定。

其他假设:

(7)行列式 $|\boldsymbol{X}^{\text{T}}\boldsymbol{X}|$ 远离零。

10.2.2* 普通最小二乘法估计式

在模型中,代入样本观察值之后,可得

$$\begin{pmatrix} Y_1 \\ \vdots \\ Y_n \end{pmatrix} = \beta_1 \begin{pmatrix} 1 \\ \vdots \\ 1 \end{pmatrix} + \beta_2 \begin{pmatrix} X_{12} \\ \vdots \\ X_{n2} \end{pmatrix} + \cdots + \beta_k \begin{pmatrix} X_{1k} \\ \vdots \\ X_{nk} \end{pmatrix} + \begin{pmatrix} u_1 \\ \vdots \\ u_n \end{pmatrix}$$

此式也可用向量、矩阵方式表达为

$$\boldsymbol{Y} = \boldsymbol{X\beta} + \boldsymbol{u}$$

式中,$\boldsymbol{X}$ 是 $n \times k$ 阶矩阵,其构成已经在 10.2.1 小节中说明。

$$\boldsymbol{Y} = (Y_1, Y_2, \cdots, Y_n)^{\mathrm{T}}$$

$$\boldsymbol{u} = (u_1, u_2, \cdots, u_n)^{\mathrm{T}}$$

$$\boldsymbol{\beta} = (\beta_1, \beta_2, \cdots, \beta_k)^{\mathrm{T}}$$

若估计出 $\hat{\boldsymbol{\beta}} = (\hat{\beta}_1, \hat{\beta}_2, \cdots, \hat{\beta}_k)^T$,则有 $\hat{\boldsymbol{Y}} = \boldsymbol{X}\hat{\boldsymbol{\beta}}$,所以

$$\boldsymbol{Y} - \hat{\boldsymbol{Y}} = \boldsymbol{e}$$

于是有

$$\boldsymbol{Y} = \hat{\boldsymbol{Y}} + \boldsymbol{e} = \boldsymbol{X}\hat{\boldsymbol{\beta}} + \boldsymbol{e}$$

两边左乘 $\boldsymbol{X}^{\mathrm{T}}$,得

$$\boldsymbol{X}^{\mathrm{T}}\boldsymbol{Y} = \boldsymbol{X}^{\mathrm{T}}\boldsymbol{X}\hat{\boldsymbol{\beta}} + \boldsymbol{X}^{\mathrm{T}}\boldsymbol{e}$$

由几何解释 $\boldsymbol{X} \perp \boldsymbol{e}$,故而上式中 $\boldsymbol{X}^{\mathrm{T}}\boldsymbol{e} = 0$,所以可以求出 $\hat{\boldsymbol{\beta}}$ 如下:

$$\hat{\boldsymbol{\beta}} = (\boldsymbol{X}^{\mathrm{T}}\boldsymbol{X})^{-1}\boldsymbol{X}^{\mathrm{T}}\boldsymbol{Y}$$

这就是普通最小二乘法估计系数的公式。应当记住这个公式。

10.2.3* 用普通最小二乘法(OLS)所得的 $\hat{\boldsymbol{\beta}}$ 的性质

高斯—马尔柯夫(BLUE)定理:在模型的基本假设(不要求“u 服从正态分布”的假设,参见 Intriligtor, Michael D., 1978, P. 107-109)满足的情况下,普通最小二乘法的估计值 $\hat{\boldsymbol{\beta}}$ 是最优的(Best,指具有最小方差性)、线性的(Linear)、无偏的(Unbiased)估计值(Estimator)。若当 $n \to \infty$ 时,$\frac{1}{n}\boldsymbol{X}^{\mathrm{T}}\boldsymbol{X}$ 收敛于非奇异矩阵(当然是有限矩阵),则普通最小二乘法估计值是一致的估计值,即还有下式成立:

$$\lim_{n \to \infty} \operatorname{cov}(\hat{\boldsymbol{\beta}}) = 0$$

10.2.4* $\hat{\boldsymbol{\beta}}$ 的方差及分布：

$$\mathrm{cov}(\hat{\boldsymbol{\beta}}) = \sigma_u^2 (\boldsymbol{X}^{\mathrm{T}}\boldsymbol{X})^{-1}$$
$$\mathrm{var}(\hat{\beta}_j) = \sigma_u^2 (\boldsymbol{X}^{\mathrm{T}}\boldsymbol{X})_{jj}^{-1}$$

$(\boldsymbol{X}^{\mathrm{T}}\boldsymbol{X})_{jj}^{-1}$ 表示矩阵 $(\boldsymbol{X}^{\mathrm{T}}\boldsymbol{X})^{-1}$ 的对角线元素，简记为 c_{jj}。

所以，$\mathrm{var}(\hat{\beta}_j) = \sigma_u^2 c_{jj}$，即 $\hat{\sigma}_{\hat{\beta}_j} = \hat{\sigma}_u \sqrt{c_{jj}}$

可以证明：

(1) $\hat{\beta}_j$ 服从 $N(\beta_j, \sigma_u^2 c_{jj})$ 分布。

(2) $\hat{\beta}_j^2 / (\sigma_u^2 c_{jj})$ 服从 $\chi^2(1)$ 分布。

10.2.5* 干扰项方差的无偏估计

得到回归系数后，就可以得到 Y 的计算值如下：

$$\hat{Y} = \hat{\beta}_1 + \hat{\beta}_2 X_2 + \cdots + \hat{\beta}_k X_k$$

从而有残差值 e_i

$$e_i = Y_i - \hat{Y}_i$$

向量 $\boldsymbol{e}$ 由 e_i 组成，$\sum_{i=1}^{n} e_i^2$（即 $\|\boldsymbol{e}\|^2$）称为残差平方和，又记为 Q。

$$\hat{\sigma}_u^2 = \frac{\boldsymbol{e}^{\mathrm{T}}\boldsymbol{e}}{n-k}$$

为 σ_u^2 的无偏估计量。

10.2.6* 判定系数 R^2(Coefficient of Determination)

R^2 称为判定系数，它反映了回归效果的好坏。其定义可从线性回归的几何解释中引出。

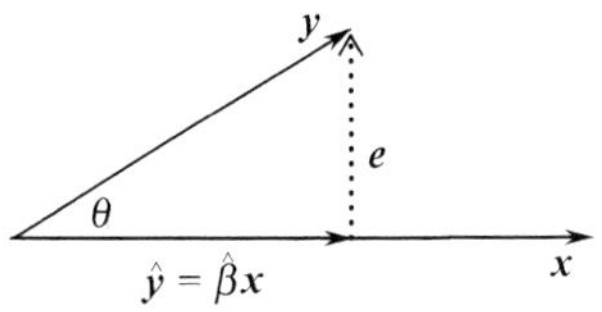

图 10.2.1 多元回归的几何解释

多元回归的几何解释的图形（见图 10.2.1）与一元回归的几何解释的图形完全相同，只是其横坐标 x 不再表示一个变量，而是表示 $k-1$ 个变量（想象为压缩到了一个轴上）。

判定系数 R^2 的定义如下：

$$R^2 = \frac{\|\hat{\boldsymbol{y}}\|^2}{\|\boldsymbol{y}\|^2} = \cos^2\theta$$

式中小写字母与大写字母的关系：$x_{ij}=X_{ij}-\bar{X}_j$，$y_j=Y_i-\bar{Y}$，$\hat{y}_i=\hat{Y}_i-\bar{Y}$。其经济意义是，已解释变差（又称回归平方和）占总变差（又称总平方和）的百分比[①]。

回归平方和$\|\hat{\mathbf{y}}\|^2$ 又记为 U。

R^2 的另一种表达：

$$R^2=\frac{\|\hat{\mathbf{y}}\|^2}{\|\mathbf{y}\|^2}=\frac{\|\mathbf{y}\|^2-\|\mathbf{e}\|^2}{\|\mathbf{y}\|^2}=1-\frac{\|\mathbf{e}\|^2}{\|\mathbf{y}\|^2}=1-\frac{\sum_{i=1}^{n}e_i^2}{\sum_{i=1}^{n}y_i^2}$$

R^2(Coefficient of determination)反映出总体回归效果，越接近于 1 越好。

R 被称为复相关系数(Multiple Correlation Coefficient)。

10.2.7* 回归效果的 F 检验

检验回归效果的 F 统计量的定义式是

$$F=\frac{\text{已解释方差}}{\text{未解释方差}}=\frac{\|\hat{\mathbf{y}}\|^2/(k-1)}{\|\mathbf{e}\|^2/(n-k)}\text{，服从 } F(k-1,n-k)\text{ 分布}$$

F 越大越好。当计算出的统计值 $f>f_\alpha(k-1,n-k)$，就表示回归效果是好的，在 α 水平上，已解释方差（Y 的变化中已经解释的部分）明显大于未解释方差（Y 的变化中尚未解释的部分）。

10.2.8* F 与 R² 的关系

F 统计值与 R^2 的统计值的关系，可以从下式的推演中看到：

$$F=\frac{\|\hat{\mathbf{y}}\|^2/\|\mathbf{y}\|^2}{\|\mathbf{e}\|^2/\|\mathbf{y}\|^2}\cdot\frac{n-k}{k-1}=\frac{n-k}{k-1}\cdot\frac{R^2}{1-R^2}$$

推演中用到勾股定理：$\|\mathbf{e}\|^2=\|\mathbf{y}\|^2-\|\hat{\mathbf{y}}\|^2$（参见图 10.2.1）。

10.2.9* 校正的判定系数(Adjusted R^2)

统计量 R^2 中不含有自由度。所谓校正的判定系数，是指“考虑了自由度的判定系数 R_{adj}^2”。其定义如下：

$$R_{\text{adj}}^2=1-\frac{\|\mathbf{e}\|^2/(n-k)}{\|\mathbf{y}\|^2/(n-1)}=1-(1-R^2)\frac{n-1}{n-k}$$

R_{adj}^2剔除了自由度的影响。

---

① $\|\mathbf{y}\|=\sqrt{y_1^2+\cdots+y_n^2}$，表示向量 $\mathbf{y}$ 的模长。

10.2.10* 回归系数的 T 检验

假设 $H_0:\beta_j=0$；

备择假设 $H_1:\beta_j\neq 0$（H_0 不成立）。

用统计量：$t=\dfrac{\hat{\beta}_j-\beta_j}{\hat{\sigma}_{\hat{\beta}_j}}$服从 $t(n-k)$，可以完成上述假设检验。

当$|t|>t_{\frac{\alpha}{2}}(n-k)$时，$H_1$ 成立，即 β_j 显著异于 0。

（$n\geqslant 5$ 时，若取 $\alpha=0.05$，则当$|t|>2$ 时，有 H_1 成立，即 β_j 显著异于 0）

针对回归系数的 t 统计量的显著性检验，决定了相应的变量能否作为解释变量进入回归方程。

10.2.11* 回归系数的置信区间

给定一置信水平 α，区间$(\hat{\beta}-\hat{\sigma}_{\hat{\beta}}\cdot t_{\alpha/2}(n-k),\hat{\beta}+\hat{\sigma}_{\hat{\beta}}\cdot t_{\alpha/2})$为 α 水平上的置信区间。

例：$\alpha=0.05$，则

$$p\left\{-t_{0.025}(n-k)<\frac{\hat{\beta}-\beta}{\hat{\sigma}_{\hat{\beta}}}<t_{0.025}(n-k)\right\}=0.95$$

即

$$P(\hat{\beta}-\hat{\sigma}_{\hat{\beta}}\cdot t_{0.025}(n-k)<\beta<\hat{\beta}+\hat{\sigma}_{\hat{\beta}}\cdot t_{0.025}(n-k))=0.95$$

线性多元回归中的几个重要的统计量

请注意这几个统计量在几何解释的直角三角形的位置：

$$R^2=\frac{\|\hat{y}\|^2}{\|y\|^2}\qquad F=\frac{\text{已解释方差}}{\text{未解释方差}}=\frac{\|\hat{y}\|^2/(k-1)}{\|e\|^2/(n-k)}$$

$$t=\frac{\hat{\beta}_j-\beta_j}{\hat{\sigma}_{\hat{\beta}_j}}\text{ 服从 }t(n-k),\hat{\sigma}_{\hat{\beta}_j}=\hat{\sigma}_u\sqrt{c_{jj}},c_{jj}=(X^TX)^{-1}_{jj}$$

10.2.12* 偏相关系数的另一种几何解释

定义：偏相关系数是在其他变量保持不变的情况下，任意两个变量之间的相关系数。

例如：已知 $Y=\beta_1+\beta_2X_2+\cdots+\beta_kX_k+u$，偏相关系数 $r_{YX_2,X_3,\cdots,X_k}$ 表示排除

$X_3, \cdots, X_k$ 影响后的 Y 和 X_2 之间的相关关系，其计算过程如下：

(1) 求中心化数据 y 对中心化数据 $x_3, \cdots, x_k$ 的 OLS 估计值：

$$\hat{y}'_i = \hat{\beta}'_3 x_{i3} + \cdots + \hat{\beta}'_k x_{ik}$$

要求出上式结果，需经两个步骤：

① 用中心化数据 y 对中心化数据 $x_3, \cdots, x_k$ 回归，求出回归系数 $\hat{\beta}'_3, \cdots, \hat{\beta}'_k$。

② 依托已经求出的回归系数 $\hat{\beta}'_3, \cdots, \hat{\beta}'_k$ 和由样本值得到的中心化数据，计算 $\hat{y}'_i$。

(2) 令 $y_i^* = y_i - \hat{y}'_i$（从 y_i 中剔除 $x_3, \cdots, x_k$ 的影响）。

(3) 求 x_2 对 $x_3, \cdots, x_k$ 的最小二乘估计值：$\hat{x}'_{i2} = \hat{\gamma}_3 x_{i3} + \cdots + \hat{\gamma}_k x_{ik}$。

要求出上式结果，同样需经两个步骤：先用 x_2 对 $x_3, \cdots, x_k$ 回归，求出回归系数 $\hat{\gamma}_3, \cdots, \hat{\gamma}_k$，然后求出 $\hat{x}'_{i2}$。

(4) 令 $x_{i2}^* = x_{i2} - \hat{x}'_{i2}$（从 x_{i2} 中剔除 $x_3, \cdots, x_k$ 的影响）。

(5) 求得偏相关系数如下：

$$r_{YX_2, X_3, \cdots, X_k} = \frac{\sum_i y_i^* \cdot x_{i2}^*}{\sqrt{\sum_i y_i^{*2}} \cdot \sqrt{\sum_i x_{i2}^{*2}}}$$

偏相关系数的几何解释：在下图中，偏相关系数是图中 θ 角的余弦：$r_{YX_2, X_3, \cdots, X_k} = \cos\theta$（见图 10.2.2 和图 10.2.3）。

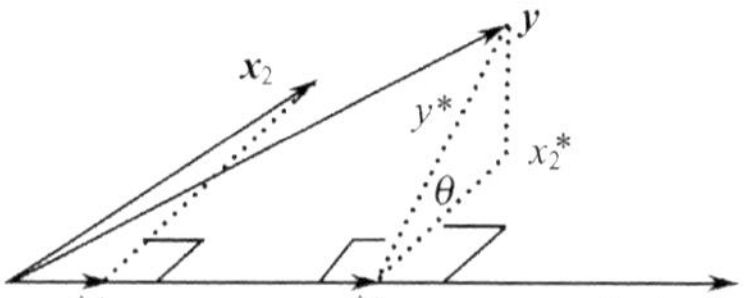

图 10.2.2　偏相关系数的几何解释

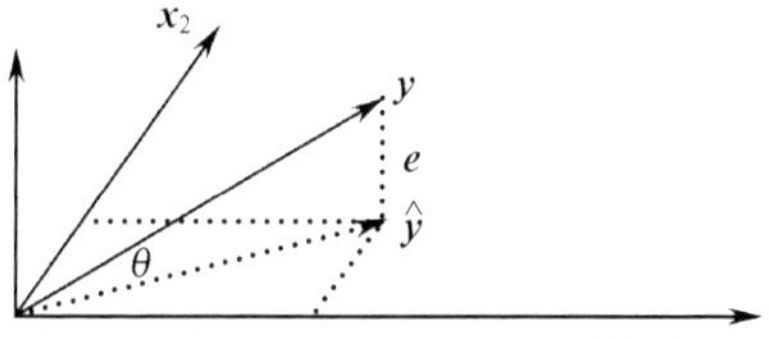

图 10.2.3　复相关系数的又一种几何解释

☆注意☆　图中，$\boldsymbol{x}_2^* = \boldsymbol{x}_2 - \hat{\boldsymbol{x}}'_2$，已经从图中左边的虚线，平移到右边的虚线。

10.2.13* 复相关系数的另一种几何解释

复相关系数 R 是图中 y 与其投影向量 $\hat{y}$ 的夹角 θ 的余弦。或者说，判定系数是该余弦的平方。

$$R^2 = \frac{\|\hat{\boldsymbol{y}}\|^2}{\|\boldsymbol{y}\|^2} = \cos^2\theta$$

10.2.14* 标准回归系数(Standardized Regression Coefficient)

在上述回归方程中,自变量的单位(例如,元,百元,千元,万元等)对回归系数的数量级有很大的影响。为了从回归系数的大小中,简单比较相应的自变量对因变量的作用大小,就应当剔除自变量的单位的影响。一种经典的处理方法是把所有变量标准化。

所谓标准化是指对变量 $Y, X_2, \cdots, X_k$ 进行如下处理:

$$x_j = \frac{X_j - \bar{X}_j}{S_j}, y = \frac{Y - \bar{Y}}{S_Y}$$

式中,$S_j = \sqrt{\frac{1}{n-1}\sum_i (X_{ij} - \bar{X}_j)^2}$,$S_Y = \sqrt{\frac{1}{n-1}\sum_i (Y_i - \bar{Y})^2}$,

于是,原始方程:

$$Y = \beta_1 + \beta_2 X_2 + \cdots + \beta_k X_k + u$$

就转化了标准方程:

$$y = \beta_2 x_2 + \cdots + \beta_k x_k + \nu$$

在 SPSS 中,所谓标准回归系数,就是指这一方程的回归系数。

10.3* 逐步回归

10.3.1* 回归系数的 F 检验

检验回归系数 β_j 是否显著异于 0,除了 T 检验外,还有针对回归系数(而不是针对总体回归效果)的 F 检验。

假设 $H_0: \beta_j = 0$;

备择假设 $H_1: \beta_j \neq 0$(H_0 不成立)。

可以证明,$\hat{\beta}_j^2 / \sigma_u^2 c_{jj}$ 服从 $\chi^2(1)$ 分布,且与 Q/σ_u^2(也服从 χ^2 分布)相互独立。

若再记,$V_j = \hat{\beta}_j^2 / c_{jj}$,则有

$$F_j = (n-k)V_j / Q \text{ 服从 } F(1, n-k) \text{ 分布}$$

把 F_j 的显著性概率 p 与置信度水平 α 比较,就可以判断一个变量 x_j 是否应当成为自变量:

$p > 0.05$,接受 H_0,β_j 与 0 没有显著差异,x_j 不应成为自变量。

$p \leqslant 0.05$,拒绝 H_0,β_j 与 0 有显著差异,x_j 应成为自变量。

10.3.2* 偏解释变差(偏回归平方和)

在一个回归方程中,当把 x_j 从自变量的队伍中删除以后,我们可以得到一组新的回归系数的估计值:$\hat{\beta}_1^*,\hat{\beta}_2^*,\cdots,\hat{\beta}_{j-1}^*,\hat{\beta}_{j+1}^*,\cdots,\hat{\beta}_k^*$(注意:下标不包含 j),从而得到 Y 的新的计算值:$\hat{Y}^*=\hat{\beta}_1^*+\hat{\beta}_2^*X_2+\cdots+\hat{\beta}_k^*X_k$(注意:下标不包含 j)。

如果用小写的 $\boldsymbol{y}$,$\boldsymbol{x}$,表示中心化的数据,就有 $\hat{\boldsymbol{y}}^*=\hat{\beta}_2^*x_2+\cdots+\hat{\beta}_k^*x_k$(注:下标不包含 j)。

这时 $\|\hat{\boldsymbol{y}}^*\|^2$ 是新的(在自变量中不含 x_j 的)已解释变差(新的回归平方和)。

☆注意☆　$\|\hat{\boldsymbol{y}}\|^2$ 是原来的(自变量中包含 x_j 的)已解释变差(原回归平方和)。

可以肯定地说,在自变量中删除一个变量之后,已解释变差只可能变小(在被删除的解释变量多少有一点解释作用的情况下,已解释变差会变小),或者已解释变差不变(在被删除的解释变量没有一点解释作用的情况下,已解释变差不变),即 $\|\hat{\boldsymbol{y}}\|^2\geqslant\|\hat{\boldsymbol{y}}^*\|^2$。

于是,$\|\hat{\boldsymbol{y}}\|^2-\|\hat{\boldsymbol{y}}^*\|^2$ 就是 x_j 对已解释变差(回归平方和)的贡献,因此,称 $\|\hat{\boldsymbol{y}}\|^2-\|\hat{\boldsymbol{y}}^*\|^2$ 为 x_j 的偏解释变差(偏回归平方和)。

可以证明,$V_j=\hat{\beta}_j^2/c_{jj}=\|\hat{\boldsymbol{y}}\|^2-\|\hat{\boldsymbol{y}}^*\|^2$,也就是说,$V_j$ 就是 x_j 的偏解释变差(偏回归平方和)。

从残差(或未解释变差的)角度来考虑:在自变量中删除一个变量之后,未解释变差只可能变大(或者不变)。

若记,$\|\boldsymbol{e}^*\|^2$ 是从自变量中删除变量 x_j 之后的未解释变差,那么,就有

$$\|\boldsymbol{e}\|^2\leqslant\|\boldsymbol{e}^*\|^2$$

可以证明,$\|\boldsymbol{e}^*\|^2-\|\boldsymbol{e}\|^2=V_j$。而 $V_j=\hat{\beta}_j^2/c_{jj}=\|\hat{\boldsymbol{y}}\|^2-\|\hat{\boldsymbol{y}}^*\|^2$,也就是说,在删除变量 x_j 之后的未解释变差的增加量,刚好等于已解释变差的减少量,刚好等于 x_j 的偏解释变差(偏回归平方和)。

以上数量关系的几何解释,或者说几何证明如下:

图 10.3.1 中,显示 x_2 是从自变量中删除的变量,$\boldsymbol{e}$ 是中心化数据 $\boldsymbol{y}$ 对所有自变量($x_2,\cdots,x_k$)回归的残差向量,$\boldsymbol{e}^*$ 是中心化数据 $\boldsymbol{y}$ 对自变量 $x_3,\cdots,x_k$(剔除了 x_2)回归的残差向量。

从回归平方和(变差)角度考虑,图中 $\|\hat{\boldsymbol{y}}\|^2$ 是中心化数据 $\boldsymbol{y}$ 对所有自变量($x_2,\cdots,x_k$)回归的已解释变差(回归平方和),$\|\hat{\boldsymbol{y}}'\|^2$ 是中心化数据 $\boldsymbol{y}$ 对自变量 $x_3,\cdots,x_k$(剔除了 x_2)回归的已解释变差(新的回归平方和),由勾股定理,得 $\|\hat{\boldsymbol{y}}\|^2-\|\hat{\boldsymbol{y}}'\|^2=\|\boldsymbol{e}_{(2)}\|^2$。$\|\boldsymbol{e}_{(2)}\|^2$ 就是已解释变差的减少部分,也就是变量 x_2 的偏解释变差 V_2。

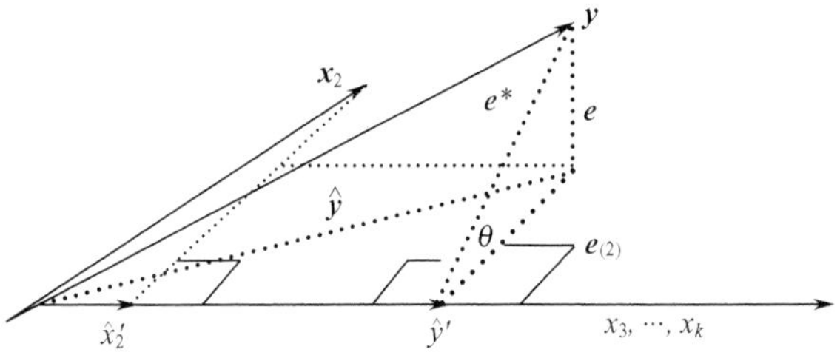

图 10.3.1 偏解释变差的几何解释

从未解释变差(残差平方和)角度考虑,图中$\|\boldsymbol{e}\|^2$是中心化数据y对所有自变量$(x_2,\cdots,x_k)$回归的未解释变差(残差平方和),$\|\boldsymbol{e}^*\|^2$是中心化数据y对自变量$x_3,\cdots,x_k$(剔除了x_2)回归的未解释变差(残差平方和)。由勾股定理,得$\|\boldsymbol{e}^*\|^2-\|\boldsymbol{e}\|^2=\|\boldsymbol{e}_{(2)}\|^2$。$\|\boldsymbol{e}_{(2)}\|^2$就是未解释变差的增加部分,也正是变量$x_2$的偏解释变差$V_2$。

由此看来,关于自变量x_j的系数β_j的F检验,其统计量F_j可以理解为,x_j的偏回归方差(偏解释变差/自由度$=\|\boldsymbol{e}_{(j)}\|^2/1=V_j/1$)与未解释方差(未解释变差/自由度$=\|\boldsymbol{e}\|^2/n-k$)之比,也就是,$F_j=(n-k)V_j/\|\boldsymbol{e}\|^2=(n-k)V_k/Q$。与第10.3.1节所给出的$F_j$统计量完全相同。

> **又一个重要的统计量 F_j(检验系数 β_j 与 0 是否有显著差异)**
>
> $F_j=(n-k)V_j/Q=(n-k)\|\boldsymbol{e}_{(j)}\|^2/\|\boldsymbol{e}\|^2$(结合图10.3.1),服从$F(1,n-k)$分布,其中$V_j=\hat{\beta}_j^2/c_{jj}$。

10.3.3* 逐步回归法

逐步回归法的基本思想是,在考虑Y对已知的一群变量$(X_2,\cdots,X_k)$回归时,从变量$X_2,\cdots,X_k$中,逐步选出对已解释变差的贡献(也就是偏解释变差)最大的变量,进入回归方程。而对已解释变差的贡献大小的判别依据,就是包含了偏解释变差的F统计量F_j。统计量F_j的值f_j最大的x_j,先进入方程;最后一个进入方程的自变量x_j,也应当满足:统计量的值f_j的显著性概率p,小于等于选定的显著性水平α(即,要求其系数β_j显著异于0)。

逐步回归法也可以按照反过来的顺序进行。先把Y对所有的自变量$X_2,\cdots,X_k$回归,然后,逐步把f_j最小的x_j剔除出方程,所有剔除出方程的x_j,在剔除时,其统计量的值f_j的显著性概率p,大于选定的显著性水平α(即,要求其系数

β_j 与 0 没有显著性差异)。

☆注意☆　逐步添加法或逐步剔除法,都应当强调“逐步”。不能一次按照各个变量的统计量的值 f_j 的显著性概率 p,是否小于等于选定的显著性水平 α,来决定是否作为 Y 的自变量。因为每添加或剔除一个变量,都会引起所有回归系数的变化、统计量的值 f_j 的变化。一次处理,会造成误判。只有逐步处理,才是恰当的。

逐步回归的第三种方法,是一边进、一边出。

“进”与“出”的判别准则,通常是不同的。“进”的变量的 f_j 的显著性概率 p 所对照的显著性水平 α_1,通常取得大一些,以便能够有更多的 f_j 的外侧概率(显著性概率)小于 α_1(例如 α_1 取 0.05),从而使较多的变量进入方程。而“出”的变量的 f_j 的显著性概率 p 所对照的显著性水平 α_2,则要取得更大一些,以便能够有较少的 f_j 的显著性概率 p 大于 α_2,从而有更少的变量被剔除出方程,防止变量“进”“出”方程,陷入死循环。

10.4　用 SPSS 处理经典回归问题

10.4.1　自变量强行进入的回归

例 10.4.1　(一元回归示例)

研究我国 31 个省市自治区的人均食品支出(“人均食出”)对“人均收入”的依赖关系(数据见本书附盘中的文件“CH10 回归人均食品支出”)。

此问题的回归方程是

$$人均食出 = \beta_1 + \beta_2\ 人均收入 + u$$

启动 SPSS,读入(或送入)数据后:

(1)点击 Analyze→regression→linear,系统弹出一个对话窗口,见图 10.4.1。

(2)在左栏中选择变量“人均食出”,击上边的向右箭头,将其移至因变量(Dependent)栏中。

(3)在左栏中选择变量“人均收入”,击下边的向右箭头,使之出现于解释变量(Independent)栏中。

(4)点击该窗口下面的 Statistics 按钮,弹出一个新的对话窗,见图 10.4.2。

在该窗口的 Regression Coefficients 框中,有三项选择:

Estimates:这是系统的默认值。选择此项,系统输出:回归系数 B,B 的标准差,标准回归系数 Beta,B 的 t 值及其双尾检验的 p 值。

Confidence Intervals:复选项。选择此项,系统输出每一个 B(非标准化回归系数)的 95% 的置信区间。我们选择此项。

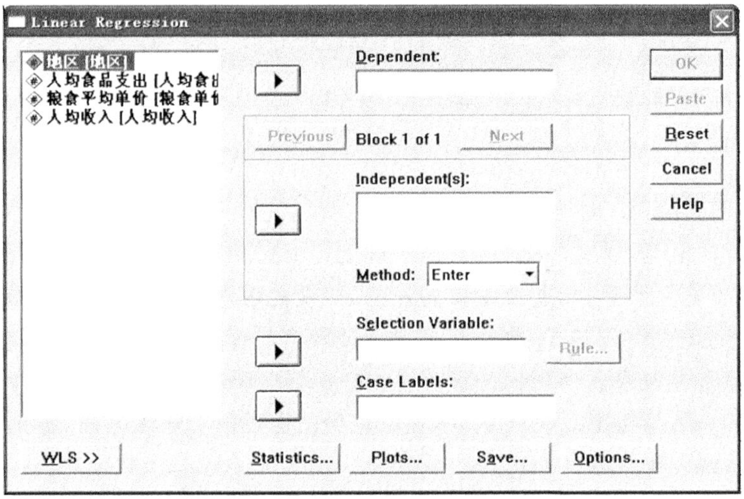

图 10.4.1　线性回归主对话窗口

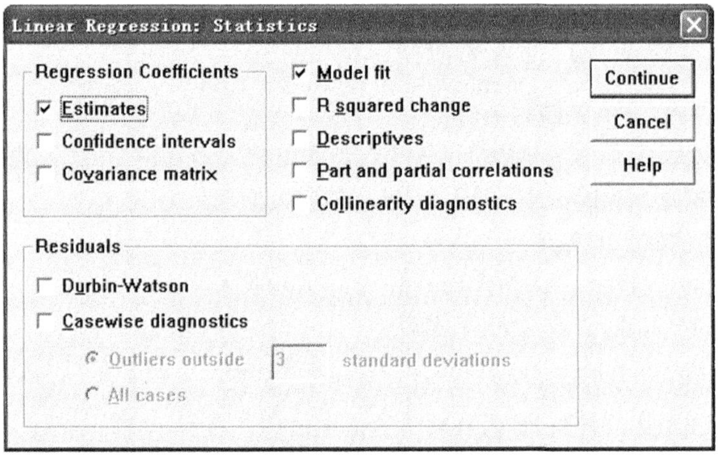

图 10.4.2　选择线性回归统计量的窗口

不理睬最后一项选择 Covariance Matrix(要求输出协方差矩阵)。

点击 Continue,回到主对话框。

(5)点击 OK 键(输出结果),见表 10.4.1 至表 10.4.3。

(6)结果分析:

第一张表(Variables Entered/Removed),在多元线性回归中再解释。

第二张表(Model Summary)见表 10.4.1,给出了 R(复相关系数,此处即简单相关系数)，R Square(确定系数 R^2)，Adjusted R Square(调整确定系数 R^2_{adj})，Standard Error of Estimate(回归的标准误差，即未解释标准差 $S_e=\hat{\sigma}_u=\sqrt{\dfrac{\sum_i e_i^2}{n-k}}$，$e_i=Y_i-\hat{Y}_i$，$k$ 是包括常数项在内的解释变量数。见 Peck，Roxy et al，2001，P. 541，P. 646)。

表 10.4.1 模型总体参数表 (Model Summary)

Model	R	R Square	Adjusted R Square	Std. Error of the Estimate
1	.921[a]	.848	.843	73.63

a Predictors: (Constant)，人均收入

预测变量(Predictors)，就是外生变量(exogenous variable)，在对因变量(被解释变量)做预测时，首先要预测出外生变量的值，所以又称预测变量。

第三张表(ANOVA)见表 10.4.2，是方差分析表(即 F 检验表)，给出了方差分析的结果。

该表第一列给出了总变差的来源：Regression 为回归项，Residual 为残差项，Total 所对应的变差是上两项变差之和。

该表第二列 Sum of Squares 为变差(Regression 行对应的变差，就是已解释变差 $\|\hat{\boldsymbol{y}}\|^2$，Residual 行对应的变差就是残差平方和 $\|\boldsymbol{e}\|^2$，Total 行对应的变差就是总变差 $\|\boldsymbol{y}\|^2$)。

该表第三列 df 为自由度(Regression 行对应的自由度是 $k-1$，Residual 行对应的自由度是 $n-k$。总变差即 Total 行对应的自由度是 $k-1+n-k=n-1$)。

该表第四列 Mean Square 为方差(即变差除以相应的自由度)。

该表第五列 F 为方差检验 F 值。

第六列 Sig 为 F 值显著性概率(外侧概率)。

表 10.4.2 回归的方差分析表 (ANOVA[b])

Model		Sum of Squares	df	Mean Square	F	Sig.
	Regression	878568.621	1	878568.621	162.035	.000[a]
	Residual	157240.218	29	5422.076		
	Total	1035808.839	30			

a Predictors: (Constant)，人均收入

b Dependent Variable: 人均食品支出

第四张表(Coefficients)见表 10.4.3，是回归系数表。

该表第一列是对模型的解释变量的说明。

第二列 B 为回归系数非标准化的回归系数 $\hat{\beta}_j$，Std. Error 为 $\hat{\beta}_j$ 的标准误差 S_j，即第 10.2.4 小节的 $\hat{\sigma}_{\beta_j}$，也就是说，$\hat{\beta}_j/S_j=\hat{\beta}_j/\hat{\sigma}_{\beta_j}=t$ 值(在第四列)。

第三列 BETA 为标准回归系数。

第四列为 t 值，Sig. 为 t 值的 p 值(t 的显著性概率)。表中，常数项的 T 检验不通过($p=0.458>0.05$)，即相应系数与 0 无显著差异。自变量“人均收入”的 T 检验通过($p=0.000<0.05$)，即相应系数显著异于 0。

最后一列是 95% 的置信区间。

表 10.4.3 回归系数及显著性检验表 (Coefficients[a])

		Unstandardized Coefficients		Standardized Coefficients	t	Sig.	95% Confidence Interval for B	
Model		B	Std. Error	Beta			Lower Bound	Upper Bound
1	(Constant)	−50.946	67.745		−.752	.458	−189.500	87.607
	人均收入	.422	.033	.921	12.729	.000	.354	.490

a Dependent Variable：人均食品支出

由于 T 检验表明，常数项与 0 没有显著差异，所以此例的最后结果，最好采用标准回归方程，及其系数。

SPSS 可将回归结果列于输出窗口(Output)，并可以在输出窗口点击 File 菜单，选择 Save 或 Save as 命令将回归结果存成 SPSS 的输出文件(＊.spo)。

例 10.4.2 (多元回归之一：将所选变量全部强行进入回归)

我国 31 个省市自治区的人均食品支出(“人均食出”)对“人均收入”、“粮食单价”的依赖关系(数据见本书附盘中的文件“CH10 回归人均食品支出”)。

此时的回归方程是

$$人均食出=\beta_1+\beta_2\,人均收入+\beta_3\,粮食单价+u$$

(1)点击 Analyze→regression→linear，系统弹出一个对话窗口，见图 10.4.1。

(2)在左栏中选择变量“人均食出”，击上边的向右箭头，将其移至 Dependent 栏中。

(3)在左栏中选择变量“人均收入”、“ 粮食单价”，击下边的向右箭头，使之出现于 Independent 栏中；

(4)点击该窗口下面的 Statistics 按钮，弹出一个新的对话窗，见图 10.4.2。

在 Regression Coefficients 框中，有三项选择：

Estimates：这是系统的默认值。选择此项，系统输出：回归系数 B，B 的标准差，标准回归系数 Beta，B 的 t 值及其双尾检验的 p 值。

Confidence Intervals:复选项。选择此项,系统输出每一个 B(非标准化回归系数)的 95% 的置信区间。

不理睬最后一项选择 Covariance Matrix(要求输出写方差矩阵)。

点击 Continue,回到主对话框。

(5)点击 Method 对应的箭头,出现一个下拉菜单,提供一些可供选择的其他方法,我们先采用系统默认的 Enter 方法。

(6)点击 OK,系统输出计算结果,见表 10.4.4～表 10.4.7。

(7)结果分析:

表 10.4.4　进入模型的变量说明表 (Variables Entered/Removed[b])

Model	Variables Entered	Variables Removed	Method
1	粮食平均单价,人均收入[a]	.	Enter

a　All requested variables entered.

b　Dependent Variable: 人均食品支出

表 10.4.4 是对进入模型的变量说明。

表 10.4.5 是有关模型总体参数的计算结果。

表 10.4.5　模型总体参数表 (Model Summary)

Model	R	R Square	Adjusted R Square	Std. Error of the Estimate
1	.940[a]	.883	.875	65.65

a　Predictors: (Constant),粮食平均单价,人均收入

各列含义同前,不再解释。

表 10.4.6　回归方差分析表 (ANOVA[b])

Model		Sum of Squares	df	Mean Square	F	Sig.
1	Regression	915129.050	2	457564.525	106.164	.000[a]
	Residual	120679.788	28	4309.992		
	Total	1035808.839	30			

a　Predictors: (Constant),粮食平均单价,人均收入

b　Dependent Variable: 人均食品支出

表 10.4.7 是关于回归系数及显著性检验的计算结果。说明如下:

表中,常数项的 t 的显著性概率为 0.168>0.05,表示常数项与 0 没有显著性

差异，表明常数项不应出现在方程中。

人均收入的 t 的显著性概率为 0.000<0.05，表示人均收入的系数与 0 有显著差异，人均收入应当作为解释变量出现在方程中。

粮食单价的 t 的显著性概率为 0.007<0.05，表示粮食单价的系数与 0 有显著差异，粮食单价应当作为解释变量出现在方程中。

因此应当采用标准回归方程及其系数（表 10.4.7 中的 Beta 列）。

表 10.4.7 回归系数及显著性检验表（Coefficients[a]）

		Unstandardized Coefficients		Standardized Coefficients	t	Sig.	95% Confidence Interval for B	
Model		B	Std. Error	Beta			Lower Bound	Upper Bound
1	(Constant)	-87.368	61.680		-1.416	.168	-213.714	38.979
	人均收入	.352	.038	.767	9.185	.000	.273	.430
	粮食单价	213.423	73.278	.243	2.913	.007	63.320	363.526

a Dependent Variable：人均食品支出

10.4.2* 逐步回归法

例 10.4.3 （多元回归之二：逐步回归法）

研究某城市散户股民在“证券市场的投资总额”是否可以用变量“证券市场外的收入”、“受教育程度”、“入市年份”和“股民年龄”来说明。数据见本书附盘中的文件“CH6CH9CH10 证券投资额与依据”。

本问题并不确切知道回归方程是什么，要依靠 SPSS 作探索。

(1) 点击 Analyze→regression→linear，系统弹出一个对话窗口，参见图 10.4.1。

(2)在左栏中选择变量“证券市场的投资总额”作为因变量，用箭头，将其移至 Dependent 栏中。

(3)在左栏中选择变量“证券市场外的收入”、“受教育程度”、“入市年份”和“股民年龄”，击下边的向右箭头，使之出现于 Independent 栏中。

(4)在 Method 选择框中，点击向下的箭头，出现下拉菜单(见图 10.4.3)，有如下选择：

Enter：让自己所选中的变量，强行全部进入模型。

Stepwise：前向逐步回归法（逐步增加自变量）与后向逐步回归法（先把所有自

变量放入方程，然后逐步减少自变量）的结合方法。

Remove：在已有回归方程的基础上，根据所设定的条件，删除变量。

Forward：前向逐步回归法（逐步增加自变量）

Backward：后向逐步回归法（先把所有自变量放入方程，然后逐步减少自变量）

本例题采用前后向结合的方法（Stepwise）。

此时，我们所面临的还是主窗口（图 10.4.3）。

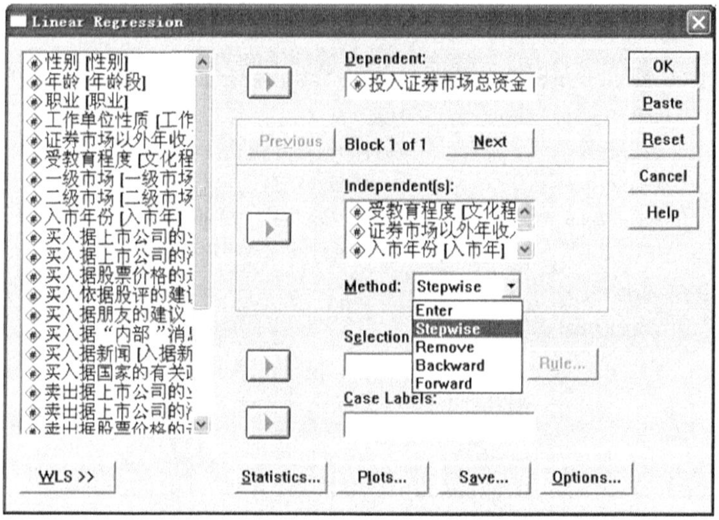

图 10.4.3　选择逐步回归的方法

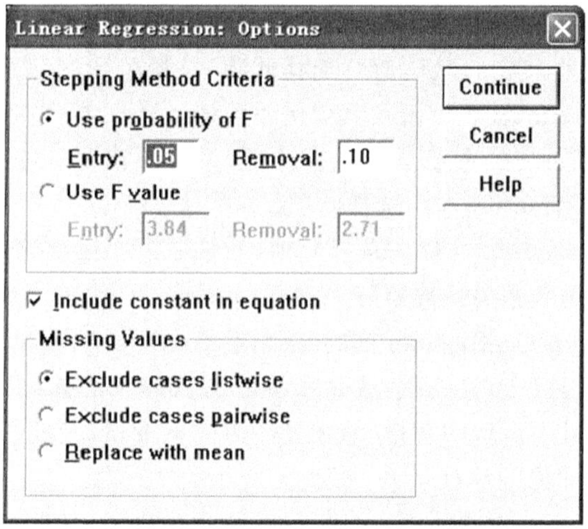

图 10.4.4　选择进出方程的 F_j 统计量的显著性概率

(5)点击主窗口右下角的 Options 按钮(见图 10.4.4),可以发现:在上述 3 种逐步回归方法(Forward,Backward,Stepwise)中,SPSS 所默认的进入回归方程的变量的系数的 F 统计量的概率为 0.05,所默认的从回归方程中删除变量的系数的 F 统计量的概率为 0.10。

本例接受系统的默认值。

点击 Continue,返回主窗口。

(6)点击主窗口下面的 Statistics 按钮,弹出一个新的对话窗(见图 10.4.5):

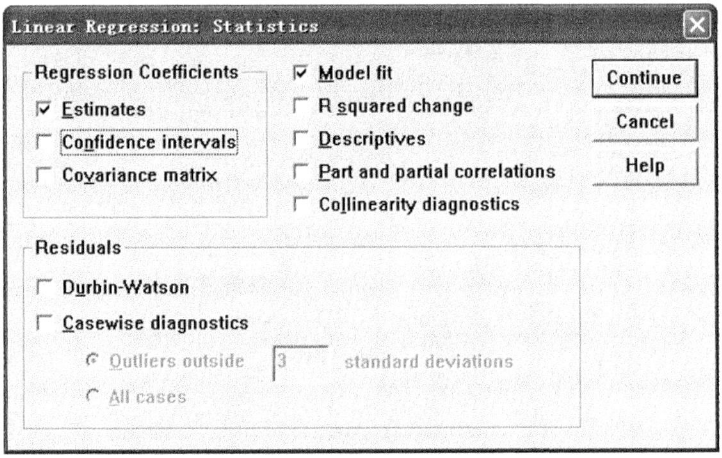

图 10.4.5 选择输出统计量的窗口

①在该窗口左上角的 Regression Coefficients 框中,有三项选择:

Estimates:这是系统的默认值。选择此项,系统输出:回归系数 B,B 的标准差,标准回归系数 Beta,B 的 t 值及其双尾检验的 p 值。本例接受系统默认值。

Confidence Intervals:复选项。选择此项,系统输出每一个 B(非标准化回归系数)的 95% 的置信区间。本例选择此项。

Covariance Matrix:复选项。选择此项,系统输出非标准化回归系数的协方差矩阵、各个变量之间的相关系数矩阵。

②在 Regression Coefficients 框的右侧,有 5 个复选项:

Model fit(模型拟合)复选项:这是系统的默认值。选择此项,系统输出(在逐步回归的过程中)引入模型的变量、从模型中删除的变量、复相关系数 R、判定系数 R^2、校正的 R^2、估计值的标准误差、ANOVA 方差分析表。

R Squared Change(R^2 的改变)复选项:在逐步回归中,当回归方程引入或删除一个变量后,R^2 会改变。选择此项,要求输出 R^2 的改变量。如果 R^2_{ch} 大,说明增加了这个变量,对模型回归效果的贡献大(或删除了这个变量,对已解释变差的影响小)。

选择此项后，系统还将输出 F_{ch}、Sig_{ch}（作了变量增减后的 F 统计量的 p 值）。

Descriptives（输出有关描述性的统计值）复选项：选择此项后，系统输出有效样本数、变量的均值、标准差、相关系数矩阵、单尾检验的显著性水平的 p 值矩阵等。

Part and partial correlation（部分相关系数与偏相关系数）复选项：选择此项，系统输出"部分相关系数"（一个自变量进入回归方程后，R^2 的增加量）、偏相关系数和零阶相关系数。这有助于对共线性的判断，后面详解。

Collinearity diagnostics（多重共线性诊断）复选项：选择此项，系统输出有关多重共线性的诊断数值。以后解释。先不选此项。

③Residuals（有关残差分析的选项）框中，有两个选项：

Durbin-Watson（检验是否存在序列相关的统计量）复选项：输出检验序列相关的 D-W 统计量的检验结果，我们以后解释，在此先不选此项。

Casewise diagnostics 复选项：选择此项后，两个子选项被激活：

Outliers outside standard deviation 选项：要求输入奇异数据的判据，默认值是大于等于 3 倍标准差的为奇异值。

All cases 选项：选择此项输出所有观察残差 e_i。

④点击 Continue，返回主对话窗口。

(7)点击主窗口下方的 Plots 按钮，系统弹出所要绘制图形的对话窗（见图 10.4.6）。

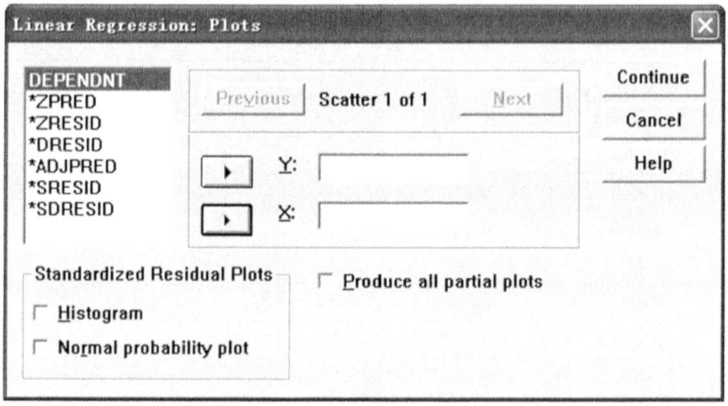

图 10.4.6　选择绘图窗口

在该窗的左框中有因变量和一些参数，可选一些变量或参数用箭头送入 X（或 Y）轴，选其他参数送入 Y（或 X）轴。完成计算后，机器就按照这里的选择输出图形。可供选择参数主要有：

Dependent：被解释变量，习惯上作为 X 轴，观察被解释变量（就是模型中的 Y）从小到大变化时，残差变化的情况（例如观察是否存在非齐次方差，是否存在序列相关等)。

ZPRED:标准化预测值,习惯上也作为 X 轴,观察被解释变量标准化后的的计算值(就是模型中 $\hat{y}$)从小到大变化时,残差变化的情况(例如观察是否存在非齐次方差,是否存在序列相关等)。

ZRESID:标准化残差,习惯上作为 Y 轴,观察它随被解释变量(或被解释变量标准化的计算值)变化的情况。

(以下的各类残差项,在习惯上多作为 Y 轴,观察它们随被解释变量增大时的变化情况)

DRESID:剔除残差(Deleted residuals)

ADJPRED:修正后的预测值

SRESID:t 分析残差

SDRESID:t 分析剔除残差

点击 Continue 返回主对话窗。

(8)在主对话窗口中,点击 Save 按钮,可选择有关计算结果保存下来。

(9)点击 OK,运行,系统输出结果。

(10)结果分析:

我们只解释其中的两张表:方差分析表(表 10.4.8)与系数表(表 10.4.9)。

表 10.4.8　回归问题中的方差分析表(ANOVA[e])

Model		Sum of Squares	df	Mean Square	F	Sig.
1	Regression	334.497	1	334.497	54.819	.000[a]
	Residual	2074.614	340	6.102		
	Total	2409.111	341			
2	Regression	418.287	2	209.144	35.613	.000[b]
	Residual	1990.824	339	5.873		
	Total	2409.111	341			
3	Regression	464.816	3	154.939	26.935	.000[c]
	Residual	1944.295	338	5.752		
	Total	2409.111	341			
4	Regression	498.043	4	124.511	21.956	.000[d]
	Residual	1911.068	337	5.671		
	Total	2409.111	341			

a　Predictors: (Constant),证券市场以外年收入

b　Predictors: (Constant),证券市场以外年收入,入市年份

c　Predictors: (Constant),证券市场以外年收入,入市年份,年龄

d　Predictors: (Constant),证券市场以外年收入,入市年份,年龄,受教育程度

e　Dependent Variable: 投入证券市场总资金

表 10.4.8(回归问题中的方差分析表)的第一列，给出了逐步回归过程中的 4 个模型。从中可以看到，回归平方和(Sum of Squares 列与每个模型的 Regression 行的交叉位置上的数据)随着逐步回归的过程，不断增大：从 334.497 增大到 498.043。这就是说，随着逐步回归中模型的改进，已解释变差越来越大。从表中的最后一列，可以看到每个模型的 F 统计值的显著性概率，都小于 0.01，说明每个模型的总体回归效果都是显著的。

表 10.4.9(回归系数与显著性检验表：Coefficients)的第二列给出了逐步回归过程中，变量逐步增加的情况。有意思的是，“年龄”变量竟然先于“受教育程度”进入模型，说明其偏回归变差(对投资额的贡献)大于“受教育程度”。变量“受教育程度”最后进入模型，说明这个变量对投资额的影响最小。

从所有模型的所有解释变量的 t 检验情况来看，几乎所有的变量的系数都在 0.01 的水平上，显著异于 0。只有最后一个模型的“受教育程度”的显著性概率为 0.016，大于 0.01，但还是小于 0.02 的，表明在 0.02 的显著性水平上，“受教育程度”的系数，显著异于 0。这些变量都可以作为解释变量存在与模型中，解释投资额的变化。

表 10.4.9　回归系数与显著性检验表 (Coefficients[a])

		Unstandardized Coefficients		Standardized Coefficients	t	Sig.	95% Confidence Interval for B	
Model		B	Std. Error	Beta			Lower Bound	Upper Bound
1	(Constant)	3.494	.269		12.995	.000	2.965	4.023
	证券市场以外年收入	.377	.051	.373	7.404	.000	.277	.477
2	(Constant)	4.493	.373		12.031	.000	3.758	5.227
	证券市场以外年收入	.374	.050	.370	7.491	.000	.276	.472
	入市年份	−.198	.053	−.187	−3.777	.000	−.302	−.095
3	(Constant)	3.331	.551		6.048	.000	2.248	4.415
	证券市场以外年收入	.383	.050	.379	7.741	.000	.286	.481
	入市年份	−.166	.053	−.156	−3.117	.002	−.271	−.061
	年龄	.291	.102	.143	2.844	.005	.090	.492

续表

		Unstandardized Coefficients		Standardized Coefficients	t	Sig.	95% Confidence Interval for B	
Model		B	Std. Error	Beta			Lower Bound	Upper Bound
4	(Constant)	2.493	.647		3.852	.000	1.220	3.766
	证券市场以外年收入	.371	.049	.366	7.492	.000	.273	.468
	入市年份	−.180	.053	−.169	−3.380	.001	−.284	−.075
	年龄	.325	.103	.159	3.170	.002	.123	.527
	受教育程度	.273	.113	.120	2.421	.016	.051	.494

a　Dependent Variable：投入证券市场总资金

10.5** 多元线性回归的三大基本问题

10.5.1** 多重共线性

多重共线性问题，是应用回归模型研究经济与管理问题时，经常遇到的问题，必须恰当解决，才能得出科学性的结论，引导正确的决策。

1. 问题的提出

由 10.2.2 小节的 OLS 估计方程系数的公式 $\hat{\boldsymbol{\beta}}=(\boldsymbol{X}^{\mathrm{T}}\boldsymbol{X})^{-1}\boldsymbol{X}^{\mathrm{T}}\boldsymbol{Y}$ 知，在计算系数的过程中，有一个求 $(\boldsymbol{X}^{\mathrm{T}}\boldsymbol{X})^{-1}$ 的过程。而 $(\boldsymbol{X}^{\mathrm{T}}\boldsymbol{X})^{-1}=\dfrac{\text{伴随阵}}{|\boldsymbol{X}^{\mathrm{T}}\boldsymbol{X}|}$，所以要求 $|\boldsymbol{X}^{\mathrm{T}}\boldsymbol{X}|$ 远离零(10.2.1 小节中的编号(7)的其他假设)。否则。在计算回归系数 $\hat{\boldsymbol{\beta}}=(\boldsymbol{X}^{\mathrm{T}}\boldsymbol{X})^{-1}\boldsymbol{X}^{\mathrm{T}}\boldsymbol{Y}$ 时，会出现计算溢出问题。

说明：伴随阵 $\boldsymbol{A}$ 的 ij 位之值＝($\boldsymbol{A}$ 的 j 行 i 列之外的元素所组成的行列式之值)$\times(-1)^{(i+j)}$。

从数学上看，如果向量 X_j 可以表达为另外一些向量 X_t、X_s 等的线性组合(系数不全为零)，例如，$X_j=a\,X_t+b\,X_s$，(a，b 不全为 0)，则 $|\boldsymbol{X}^{\mathrm{T}}\boldsymbol{X}|=0$，称为完全线性相关。若 $X_j\approx a\,X_t+b\,X_s$，(a，b 不全为 0)，或者说，$\boldsymbol{X}_i$ 与其他自变量 $\boldsymbol{X}_t$、$\boldsymbol{X}_s$ 的复相关系数 $\boldsymbol{R}_{i\cdot ts}$ 接近 1，则 $|\boldsymbol{X}^{\mathrm{T}}\boldsymbol{X}|\approx 0$，称变量 X_j、X_t、X_s 具有多重共线性。

多重共线性在经济管理问题上表现是：多个变量有共同的变化趋势。

2. 多重共线性的后果

(1) 计算 $\hat{\boldsymbol{\beta}}$,将溢出,因为 $|\boldsymbol{X}^{\mathrm{T}}\boldsymbol{X}|\to 0$ 时,$(\boldsymbol{X}^{\mathrm{T}}\boldsymbol{X})^{-1}\to\infty$。

(2) $\hat{\boldsymbol{\beta}}$ 的方差将变得很大,因为 $\mathrm{var}(\hat{\beta}_j)=\sigma_u^2(\boldsymbol{X}^{\mathrm{T}}\boldsymbol{X})_{jj}^{-1}$,$(\boldsymbol{X}^{\mathrm{T}}\boldsymbol{X})_{jj}^{-1}$ 是矩阵 $(\boldsymbol{X}^{\mathrm{T}}\boldsymbol{X})^{-1}$ 的对角线元素。

(3) t 统计量将普遍变小,导致错误地删除变量 $t=\dfrac{\hat{\beta}_j-\beta_j}{\hat{\sigma}_{\hat{\beta}_j}}$,式中,$\hat{\sigma}_{\hat{\beta}_j}=\hat{\sigma}_u\sqrt{c_{jj}}$,$c_{jj}=(\boldsymbol{X}^{\mathrm{T}}\boldsymbol{X})_{jj}^{-1}$。

(4) R^2 趋向于 1,给出虚假的回归效果好的结论。因为 $\|\hat{\boldsymbol{y}}\|^2=\|\boldsymbol{x}\hat{\boldsymbol{\beta}}\|^2$,$\hat{\boldsymbol{\beta}}$ 的溢出,会导致 $\|\hat{\boldsymbol{y}}\|^2$ 的溢出,所以会导致 $R^2=\dfrac{\|\hat{\boldsymbol{y}}\|^2}{\|\boldsymbol{y}\|}\to 1$。

(5) $\hat{\boldsymbol{\beta}}$ 仍无偏。

3. 若干判断是否存在多重共线性的方法

(1) 容许度(Tolerance)方法

如前所述,当 X_i 与其他所有自变量 X_t、X_s,…的相关系数 R_i. 接近 1 时,$|\boldsymbol{X}^{\mathrm{T}}\boldsymbol{X}|\approx 0$,自变量具有明显的多重共线性,所以定义容许度:$\mathrm{Tol}i=1-R_i^2$。Toli 越小,共线性越强。

但需注意,观测量与正态分布相去太远,此质变不适合于作为共线性的度量指标。

(2) 方差膨胀因子(VIF)

$$\mathrm{VIR}=1/\mathrm{Tol}i$$

其实与 Toli 是一回事。

(3) 用软件输出的相关统计量判断

如果输出的 F 统计值很大,R 趋于 1,同时,许多 t 统计值小(显著性概率大于 α),估计系数的标准差 $\hat{\sigma}_{\beta_j}$ 大(在 SPSS 软件输出的 Coefficient 表的 **Std. Error** 列),则表明存在多重共线性问题。

4. 多共线性问题的处理

(1) 逐步删除不重要的(t 相对小的)解释变量,可直接用逐步回归法完成。

(2) 用变量的比例代替原来的变量:

例如,在 $Y=aL^{\alpha}K^{\beta}e^{u}$ 中,可用如下变量替代,解决多重共线性问题。

$$Y\Leftarrow\frac{Y}{K},L\Leftarrow\frac{L}{K}$$

取对数后得到如下回归方程：

$$\ln\frac{Y}{K}=\ln a+\alpha\ln\frac{L}{K}+u$$

就可以消除多重共线性问题。

(3)改变模型结构。

例如，用 ΔY_t 代替 Y_{t-1} 等。

(4)恰当处理滞后变量。

回归方程 $Y_t=\alpha+\beta_0X_t+\beta_1X_{t-1}+\cdots+u_t$，由于滞后变量的同趋势性，很容易出现多重共线性问题。

解决的办法是，令 $\beta_s=\lambda^s\beta_0$，于是回归方程可以表达为

$$Y_t=\alpha+\beta_0(X_t+\lambda X_{t-1}+\cdots)+u_t$$

同时有

$$Y_{t-1}=\alpha+\beta_0(X_{t-1}+\lambda X_{t-2}+\cdots)+u_{t-1}$$

于是，前式$-\lambda$ 后式，有

$$Y_t=(1-\lambda)\alpha+\beta_0X_t+\lambda Y_{t-1}+v,v=u_t-\lambda u_{t-1}$$

这就消除了解释变量之间的多重共线性问题。

(5) 增大样本容量。

10.5.2** 异方差问题

异方差问题，是指随着解释变量的变化，被解释变量的方差存在明显的变化趋势(不具有常数方差的特征)。这也是经济与管理领域中经常出现的问题之一。它违反了高斯-马尔柯夫定理的条件，从而使 OLS 估计值不再具有最优的性质。因此也是要正确处理的问题。

1. 异方差问题的提出

对多元线性回归模型而言，高斯假设的第 (3)条是：

$$\mathrm{Cov}(\boldsymbol{u})=E(\boldsymbol{u}\,\boldsymbol{u}^{\mathrm{T}})=\sigma_u^2\boldsymbol{I}_n$$

它实质上包括两条假设：一是不存在序列相关，即 $\mathrm{Cov}(u_i,u_j)=E(u_iu_j)=0$，二是具有同方差性(齐次方差性)，即 $\mathrm{Var}(u_i)=\sigma_u^2$

但是在经济与管理问题中，散点的散布范围很可能出现如图 10.5.1 所示的三个图形。

按照高斯条件，被解释的随机性，实际上是有随机干扰项的随机性所决定的。因此被解释变量的异方差性，实际上也是由随机干扰项的异方差性所决定的。

也就是说，随机干扰项的方差，随着样本下标(不同的样本编号或不同的样本

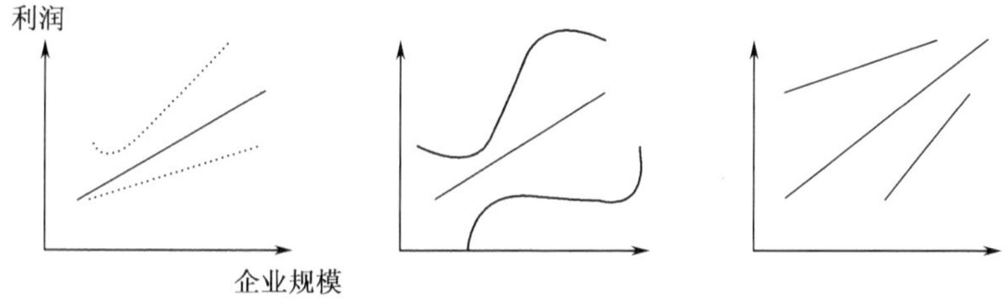

图 10.5.1　被解释变量的方差随解释变量的变化而明显变化

期)而变化,也就是:

$$\mathrm{Var}(u_i)=E(u_i^2)=\sigma_{ui}^2$$

即方差与下标 i 有关。若 $i\neq j$,则 $\sigma_{ui}^2\neq\sigma_{uj}^2$。这等价于(注意 $E(u_i)=0$):

$$\mathrm{Cov}(\boldsymbol{u})=E(\boldsymbol{u}\,\boldsymbol{u}^T)=E\begin{pmatrix}u_1u_1 & \cdots & u_1u_u\\ \vdots & & \vdots\\ u_nu_1 & \cdots & u_nu_n\end{pmatrix}=\sigma^2\begin{pmatrix}\frac{1}{\lambda_1} & & \\ & \ddots & \\ & & \frac{1}{\lambda_n}\end{pmatrix}=\sigma^2\boldsymbol{\Omega}$$

2. 异方差问题出现时的后果

回归参数的估计值仍无偏,但是不再有最小方差,所以不再有效,由于不满足关于 OLS 的高斯-马尔柯夫定理的条件,所以其结论也不成立。

3. 异方差问题是否存在的判断

(1) 用散点图判断

散点图的横坐标,可以是样本编号 i。这时,显示的图形与图 10.5.1 类似。横坐标也可以是 Y 或标准化 y 的计算值(也称预测值 $\hat{\mathbf{Y}}$ 或 $\hat{\mathbf{y}}$),此时的图形有变化,其实就是把上面图中的均值线在水平方向“拉直”,图形大致如图 10.5.2:

(2) 求 $|e_i|$ 与 X_{ij} 的等级相关系数(Spearman 相关系数)

$|e_i|$ 与 X_{ij} 的 Spearman 相关系数的绝对值大,意味着存在非齐次方差。这个结论可以把图 10.5.2 中小于 0 的部分翻到上面去,看出具有图 10.5.3 的趋势($\hat{y}_i$ 是 X_{ij} 的线性表达)。

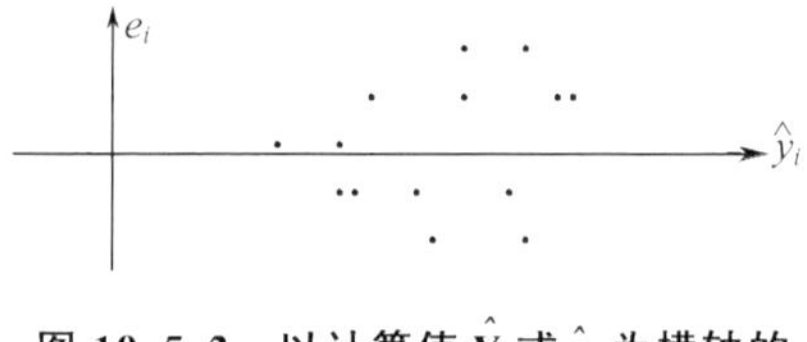

图 10.5.2　以计算值 $\hat{\mathbf{Y}}$ 或 $\hat{\mathbf{y}}$ 为横轴的残差散点图

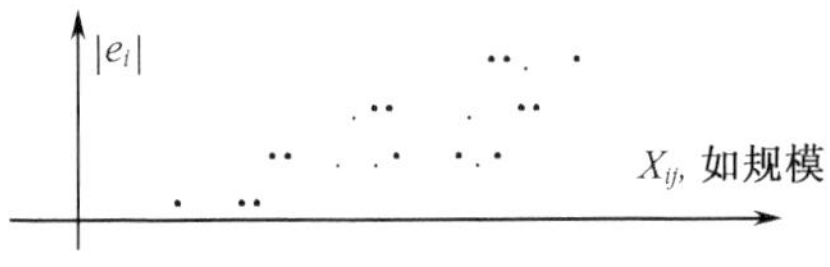

图 10.5.3 $|e_i|$与 X_{ij} 等级相关示意图

4. 异方差的处理

（1）试算异方差的形式

$$|e_i|=\alpha_0+\alpha_1 X_{ij}+u_i;(j=1,\cdots,k)$$
$$|e_i|=\alpha_0+\alpha_1 X_{ij}^2+u_i;(j=1,\cdots,k)$$
$$|e_i|=\alpha_0+\alpha_1 X_{ij}^{-1}+u_i;(j=1,\cdots,k)$$

或者，试算如下形式：

$$|e_i|=\alpha_0+\alpha_1\hat{y}_i+u_i$$
$$|e_i|=\alpha_0+\alpha_1\hat{Y}_i+u_i$$

等类似的一批函数形式。

选出回归效果最好的形式，由 $\hat{\alpha}_0,\hat{\alpha}_1$ 计算出 $|\hat{e}_i|$ 和 $\hat{e}_i^2$，得到

$$\widehat{\mathrm{Cov}(\boldsymbol{u})}=\sigma^2\hat{\boldsymbol{\Omega}}=\sigma^2\begin{pmatrix}\hat{e}_1^2 & & 0\\ & \ddots & \\ 0 & & \hat{e}_n^2\end{pmatrix}$$

（2）用下面的广义最小二乘法，求原方程的系数

广义最小二乘法（GLS）及其回归的效果，在下面介绍。

10.5.3** 广义最小二乘法 *GLS*（含 *WLS*、*Aitken* 估计）

1. 问题提法

模型是 $\mathbf{Y}=X\boldsymbol{\beta}+\boldsymbol{u}$，其中，$E(\boldsymbol{u})=0$，$E(\boldsymbol{u}\boldsymbol{u}^{\mathrm{T}})=\sigma^2\boldsymbol{\Omega}$，$=\boldsymbol{W}$，一般 $i\neq j$ 时，$w_{ii}\neq w_{jj}$

方程模型的其他假设条件不变。

2. 广义最小二乘法的估计公式

$\hat{\boldsymbol{\beta}}=(\boldsymbol{X}^{\mathrm{T}}\boldsymbol{\Omega}^{-1}\boldsymbol{X})^{-1}\boldsymbol{X}\boldsymbol{\Omega}^{-1}\boldsymbol{Y}$（异方差中的 σ^2 在此式的计算中相互抵消）

3. GLS 的估计值的性质

高斯-马尔柯夫定理依然成立。

4. $\hat{\boldsymbol{\beta}}$ 的方差与协方差

$$\mathrm{COV}(\hat{\beta})=\sigma_u^2(\boldsymbol{X}^{\mathrm{T}}\boldsymbol{\Omega}^{-1}\boldsymbol{X})^{-1}$$

5. $\hat{\sigma}_u^2$ 的无偏估计

$$\hat{\sigma}_u^2 = \frac{\boldsymbol{e}^{\mathrm{T}}\Omega^{-1}\boldsymbol{e}}{n-k}\text{（数字）}$$

6. 用 GLS 解决异方差问题

求出异方差问题的 Ω^{-1}，代入公式即可。Ω^{-1}实际是计算中权重。

7. WLS 处理异方差

若找到回归形式

$$|\hat{e}_i| = \hat{\alpha}_1 + \hat{\alpha}_2 X_{i2} + \cdots + \hat{\alpha}_s X_{is}$$

则用$|\hat{e}_i|$去除原模型，得

$$\frac{Y_i}{|\hat{e}_i|} = \frac{\beta_1}{|\hat{e}_i|} + \beta_2 \frac{X_{i2}}{|\hat{e}_i|} + \cdots + \frac{u_i}{|\hat{e}_i|}$$

记，$\frac{u_i^2}{\hat{e}_i^2} = \nu_i^2$，可以证明：$E\left(\frac{u_i}{|\hat{e}_i|}\right)^2 = E(\nu_i^2) = \sigma^2$，具有同方差性。于是，可以对上式用普通最小二乘法来估计系数了。这种作法，其实就是对原模型作了加权最小二乘计算。此时的估计结果，满足高斯-马尔柯夫定理的条件，所以也具有 BEST 的结论。

10.5.4** 自相关（序列相关）问题

自相关问题，是指随着不同期的样本值（不同编号的样本值）之间，存在相关关系。这也是经济与管理领域中经常出现的问题之一。它违反了高斯—马尔柯夫定理的条件，从而使 OLS 估计值不在具有最优的性质。因此也是要正确处理的问题。

1. 序列相关问题

在高斯基本假设中，除了要求 $E(u_i)=0$，$\mathrm{Var}(u_i)=\sigma_u^2$（常数）外，还要求$i \neq j$时，$\mathrm{Cov}(u_i, u_j)=0$。所谓序列相关问题就是指：

$$\mathrm{Cov}(u_i, u_j) \neq 0, i \neq j$$

例如图 10.5.4（注意横坐标）：

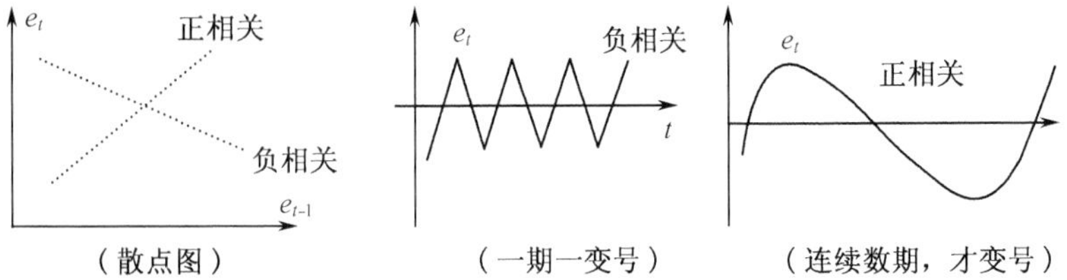

图 10.5.4　序列相关的示意图

☆注意☆　图 10.5.4 中左图的横坐标不是 t，它反映的前后期的残差项之间的相关关系。中图和右图的横坐标都是 t，它反映的是残差项随时间 t 的变化规律。

2. 经济管理问题中产生序列相关的若干主要原因

（1）固定资产本变量来就前后期相关。

（2）漏掉的变量，被包含在随机干扰项 u 中了，由此引起了序列相关问题。

（3）系统观察误差，会引起序列相关问题。

（4）灾害的影响是多年的，也会使相关问题出现序列相关。

3. 序列相关问题的影响

（1）OLS 估计值不具最小方差性。

（2）统计量的值 t 不准确。

（3）随机干扰项的估计值 $\hat{\sigma}_u^2=\dfrac{\boldsymbol{e}^{\mathrm{T}}\boldsymbol{e}}{n-k}$有偏。

（4）用这样的模型预测不准，失去意义（置信区间太大）。

4. 一阶序列相关的检验

所谓一阶序列相关，是指前后相邻两期样本之间的序列相关问题。其检验的工具是 DW 统计量。

DW 统计量的定义如下：

$$DW=\frac{\sum_{2}^{n}(e_t-e_{t-1})^2}{\sum_{1}^{n}e_t^2}\approx 2(1-\hat{\rho})\text{，其中，}e_t=\rho\, e_{t-1}+\nu$$

由于 $|\rho|<1$，所以 $0<DW<4$。

当 $\hat{\rho}=1$ 时，$DW=0$，完全正自相关。由于 $\hat{\rho}$ 只能接近 1，所以 e_t 与 e_{t-1} 只能接近完全正自相关。

当 $\hat{\rho}=0$ 时，$DW=2$，e_t 与 e_{t-1} 完全没有自相关。

当 $\hat{\rho}=-1$ 时，$DW=4$，完全负相关。由于 $\hat{\rho}$ 只能接近 -1，所以 e_t 与 e_{t-1} 只能接近完全负自相关。

具体的判别准则，可用图 10.5.5 表示：

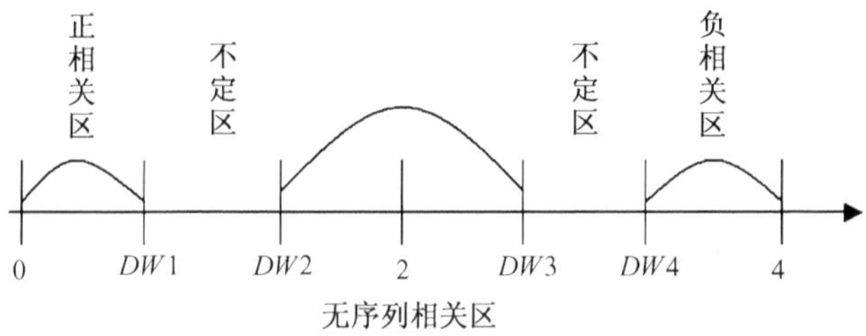

图 10.5.5 *DW* 统计量的值的分布区域与判别

图中，$DW3=4-DW2$，$DW4=4-DW1$。

当 $0<dw<DW1$ 时，存在正一阶序列相关。

当 $DW1<dw<DW2$ 时，不能断定是否存在序列相关。

当 $DW2<dw<DW3$ 时，不存在一阶序列相关。

当 $DW3<dw<DW4$ 时，不能断定是否存在序列相关。

当 $DW4<dw<4$ 时，存在负一阶序列相关。

Durbin-Watson 给出了样本容量为 n、解释变量数为 k、显著性水平 α 分别为 1% 和 5% 的查阅 $DW1$ 与 $DW2$ 的表格(参见 Intriligtor，Michael D.，1978，P. 163 及该书附表)。

5. 序列关的形式

序列相关的形式，有如下多种可能：

$$e_t=\rho\, e_{t-1}+\nu_t$$

$$e_t=\rho\, e_{t-1}^2+\nu_t$$

$$e_t=\rho\,|e_{t-1}|^{\frac{1}{2}}+\nu_t$$

$$e_t=\rho\,\frac{1}{e_{t-1}}+\nu_t$$

$$e_t=\rho_1 e_{t-1}+\rho_2 e_{t-2}+\nu_t$$

$$e_t=\rho_1 e_{t-1}^2+\rho_2 e_{t-2}+\nu_t$$

$$\cdots$$

$$e_t=\rho_1 e_{t-1}+\rho_2 e_{t-2}+\rho_3 e_{t-3}+\nu_t$$

$$\cdots$$

所谓一阶序列相关是指：$e_t = \rho e_{t-1} + \nu_t$。

二阶序列相关是指：$e_t = \rho_1 e_{t-1} + \rho_2 e_{t-2} + \nu_t$。

三阶以上类推。

这里是序列相关的"观察形式"，自相关的"理论形式"是把上面的 e_t 换成 u_t。

6. 一阶序列相关的 Ω 阵

一阶序列相关的理论形式，是指：

$$u_t = \rho u_{t-1} + \nu_t,$$

其中 v_t 符合 OLS 的基本假设(高斯假设)，即，

$$E(\nu_t) = 0,$$
$$E(\nu_t^2) = \sigma_\nu^2,$$
$$E(\nu_t \nu_{t-j}) = 0(当\ j = 1,2,\cdots),$$
$$E(\boldsymbol{X}^{\mathrm{T}} \nu_t) = 0。$$

我们可得一串递推式：

$$u_t = \rho u_{t-1} + \nu_t$$
$$u_{t-1} = \rho u_{t-2} + \nu_{t-1}$$
$$u_{t-2} = \cdots$$

从而，(后式代入前式)有

$$u_t = \nu_t + \rho \nu_{t-1} + \rho^2 \nu_{t-2} + \cdots + \rho^j \nu_{t-j} + \cdots$$

仿照上式，有

$$u_{t-1} = \nu_{t-1} + \rho \nu_{t-2} + \rho^2 \nu_{t-3} + \cdots + \rho^j \nu_{t-j-1} + \cdots$$
$$u_{t-2} = \cdots$$

于是，易知(注意 $E(\nu_t \nu_{t-j}) = 0$)：

$$E(u_t u_{t-1}) = \rho \sigma_\nu^2$$
$$E(u_t u_{t-2}) = \rho^2 \sigma_\nu^2$$
$$E(u_t u_{t-3}) = \rho^3 \sigma_\nu^2$$
$$\cdots$$

由于 $\sigma_\nu^2 = \sigma_u^2$。因为 $E(u_t u_{t-1}) = E((\rho u_{t-1} + \nu_t) u_{t-1}) = \rho \sigma_u^2$(注意，$u_{t-1}$ 的展开式中不含 ν_t，以及 $E(\nu_t \nu_{t-j}) = 0$)，而上面有 $E(u_t u_{t-1}) = \rho \sigma_\nu^2$，所以 $\sigma_\nu^2 = \sigma_u^2$。

所以有

$$\mathrm{Cov}(u) = \sigma_u^2 \Omega = \sigma_u^2 \begin{pmatrix} 1 & \rho & \cdots & \rho^{n-1} \\ \rho & \ddots & \ddots & \vdots \\ \vdots & \ddots & \ddots & \rho \\ \rho^{n-1} & \cdots & \rho & 1 \end{pmatrix}$$

7. 序列相关的处理：

(1) 用 GLS 求解（要先求出 $\mathbf{\Omega}$）。

(2) 基于软件的处理

① 滞后残差的试回归

例如，在试自回归后，得到：

$$e_t = \hat{\rho}_1 e_{t-1} + \hat{\rho}_2 e_{t-2}$$

的回归效果最好(所谓"最好"是指，$\hat{\rho}_1$、$\hat{\rho}_2$ 的统计检验都显著异于 0)。这意味着序列相关的理论形式是 $u_t = \rho_1 u_{t-1} + \rho_2 u_{t-2} + \nu_t$，$\nu_t$ 符合 OLS 的高斯假设。

从理论形式出发，令

$$Y_t^* = Y_t - \rho_1 Y_{t-1} - \rho_2 Y_{t-2}$$

$$X_{t,j}^* = X_{t,j} - \rho_1 X_{t-1,j} - \rho_2 X_{t-2,j}, j = 2, 3, \cdots, k$$

在原模型中，分别用 Y_t^*、$X_{t,j}^*$ 代替 Y_t、$X_{t,j}$。此时残差项是 $\nu_t = u_t - \rho_1 u_{t-1} - \rho_2 u_{t-2}$，符合 OLS 的高斯假设，所以可以直接应用 OLS 估计系数。

在实际操作中，令

$$Y_t^* = Y_t - \hat{\rho}_1 Y_{t-1} - \hat{\rho}_2 Y_{t-2}$$

$$X_{t,j}^* = X_{t,j} - \hat{\rho}_1 X_{t-1,j} - \hat{\rho}_2 X_{t-2,j}, j = 2, 3, \cdots, k$$

如果有多个外生变量，就对每个外生变量按上述模式处理。然后，在原模型中，分别用 Y_t^*、$X_{t,j}^*$ 代替 Y_t、$X_{t,j}$，用普通最小二乘法回归，就可以得到符合高斯-马尔柯夫定理的估计系数。

② 求 $\hat{\rho}$ 的 DW 两步法

用广义最小二乘法(GLS)是先求出 $\hat{\rho}$，再求出 $\mathbf{\Omega}$ 矩阵。在①的试回归处理方法中，虽然已经求出了相关的 $\hat{\rho}$，但估计效果并不很好，一般说，用 DW 两步法求相关的 $\hat{\rho}$，效果更好一些。

如上例，第一次估计出 $\hat{\rho}_1$，$\hat{\rho}_2$(下面用不到 $\hat{\rho}_1$，$\hat{\rho}_2$ 的估计值，仅用到试回归得到的最好的自相关的形式，例如上例的 $e_t = \hat{\rho}_1 e_{t-1} + \hat{\rho}_2 e_{t-2}$)后，按下式再估计一次 $\hat{\rho}_1$，$\hat{\rho}_2$：

$$Y_t = \alpha + \rho_1 Y_{t-1} + \rho_2 Y_{t-2} + \beta_2 X_{t,2} + \beta_3 X_{t-1,2} + \beta_4 X_{t-2,2} + \cdots + \nu$$

然后，按照这里求出来的 $\hat{\rho}_1$，$\hat{\rho}_2$，求 Y_t^* 与 $X_{t,j}^*$，再用 Y_t^* 对 $X_{t,j}^*$ 回归，就可以得到更好的 DW 统计量(参见张寿，于清文，1984，P. 197)。

10.6** 用SPSS处理线性回归的三大基本问题

10.6.1** 用SPSS处理多重共线性

例 10.6.1 被解释变量是某国的服装消费。备选的解释变量有：该国的可支配收入，该国居民的金融资产，该国的服装价格指数，该国的一般价格指数(数据见本书附盘中的文件“CH10共线反向逐步服装需求”)。

读入数据后：

(1)点击 Analyze→Regression→Liner，系统弹出一个对话窗口，参见图10.4.1。

(2)把“服装消费 *c*”作为被解释变量，击上边的向右箭头，将其移至因变量(Dependent)栏中。

(3)在左栏中选择变量“可支配收入 *y*”、“金融资产 *f*”、“服装价格指数 *pg*”、“一般价格指数 *p*0”，击下边的向右箭头，使之出现于解释变量(Independent)栏中。

(4)单击主窗口中的Method右边的向下的箭头，从下拉菜单中选择反向逐步回归方法(Backward)，用来观察多重共线性问题。

(5)点击OK，输出计算结果。

只解释输出的两张表格：

表10.6.1是逐步回归模型的总体效果参数。从中可以看出，逐步回归只做了2次，每个模型的 R 及 R 平方，都很大，总体回归效果是相当好的。

表 10.6.1　逐步回归模型的总体效果参数 (Model Summary)

Model	R	R Square	Adjusted R Square	Std. Error of the Estimate
1	.999[a]	.998	.996	.25751
2	.999[b]	.998	.997	.23726

a　Predictors: (Constant)，一般价格指数(1995年为100)，金融资产(百万美元)，服装价格指数(1995年为100)，可支配收入(百万美元)

b　Predictors: (Constant)，一般价格指数(1995年为100)，服装价格指数(1995年为100)，可支配收入(百万美元)

表 10.6.2　逐步回归的系数表(Coefficients[a])

		Unstandardized Coefficients		Standardized Coefficients	t	Sig.
Model		B	Std. Error	Beta		
1	(Constant)	−13.534	7.513		−1.801	.132
	可支配收入,百万美元	9.695E−02	.026	.821	3.660	.015
	金融资产,百万美元	1.508E−02	.049	.045	.305	.772
	服装价格指数, 95=100	−.199	.090	−.376	−2.209	.078
	一般价格指数, 95=100	.340	.150	.507	2.271	.072
2	(Constant)	−12.759	6.516		−1.958	.098
	可支配收入,百万美元	.104	.014	.877	7.464	.000
	服装价格指数, 95=100	−.188	.076	−.355	−2.469	.049
	一般价格指数, 95=100	.319	.122	.475	2.619	.040

a　Dependent Variable: 服装消费,百万美元

表 10.6.2 是逐步回归的系数表。该表显示,第一次回归计算,把所有的解释变量(4 个)都纳入模型中,结果是相对于变量"可支配收入"、"金融资产"、"服装价格指数"、"一般价格指数"的 t 统计值的显著性概率,分别为:0.015,0.772,0.078,0.072,常数项的 t 统计值为 0.132,除了"可支配收入"的 t 统计值的显著性概率小于 5% 以外,其余均大于 5%,表明相应的系数与 0 没有显著性差异,同时,表 10.6.1 的数字显示表示总体回归效果的 R 与 R 平方都很好,说明解释变量之间存在多重共线性。

该表显示,第二次回归计算剔除了"金融资产"变量。除了常数项外,t 检验结果都很好,说明消除了多重共线性。不过,本问题应采用标准化回归系数(因为常数项的 T 检验不好,依然大于 0.05)。

10.6.2** 用 SPSS 处理异方差问题

例 10.6.2　被解释变量是某国"居民储蓄额",解释变量是该国"居民的收入额"。数据本书附盘中的文件"CH10 异方差 SI 原"。

1. 观察异方差性

读入变量后:

点击 Analyze→Regression→Liner，把变量"居民储蓄额"，移至因变量(Dependent)栏中，把变量"居民的收入额" 移至解释变量(Independent)栏中。

点击"PLOTS"选 Y 的"标准化预测值"(计算值)为横轴，"标准化残差"为纵轴，以便从图形观察异方差问题。

点击"Save"，保存"未标准化残差"。

点击 OK，运算后，从图形可以初步看出存在异方差性(见图 10.6.1)。

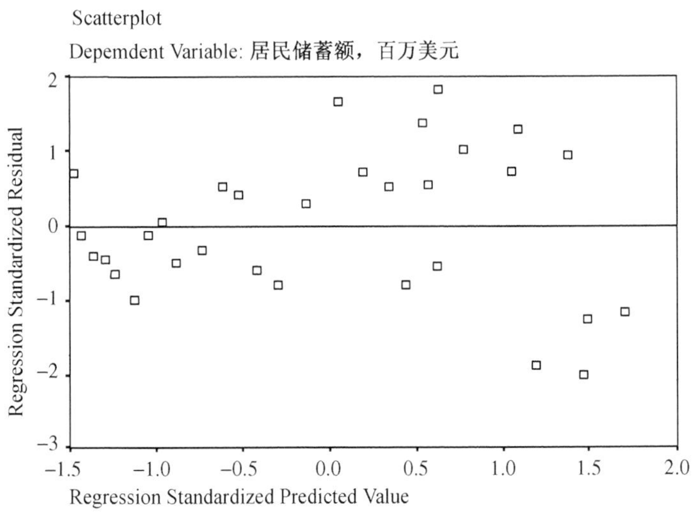

图 10.6.1　标准化后残差项散点图

2. 检验异方差是否存在

点击 Transform→Compute，产生新变量 $|e|$，即 |未标准化残差|。

点击 Analyze→Correlate→Bivariate，计算"居民收入"与 $|e|$(绝对值 e)的 Spearman 相关系数为 0.690，与 0 有显著差异，说明存在异方差性(见表 10.6.3)。

表 10.6.3　"居民收入"与 $|e|$(绝对值 e)的等级相关系数 (Correlations)

			居民收入额，百万美元	|e|
Spearman's rho	居民收入额，百万美元	Correlation Coefficient	1.000	.690**
		Sig. (2-tailed)	.	.000
		N	31	31
	|e|	Correlation Coefficient	.690**	1.000
		Sig. (2-tailed)	.000	.
		N	31	31

**　Correlation is significant at the .01 level (2—tailed).

3. 用加权最小二乘法估计回归方程的系数

以"1/收入"为权重，作如下回归：

$$储蓄/收入=\alpha/收入+\beta+\nu，式中\ \nu=u/收入$$

有两种方法完成上述回归：

(1)直接对上式回归：

点击 Transform→Compute，产生新变量"储蓄/收入"，"1/收入"。

点击 Analyze→Regression→Liner 过程，按照"储蓄/收入$=\alpha$/收入$+\beta+\nu$"方程式回归。

在回归前，点击"PLOTS"选 Y 的"标准化预测值"(计算值)为横轴，"标准化残差"为纵轴，以便从图形观察异方差的变化。

为证实异方差性是否得到改善，应当点击"Save"，保存加权回归的"未标准化残差"(可以在 SPSS 中把它记为 ee)。

注意回归结果，变量"1/收入"的系数(－722.475)是 $\hat{\alpha}$，而系统输出的 Constant(0.08814)是 $\hat{\beta}$(见表 10.6.4)，所以，所得出动回归方程是：

$$储蓄=-722.475+0.08814\ 收入$$

从输出结果(F、t 统计量)，可以看出回归效果是好的。

从图形可以看出，异方差性已经得到较大的改善。

表 10.6.4　用"1/收入"加权回归结果 (Coefficients[a])

		Unstandardized Coefficients		Standardized Coefficients	t	Sig.
Model		B	Std. Error	Beta		
1	(Constant)	8.814E－02	.004		20.144	.000
	1/收入	－722.475	72.417	－.880	－9.977	.000

a　Dependent Variable：储蓄/收入

检验异方差是否得到改善：点击 Transform→Compute 过程，产生新变量 |ee|，再计算 |ee| 与"收入 I"的等级相关系数，结果是 0.197，相应的 $P=0.289$，远远大于 0.05(见表 10.6.5)，表明等级相关系数与 0 没有显著差异，也就是说异方差性已经得到矫正。所得回归系数 $\hat{\alpha}$(－722.475)与 $\hat{\beta}$(0.08814)是 Best(满足 Blue 定理)。

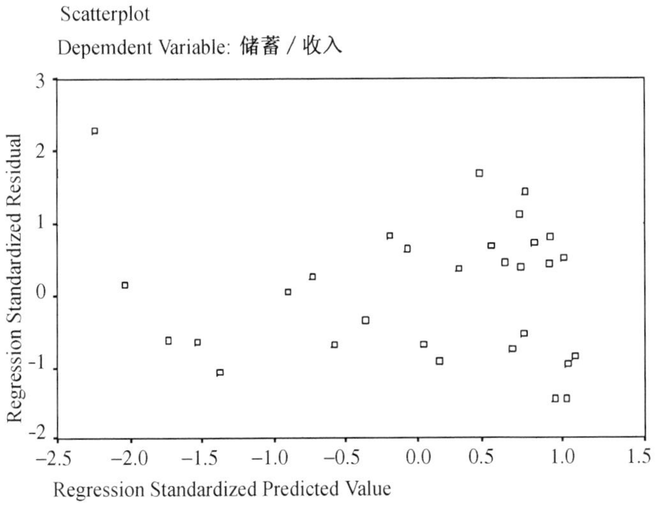

图 10.6.2　标准化后残差项散点图

表 10.6.5　用"1/收入"加权后的残差的绝对值与"收入"的等级相关 (Correlations)

			居民收入,百万美元	|ee|
Spearman's rho	居民收入,百万美元	Correlation Coefficient	1.000	.197
		Sig. (2—tailed)	.	.289
		N	31	31
	|ee|	Correlation Coefficient	.197	1.000
		Sig. (2—tailed)	.289	.
		N	31	31

(2)直接用加权最小二乘法(WST)估计回归系数

这又有两种作法:

① 点击 Analyze→Regression→Liner,在作"储蓄对收入的回归"前,点击 WST,把"1/收入"作为权重变量,送入指定的框内(见图 10.6.3)。

所得结果是:$\hat{\alpha}=-706.613$,$\hat{\beta}=0.08728$。F,t 统计量都是显著的(见表 10.6.6)。此法不能输出残差图。要另外计算等级相关系数,检查异方差是否已经消除。

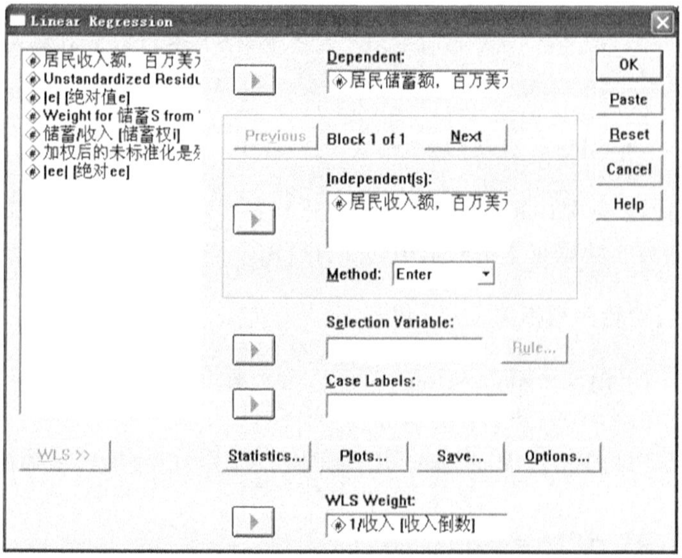

图 10.6.3　直接用加权最小二乘法

表 10.6.6　直接用加权最小二乘法的结果 (Coefficients[a,b])

Model		Unstandardized Coefficients		Standardized Coefficients	t	Sig.
		B	Std. Error	Beta		
1	(Constant)	−706.613	87.940		−8.035	.000
	居民收入，百万美元	8.728E−02	.004	.966	20.130	.000

a　Dependent Variable：居民收入(百万美元)

b　Weighted Least Squares Regression — Weighted by 1/收入

② 点击 Analyze→Regression→Weight Estimation，作“储蓄”对“收入”的回归，把“1/收入”作为权重变量送入指定的框内。注意，此时的权重变量不是“1/收入”，而是“$(1/\text{收入})^{\text{power}}$”，系统要求你送入试算 power 的范围。系统默认的试算的范围是(−2,2)，试算的步长是 0.5。你可以修改这些参数。例如，把试算的范围改为(−6,6)。系统所接受的最大的试算范围是(−6.5,7.5)。

所得结果是：$\hat{\alpha}=-719.0669$，$\hat{\beta}=0.087932$。F，t 统计量都是显著的。此法也不能输出残差图。要另外计算等级相关系数，检查异方差是否已经消除。与①法不同，这里的最佳权重变量是$(1/\text{收入})^{-1.5}$。

这里的结果与“(1)直接回归”的结果更接近一些。这里的方法是可取的。

平行地,可以以 $1/|e|$ 或 $1/|\hat{e}|$ 为权重变量,作上述回归。结果大同小异。

10.6.3** 用 SPSS 处理序列相关

例 10.6.3 英国1950、1960 年代末的进口额(IMPT,被解释变量)与 GNP 的数据(解释变量),数据见本书附盘中的文件“CH10 序列回归原英国进口”。

1. 观察、检验序列相关

(1)点击 Analyze→Regression→Liner,送入变量后;

(2)点击 Statistics,选 DW 统计量;

(3)点击 PLOTS,选 Y 的“标准化预测值”(计算值)为横轴,“标准化残差”为纵轴;

(4)点击 SAVE,选非标准化残差;

(5)点击 OK。

只看其中的 Model Summary 表(表 10.6.7),从其中的最后一列,看出 DW 统计值为 0.934,靠近 0,存在明显的一阶正序列相关。

表 10.6.7 包括 DW 统计值的回归总体效果 (Model Summary[b])

Model	R	R Square	Adjusted R Square	Std. Error of the Estimate	Durbin－Watson
1	.991[a]	.983	.982	177.49137	.934

a Predictors:(Constant),GNP,百万英镑 1968 年价

b Dependent Variable:进口,百万英镑 1968 年价

从图 10.6.4,可大致地显示出正序列相关的关系。

2. 试算序列相关的形式,估计序列相关系数

(1)准备

产生 2 个新变量 $e(t-1)$,$e(t-2)$,(可以手动完成,也可以用 SPSS 的 transform→Compute 中的 LAG 函数产生)

(2)试算

用 $e(t)$对 $e(t-1)$回归,观察回归系数(理论上没有常数),见表 10.6.8。

用 $e(t)$对 $e(t-1)$和 $e(t-2)$回归,观察回归系数(理论上没有常数),见表 10.6.9。

最后,本问题还是 $e(t)$对 $e(t-1)$的回归好一些(在 0.065 的显著性水平上,

有显著性差异)，自相关系数是 $\hat{\rho}=0.538$。

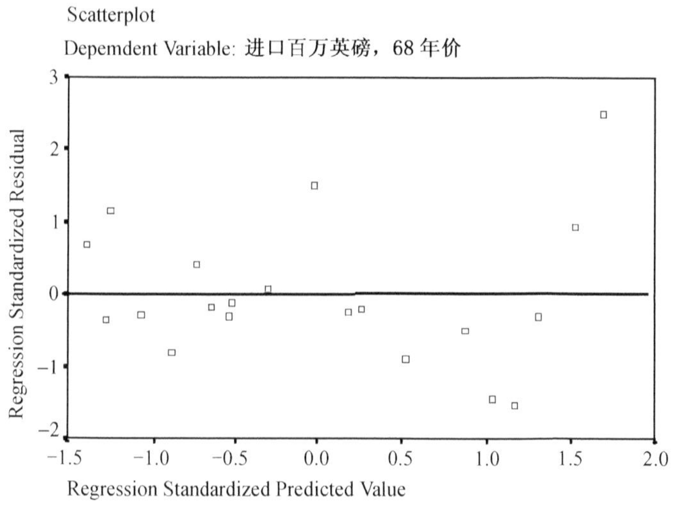

图 10.6.4 标准化后的残差图

表 10.6.8 $e(t)$对 $e(t-1)$回归系数表 (Coefficients[a])

		Unstandardized Coefficients		Standardized Coefficients	t	Sig.
Model		B	Std. Error	Beta		
1	(Constant)	6.057	37.706		.161	.874
	res _ 2(t—1)	.538	.269	.436	1.997	.062

a Dependent Variable: Unstandardized Residual

表 10.6.9 $e(t)$对 $e(t-1)$和 $e(t-2)$回归系数表 (Coefficients[a])

		Unstandardized Coefficients		Standardized Coefficients	t	Sig.
Model		B	Std. Error	Beta		
1	(Constant)	—8.956	40.625		—.220	.828
	res_2(t_1)	.552	.299	.454	1.848	.084
	res_3(t_2)	—.240	.306	—.192	—.784	.445

a Dependent Variable: Unstandardized Residual

3. 按照最佳的序列相关的形式，消除序列相关，得出估计值

用 SPSS 中 Transform→Compute，产生新变量“进口* =进口(t)−0.538 进口(t−1)”，“GNP* =GNP(t)−0.538GNP(t−1)”。

然后对这两个新变量回归，发现 DW 统计值为 1.640，已经大为改善，在 2 的周围了，见表 10.6.10。表 10.6.11 显示 t 检验效果(两个解释变量的 t 都是 0.000)非常好。

表 10.6.10 “进口*”对“GNP*”回归的参数 (Model Summary[b])

Model	R	R Square	Adjusted R Square	Std. Error of the Estimate	Durbin−Watson
1	.974	.948[a]	.945	157.43658	1.640

a Predictors: (Constant), GNP−0.538GNP(−1)

b Dependent Variable: 进口−0.538 进口(−1)

表 10.6.11 “进口*”对“GNP*”回归的结果 (Coefficients[a])

		Unstandardized Coefficients		Standardized Coefficients	t	Sig.
Model		B	Std. Error	Beta		
1	(Constant)	−1364.485	233.118		−5.853	.000
	GNP−0.538GNP(−1)	.297	.017	.974	17.557	.000

a Dependent Variable: 进口−0.538 进口(−1)

4. 估计自相关系数 $\hat{\rho}$ 的 DW 两步法

在得出 $e(t)$ 对 $e(t-1)$ 回归好(有显著性差异)后，按照下式回归：

$$Y_t = \alpha + \rho Y_{t-1} + \beta_2 X_t + \beta_3 X_{t-1} + \nu$$

得出 $\hat{\rho}=0.648$，见表 10.6.12。

然后用 $\hat{\rho}$ 计算“进口*”与“GNP*”，再用“进口*”对“GNP*”回归，则效果更好(见表 10.6.13 和表 10.6.14)。

表 10.6.12 求 $\hat{\rho}$ 的 DW 两步法的结果 (Coefficients[a])

		Unstandardized Coefficients		Standardized Coefficients	t	Sig.
Model		B	Std. Error	Beta		
1	(Constant)	−1105.538	691.640		−1.598	.131

续表

Model		Unstandardized Coefficients B	Std. Error	Standardized Coefficients Beta	t	Sig.
	进口(t—1)	.648	.294	.599	2.205	.044
	GNP 百万英镑，1968 年价	.340	.098	1.195	3.470	.003
	GNP(t-1)	—.234	.136	—.799	—1.722	.106

a　Dependent Variable：进口百万英镑，1968 年价

表 10.6.13　“进口* ”对“GNP* ”回归的 DW 统计值（Model Summary[b]）

Model	R	R Square	Adjusted R Square	Std. Error of the Estimate	Durbin—Watson
1	.960[a]	.922	.918	156.58037	1.803

a　Predictors：(Constant)，GNP—0.648GNP(t—1)

b　Dependent Variable：进口—0.648 进口(t—1)

表 10.6.14　“进口* ”对“GNP* ”回归的结果（Coefficients[a]）

Model		Unstandardized Coefficients B	Std. Error	Standardized Coefficients Beta	t	Sig.
1	(Constant)	—1126.319	229.474		—4.908	.000
	GNP—0.648GNP(t—1)	.305	.021	.960	14.216	.000

a　Dependent Variable：进口—0.648 进口(t—1)

第 11 章** 主成分分析与因子分析

11.1** 主成分分析

11.1.1** 概述

主成分(Principal components)分析是一种数学变换方法。它把给定的一组变量 $X_1, X_2, \cdots, X_k$,通过线性变换,转换为一组不相关的变量 $Y_1, Y_2, \cdots, Y_k$(两两相关系数为 0 的随机变量,或样本向量彼此相互垂直的随机变量)。在这种变换中,保持变量的总方差($X_1, X_2, \cdots, X_k$ 的方差之和)不变,同时,使 Y_1 具有最大方差,称为第一主成分;Y_2 具有次大方差,称为第二主成分。依次类推,原来有 k 个变量,就可以转换出 k 个主成分。

但在实际应用中,为了简化问题,通常不是找出 k 个主成分,而是找出 $q(q<k)$个主成分就够了,只要这 q 个主成分反映出原来 k 个变量的绝大部分的方差,就行了。

在实际问题中,我们设计调查表,收集到大量指标(变量)数据。但是这些指标之间,通常不是相互独立,而是相关的。此时,为了简化问题,我们就可以运用主成分分析方法,在这众多的指标中,找出少数几个综合性指标,来反映原来指标所反映的主要信息(绝大比例的方差),使问题简化。例如,企业的利润、成本、市场占有率等是明显相关的;地区的企业数、地区的 GDP、地区的物流量、信息流量等也是明显相关的;一组中青年人的年龄、身高、体重、肺活量等指标之间,还是明显相关的。这些相关的指标,完全有简化的可能。

11.1.2** 数学描述

1. 总体(母体)描述

设有 k 个指标(随机变量),从联合分布的角度看,可以视为一个总体 $X=(X_1, X_2, \cdots, X_k)^T$ 是 k 维随机向量,其协方差矩阵为

$$C_{k\times k}=\mathbf{COV}(\boldsymbol{X})=\begin{pmatrix} C_{11} & C_{12} & \cdots & C_{1k} \\ C_{21} & C_{22} & \cdots & C_{2k} \\ & \cdots & \cdots & \\ C_{k1} & C_{k2} & \cdots & C_{kk} \end{pmatrix}$$

式中，协方差 $C_{ij}=E\{[X_i-E(X_i)][X_j-E(X_j)]\}$

若指标间具有相关性，则其协方差矩阵 $\boldsymbol{C}_{k\times k}$ 就不是对角矩阵。

指标间具有相关性是做主成分分析的前提。

2. 样本描述

实际问题可概括如下：

调查 n 个个体(样本)在这 k 个指标下的数值(或者用这 k 个指标来评价 n 个对象)，就可得到数据矩阵 $\boldsymbol{X}_{k\times n}(k<n)$：

$$\begin{matrix} \text{对象：} & 1, & 2, & \cdots, & n \\ X_1 & x_{11} & x_{12} & \cdots & x_{1n} \\ X_2 & x_{21} & x_{22} & \cdots & x_{2n} \\ \cdots & & \cdots & \cdots & \\ X_k & x_{k1} & x_{k2} & \cdots & x_{kn} \end{matrix}$$

☆注意☆　在上面矩阵的表达方式中，对应于 X_i 的数据向量 x_i 是行向量。

用样本表达其协方差矩阵 **COV**(***X***)的元素 C_{ij}，则有

$$\begin{aligned} C_{ij} &= E\{[X_i-E(X_i)][X_j-E(X_j)]\} \\ &= \frac{1}{n}\sum_{s=1}^{n}(x_{is}-\bar{x}_{i\cdot})(x_{js}-\bar{x}_{j\cdot}),\ i,j=1,2,\cdots,k \end{aligned}$$

这是极大似然估计值。若用矩估计值，则等号右端的$\frac{1}{n}$，应当该为$\frac{1}{n-1}$。

例如，有数据：

$$\begin{matrix} x_1 \\ x_2 \end{matrix}\begin{pmatrix} 1 & 2 & 3 \\ 5 & 7 & 9 \end{pmatrix}$$

则可以用极大似然估计法，计算出协方差矩阵为

$$\mathbf{Cov}(\boldsymbol{X})=\frac{1}{3}\begin{pmatrix} 2 & 4 \\ 4 & 8 \end{pmatrix}$$

若用矩法估计，则只需将系数$\frac{1}{3}$，改为$\frac{1}{2}$。

现在的目的是要求出 $\boldsymbol{Y}=(Y_1,Y_2,\cdots,Y_k)^{\mathrm{T}}$，

使(1)：

$$Y_1=a_{11}X_1+a_{12}X_2+\cdots+a_{1k}X_k$$

$$\cdots$$
$$Y_k = a_{k1}X_1 + a_{k2}X_2 + \cdots + a_{kk}X_k$$

也就是

$$\begin{pmatrix} Y_1 \\ \vdots \\ Y_k \end{pmatrix} = \begin{pmatrix} a_{11} & \cdots & a_{1k} \\ \vdots & & \vdots \\ a_{k1} & \cdots & a_{kk} \end{pmatrix} \begin{pmatrix} X_1 \\ \vdots \\ X_k \end{pmatrix}$$

简记为

$$\boldsymbol{Y} = \boldsymbol{AX}$$

使(2)：

Y 的协方差矩阵 **COV**(**Y**)，为对角矩阵(即，指标 Y_i 之间是不相关的)。

使(3)：

Y 的方差尽可能大(即，对 n 个对象的分辨率尽可能强，或者说信息损失尽可能小)，比如说，使 tr**COV**(**Y**)＝tr**COV**(**X**)，(也就是使 **COV**(**Y**)与 **COV**(**X**)的主对角线上的元素之和相等①)，就没有"辨识能力方面"的损失。

然后，我们在从 $Y_1, Y_2, \cdots, Y_k$ 中，选出对方差贡献最大的部分指标，就达到了主成分分析的目的。

主成分分析的目标

1) 从相关的 $X_1, X_2, \cdots, X_k$，求出相互独立的(对于样本而言是相互正交的)$Y_1, Y_2, \cdots, Y_k$，同时，

2) $Y=(Y_1, Y_2, \cdots, Y_k)^T$ 的方差(反映变化的能力)不损失，等于 $X=(X_1, X_2, \cdots, X_k)^T$ 的方差。

X 与 Y 之间的计算关系是：

$$\begin{pmatrix} Y_1 \\ \vdots \\ Y_k \end{pmatrix} = \begin{pmatrix} a_{11} & \cdots & a_{1k} \\ \vdots & & \vdots \\ a_{k1} & \cdots & a_{kk} \end{pmatrix} \begin{pmatrix} X_1 \\ \vdots \\ X_k \end{pmatrix}，即\ \boldsymbol{Y} = \boldsymbol{AX}$$

11.1.3** 几何解释示例

在下图 X_1-O-X_2 的坐标中，散点大致为椭圆状。经过线性变换可以得到新的坐标 Y_1-O-Y_2，Y_1 在椭圆的长轴上，反映出了散点在这个方向的最大方差。Y_2 在椭圆的短轴上，反映出了散点在这个方向的方差。

① 基础知识：$X_1, X_2, \cdots, X_k$ 的方差之和＝tr**C**(称为"**C** 的迹")＝$C_{11}+\cdots+C_{kk}$＝矩阵 **C** 的主对角线上的元素之和。

(对于 X_1-O-X_2 坐标中的散点图而言,这些散点的两个坐标是负相关关系。而在 Y_1-O-Y_2 坐标中,这些散点的两个坐标则成了零相关。)

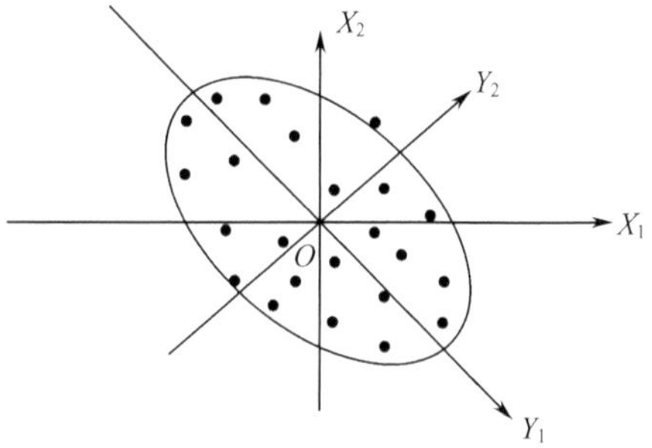

☆注意☆　指标 X_1、X_2 的相关性,表现在 n 维空间中:n 个散点所有的 X_{i1} 所构成 n 维向量 X_1,同 n 个散点所有的 X_{i2} 所构成 n 维向量 X_2 之间的相关性(两个 n 维向量的夹角余弦较大)。

11.1.4** 矩阵知识复习

(1)特征根与特征向量的概念

①若对任意 $\boldsymbol{k}$ 阶方阵 $\boldsymbol{C}$,有数字 λ 与向量 ξ 满足:$\lambda\xi=C\xi$,则称 λ 为 C 的特征根,ξ 为 $\boldsymbol{C}$ 的相应于 λ 的特征向量。

②同时,**方阵** $\boldsymbol{C}$ 的特征根 λ 是 k 阶方程 $|\boldsymbol{C}-\lambda\boldsymbol{I}|=0$ 的根。这个根可以是虚根。

(2)任一 $\boldsymbol{k}$ 阶**方阵** $\boldsymbol{C}$ 的其特征根 λ_j 的性质:

$$\sum_{j=1}^{k}\lambda_j=\mathrm{tr}(\boldsymbol{C})=\text{矩阵 } C \text{ 主对角线上的元素之和}$$

(3)任一 $\boldsymbol{k}$ 阶的实对称矩阵 $\boldsymbol{C}$ 的性质

① 实对称矩阵 $\boldsymbol{C}$ 的非零特征根的数目 $=\rho(\boldsymbol{C})$,即 $\boldsymbol{C}$ 的秩。

② k 阶的实对称矩阵存在 k 个实特征根。

③ 实对称矩阵的不同特征根的特征向量是正交的。

④ 若 ξ_j 是实对称矩阵 C 的单位特征向量,则

$$\boldsymbol{\xi}_j^{\mathrm{T}}\boldsymbol{C}\,\boldsymbol{\xi}_j=\lambda_j$$

若矩阵 $\boldsymbol{\xi}$,是由特征向量 $\boldsymbol{\xi}_j$ 所构成的,则有

$$\boldsymbol{\xi}^{\mathrm{T}}\boldsymbol{C}\,\boldsymbol{\xi}=\begin{pmatrix}\lambda_1 & & 0\\ & \ddots & \\ 0 & & \lambda_k\end{pmatrix}$$

11.1.5** 主成分的计算结论

对矩阵 **COV**(***X***)而言(它是 k 阶的实对称矩阵):

(1) 我们可以找到它的 k 个实特征根。

(2) 相应的 k 个长度为 1 的、相互正交的特征向量 $\boldsymbol{b}_1,\boldsymbol{b}_2,\cdots,\boldsymbol{b}_k$,即特征向量矩阵

$$\boldsymbol{B}=(\boldsymbol{b}_1,\boldsymbol{b}_2,\cdots,\boldsymbol{b}_k)=\begin{pmatrix} b_{11} & \cdots & b_{1k} \\ \vdots & & \vdots \\ b_{k1} & \cdots & b_{kk}\end{pmatrix}$$

式中,$\boldsymbol{b}_j=\begin{pmatrix} b_{1j} \\ \vdots \\ b_{kj}\end{pmatrix}$,或 $\boldsymbol{b}_j^{\mathrm{T}}=(b_{1j},b_{2j},\cdots,b_{kj})$,$\|b_j\|=1$。也就是 $\boldsymbol{B}^{\mathrm{T}}\boldsymbol{B}=\boldsymbol{B}\boldsymbol{B}^{\mathrm{T}}=\boldsymbol{I}_{k\times k}$。

3)按下法求主成分 Y_i:

$$Y_1=\boldsymbol{b}_1^{\mathrm{T}}X,Y_2=\boldsymbol{b}_2^{\mathrm{T}}\boldsymbol{X},\cdots,Y_k=\boldsymbol{b}_k^{\mathrm{T}}X$$

式中,$\boldsymbol{X}=(X_1,X_2,\cdots,X_k)^{\mathrm{T}}$。$Y_i(i=1,\cdots,k)$就是相互正交的综合变量(综合指标)。

上式的压缩表达是:$\boldsymbol{Y}=\boldsymbol{B}^{\mathrm{T}}\boldsymbol{X}$,展开表达是

$$\begin{pmatrix} Y_1 \\ \vdots \\ Y_k\end{pmatrix}=\begin{pmatrix} b_{11} & \cdots & b_{k1} \\ \vdots & & \vdots \\ b_{1k} & \cdots & b_{kk}\end{pmatrix}\begin{pmatrix} X_1 \\ \vdots \\ X_k\end{pmatrix}$$

进一步展开的表达是

$$Y_1=b_{11}X_1+b_{21}X_2+\cdots+b_{k1}X_k$$

$$\cdots$$

$$Y_k=b_{1k}X_1+b_{2k}X_2+\cdots+b_{kk}X_k$$

这就是主成分 $Y_1,Y_2,\cdots,Y_k$ 的计算公式。

这样计算出的主成分 $Y_1,Y_2,\cdots,Y_k$ 满足:

(1) **COV**(***Y***)为对角矩阵,即 $Y_1,Y_2,\cdots,Y_k$ 之间,互不相关,而且 Y_i 的方差为 λ_i。即

$$\mathbf{COV}(\boldsymbol{Y})=\begin{pmatrix} \lambda_1 & & 0 \\ & \ddots & \\ 0 & & \lambda_k\end{pmatrix}$$

(2) ***Y*** 与 ***X*** 的协方差矩阵的对角线上的元素之和相等,即 tr**COV**(***Y***)=tr**COV**(***X***),这表明没有方差的损失,并且

(3) $\mathrm{tr}\mathbf{COV}(\boldsymbol{Y})=\sum_{j=1}^{k}\lambda_j=k$

若取 $\lambda_1,\lambda_2,\cdots,\lambda_q$，使

$$(\lambda_1+\lambda_2+\cdots+\lambda_q)/(\lambda_1+\lambda_2+\cdots+\lambda_k)\geqslant 85\%$$

则，$Y_1=\boldsymbol{b}_1^{\mathrm{T}}\boldsymbol{X},Y_2=\boldsymbol{b}_2^{\mathrm{T}}\boldsymbol{X},\cdots,Y_q=\boldsymbol{b}_q^{\mathrm{T}}\boldsymbol{X}$，就是反映了原来指标下数据主要信息的少数几个综合性指标。

11.1.6** 一个简单的等价算法

可以证明，把 $\boldsymbol{X}_{k\times n}$ 的数据 X_{ij} 标准化后，所得到的由 x_{ij} 所组成的矩阵 $\boldsymbol{x}$，有如下性质：

由 $\boldsymbol{x}$ 的协方差矩阵 $\mathbf{COV}(\boldsymbol{x})$，所求出的特征根与长度为 1 的特征向量与由原数据的协方差矩阵 $\mathbf{COV}(\boldsymbol{X})$，所求出的特征根与长度为 1 的特征向量相同。

所谓标准化是指 $x_{ij}=\dfrac{X_{ij}-\overline{X}_{i\cdot}}{S_i}$，其中 $S_i=\sqrt{\dfrac{1}{n-1}\sum_{j=1}^{n}(X_{ij}-\overline{X}_{i\cdot})^2}$

由此可以得到一个简单的推论：由于标准化后的变量的方差都为 1，所以，k 个变量的方差之和为 k。这就是前面 $\mathrm{tr}\mathbf{COV}(\boldsymbol{Y})=\sum_{j=1}^{k}\lambda_j=k$ 的理由。

还可以证明：由 $\boldsymbol{X}$ 的原来数据所求出的相关系数矩阵 $\boldsymbol{R}(k\times k$ 阶$)=$标准化后的协方差矩阵 $\mathbf{COV}(\boldsymbol{x})$。所以，作法可以简化为

(1) 由 $\boldsymbol{X}$ 的初始数据求出相关系数矩阵 $\boldsymbol{R}(k\times k$ 阶$)$

(2) 求 $\boldsymbol{R}$ 的特征根 $\lambda_1,\lambda_2,\cdots,\lambda_k$(从大到小排列)及任意一组长度为 1 的、相互正交的特征向量 $\boldsymbol{b}_1,\boldsymbol{b}_2,\cdots,\boldsymbol{b}_k$

(3.1)取 $\lambda_1,\lambda_2,\cdots,\lambda_q$，使

$$(\lambda_1+\lambda_2+\cdots+\lambda_q)/(\lambda_1+\lambda_2+\cdots+\lambda_k)\geqslant 85\%$$

则 $Y_1=\boldsymbol{b}_1^{\mathrm{T}}\boldsymbol{X},Y_2=\boldsymbol{b}_2^{\mathrm{T}}\boldsymbol{X},\cdots,Y_q=\boldsymbol{b}_q^{\mathrm{T}}\boldsymbol{X}$，即为所求。

(3.2)取大于等于 1 的特征根所对应的向量(设有 s 个)，来计算主成分：

$$Y_1=\boldsymbol{b}_1^{\mathrm{T}}\boldsymbol{X},Y_2=\boldsymbol{b}_2^{\mathrm{T}}\boldsymbol{X},\cdots,Y_s=\boldsymbol{b}_s^{\mathrm{T}}\boldsymbol{X}。$$

(3.1)与(3.2)的关系是“或者”关系。

主成分的实际求法：

(1) 由 $\boldsymbol{X}$ 的初始数据求出相关系数矩阵 $\boldsymbol{R}(k\times k$ 阶)

(2) 求 $\boldsymbol{R}$ 的特征根 $\lambda_1,\lambda_2,\cdots,\lambda_k$(从大到小排列)及任意一组长度为 1 的、相互正交的特征向量 $\boldsymbol{b}_1,\boldsymbol{b}_2,\cdots,\boldsymbol{b}_k$

(3) 取 $\lambda_1,\lambda_2,\cdots,\lambda_q$，使：$(\lambda_1+\lambda_2+\cdots+\lambda_q)/(\lambda_1+\lambda_2+\cdots+\lambda_k)\geqslant 85\%$

或 取大于等于 1 的 λ_i 及对应的向量(设有 q 个)

$Y_1=\boldsymbol{b}_1^{\mathrm{T}}\boldsymbol{X},Y_2=\boldsymbol{b}_2^{\mathrm{T}}\boldsymbol{X},\cdots,Y_q=\boldsymbol{b}_q^{\mathrm{T}}\boldsymbol{X}$，即为所求。

实际作法的基础：

$\boldsymbol{X}$ 的相关系数矩阵 $\boldsymbol{R}(k\times k$ 阶)＝标准化后的协方差矩阵 **COV(*x*)**。而

由 **COV(*x*)** 求出来的特征根与长度为 1 的特征向量＝由 **COV(*x*)** 求出来的特征根与长度为 1 的特征向量。

所以，从 **COV(*x*)** 出发求特征根与长度为 1 的特征向量的作法，转变成了从 $\boldsymbol{X}$ 的相关系数矩阵 $\boldsymbol{R}$ 出发，求特征根与长度为 1 的特征向量。

11.1.7** 示例

例 11.1.1 某公司请12 名顾客对 5 类肉食偏好打分，如表 11.1.1：

表 11.1.1　12 名顾客对 5 类肉食偏好的评分

	顾客	牛肉	鱼肉	羊肉	猪肉	鸡肉
1	1	3.00	2.00	8.00	9.00	4.00
2	2	10.00	1.00	5.00	6.00	3.00
3	3	7.00	8.00	3.00	4.00	7.00
4	4	4.00	2.00	4.00	5.00	5.00
5	5	7.00	2.00	3.00	5.00	3.00
6	6	6.00	5.00	6.00	5.00	7.00
7	7	7.00	4.00	1.00	4.00	4.00
8	8	6.00	3.00	2.00	8.00	4.00
9	9	9.00	4.00	2.00	4.00	5.00
10	10	8.00	1.00	3.00	6.00	5.00
11	11	8.00	3.00	4.00	7.00	6.00
12	12	7.00	3.00	1.00	5.00	8.00

(1)求出初始数据的相关系数矩阵如表 11.1.2：

表 11.1.2 相关系数矩阵表(Correlation Matrix)

	牛肉	鱼肉	羊肉	猪肉	鸡肉
牛肉	1.000	−.016	−.429	−.395	−.053
鱼肉	−.016	1.000	−.181	−.473	.571
羊肉	−.429	−.181	1.000	.545	−.149
猪肉	−.395	−.473	.545	1.000	−.301
鸡肉	−.053	.571	−.149	−.301	1.000

(2)求出该矩阵的 5 个特征根是:2.252,1.405,0.534,0.489,0.321。

(3)求出相应的长度为 1 的、相互正交的特征向量,是表 11.1.3 中的 5 个列向量。

表 11.1.3 长度为 1 的、相互正交的、5 个特征向量

	1	2	3	4	5
牛肉	.3179	−.5779	.7157	.1077	.1758
鱼肉	.4545	.4767	.1040	−.4290	.6089
羊肉	−.4685	.3653	.6404	−.3747	−.3106
猪肉	−.5691	.1130	.1138	.4748	.6513
鸡肉	.3865	.5307	.2313	.6621	−.2771

(4)前 2 个特征根大于等于 1(对原方差的解释率达到 73.139%),于是由前两个特征向量所求出来的主成分是

$Y_1 = 0.3179$ 牛肉 $+ 0.4545$ 鱼肉 $- 0.4685$ 羊肉 $- 0.5691$ 猪肉 $+ 0.3865$ 鸡肉

$Y_2 = -0.5779$ 牛肉 $+ 0.4767$ 鱼肉 $+ 0.3653$ 羊肉 $+ 0.1130$ 猪肉 $+ 0.5307$ 鸡肉

这里很难看出主成分 Y_1,Y_2 的实际含义。但是,Y_1,Y_2 这两个变量(主成分)已经表达了原来五个变量的 73.139% 的方差。

11.2** 因子分析

11.2.1** 概述

因子分析(Factor Analysis)是多元统计分析的一个重要分支。主要目的是浓缩数据。通过对诸多变量的相关性研究,可以用假想的少数几个变量,来表示原来

变量的主要信息。

因子分析最初是由英国心理学家 C. Spearman 提出的。1904 年他在美国心理学刊物上,发表了第一篇有关因子分析的文章。以后逐步被发展完善。50 年代以来,由于计算机的发展,因子分析在社会学、经济学、管理学、医学、地质学、气象学中得到了较为广泛的应用。

因子分析的主要作用是

(1) 寻求基本结构(Summarization)。在多元统计分析中,我们经常遇到诸多变量之间存在强相关的问题。它会对分析带来许多麻烦。例如在回归分析中的多重共线性(也就是行列式$|\boldsymbol{X}^{\mathrm{T}}\boldsymbol{X}|$不远离零)的问题。通过因子分析,我们可以找出几个较少的(一般说来)有实际意义的因子,反映出原来数据的基本结构。

例如,调查一个餐馆的几十个指标,能够收缩到反映在饭菜质量、价格、服务质量、就餐环境等几个方面指标(变量)。

又如,对求职人员测评的十几个指标,或者对企业家生活形态调查的十几个指标,都可以通过因子分析归纳为少数几个方面的指标。

(2) 数据化简(Data reduction),通过因子分析,可以用所找出的少数几个因子代替原来的变量做回归分析、聚类分析、判别分析等。

注意因子分析与主成分分析的区别,这里我们已经遇到的是:因子分析中的因子的一般能够找到实际意义,主成分分析的主成分综合性太强,一般找不出实际意义。

两者的其他区别,放在以后章节再讲。

11.2.2** 数学描述与主要特性

如上一节所讨论,数据标准化后不改变原来变量之间的相互关系,而又常常能够使问题简化,所以,以下讨论都建立在已标准化了的数据之上。

Spearman 最初提出的问题是:学生 k 门功课的成绩 x_i 是由一个起公共作用的智力因子 f 和起特殊作用的因子 e_i 所决定的。

$$x_i = a_i f + e_i, i = 1,2,\cdots,k$$

后来,美国心理学家 L. Thurstone 认为智力因子多于一个,所以模型成为

$$x_i = a_{i1} f_1 + a_{i2} f_2 + \cdots + a_{im} f_m + e_i, i = 1,2,\cdots,k$$

于是,我们现在所面临的数据矩阵 $X_{k\times n}(k<n)$是

$$
\begin{array}{cc}
\text{对象：} & 1, \quad 2, \quad \cdots, \quad n \\
\begin{array}{c}\text{指标 } X_1 \\ \text{指标 } X_2 \\ \cdots \\ \text{指标 } X_k\end{array} &
\begin{pmatrix}
x_{11} & x_{12} & \cdots & x_{1n} \\
x_{21} & x_{22} & \cdots & x_{2n} \\
 & \cdots & \cdots & \\
x_{k1} & x_{k2} & \cdots & x_{kn}
\end{pmatrix}
\end{array}
$$

所面临的因子分析的(样本观察值的)数学模型是：

$$x_1 = a_{11} f_1 + a_{12} f_2 + \cdots + a_{1m} f_m + e_1$$

$$\cdots$$

$$x_k = a_{k1} f_1 + a_{k2} f_2 + \cdots + a_{km} f_m + e_k$$

式中，$m < k$，

f_j 是公共因子(Common Factors)，它们之间是两两正交的(Orthogonal)。

e_i 是特殊因子(Unique Factors，只对相应的 x_i 起作用的因子)。

a_{ij} 是公共因子的负载(Factor Loadings)，是第个 i 变量在第 j 个因子上的负载，相当于多元回归中的标准回归系数(注意，我们假设 f_j 也是标准化了的)。

矩阵

$$
\begin{pmatrix}
a_{11} & a_{12} & \cdots & a_{1m} \\
a_{21} & a_{22} & \cdots & a_{2m} \\
\cdots & \cdots & & \\
a_{k1} & a_{k2} & \cdots & a_{km}
\end{pmatrix}
$$

称为公共因子的负载矩阵。

由上面的假设，公共因子之间是互不相关的(两两正交的)，特殊因子之间也是互不相关的，进一步假设：公共因子与特殊因子之间，也是互不相关的。

基于此，可以证明：

(1) a_{ij} 也是 x_i 与 f_j 的简单相关系数。事实上，由于 x_i 与 f_j 都是标准化了的(其方差均为 1)，所以，它们之间的相关系数是

$$\frac{\operatorname{cov}(x_i, f_j)}{\sqrt{D(x_i)} \quad \sqrt{D(f_j)}} = \operatorname{cov}(x_i, f_j) = \operatorname{cov}\left(\sum a_{it} f_t + e_i, f_j\right) = a_{ij}$$

(2) x_i 与 x_j 之间的简单相关系数，是两个变量的公共因子的对应系数的乘积之和：

$$r_{ij} = a_{i1} a_{j1} + a_{i2} a_{j2} + \cdots + a_{im} a_{jm}$$

(3) x_i 的方差：$\operatorname{Var}(x_i) = h_i^2 + \operatorname{Var}(e_i) = 1$，式中 $h_i^2 = a_{i1}^2 + a_{i2}^2 + \cdots + a_{im}^2$

h_i^2(即负载矩阵第 i 行元素的平方和)称为公因子方差(Communality)又称公共度，或公共方差，是 x_i 的方差中，由公共因子所决定的部分。若 $h_i^2 = 0.96$，则表明 x_i 的公共因子($f_1, f_2, \cdots, f_m$)解释了 x_i 的 96% 的方差(注意，

x_i 的方差等于 1)。

事实上，由于公共因子之间的互不相关性、特殊因子之间的互不相关性、公共因子与特殊因子之间的互不相关性，以及 x_i 与 f_j 都是标准化了的变量，容易得出：

$$1=\mathrm{Var}(x_i)=E(\sum_{t=1}^{m}a_{it}f_t+e_i)^2=a_{i1}^2+a_{i2}^2+\cdots+a_{im}^2+\mathrm{Var}(e_i)$$

(4) f_j 因子的贡献(Contribution，记为 V_j)，是该因子在模型中的所有负载的平方和(负载矩阵第 j 列元素的平方和)：

$$V_j=a_{1j}^2+a_{2j}^2+\cdots+a_{kj}^2$$

由于 x_i 已标准化了，所以 k 个变量的总方差为 k，V_j/k 表示第 j 个公共因子的贡献在所有方差中的比例。

若 $V_j/k=0.56$，则表示第 j 个公共因子的贡献在所有方差中的比例为 56%。

因子分析的基本概念

在相关的一组指标中，每个指标(变量)都是由公共因子和特殊因子决定的。

因子分析，就是要找出一组指标(变量)的公共因子。

因子分析的模型是：
$$\begin{cases}x_1=a_{11}f_1+a_{12}f_2+\cdots+a_{1m}f_m+e_1\\ \cdots\cdots\cdots\cdots\\ x_k=a_{k1}f_1+a_{k2}f_2+\cdots+a_{km}f_m+e_k\end{cases}$$

x_i 是指标。f_j 是公共因子，彼此两两正交。e_i 是特殊因子，只对相应的 x_i 起作用。

a_{ij} 是公共因子的负载，是第 i 个变量在第 j 个因子上的负载。矩阵(a_{ij})是负载矩阵。

求公共因子的核心，是求负载矩阵(a_{ij})。

几个重要的性质

(1) x_i 与 f_j 的相关系数是 a_{ij}

(2) x_i 与 x_j 的相关系数是 $r_{ij}=a_{i1}a_{j1}+\cdots+a_{im}a_{jm}$(两变量的相应负载的积之和)

(3) x_i 的方差：$\mathrm{Var}(x_i)=h_i^2+\mathrm{Var}(e_i)=1$，式中 $h_i^2=a_{i1}^2+a_{i2}^2+\cdots+a_{im}^2$

h_i^2 是公因子方差。$h_i^2=0.96$，表明 x_i 的公因子解释了 x_i 的 96% 的方差。

(4) f_j 的贡献 $V_j=a_{1j}^2+a_{2j}^2+\cdots+a_{kj}^2$，即($a_{ij}$)的第 j 列的平方和，$V_j/k=0.56$，表示第 j 个公共因子的贡献在所有方差中的比例为 56%。

11.2.3** 因子模型与主成分模型的区别

请注意因子模型

$$x_1=a_{11}f_1+a_{12}f_2+\cdots+a_{1m}f_m+e_1$$

$$\cdots$$

$$x_k = a_{k1}f_1 + a_{k2}f_2 + \cdots + a_{km}f_m + e_k$$

与主成分模型

$$Y_1 = b_{11}X_1 + b_{21}X_2 + \cdots + b_{k1}X_k$$

$$\cdots$$

$$Y_k = b_{1k}X_1 + b_{2k}X_2 + \cdots + b_{kk}X_k$$

之间的区别:公共因子在因子模型等号的右边,主成分在主成分模型等号的左边。虽然在一定条件下,等号左右边是可以转换的,但还需注意,在因子模型中,除了公共因子外,还有特殊因子,也就是说公共因子只解释了原来变量的部分方差,而主成分解释了原来变量的全部方差。

11.2.4** 对应于样本模型的总体(母体)模型

样本模型:

$$x_1 = a_{11}f_1 + a_{12}f_2 + \cdots + a_{1m}f_m + e_1$$

$$\cdots\cdots\cdots\cdots\cdots\cdots$$

$$x_k = a_{k1}f_1 + a_{k2}f_2 + \cdots + a_{km}f_m + e_k$$

可以简单地用矩阵表达如下:

$$\boldsymbol{x} = \boldsymbol{A}\boldsymbol{f} + \boldsymbol{e}$$

式中,$\boldsymbol{x} = (x_1, x_2, \cdots, x_k)^T$,$\boldsymbol{f} = (f_1, f_2, \cdots, f_m)^T$,$\boldsymbol{e} = (e_1, x_2, \cdots, e_k)^T$

$$\boldsymbol{A} = \begin{pmatrix} a_{11} & \cdots & a_{1m} \\ \vdots & & \\ a_{k1} & \cdots & a_{km} \end{pmatrix} \text{是负载矩阵}$$

如果用大写字母表示相应的随机变量(相应样本值的母体变量),特殊因子的母体(随机)变量用 ε_i 表示,则母体模型可以表达为:

$$X_1 = a_{11}F_1 + a_{12}F_2 + \cdots + a_{1m}F_m + \varepsilon_1$$

$$\cdots\cdots\cdots\cdots\cdots\cdots$$

$$X_k = a_{k1}F_1 + a_{k2}F_2 + \cdots + a_{km}F_m + \varepsilon_k$$

用矩阵表达为:

$$\boldsymbol{X} = \boldsymbol{A}\boldsymbol{F} + \boldsymbol{\varepsilon}$$

式中,$\boldsymbol{A}$ 是确定型矩阵,$\boldsymbol{X}$,$\boldsymbol{F}$ 都是标准化了(随机)向量,且 $F_1, F_2, \cdots, F_m$ 互不相关,所以,$\boldsymbol{E}(\boldsymbol{X}) = 0$,$\boldsymbol{E}(\boldsymbol{F}) = 0$,$\mathbf{COV}(\boldsymbol{F}, \boldsymbol{F}) = \mathbf{COV}(\boldsymbol{F}) = \boldsymbol{I}_{m \times m}$,随机变量 $\varepsilon_1, \varepsilon_2, \cdots, \varepsilon_k$ 与 F 相互独立,且 $E(\varepsilon) = 0$,

$$\mathbf{COV}(\boldsymbol{\varepsilon})=\mathbf{COV}(\boldsymbol{\varepsilon},\boldsymbol{\varepsilon})=\begin{pmatrix}\sigma_1^2 & \cdots & 0\\ \vdots & & \\ 0 & \cdots & \sigma_k^2\end{pmatrix}$$

11.2.2 小节中的结论,是基于上述这些假设得到的。

11.2.5** 变量 $X_1,X_2,\cdots,X_k$ 之间的相关性检验

因子分析的前提是变量 $X_1,X_2,\cdots,X_k$ 之间的相关性。如果 $X_1,X_2\cdots,X_k$ 之间正交了,它们之间就不会存在公共因子,作因子分析,也就没有意义了。所以在作因子分析之前,要检验 $X_1,X_2\cdots,X_k$ 之间的相关性。只有相关性较高,才适合于作因子分析。

变量 $X_1,X_2,\cdots,X_k$ 之间的相关性检验的方法,主要有

(1)KMO 样本测度(Kaiser-Meyer-Olkin Measure of Sampling Adequacy)。它是所有变量 $X_1,X_2,\cdots,X_k$ 的简单相关系数的平方和与这些变量之间的偏相关系数的平方和之差。

相关系数实际上反映的是公共因子起作用的空间。偏相关系数反映的是特殊因子起作用的空间。

KMO 接近于 1,越适合于作公共因子分析。KMO 过小,不适合于作因子分析。

没有针对 KMO 测度的显著性检验。数据是否适合于作因子分析,一般采用如下主观判断:KMO 在 0.9 以上,非常适合;0.8-0.9,很适合;0.7-0.8,适合;0.6-0.7,不太适合;0.5-0.6,很勉强;0.5 以下,不适合。

(2)巴特莱特球体检验(Bartlett test of sphericity)。这个统计量(在一定条件下服从 chi 平方分布)从整个相关系数矩阵来考虑问题,其零假设 H_0 是相关系数矩阵为单位矩阵,可以用常规的假设检验判断相关系数矩阵是否显著异于零。

作因子分析前,检验指标间的相关性

(1) KMO 样本测度:数据适于作因子分析吗?KMO 在 0.9 以上,非常适合;0.8-0.9,很适合;0.7-0.8,适合;0.6-0.7,不太适合;0.5-0.6,很勉强;0.5 以下,不适合。

(2) 巴特莱特球体检验:H_0:相关系数矩阵 R 为单位矩阵 I。巴特莱特统计值的显著性概率,小于等于 α 时,拒绝 H_0,可以作因子分析。

11.2.6** 公共因子负载的求法

1. 公共因子负载的求法

(1) 若 $\boldsymbol{\varepsilon}$ 已知,求负载矩阵 $\boldsymbol{A}$ 的方法

在求公共因子 $\boldsymbol{F}$ 时,为了使 $\boldsymbol{X}=(X_1,X_2,\cdots,X_k)$ 的方差不受损失,所以要考察 $\boldsymbol{X}$ 的协方差矩阵(由于 $X_1,X_2,\cdots,X_k$ 的相关性,所以考察的是协方差矩阵)。

可以推导出:$\mathbf{COV}(\boldsymbol{X})=\boldsymbol{AA}^T+\mathbf{COV}(\boldsymbol{\varepsilon})$

由于假设 ε 已知,所以 $\mathbf{COV}(\boldsymbol{X})-\mathbf{COV}(\boldsymbol{\varepsilon})$ 已知,记

$$R^*(\boldsymbol{X})=\boldsymbol{AA}^T=\mathbf{COV}(\boldsymbol{X})-\mathbf{COV}(\boldsymbol{\varepsilon})$$

现在的任务是由已知的 $R^*(\boldsymbol{X})$ 来求($\boldsymbol{k}\times\boldsymbol{m}$ 阶的)负载矩阵 $\boldsymbol{A}$。

我们从求第一个公共因子 f_1 的负载向量 $\boldsymbol{a}_1$ 开始。

我们目标是要使第一个公共因子 f_1 的方差贡献 $V_1=a_{11}^2+a_{21}^2+\cdots+a_{k1}^2$ 尽可能地大,同时必须满足 $\boldsymbol{AA}^T=R^*(\boldsymbol{X})$,所以目标函数和约束条件是:

$$\left.\begin{array}{l}\text{Max } a_{11}^2+a_{21}^2+\cdots+a_{k1}^2 \\ \text{s.t. } \sum_{t=1}^{m} a_{it}a_{jt}=r_{ij}^*\text{,或矩阵表达:}\boldsymbol{AA}^T=R^*(\boldsymbol{X})\end{array}\right\}$$

可以证明:若 $\boldsymbol{b}_1$ 是对应于 $R^*(\boldsymbol{X})$ 的最大特征根 λ_1 的任意一个模长为 1 的特征向量,则 $\boldsymbol{a}_1=\sqrt{\lambda_1}\boldsymbol{b}_1$,就是满足上述数学规划的一个解。

现在,求 $\boldsymbol{a}_2$。

记 $R_1^*=\mathbf{COV}(\boldsymbol{X}-f_1\boldsymbol{a}_1)$,可以证明,若 λ_2 是 $\boldsymbol{R}_1^*$ 的最大特征根,$\boldsymbol{b}_2$ 是 $\boldsymbol{R}_1^*$ 的对应于 λ_2 的任意一个模长为 1 的特征向量,$a_2=\sqrt{\lambda_2}\boldsymbol{b}_2$,就是所求。

同理可求出 $a_3,\cdots,a_m$。

(2) $\boldsymbol{\varepsilon}$ 未知,求负载矩阵 A 的实际方法(事实上我们不知道 ε)

现 $\boldsymbol{\varepsilon}$ 未知,先用 $R(\boldsymbol{X})$ 代替 $R^*(\boldsymbol{X})$,按照上面的方法求出对应于 $R(\boldsymbol{X})$ 的最大特征根 λ_1 的、标准化了的(长度为 1 的)特征向量 $\boldsymbol{b}_1$,$\boldsymbol{a}_1=\sqrt{\lambda_1}\boldsymbol{b}_1$。若 $R(\boldsymbol{X})-\boldsymbol{a}_1\boldsymbol{a}_1^{\mathrm{T}}$ 接近对角阵,则说明剩下的主要是特殊因子的影响了,计算停止。

反之,再求次大特征根 λ_2 对应的长度为 1 的特征向量 $\boldsymbol{b}_2$,$\boldsymbol{a}_2=\sqrt{\lambda_2}\boldsymbol{b}_2$。若 $R(X)-\boldsymbol{a}_1\boldsymbol{a}_1^{\mathrm{T}}-\boldsymbol{a}_2\boldsymbol{a}_2^{\mathrm{T}}$ 接近对角阵,则说明剩下的主要是特殊因子的影响了,计算停止。

反之,……,直到出现上述停止的信号,或者,计算到 $\boldsymbol{a}_m$。

当然,这只是近似算法。

☆注意☆　$\boldsymbol{a}_j$ 与 $\boldsymbol{b}_j$ 的关系是:$a_{ij}=b_{ij}\sqrt{\lambda_j}$,展开来写是 $\boldsymbol{a}_j=\begin{pmatrix}a_{1j}\\ \vdots \\ a_{kj}\end{pmatrix}=\begin{pmatrix}b_{1j}\\ \vdots \\ b_{kj}\end{pmatrix}\sqrt{\lambda_j}$,$j=1,2,\cdots$

(3) 为了使问题简化,仅选解释作用大的部分因子

确定因子个数的方法,主要有

① 由特征根大于1所对应的长度为1的特征向量,来计算公共因子的负载。

② 碎石准则(Scree Test Criterion):把特征根从大到小,绘在坐标图上(横坐标是特征根从大到小的编号,纵坐标是特征根的大小),把特征根减小速度变缓的特征根都删掉。用剩下的特征根所对应的长度为1的特征向量,来计算公共因子的负载。

(4) 其他求公共因子的模型方法

除了上面介绍的方法外,还有其他一些求公共因子模型方法,如,主轴因子法(Principal Axis Factoring),最小二乘法(Least Squares),极大似然法(Maximum Likelihood),因子提取法(Alpha Factoring),映像分析法(Image)等。本书略去,有兴趣的读者可参考有关数理统计的著作。

(5)负载矩阵 $\boldsymbol{A}_{k\times m}$ 的不唯一性

设 $\boldsymbol{T}_{m\times m}$ 是一个正交矩阵($\boldsymbol{T}^{\mathrm{T}}=\boldsymbol{T}^{-1}$)。若 $\boldsymbol{A}_{k\times m}$ 已经求出,满足 $\boldsymbol{AA}^{\mathrm{T}}=R^{*}(\boldsymbol{X})$,那么,$\boldsymbol{AT}$ 也满足 $\boldsymbol{AA}^{\mathrm{T}}=\boldsymbol{R}^{*}(\boldsymbol{X})$。

事实上,$(\boldsymbol{AT})(\boldsymbol{AT})^{\mathrm{T}}=\boldsymbol{A}\ \boldsymbol{TT}^{\mathrm{T}}\ \boldsymbol{A}^{\mathrm{T}}=\boldsymbol{AA}^{\mathrm{T}}$

这就是说系数矩阵 $A_{k\times m}$ 是不惟一的。

2. 旋转并解释因子

负载矩阵 $\boldsymbol{A}_{k\times m}$ 是不惟一的,$\boldsymbol{AT}$($\boldsymbol{T}$ 是一个正交矩阵)也是一个负载矩阵解。每乘以一个正交矩阵 $\boldsymbol{T}$,等于做一次坐标旋转。

初始因子的综合性太强,难以找出因子的实际意义,因此需要通过旋转坐标轴,使负载尽可能向±1、0的方向靠近。从而降低因子的综合性,使其实际意义凸现出来。

坐标轴的旋转,有两种基本方式:正交旋转(保持因子之间的正交性)与斜交旋转(因子之间不一定正交)。

(1) 正交旋转

正交旋转方法主要有三种:

四次方最大法(Quartimax):使每个变量只要一个因子有较高的负载,其余尽可能小。

方差最大法(Varimax):使每个因子上的负载尽可能向±1方向,或0的方向靠近。

等量最大法(quimax):把上两个方法结合起来。

其中,最常用的是方差最大法。

(2) 斜交旋转

斜交旋转的因子的实际意义更容易解释。极端情况是回到原来的变量。

斜交旋转的缺点是,求出的两两正交的公共因子,斜交旋转后,又失去了。

在旋转完成后,按照负载绝对值的大小,对公共因子的实际含义进行解释。解释的方式,因具体问题而异。

公共因子负载的求法(近似方法):

(1) 由 $\boldsymbol{X}$ 的初始数据,求出相关系数矩阵 $\boldsymbol{R}(k\times k$ 阶)

(2) 求 $\boldsymbol{R}$ 的特征根 $\lambda_1,\lambda_2,\cdots$,(从大到小排列)及长度为 1 的(相互正交的)特征向量 $\boldsymbol{b}_1,\boldsymbol{b}_2,\cdots$。(注:此时主成分 $Y_1=\boldsymbol{b}_1^T\boldsymbol{X},Y_2=\boldsymbol{b}_2^T\boldsymbol{X},\cdots,Y_k=\boldsymbol{b}_k^T\boldsymbol{X}$)

(3) 求 x_i 在 f_j 上的负载(简单相关系数)$a_{ij}=b_{ij}\sqrt{\lambda_j}$

(4) 选部分公共因子,进入因子模型。确定因子个数的方法,主要有

①由特征根大于 1 所对应的、长度为 1 的特征向量,来计算公共因子的负载。

②碎石准则(Scree Test Criterion):把特征根从大到小,绘在坐标图上,把特征根减小速度变缓的特征根都删掉。用剩下的特征根所对应的、长度为 1 的特征向量,来计算公共因子的负载。

(5) 对求出的负载矩阵作正交旋转,使负载尽可能向±1、0 的方向靠近(因为负载矩阵 $\boldsymbol{A}_{k\times m}$ 不惟一,$\boldsymbol{A}\times$(任正交阵),也是一个负载矩阵解)。

(6) 在旋转完成后,按照负载绝对值的大小,对公共因子的实际含义进行解释。解释的方式,因具体问题而异。

11.2.7** 示例

对例 11.1.1(12 名顾客对 5 类肉食的偏好打分),作因子分析。

(1)求初始数据的相关系数矩阵(同 11.2.1):

表 11.2.1　相关系数矩阵表 (Correlation Matrix)

	牛肉	鱼肉	羊肉	猪肉	鸡肉
牛肉	1.000	−.016	−.429	−.395	−.053
鱼肉	−.016	1.000	−.181	−.473	.571
羊肉	−.429	−.181	1.000	.545	−.149
猪肉	−.395	−.473	.545	1.000	−.301
鸡肉	−.053	.571	−.149	−.301	1.000

(2)求 5 个特征根是:2.252,1.405,0.534,0.489,0.321。

(3)求出相应的长度为 1 的(相互正交的)特征向量(见表 11.2.2)。

表 11.2.2 长度为 1 的、相互正交的 5 个特征向量

	1	2	3	4	5
牛肉	.3179	−.5779	.7157	.1077	.1758
鱼肉	.4545	.4767	.1040	−.4290	.6089
羊肉	−.4685	.3653	.6404	−.3747	−.3106
猪肉	−.5691	.1130	.1138	.4748	.6513
鸡肉	.3865	.5307	.2313	.6621	−.2771

(4)求负载矩阵,见表 11.2.3。

表 11.2.3 初始负载矩阵 (Component Matrix[a])

	Component				
	1	2	3	4	5
牛肉	.477	−.695	.523	7.531E−02	9.959E−02
鱼肉	.682	.565	7.603E−02	−.300	.345
羊肉	−.703	.433	.468	−.262	−.176
猪肉	−.854	.134	8.313E−02	.332	.369
鸡肉	.580	.629	.169	.463	−.157

Extraction Method: Principal Component Analysis

a 5 components extracted

(5)用 Varimax 法旋转,求含义相对明确的负载矩阵,见表 11.2.4。

表 11.2.4 旋转后的主公共因子 (Rotated Component Matrix[a])

	Component	
	1	2
牛肉	−.822	−.188
鱼肉	−.118	.878
羊肉	.810	−.158
猪肉	.718	−.480
鸡肉	7.057E−05	.856

Extraction Method: Principal Component Analysis

Rotation Method: Varimax with Kaiser Normalization

a Rotation converged in 3 iterations.

于是,有

$$牛肉 = -0.822 f_1 - 0.188 f_2 + 特殊因子$$

$$鱼肉 = -0.118f_1 + 0.878f_2 + 特殊因子$$
$$羊肉 = 0.810f_1 - 0.158f_2 + 特殊因子$$
$$猪肉 = 0.718f_1 - 0.480f_2 + 特殊因子$$
$$鸡肉 = 7.057 \times 10^{-5} f_1 + 0.856f_2 + 特殊因子$$

从表中数据可以看出，第一个公共因子 f_1（从绝对值角度看）对牛肉、羊肉、猪肉（都是属于大家畜）的影响大，f_1 应当是消费者对来自大家畜的肉类的某些特征的共同反映。例如，可以解释为制作方便，食用方便等因素。第二个公共因子 f_2 对鱼肉、鸡肉影响大，可以解释为营养虽然好，但制作不便，或食用相对麻烦些。

11.2.8** 因子值的求法

1. 因子值的概念与用途

在因子分析中，除了通过旋转后的负载来解释公共因子的含义外，常常还需要利用公共因子，来作进一步的研究。例如，用公共因子（视为变量）作回归分析，作聚类分析，作评价等。这样就需要因子值（相当于变量值），即对应于 X_j 的 n 个样本，每一个被选出的公共因子也应当有 n 个值，以便能够投入运算。

2. 因子值的求法

假设，第 j 个公共因子的因子值 f_j，可以由 $x_1, x_2, \cdots, x_k$ 的样本值计算出来（注意，如 11.2.2 小节所述，x_i 与 f_j 都是标准化了的），即

$$\boldsymbol{f}_j = \begin{pmatrix} f_{1j} \\ f_{2j} \\ \vdots \\ f_{nj} \end{pmatrix} = \begin{pmatrix} x_{11} & x_{12} & \cdots & x_{1k} \\ x_{21} & x_{22} & \cdots & x_{2k} \\ \vdots & & & \\ x_{n1} & x_{n2} & \cdots & x_{nk} \end{pmatrix} \begin{pmatrix} \beta_{1j} \\ \beta_{2j} \\ \vdots \\ \beta_{kj} \end{pmatrix}，简记为：\boldsymbol{f}_j = \boldsymbol{x}\boldsymbol{\beta}_j$$

（注意：这里的 x 是高矩阵）

式中，$\boldsymbol{\beta}$ 是需要设法计算出来的系数，并且不能依靠 $\boldsymbol{f}_j$ 来估计，因为 $\boldsymbol{f}_j$ 是未知的。我们正是想通过 $\boldsymbol{x}$ 和 $\boldsymbol{\beta}$ 来计算因子值 $\boldsymbol{f}_j$。

在 $\boldsymbol{f}_j = \boldsymbol{x}\boldsymbol{\beta}_j$ 的两端左乘 $\boldsymbol{x}^T$，得 $x^T\boldsymbol{f}_j = \boldsymbol{x}^T\boldsymbol{x}\boldsymbol{\beta}_j$，即

$$\begin{pmatrix} x_{11} & x_{21} & \cdots & x_{n1} \\ x_{12} & x_{22} & \cdots & x_{n2} \\ \vdots & & & \\ x_{1k} & x_{2k} & \cdots & x_{nk} \end{pmatrix} \begin{pmatrix} f_{1j} \\ f_{2j} \\ \vdots \\ f_{nj} \end{pmatrix}$$

$$
=\begin{pmatrix} x_{11} & x_{21} & \cdots & x_{n1} \\ x_{12} & x_{22} & \cdots & x_{n2} \\ \vdots & & & \\ x_{1k} & x_{2k} & \cdots & x_{nk} \end{pmatrix}\begin{pmatrix} x_{11} & x_{12} & \cdots & x_{1k} \\ x_{21} & x_{22} & \cdots & x_{2k} \\ \vdots & & & \\ x_{n1} & x_{n2} & \cdots & x_{nk} \end{pmatrix}\begin{pmatrix} \beta_{1j} \\ \beta_{2j} \\ \vdots \\ \beta_{kj} \end{pmatrix}
$$

上式左端，刚好是 x_i 与 f_j 的内积 $\langle x_i, f_j\rangle (i=1,2,\cdots,k)$，由于 x_i 与 f_j 都是标准化了的，故 $\sqrt{\sum_{t=1}^{n} x_{ti}^2} = \sqrt{\sum_{t=1}^{n} f_{tj}^2} = 1$，所以，$\langle \boldsymbol{x}_i, \boldsymbol{f}_j\rangle = \sum_{t=1}^{n} x_{ti} f_{tj} = \dfrac{\sum_{t=1}^{n} x_{ti} f_{tj}}{\sqrt{\sum_{t=1}^{n} x_{ti}} \sqrt{\sum_{t=1}^{n} f_{tj}}} = a_{ij}$，$(i=1,2,\cdots,k)$，即左端的 $\boldsymbol{x}^{\mathrm{T}} \boldsymbol{f}_j$，刚好是负载矩阵 A 的第 j 列 $\boldsymbol{a}_j = (a_{1j}, a_{2j}, \cdots, a_{kj})^{\mathrm{T}}$。而右端的 $\boldsymbol{x}^{\mathrm{T}} \boldsymbol{x}$ 刚好是 $\boldsymbol{x}$ 的相关系数矩阵 $\boldsymbol{R}$（注意，$\boldsymbol{x}_i$ 是标准化了的）。所以，$\boldsymbol{x}^{\mathrm{T}} \boldsymbol{f}_j = \boldsymbol{x}^{\mathrm{T}} \boldsymbol{x} \boldsymbol{\beta}_j$，可表达为 $\boldsymbol{a}_j = \boldsymbol{R}\boldsymbol{\beta}_j$。

于是，$\boldsymbol{\beta}_j = \boldsymbol{R}^{-1} \boldsymbol{a}_j$。据此，从 $\boldsymbol{x}$ 与负载矩阵 $\boldsymbol{A}$，可以计算出 $\boldsymbol{\beta}_j$，从而，由 $\boldsymbol{f}_j = \boldsymbol{x}\boldsymbol{\beta}_j$，计算出公共因子 $\boldsymbol{f}_j$ 的因子值。

这里的方法在 SPSS 中称为回归方法，其实与回归计算毫无关系。此外，还有巴特莱特法等。

因子值的概念与用途

在因子分析中，旋转后的负载是公共因子的系数，不是公共因子本身的值。为了用公共因子（视为变量）作回归分析、聚类分析、评价等，就需要因子值（相当于变量值）。

因子值的求法

(1) 求标准化数据 $\boldsymbol{x}$ 的相关系数矩阵 $\boldsymbol{R}$

(2) 从 $\boldsymbol{x}$ 与负载矩阵 $\boldsymbol{A}$，用公式 $\boldsymbol{\beta}_j = \boldsymbol{R}^{-1} \boldsymbol{a}_j$，计算出 $\boldsymbol{\beta}_j$

(3) 由公式 $\boldsymbol{f}_j = \boldsymbol{x}\boldsymbol{\beta}_j$，计算出公共因子 $\boldsymbol{f}_j$ 的因子值：$f_{1j}, f_{2j}, \cdots, f_{nj}$。

11.2.9** 因子分析与主成分分析的主要区别小结

因子分析与主成分分析的主要区别是：(1)因子分析中的公共因子（旋转后）没有主成分那么综合，公共因子往往可以找到实际的含义，而主成分一般找不到实际的含义；(2)因子分析中的公共因子有方差损失（特殊因子未被计算），而主成分分析的全部主成分没有方差损失。

11.3** 用 SPSS 进行因子分析

11.3.1** 概述

用 SPSS 做因子分析，在读入数据后，点击 Analyze→Data Reduction→Factor。做如下 5 件事：

(1)做 KMO 测度和巴特利特球体检验，或输出相关系数矩阵，看看数据是否适宜做因子分析。

(2)指定参与因子分析的变量(相当于 x_j)。

(3)指定提取公共因子的方法和确定因子个数的方法。

(4)决定是否旋转，并选定因子旋转方法。

(5)决定是否要计算因子值，并把它作为新变量保存起来。

11.3.2** 示例

例 11.3.1　地区企业的出口创汇、利润、履约率等问题的因子分析。数据见本书附盘中的文件"CH11 主成分企业创汇"。读入数据后：

(1)点击 Analyze→Data Reduction→Factor，系统弹出选择变量与分析内容的主窗口，见图 11.3.1。

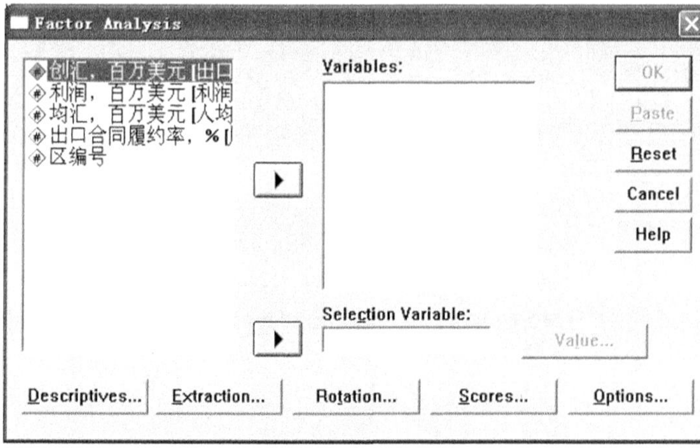

图 11.3.1　因子分析主窗口

(2)从主窗口中,把要做因子分析的变量,从左框中(用箭头)送入右边的 Variables 框中。本例除变量“区编号”以外都调入右边的 Variables 框中。

(3)在主窗口的 Variables 框的下边,有一个 Selection Variable 小框。

① 你可选择某个分类变量送入该框中。例如,可以把变量“区编号”(用箭头)送入该框。此时,该小框右边的“Value”按钮,被激活。

② 点击该“Value”按钮,系统弹出一个小对话窗,见图 11.3.2。

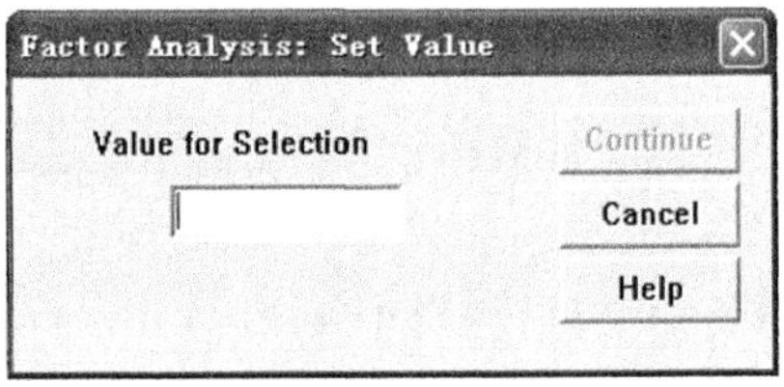

图 11.3.2　选择要分析的个体(cases)

③ 该小窗口,要求输入你选择的个体(cases)的分类编号(一个整数)。例如,选择 5(即 5 号地区的企业)。

④ 点击 Continue,返回主窗口。

本例题演示,不作此项选择,留给读者自己做练习。

(4)点击 Descriptives 按钮,系统弹出有关初步描述的小对话窗,见图 11.3.3。

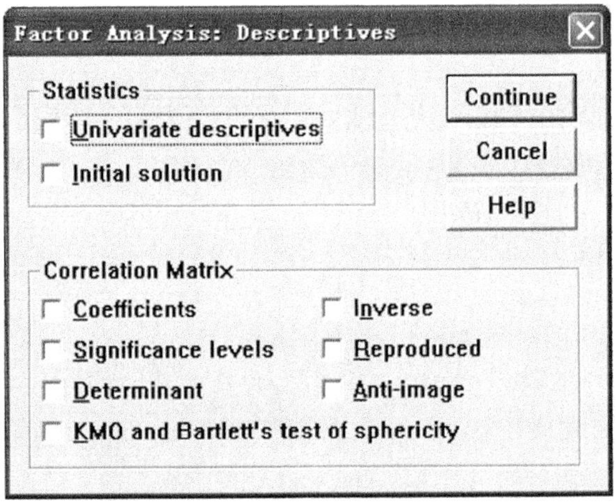

图 11.3.3　有关初步描述的统计量的选择

① 上半部的 Statistics 小窗,有两项选项:

Univariate descriptives：显示各观测变量的均值和标准差。

Initial solution：显示公因子方差（一张小表），特征值、各因子解释的方差比例和累积比例（又一张表）。本例选择此项。

② 下半部的 Correlation Matrix 小窗，有 7 项选项：

· Coefficients：　观测变量的相关系数矩阵。本例选择此项。

· Significance levels：　每个相关系数的显著水平。

· Determinant：　相关系数矩阵的行列式。

· Inverse：　相关系数矩阵的逆矩阵。

· Reproduced：　由因子模型估计出的相关系数及残差。

· Anti－image：　反映象相关矩阵。

KMO and Bartlett's test of sphericity：KMO 测度和巴特利特球体检验，本例选择此项。

③ 点击 Continue，返回主窗口。

(5)在主窗口点击 Extraction 按钮，系统弹出"提取"对话窗，见图 11.3.4。

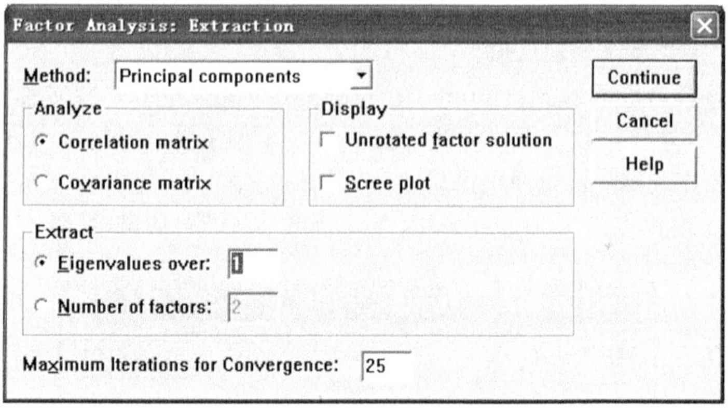

图 11.3.4　因子提取对话窗

① 该窗口上部有个 Method 小框，要求你选择提取因子的方法。系统的默认值是主成分法（Principal components）。

点击该框右侧的小箭头，系统出现一个下拉菜单，提供如下方法，由你选择：

· Unweighted least square　普通最小二乘法

· Generalized least squares　广义最小二乘法

· Maximum likelihood　最大似然法

· Principal Axis factoring　主轴因子法

· Alpha　α 因子提取法

· Image　　映像分析法

本例采用系统的默认值。

② 该窗口的下部的 Extract 小框内,有两项选择,要求决定提取因子的个数:

系统默认选择是 Eigenvalues over(特征根大于 1)。一般接受系统的这个默认值。

另一个是选项 Number of factors,要求用户直接指定提取的因子的个数。

本例选择后一个选项,指定因子数为 2(如果采用系统默认值,将只能提取出一个因子,因为本例只有一个特征根大于 1)。

③ 该窗口中部右边的 Display 小框,要求指定与初始因子有关的输出,有两个选项:

· Unrotated factor solution　　显示未经旋转的因子解。

· Scree plot　　显示碎石图。

本例选择碎石图(Scree plot)。

④ 该窗口中部右边的 Display 小框,要求你选择分析相关系数矩阵(Correlation Matrix),还是协方差矩阵(Covariance Matrix)。系统的默认值,是相关系数矩阵。本例接受系统的默认值。

⑤ 在该窗口下部的 Maximum iterations for convergence,要求你指定因子分析收敛的最大迭代次数。系统的默认值是 25。本例接受系统的默认值。

⑥ 点击 Comtinue,返回主窗口。

(6)在主窗口点击 Rotation 按钮,系统弹出"旋转"对话窗,见图 11.3.5。

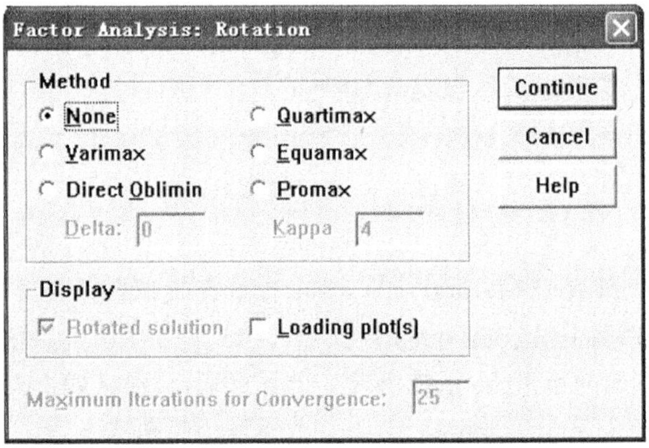

图 11.3.5　旋转选择对话窗

① 该窗口上部的 Method 小框,要求你选择因子旋转的方法。

· None　　不旋转。系统默认值。

· Varimax　　方差最大旋转法。这是一种正交旋转法，它使公共因子的负载向正负 1 或 0 靠近，有利于解释公共因子的实际含义。本例选择此方法。

· Equamax　　等量最大法。

· Quartimax　　四次方最大法。

· Direct Oblimin　　斜交旋转。

② 该窗下部的 Display 小框，要求指定旋转后的输出选项，有两项选择：

· Rotation solution　　显示旋转后的因子解。本例选择此项。

· Loading plots　　显示因子负载图。

③ 该窗口的低部是 Maximum iterations for convergence，要求指定收敛旋转的最大迭代次数，系统默认值是 25。本例接受系统的默认值。

④ 点击 Comtinue，返回主窗口。

(7)在主窗口点击 Factor Scores 按钮，系统弹出“因子值”对话窗(见图 11.3.6)，要求确定有关因子值的处置问题。

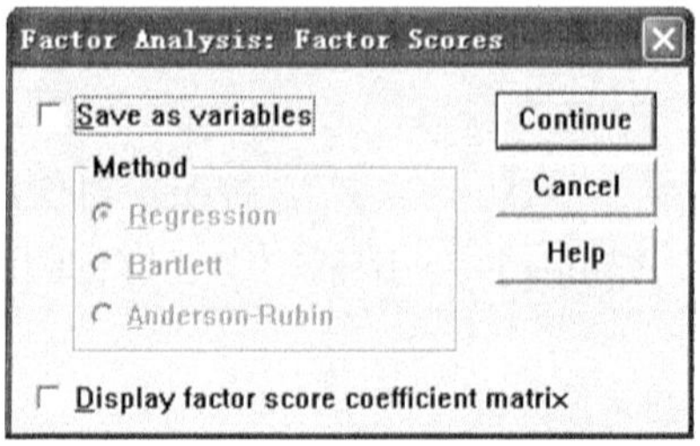

图 11.3.6　是否保存因子值的对话窗

① 该窗口的上部是 Save as variables，问你是否要将因子值作为新变量，保存在数据文件中。选择此项后，中间的 Method 小框被激活。本例选择此要求。

② 在该窗口的 Method 小框中，有三项选择，要求指定计算因子值的方法。这叁乡选择是：

· Regression　　回归方法。一般选择此项，本例也选择此项。

· Bartlett　　巴特莱特法。

· Anderson－Rubin　　安德森－鲁宾法。

③ 在该窗口的底部的 Display factor score coefficient matrix:，问你是否要求显示计算因子值的系数矩阵 $\boldsymbol{\beta}_j$ ($j=1,\cdots,m$，m 是提取的公共因子的个数，见 11.2.7 小节)。本例选择此项。

④ 点击 Continue，返回主窗口。

(8)在主窗口中点击 Option 按钮，系统弹出有关选择的对话窗，见图 11.3.7。

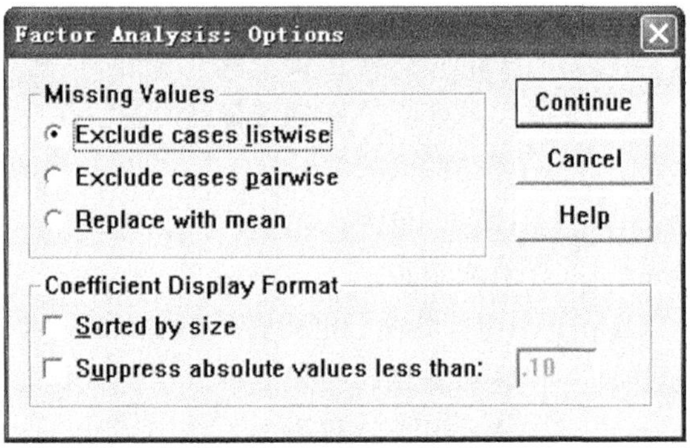

图 11.3.7　有关选择的对话窗

在该窗口中有两个小框。

① 该窗口上部的 Missing Value 小窗，要求选择缺失值处理方式，一般接受系统的默认值。本例接受系统默认值。

② 该窗口下部的 Coefficient Display Format 小框，要求选择因子负载的显示方式。

· Sorted by size　　按照绝对值的大小排列。

· Suppress absolute values less than　　小于指定值的负载。

本例不作选择。

③ 点击 Continue，返回主窗口。

(9)点击 OK，系统输出计算结果，见表 11.3.1～表 11.3.5 和图 11.3.8。

(10)结果分析：

表 11.3.1 是有关 KMO 测度和巴特利特球体检验结果。该表结果显示：KMO 值为 0.735，按照第 11.2.5 小节所述，该数据适宜做因子分析。表中的巴特利特球体检验的 χ^2 统计值的显著性概率是 0.000，小于 1%，说明数据具有相关性，是适宜做因子分析的，

表 11.3.1　KMO 测度和巴特利特球体检验结果 (KMO and Bartlett's Test)

Kaiser-Meyer-Olkin Measure of Sampling Adequacy.		.735
Bartlett's Test of Sphericity	Approx. Chi-Square	32.651
	df	6
	Sig.	.000

表 11.3.2 是总方差分解表。

该表的 Component 列，给出了对应于不同特征根的因子编号。

该表的 Initial Eigenvalues Total 列，给出了原始数据的相关系数矩阵 **R** 的特征根的值。% of Variance 列，给出了所占总体方差的比例，Cumulative 列给出了所占方差的累积比例。

Rotation Sums of Squared Loadings Total 列，给出了所选中的两个因子对应的负载的平方和。% of Variance 列，给出了所占总体方差的比例，Cumulative 列给出了所占方差的累积比例。

表中数字显示，所选的两个因子的特征根解释了总体方差的 90.772%。

表 11.3.2　总方差分解表（Total Variance Explained）

	Initial Eigenvalues			Rotation Sums of Squared Loadings		
Component	Total	% of Variance	Cumulative %	Total	% of Variance	Cumulative %
1	2.878	71.940	71.940	2.385	59.636	59.636
2	.753	18.831	90.772	1.245	31.136	90.772
3	.254	6.354	97.126			
4	.115	2.874	100.000			

Extraction Method: Principal Component Analysis.

图 11.3.8（碎石图）给出了 4 个特征根的大小变化情况。

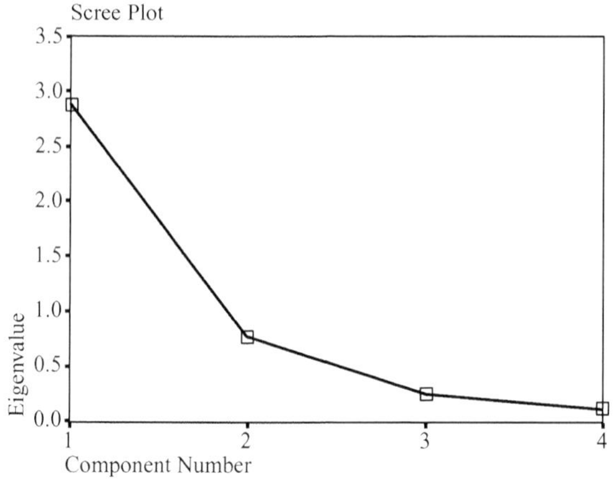

图 11.3.8　碎石图

表 11.3.3 旋转后的因子 1 与因子 2 的负载值表（Rotated Component Matrix[a]）

	Component	
	1	2
创汇，百万美元	.841	.451
利润，百万美元	.880	.320
人均创汇，百万美元	.199	.968
履约率，%	.929	4.508E−02

Extraction Method：Principal Component Analysis. Rotation Method：Varimax with Kaiser Normalization.

a Rotation converged in 3 iterations.

表 11.3.3 是旋转后的因子 1 与因子 2 的负载值表格。表中的负载数据显示，因子 1 对创汇、利润和履约率有较大影响，反映的是总业绩的情况，可以命名为“总业绩”因子。而因子 2 对人均创汇影响大，反映的是与企业人均业绩的情况，故可命名为“人均业绩”。

表 11.3.4 是计算因子值的系数矩阵 $\boldsymbol{\beta}_j\,(j=1,2)$，由公式 $\boldsymbol{f}_j=\boldsymbol{x}\boldsymbol{\beta}_j$，可计算出公共因子 $\boldsymbol{f}_j$ 的因子值。

表 11.3.4 计算因子值的系数矩阵（$\boldsymbol{\beta}_1,\boldsymbol{\beta}_2$）（Component Score Coefficient Matrix）

	Component	
	1	2
创汇，百万美元	.297	.149
利润，百万美元	.373	−.012
人均创汇，百万美元	−.286	.983
履约率，%	.515	−.335

Extraction Method：Principal Component Analysis.

Rotation Method：Varimax with Kaiser Normalization.

表 11.3.5 两个因子的因子值协方差矩阵（Component Score Covariance Matrix）

Component	1	2
1	1.000	.000
2	.000	1.000

Extraction Method：Principal Component Analysis.

Rotation Method：Varimax with Kaiser Normalization.

表 11.3.5 是两个因子的因子值协方差矩阵，它表明旋转后，两个因子仍然是正交的。

两个因子的因子值，已经出现在数据窗口中。系统自动设立了两个新的变量名：fact1_1 与 fact2_1，并把两个因子的因子值列于这两个变量名下。今后，可运用这 2 个变量代表原来的 4 个变量做回归分析等。

第 12 章* 聚类分析与判别分析

12.1* 聚类分析的作法

12.1.1* 概述

聚类分析(Cluster Analysis)是依据研究对象的个体的特征,对其进行分类的方法。分类在经济、管理、社会学、医学等领域,有着广泛的应用。

例如,有 p 个指标(变量),n 个对象,依据这 n 个对象在 p 个指标下的数据,对这 n 个对象进行聚类。设数据为

$$
\begin{array}{ll}
\text{指标:} & \quad 1, \quad 2, \quad \cdots, \quad p \\
\text{对象 } 1 & \left(\begin{array}{cccc} x_{11} & x_{12} & \cdots & x_{1p} \\ x_{21} & x_{22} & \cdots & x_{2p} \\ & \cdots & \cdots & \\ x_{n1} & x_{n2} & \cdots & x_{np} \end{array}\right) \\
\text{对象 } 2 & \\
\cdots & \\
\text{对象 } n &
\end{array}
$$

能否按照这些指标,把这 n 个对象分为若干类?其实,每一个对象是 p 维空间中的一个点,聚类问题,就是在 p 维空间中,对这 n 个点的聚类问题。

应当注意的是:“变量(指标)越多越好”是认识误区。变量太多了,难以判断聚类结果的实际意义。例如,对产业按照有关技术能力的各项指标(变量)聚类,可以在技术能力等方面把企业分为不同的类别。但是,如果把与企业相关的所有指标都包括进来,对分类结果的含义就难以判断了。

只要指标间有一定的相关关系(也不必高度相关),就可以对所观察的一群个体分类。从而可以对个体进行进一步的研究。例如,可以对消费者的偏好进行分类;可以依据消费者对不同产品的有关性能的判断(打分)对产品分类;可以依据不同地区的有关经济特征(变量)对地区分类;等等。

如果指标(变量)过多,也可以对指标分类,把有相近含义的指标聚到一起,把整个指标群分为若干类。

12.1.2* 聚类分析的作法

1. 将数据标准化

为了消除不同变量的单位对聚类结果的影响，应当首先对所有的数据标准化（当然对上述数据矩阵 X 而言，是按列标准化，这样才能解决不同变量的单位问题）：

$$x_{ij}=\frac{X_{ij}-\overline{X}_{\cdot j}}{S_j}$$

2. 计算对象之间的“距离”

计算对象之间的“距离”r_{ij}，得到对象之间的“相似关系”矩阵 $R(r_{ij})$：

$$\begin{array}{c} \\ \text{对象 1} \\ \text{对象 2} \\ \cdots \\ \text{对象 } n \end{array}\begin{array}{c} \text{对象 1,}\quad\text{对象 2,}\ \cdots,\ \text{对象 } n \\ \begin{pmatrix} r_{11} & r_{12} & \cdots & r_{1n} \\ r_{21} & r_{22} & \cdots & r_{2n} \\ & \cdots & \cdots & \\ r_{n1} & r_{n2} & \cdots & r_{nn} \end{pmatrix}\end{array}$$

（当 i 到 j 的距离与 j 到 i 距离相等时，此矩阵为对称阵）

“距离”有多种表达。例如：

(1) 欧氏距离(的平方)：$r_{ij}^2=\frac{1}{p}\sum_{k=1}^{p}(x_{ik}-x_{jk})^2$，其中，系数 $1/p$ 在聚类分析中，可以省略。

(2) 偏差距离：$r_{ij}=\frac{1}{p}\sum_{k=1}^{p}|x_{ik}-x_{jk}|$，同样，系数 $1/p$ 可以省略。

(3) 相关系数：

$$r_{ij}=\frac{\sum_{k=1}^{p}(x_{ik}-\overline{x}_{i\cdot})(x_{jk}-\overline{x}_{j\cdot})}{\sqrt{\sum_{k=1}^{p}(x_{ik}-\overline{x}_{i\cdot})^2}\sqrt{\sum_{k=1}^{p}(x_{jk}-\overline{x}_{j\cdot})^2}}$$

(4) 明考夫斯基(Minkowski)距离(的 q 次方)：

$$r_{ij}^q=\sum_{k=1}^{p}|x_{ik}-x_{jk}|^q$$

(5) 马氏(Mahalanobis)距离(的平方)：

$$r_{ij}^2=(x_i-x_j)^{\mathrm{T}}V^{-1}(x_i-x_j)$$

等等。应用者可根据实际问题,选其一种。

3. 选择类与类之间的距离定义

(1) 类的定义:由 1 个以上(含 1 个)对象组成的集合。

(2) 类与类之间的距离,可由类的"代表点"之间的距离表示。类的代表点,有如下几种选择方法:

①用两个类之间的距离最近(或最远)的点,分别作为这两类的代表点。

②用两个类(类 S 和类 T)中所有点之间距离(平方的)平均值,作为两个类之间的距离(的平方):

$$d^2(S,T)=\frac{1}{n_s n_t}\sum_{i\in S,j\in T}d_{ij}^2$$

式中,n_s,n_t 分别表示类 S 与类 T 中的点的个数,d_{ij} 表示点 i 与 j 之间的距离,$d(S,T)$表示类 S 与类 T 之间的距离。

显然,这是一种比较好的方法,类间的距离不再依赖类内的个别点。这种方法,又称为组间连接法(between-groups linkage)。

③按照某一规则,选择类中的某一点,代表该类。例如,依据 r_{ij} 把 i 与 j 类并为一类时,始终把第一下标所对应的点 i,作为该类的代表。

4. 聚类

(1) 把每个点(对象)作为一类(称为第一层的类)。

(2) 找出距离最小(或最大)的 d_{ij},从而得出距离最近(或最远)的两类 i 与 j,把它们合并为层次更高的一类。如果同时有两个距离 d_{ij} 和 d_{st}(例如,$d_{12}=d_{56}$),一样最小(或最大),则同时把 i、j 作为一类,把 s、t 作为一类;若 i、j 与 s、t 中,有一个是相同的(例如,$d_{12}=d_{26}$),则把这三个小类并为一个大类。如果有更多的两类之间的距离一样小(或大),可类似处理。

(3) 重复做(2),直至所有的点(对象)都并入一个大类。

如果每做一次(2)之前的类是第 k 层的类,那么每做一次(2)之后的类,就是第 $k+1$ 层的类。

5. 分类

依据实际需求,确定以第几层的类为最终的分类标准。通常采用如下准则:

准则 1:各类重心之间距离必须较大(为此,应做假设检验)。

准则 2:各类所包含的元素都不要过分地多。

准则 3:分类的数目应该符合使用的目的。

准则 4:若采用几种不同的聚类方法处理,则在各自的聚类图上应发现相同的类。

这也是戴米尔曼(Demirmen,1972)树状结构图来分类的准则。

当然,不能把第一层的类,作为分类的准则,因为这时每一个初始对象都各是一类,这等于没有分类。也不能把最后一层的类,作为分类的标准,因为此时所有的对象(p 维空间中的 n 个点)都被合并为一个类了,这也等于没有分类。

建议读者:在平面上($p=2$,两个变量,二维问题),按照上述过程,示意性地做一次聚类,以便理解聚类分析的本质。

聚类分析要点

先把问题理解为 p 维空间(p 个变量或指标)中的 n 个点(n 个对象或个体 cases)的聚类问题(当然,也可以反过来,对 p 个指标聚类)

(1)把每个点作为一类(称为第一层类)。在后面的合并中,将使每个类中点的个数大于等于 1。

(2)确定类的代表点,例如,以类中所有点的平均坐标为代表点的坐标。

(3)确定代表点之间的距离的定义,例如,以点间的欧氏距离为距离,或以点(每个也是 p 维空间中的一个向量,从原点到该点的向量)之间的相关系数为距离。

(4)选定聚类的准则:按照距离最小的准则聚类,还是按照距离最大的准则聚类(如,以相关系数为点间的距离时,以相关系数最大为聚类准则,是合适的)。

为了方便,以下按照"最小"准则表述。

(5)把距离最小的类(不一定是两个,可以是多个),合并为新的一类。

如果在 p 维空间中的不同区域,有多个类的群,群内的类之间的距离都是相等的、并且是所有类之间的距离最小的,就同时分别把这些群内的类,合并为新的一类。

(6)重复(5)直至所有的点都并为一类。每做一次(5)后,所有类的层数加一。

(7)依据实际需要,采用恰当层的类,作为分类结果。

这就是聚类分析的思路。聚类过程中的公式,几乎都是不必记忆的(欧氏距离、相关系数这类算式除外)。但是应当理解、掌握上述过程。

12.2* 用 SPSS 做聚类分析

12.2.1* 概述

在 SPSS 中,有大两类聚类分析法:层次聚类法(Hierarchical Cluster Procedures)和迭代聚类法(Iterative Partitioning Procedures)。层次聚类,在算法上不需要有聚类中心。迭代聚类,在算法上需要有聚类中心,或者由使用者输入各类的中心，或者机器自己确定一个初始中心。

层次聚类法，又可以分为两小类方法：聚集法（Agglomerative Method）和分解法（Divisive Method）。聚集法先把每个个体看作为一类，然后按照某一规则，逐步归类。12.1 所介绍的就是这一方法。分解法的过程刚好相反，首先把所有的个体视为一类，然后把最不相似的个体分为两类，每一步增加若干类，直到每个个体都各成为一类。

最常用的是（层次）聚集法。层次聚类法的聚类过程，可以用一个树状图（Dendrogram）表示出来。使用者可以根据该图，进行分类工作。

12.2.2* 层次聚类法

点击 Analyze→Classify→Hierarchical Cluster 后，系统弹出层次聚类分析的主对话窗口。要求使用者需要作如下决定：

（1）指定参与聚类分析的变量，把选定的变量放到"Variables"框中。

（2）指定聚类对象

在 SPSS 中，有两种聚类对象：①对变量进行聚类（把相近的变量归类，本章仅提及此事，没有展开），此时，应在 Cluster 选项中，选择"Variables"。②对个体进行聚类（把相近个体归类，本章仅介绍了此种归类对象），此时，应在 Cluster 选项中，选择"Cases"。

（3）点击 Method 按钮，在 Method 子对话窗中，指定聚类方法。

① 在此对话窗中的"Cluster Method"框中选择聚类方法。

SPSS 提供了七种聚类方法：

- 组间连接法 Between-groups linkage（依据不同类之间个体的距离的平均值，进行类别合并）
- Within-groups linkage（合并类别后，使类中个体的平均距离最小）
- 最短距离法 Nearest neighbor（用两类间的最近点的距离，代表类间的距离）
- 最长距离法 Furthest neighbor（用两类间的最远点的距离，代表类间的距离）
- 中位数聚类法 Median clustering（用类的中位数代表类）
- 重心法 Centroid clustering（用类的重心代表类）
- 最小方差法（Ward's Method）

② 在 Measure 子对话框中选择相似性测度。

对于间距测度变量在 Interval 对话框中选择，一般选择欧几里得空间是距离（Euclidean distance），或欧几里得空间距离的平方。

如果你要处理的变量是分类变量，在该框中的 Counts 中选择方法。

如果你要处理的变量是二值变量在该框中的“Binary”中选择方法。

③ 在 Transform value 对话框中，选择标准化数据的方法（z—score）。

（4）点击 Statistics 按钮，在其对话窗中选择输出聚类进度表，距离矩阵和聚类结果（即每个个体属于哪一类）。

① Agglomeration schedule 复选项，输出凝聚过程中每一步的结果。

② Proximity 复选项，输出各类之间距离的矩阵。

③ 在 Cluster membership 栏中：

选 Single Solutions，输出用户所指定的聚类类数和聚类结果。例如，输入 3，表示要把所有对象划分为 3 类，并输出聚类结果（每个个体属于 3 类中的哪一类）。

选 Range of solutions，输出用户所指定的聚类类数的范围和聚类结果。例如，指定类数范围从 2 到 4，则分别输出聚为 2，3，4 类时的聚类结果。

（5）点击 Plots 按钮，在其对话窗中选择要输出的统计图表。

① 点击 Dendrogram 选项，输出树形图。该图显示了在什么的尺度（例如欧几里得空间的距离）上，哪些个体被聚为一类。以下是树形图的一个例子（见图 12.2.1）。

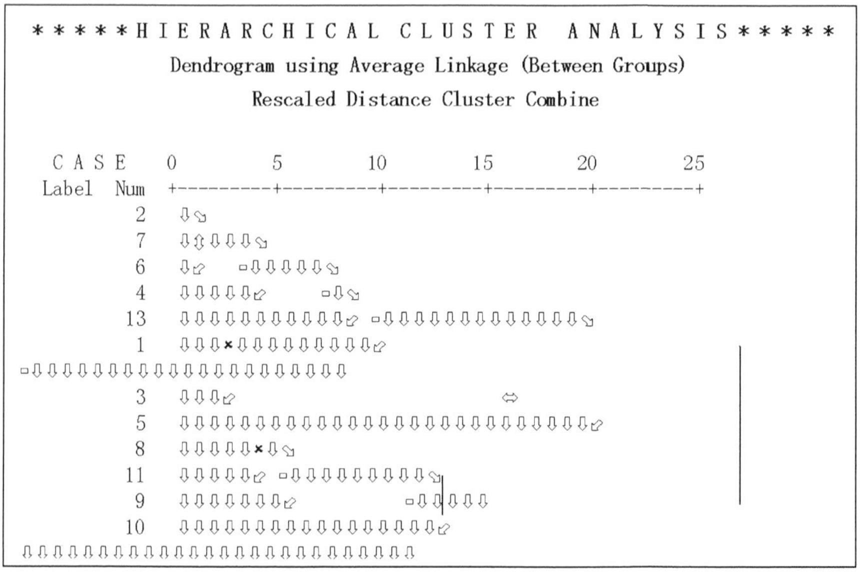

图 12.2.1　聚类树形图

② 要输出冰柱图时，有两项选择：

选择 All clusters，显示整个聚类过程的冰柱图。

选择 Specified range of clusters，显示指定范围（聚为几类）的冰柱图。指定从聚为几类,到聚为几类、以几步为间隔的冰柱图。例如:Start:3,Stop:10,By2,表示:冰柱图从聚为3类开始显示,到聚为10类为止,但每2类显示一次,所以实际上只显示:聚为3类,5类,7类,9类的冰柱图。

冰柱图分为纵向与横向两种。以纵向冰柱图为例,其结构是

纵坐标从下而上,表示聚类的过程,从聚类开始的类数,到最后聚为一类。

横坐标表示被聚类的个体。每个个体占一列,都用"×"符号占满,成柱状。每相邻的两个个体之间,由一个没有个体号的列(柱)隔开(我们步不妨称之为"隔离列")。这个列中,只有部分"×"号。"×"号在哪个高度出现,表示从那个高度的聚类步数开始,它左右两个个体被聚为一类了。在"隔离列"中,"×"号一旦出现,就会一直出现到该列的顶端。

这样的图形象冰柱,所以称为冰柱图。下图12.2.2就是冰柱图的一个例子。

```
               Vertical Icicle
            Case
Number of   1   1   9   1   8   5   1   4   6   7   2   3   1
 clusters   2   0       1           3
        1   X X X X X X X X X X X X X X X X X X X X X X X X X
        2   X X X X X X X X X   X X X X X X X X X X X X X X X
        3   X X X X X X X X X   X   X X X X X X X X X X X X X
        4   X   X X X X X X X   X   X X X X X X X X X X X X X
        5   X   X   X X X X X   X   X X X X X X X X X X X X X
        6   X   X   X X X X X   X   X X X X X X X X X   X X X
        7   X   X   X X X X X   X   X   X X X X X X X   X X X
        8   X   X   X   X X X   X   X   X X X X X X X   X X X
        9   X   X   X   X X X   X   X   X   X X X X X   X X X
       10   X   X   X   X   X   X   X   X   X X X X X   X X X
       11   X   X   X   X   X   X   X   X   X X X X X   X   X
       12   X   X   X   X   X   X   X   X   X   X X X   X   X
```

图 12.2.2 冰状图示意

(6)点击Save按钮,生成新变量。把聚类结果作为变量保存到数据文件中。

Single solution,系统生成一个新变量,这个变量给出了每个变量属于哪个类的类号。该选项要求用户输入分类(Cluster)的个数,例如,输入3,系统就在新变量中记载分为3类情况下每个个体的类号。

Range of solution,该选项要求用户输入多种分类(Cluster)的个数,例如,输入From 3 though 5 cluster(英文是系统的,数字是用户输入的),则系统产生聚为3,4,5类时的聚类结果,并用3个新变量记录它们。

12.2.3* 示例

例 12.2.1 若干专家依据测量的数据,对一组运动员的形体、生理、心理评

分。请依据这些分值对运动员分类。数据见本书附盘中的文件“CH12 聚类判别运动员”。

读入数据后：

(1)点击 Analyze→Classify→Hierarchical Cluster,系统弹出层次聚类分析的主对话窗口,见图 12.2.3。

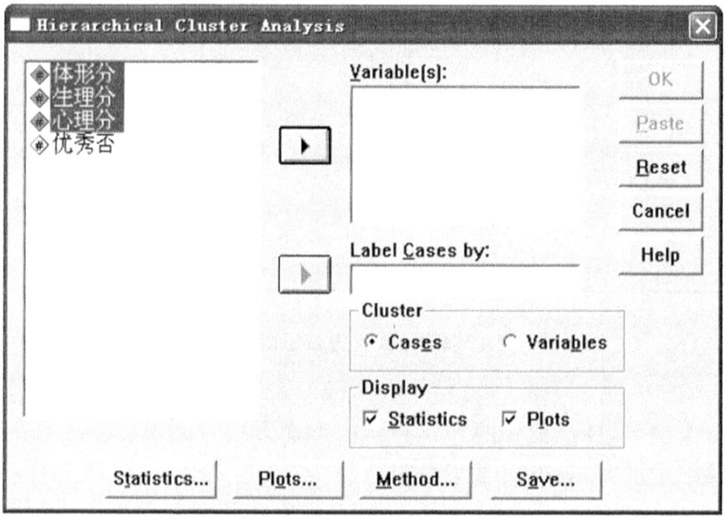

图 12.2.3　层次聚类主对话窗口

① 在该窗口中,把要参与聚类分析的变量“体形分”、“生理分”、“心理分”,用箭头放到 Variables 框中。

② 在该窗口的右边中下部的 Cluster 框中,指定聚类对象。样本个体(cases)或变量(variables),系统默认值是 cases。本例接受系统默认值。

③ 在该窗口的右边下部的 Display 框中,选择 Statistics 和 plots,要求输出有关统计值和图形。

(2)点击 Method 按钮,系统弹出 Method 子对话窗,见图 12.2.4,要求指定聚类方法。

①在此对话窗中的 Cluster Method 框中,选择聚类方法。点击 Cluster Method 框右侧的小箭头,系统出现一个下拉菜单,列出七种聚类方法,供挑选(见 12.2.2 小节)。系统默认值是组间连接法 Between-groups linkage(依据不同类之间个体的距离的平均值,进行类别合并)。本例接受它。

② 本对话窗口中部的 Measure 子对话框中选择相似性测度。系统的默认值是欧几里得距离的平方(Square Euclidean distance)。本例接受它。如果你要处理

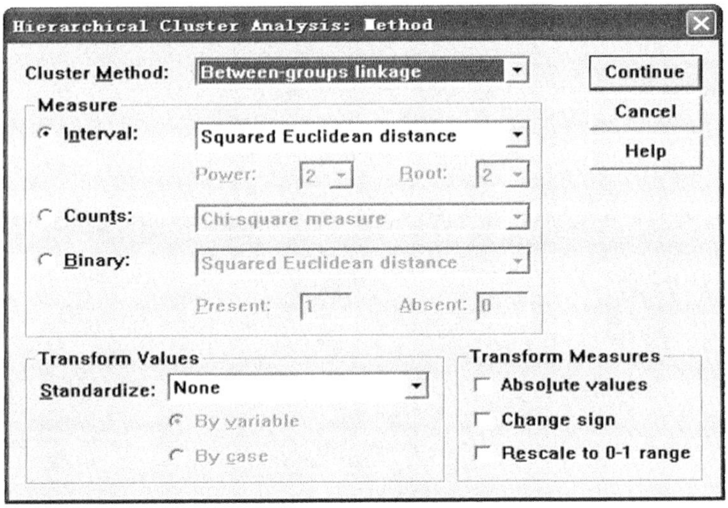

图 12.2.4　聚类方法子对话窗

的变量是分类变量,在该框中的"Counts"中选择方法。如果你要处理的变量是二值变量在该框中的"Binary"中选择方法。

③ 在 Transform values 对话框中,选择标准化数据的方法(z-score)。本例不选择此项,因为本例的数据都是分值,没有不同变量的不同计量单位的影响。如果有不同计量单位的影响,应当选择此项。

④ 点击 Continue,返回主窗口。

(3)点击 Statistics 按钮,系统弹出统计值子对话窗,见图 12.2.5。图中选择输出聚类进度表,距离矩阵和聚类结果(即每个个体属于哪一类)。

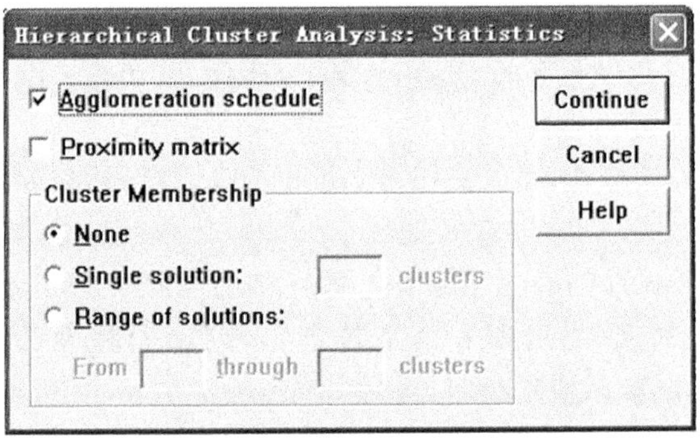

图 12.2.5　选择输出的统计值子窗口

本例只选择“Agglomeration schedule”复选项，要求输出凝聚过程中每一步的结果。

其他接受系统的默认值。

点击 Continue，返回主窗口。

(4)点击“Plots”按钮，系统弹出图形子对话窗，见图 12.2.6。

① 在该窗口中，选择 Dendrogram 选项，要求输出树形图。

② 在该窗口的冰柱图框中，接受系统的默认值。当然，也可以按照 12.2.2 小节的介绍，选择要显示的拿几步聚类的结果。

(5)点击 Save 按钮，生成新变量。本例不作此选择。

(6)点击 OK，输出结果，见表 12.2.1，表 12.2.2，图 12.2.1(聚类树形图，在前)和图 12.2.2(冰柱图，在前面)。

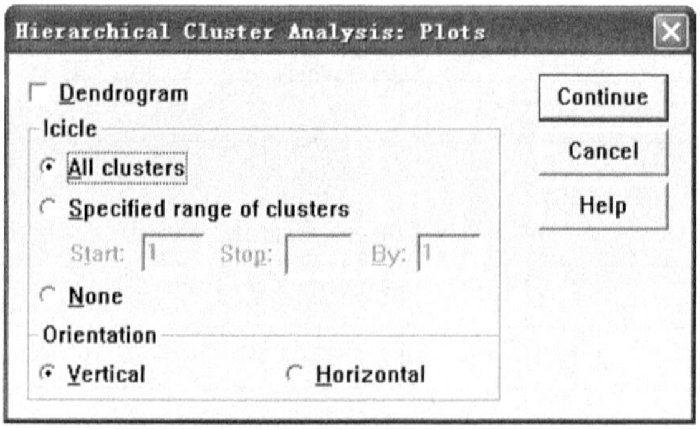

图 12.2.6　选择输出图形的子对话窗

表 12.2.1　个体被处理的情况 (Case Processing Summary[a,b])

Cases					
Valid		Missing		Total	
N	Percent	N	Percent	N	Percent
13	100.0	0	.0	13	100.0

a　Squared Euclidean Distance used

b　Average Linkage (Between Groups)

表 12.2.1 给出了个体总数(样本总个数)被处理情况，及所选择距离和方法。

表 12.2.2 给出了聚类过程。居于表格中部的 Coefficients 列，给出的合并时类间的距离。由此可以看出，在聚类过程中类间的距离越来越大。在该列的左边，给出了在第几步谁和谁并成一类了。在该列的右边，给出了个体首次被聚类的步

骤号。

表 12.2.2　聚类过程表 (Agglomeration Schedule)

	Cluster Combined		Coefficients	Stage Cluster First Appears		Next Stage
Stage	Cluster 1	Cluster 2		Cluster 1	Cluster 2	
1	2	7	1.000	0	0	2
2	2	6	2.500	1	0	5
3	1	3	3.000	0	0	8
4	8	11	5.000	0	0	6
5	2	4	5.667	2	0	7
6	8	9	7.500	4	0	9
7	2	13	12.250	5	0	8
8	1	2	13.500	3	7	11
9	8	10	18.000	6	0	10
10	8	12	23.500	9	0	12
11	1	5	25.714	8	0	12
12	1	8	48.350	11	10	0

12.3** 判别分析的作法

12.3.1** 判别分析的基本概念与思路

1. 问题的提出

如何依据一个人的血压、体温、心率、血液中有关成分的含量，判断是否得了某种疾病；如何依据一个企业税务报表的数据，判断该企业是否逃税；如何依据某消费者的某些特性数据(例如，对式样、包装、耐久性、美观性等的态度数据)，判别是否购买某种产品；如何依据一地区的地下压力、异常情况等数据，判断该地区是否将发生地震；如何依据一个人的体形数据、生理数据、心理数据等，判断他/她最适合的运动项目；等等。这些都属于两类判别问题(判别一个个体属于两个类别中的哪一个类别的问题)。

当然，要完成这一判断，首先要有这两个类别的大量个体的数据。依据这些数据，判断一个新的个体，属于哪一类。也就是

①已知属于类别 1(状况 1)的样本观察值($n_1 \gg p$)：

$$\begin{array}{ll} \text{指标：} & \quad 1, \quad 2, \quad \cdots, \quad p \\ \begin{array}{l}\text{个体 } 1 \\ \text{个体 } 2 \\ \cdots \\ \text{个体 } n_1\end{array} & \begin{pmatrix} x_{11} & x_{12} & \cdots & x_{1p} \\ x_{21} & x_{22} & \cdots & x_{2p} \\ & \cdots & \cdots & \\ x_{n_1 1} & x_{n_1 2} & \cdots & x_{n_1 p} \end{pmatrix} \end{array}$$

②也已知属于类别 2(状况 2)的样本观察值($n_2 \gg p$)：

$$\begin{array}{ll} \text{指标：} & \quad 1, \quad 2, \quad \cdots, \quad p \\ \begin{array}{l}\text{个体 } 1 \\ \text{个体 } 2 \\ \cdots \\ \text{个体 } n_2\end{array} & \begin{pmatrix} x_{11} & x_{12} & \cdots & x_{1p} \\ x_{21} & x_{22} & \cdots & x_{2p} \\ & \cdots & \cdots & \\ x_{n_2 1} & x_{n_2 2} & \cdots & x_{n_2 p} \end{pmatrix} \end{array}$$

③已知一个(新的)个体 x 的 p 个特征的观察值：$x_{01}, x_{02}, \cdots, x_{0p}$，

现在，要判断个体 x 属于类别 1，还是类别 2?

这就是判别分析的一个直观的提法。毫无疑问，存在多类别的判断问题(即判别一个个体属于多个类别中的哪一个类别的问题)。例如，发现一种新的动物，依据有关数据，判断其属于哪一目、哪一科、哪一种。就属于多类别的判断问题。

为了研究问题方便，我们总是从简单的问题(在这里是两类判别问题)，开始研究。

2. 对判别问题解法的直观理解

从尽可能简单的例题(或者示例，或者几何解释)来理解复杂问题，从低维的示例来理解高维问题的本质，是本书推荐给读者的“法宝”。在 12.1 节我们推荐读者，用平面上的点(相当于具有 2 个指标的个体)来理解聚类分析的过程。本节，我们用直线上的两群点(从一维的角度)来理解高维(p 个指标的判别问题)。

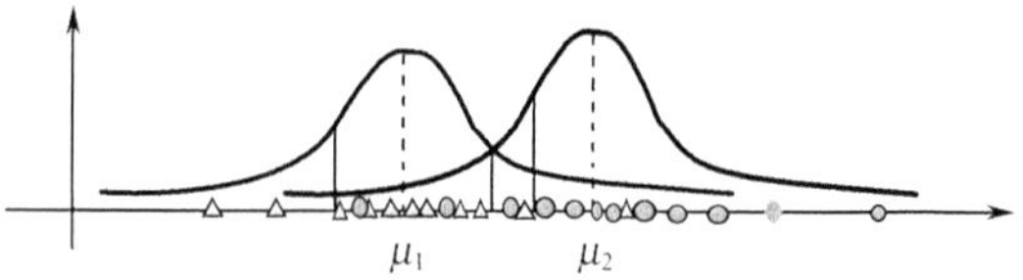

图 12.3.1　直线上两群点的分类问题

图 12.3.1 给出了水平直线上的两群点：一群是三角形的点(称为 A 类点)；一

群是圆点(称为 B 类点)。纵坐标方向的曲线,表示两群点的密集程度。按照一般规律,它们是近似正态的(当然从绝对意义上,是斜态的)。图中,μ_1,μ_2 分别是两群点的坐标的均值(各组的平均位置)。

所谓判别分析,就是要在水平直线上的某个位置划一条分界线,把这条分界线左边的点,都判断给 A 类,把分界线右边的点判断给 B 类,同时使误判率最低。从而,可以把这条分界线,作为一个判别准则,判别一个或多个个体属于哪一个类别。

误判率的高低,是由两个因素所决定的。

一是主观因素:分界线的位置要正确。例如上图中,分界线划在两个正态曲线的交点处(图中用一条粗实竖线表示),是最好的,它可以使误判率最低(按照图中示意,把 A 误判为 B 的点是 2 个,把 B 误判为 A 的点,也是 2 个)。把这条分界线,不论是左移,还是右移,都会使误判率增大。

二是客观因素:如果两群点均值离开的远一些,当然会有利于判别,一般会使误判率低一些。如果两群点都紧紧地靠在各自的均值附近,也就是说,图中的两个正态曲线非常陡(峰非常高),那是一定有利于判别的,极端情况是两群点没有相互交叉的情况。在这种极端情况下,我们可以做到误判率为 0。

显然,第一类因素是完全可控因素。我们这里所要讲的判别分析的方法,就是科学地确定分界线的方法。

第二类因素,在得到数据后,是完全不可控的因素。所以,在这样的前提下,我们只能把注意力放到第一类因素上。但是,在获得数据之前,选择不同的指标(反映特征的变量)是非常重要的。不同的指标会引出不同的数据,因而可能产生数据的不同特征,有的有利于分类判别,有的不利于分类判别。因此,选择指标问题,在研究实际问题中,具有非常重要的地位。但实际问题是高维的,它不像一维问题那样简单,可以一眼看出数据是否有利于分类判别。因此,需要丰富的实际经验和试算。有了这两条(“经验”与“试算”),我们就可以找到较为合适的指标,使得判别分析更容易一些(判别的准确率更高一些)。

一般地说,维度高一些(变量多一点),分辨率可以相对高一些。图 12.3.2 清楚地表明了这一性质。作为一维问题($p=1$)的图(a)而言,无论如何确定分界线的位置,都无法百分之百地把两类点区别开来。而只要增加一个维度(增加一个指标,使 $p=2$),使最左边圆点的纵坐标增大,同时(最简单情形)其他所有点的纵坐标保持不变,我们就得到图(b),在二维空间中划一条分界线,百分之百地区分这两类点,是很容易的(见图中的虚线)。

请注意,如果单一地看第二个维度(新增指标的数据),更找不到完全区分这两类点的分界线。因为从纵坐标角度看,有 5 个点的纵坐标是完全相同的,无论如何也无法单一地从纵坐标角度(新增指标的角度),把这两类点区分开来。

但也不要以为指标越多越好。在许多情况下,指标太多了,改变不了分辨效

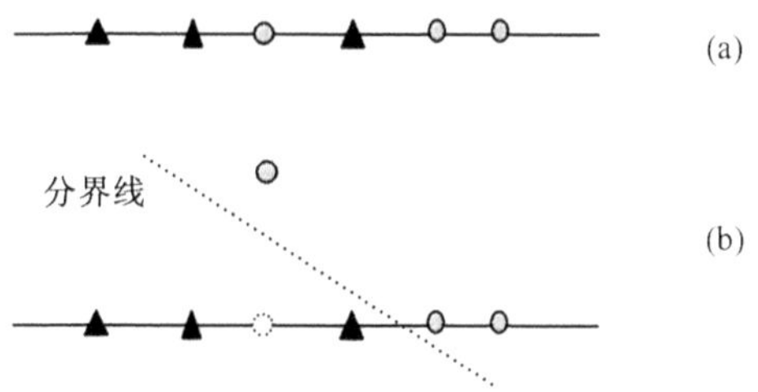

图 12.3.2　维度高一些有利于判别的示例

果，却大大增加了计算量。

> **判别问题的构成与直观理解：**
>
> 判别问题的构成：①属于 A 类的 n_1 个个体的 p 个特征的一组数据；②属于 B 类的 n_2 个个体的、同样 p 个特征的一组数据；③一个需要被判别的新的个体的 p 个特征的数据。目的：判别这个新个体属于哪一类。
>
> 直观理解：以直线上的两组点的判别为例(参见图 12.3.1)
>
> ①判别分析就是要找出一条分界线(以后称为判别函数)，判别其一侧的个体为 A 类，另一侧的个体为 B 类，并使误判率尽可能低。对于一个新个体，就用分界线判别它属于哪一类。
>
> ②A、B 两组数据的分布特征(均值、峰度、斜度)都会对分界线的位置产生影响。
>
> ③一般说来，维度高一些(指标个数多一些)，可以使分界线的分辨率更高一些。图 12.3.2 清楚地给出了直观的解释。

这个简单的一维、二维上的点的分类判别问题，表明了判别分析的基本概念，表明了影响判别效果的要素，表明了数据的样本分布(不同区间上的频率分布)对分界线的影响，表明了维度(指标数)对分类判别的影响。

这些对理解高维(多指标)的判别分析问题是很有帮助的。

3. 转化为数学问题

设有两个总体：$X^{(1)}$，$X^{(2)}$。总体 $X^{(1)}$ 中，有 n_1 个个体，总体 $X^{(2)}$ 中，有 n_2 个个体。每个个体的状况，都用 p 个特征(指标，或变量)的数据来表示。例如，两个不同等级运动员的体形数据、生理数据、心理数据，或者逃税与不逃税企业财务数据等。

这样，从随机变量的角度，可以把已知的两个总体表达为两个随机向量：

$$\boldsymbol{X}^{(1)}=(X_1^{(1)},X_2^{(1)},\cdots,X_p^{(1)})^{\mathrm{T}}$$

$$\boldsymbol{X}^{(2)}=(X_1^{(2)},X_2^{(2)},\cdots,X_p^{(2)})^{\mathrm{T}}$$

这两个总体,可以简单表达为

$$\boldsymbol{X}^{(i)}=(X_1^{(i)},X_2^{(i)},\cdots,X_p^{(i)})^{\mathrm{T}},i=1,2$$

设已知 $\boldsymbol{X}^{(1)}$,$\boldsymbol{X}^{(2)}$都服从某 p 维分布,例如,p 维正态分布。此时,每个随机向量中的任何一个分量,都是一个一维的随机变量。

要判断一个新个体 $\boldsymbol{x}=(x_1,x_2,\cdots,x_p)^{\mathrm{T}}$,属于哪个总体,就要看总体 $\boldsymbol{X}^{(1)}$ 与 $\boldsymbol{X}^{(2)}$ 在点 $\boldsymbol{x}$ 处的概率,哪一个大。哪个大,$\boldsymbol{x}$ 就属于哪个总体。

4. 从概率问题转化为马氏距离问题

设,$\boldsymbol{X}^{(1)}$,$\boldsymbol{X}^{(2)}$都服从正态分布(p 维正态分布)(请注意这个前提)

$$f_i(\boldsymbol{x})=\frac{1}{(\sqrt{2\pi})^p\sqrt{|V_i|}}\exp\left[-\frac{1}{2}(\boldsymbol{x}-\boldsymbol{\mu}_i)^{\mathrm{T}}(\boldsymbol{V}_i)^{-1}(\boldsymbol{x}-\boldsymbol{\mu}_i)\right],i=1,2$$

式中,$\boldsymbol{V}_i=\mathrm{Var}(\boldsymbol{X}^{(i)})=E[(\boldsymbol{X}^{(i)}-\boldsymbol{\mu}_i)\cdot(\boldsymbol{X}^{(i)}-\boldsymbol{\mu}_i)^{\mathrm{T}}]$,$i=1,2$,是两个总体随机变量的协方差矩阵。而 $\mu_i=E(X^{(i)})$,$i=1,2$,是两个总体的 p 维均值向量。

设,$\boldsymbol{V}_i$ 是非退化的,即 $\boldsymbol{V}_i>0$(是正定的),$i=1,2$。$|\boldsymbol{V}_i|$ 是矩阵 $\boldsymbol{V}_i$ 的行列式,$\boldsymbol{V}_i^{-1}$ 是矩阵 V_i 的逆矩阵,$i=1,2$。显然,$\frac{1}{2}(\boldsymbol{x}-\boldsymbol{\mu}_i)^{\mathrm{T}}(\boldsymbol{V}_i)^{-1}(\boldsymbol{x}-\boldsymbol{\mu}_i)$越小,概率密度$f_i(\boldsymbol{x})$越大。可以证明,当 $\boldsymbol{V}_1=\boldsymbol{V}_2=\boldsymbol{V}$ 时,总体 $\boldsymbol{X}^{(i)}$ 在 $\boldsymbol{x}$ 附近($\pm\Delta x$)取值的概率,与总体 $\boldsymbol{X}^{(i)}$ 在 $\boldsymbol{x}$ 处的概率密度 $f_i(\boldsymbol{x})$成正比(用一维随机变量的图示来理解,见图 12.3.3)。所以,有如下判断:

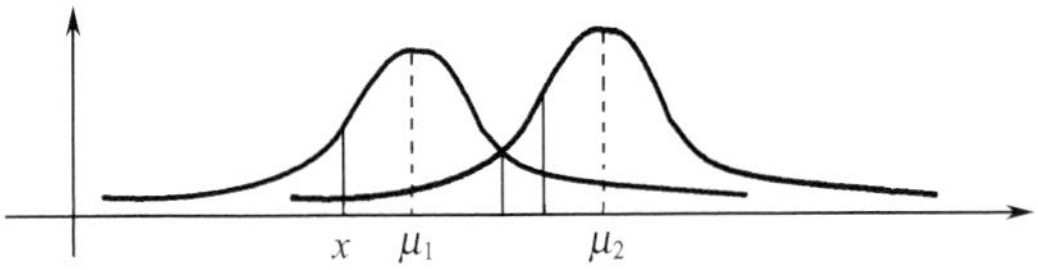

图 12.3.3　x 点附近的概率与 x 点处的概率密度的关系

如果 $f_1(\boldsymbol{x})>f_2(\boldsymbol{x})$,则个体 x 应属于总体 $\boldsymbol{X}^{(1)}$;如果 $f_1(\boldsymbol{x})<f_2(\boldsymbol{x})$,则个体 $\boldsymbol{x}$ 应属于总体 $\boldsymbol{X}^{(2)}$。而$(\boldsymbol{x}-\boldsymbol{\mu}_i)^T(\boldsymbol{V}_i)^{-1}(\boldsymbol{x}-\boldsymbol{\mu}_i)$正是点 $\boldsymbol{x}$ 到总体 $\boldsymbol{X}^{(i)}$ 的均值($i=1,2$)的马氏(Mahalanobis,印度统计学家)距离的平方。

所以,问题转化为:点 $\boldsymbol{x}$ 到总体 $\boldsymbol{X}^{(i)}$ 的均值($i=1,2$)的马氏距离,哪一个小,离哪一个总体的均值更近,就属于哪一个总体(本质上,是属于该总体的概率大)。

注意:从这个角度看,两个总体的均值应当有显著差异,上述判断才是有意义的。因此,在作判别分析之前,应当假设检验。在两个总体的均值有显著差异的情况下,再作判别分析。

在两个以上的总体问题中,应当用 SPSS 作方差分析(SPSS 的方差分析过程中包含作两两假设检验的选项)。

两个类别(两个总体)的判别问题

判断个体 $\boldsymbol{x}=(x_1,x_2,\cdots,x_p)^{\mathrm{T}}$ 属于哪个总体,取决于总体 $\boldsymbol{X}^{(1)}$ 与 $\boldsymbol{X}^{(2)}$ 在点 x 处的概率,哪一个大:(设,$f_1(\boldsymbol{x})$、$f_2(\boldsymbol{x})$分别是 $\boldsymbol{X}^{(1)}$ 与 $\boldsymbol{X}^{(2)}$ 的概率密度函数)

若 $f_1(\boldsymbol{x})>f_2(\boldsymbol{x})$,则 $\boldsymbol{x}$ 应属于 $\boldsymbol{X}^{(1)}$。若 $f_2(\boldsymbol{x})>f_1(\boldsymbol{x})$,则 $\boldsymbol{x}$ 应属于 $\boldsymbol{X}^{(2)}$。两个总体 $\boldsymbol{X}^{(1)}$,$\boldsymbol{X}^{(2)}$ 都服从 p 维正态分布前提下的判别问题:

$$f_i(\boldsymbol{x})=\frac{1}{(\sqrt{2\pi})^p\sqrt{|\boldsymbol{V}_i|}}\exp\left[-\frac{1}{2}(\boldsymbol{x}-\boldsymbol{\mu}_i)^{\mathrm{T}}(\boldsymbol{V}_i)^{-1}(\boldsymbol{x}-\boldsymbol{\mu}_i)\right],i=1,2$$

比较 $f_1(\boldsymbol{x})$与 $f_2(\boldsymbol{x})$的大小,等价于比较 $f_i(\boldsymbol{x})$的指数部分$(\boldsymbol{x}-\boldsymbol{\mu}_i)^{\mathrm{T}}(\boldsymbol{V}_i)^{-1}(\boldsymbol{x}-\boldsymbol{\mu}_i)$的大小。而 $f_1(\boldsymbol{x})$与 $f_2(\boldsymbol{x})$的指数部分,就是点 $\boldsymbol{x}$ 到总体 $\boldsymbol{X}^{(1)}$ 与 $\boldsymbol{X}^{(2)}$ 的均值的马氏距离。

$f_1(\boldsymbol{x})>f_2(\boldsymbol{x})$,等价于 $\boldsymbol{x}$ 到 $\boldsymbol{X}^{(1)}$ 的均值的马氏距离小,故 $\boldsymbol{x}$ 应属于总体 $\boldsymbol{X}^{(1)}$。

$f_1(\boldsymbol{x})<f_2(\boldsymbol{x})$,等价于 $\boldsymbol{x}$ 到 $\boldsymbol{X}^{(2)}$ 的均值的马氏距离小,故 $\boldsymbol{x}$ 应属于总体 $\boldsymbol{X}^{(2)}$。

5. 可以直接从马氏距离来做判别分析

若不假设 $\boldsymbol{X}^{(1)}$,$\boldsymbol{X}^{(2)}$服从正态分布(p 维正态分布),也可以直接从马氏距离来判断,点 $\boldsymbol{x}$ 属于哪一个总体。但此时,已经失去了概率意义,仅仅是一种直观的、经验判断而已,可能偏误较大。其作法是:

设,$D^2(\boldsymbol{x},\boldsymbol{X}^{(i)})=(\boldsymbol{x}-\boldsymbol{\mu}_i)^{\mathrm{T}}(\boldsymbol{V}_i)^{-1}(\boldsymbol{x}-\boldsymbol{\mu}_i)$,$i=1,2$,表示个体 $\boldsymbol{x}$ 到总体 $\boldsymbol{X}^{(i)}$($i=1,2$)的均值的马氏距离的平方,令

$$W(\boldsymbol{x})=D^2(\boldsymbol{x},\boldsymbol{X}^{(2)})-D^2(\boldsymbol{x},\boldsymbol{X}^{(1)})$$

若 $W(\boldsymbol{x})>0$,则点 $\boldsymbol{x}$ 属于总体 $\boldsymbol{X}^{(1)}$

若 $W(\boldsymbol{x})<0$,则点 $\boldsymbol{x}$ 属于总体 $\boldsymbol{X}^{(2)}$

直接从马氏距离来做判别分析,失去了概率意义,仅仅是一种直观的、经验判断而已。当两个总体不服从正态分布时,可能偏误较大。

12.3.2** 具有多个总体的距离判断问题的一般公式

设有 m 个服从正态分布的总体 $\boldsymbol{G}_1,\boldsymbol{G}_2,\cdots,\boldsymbol{G}_m$,每个总体的特性指标都是 p 个,反映每个总体的 p 个特性的 p 维随机变量是 $X^{(1)},X^{(2)},\cdots,X^{(m)}$,相应的其($p$ 维)均值向量和($p\times p$ 阶)协方差矩阵分别为 $\boldsymbol{\mu}_1,\boldsymbol{\mu}_2,\cdots,\boldsymbol{\mu}_m,\boldsymbol{V}_1,\boldsymbol{V}_2,\cdots\boldsymbol{V}_m$。

则样品 $\boldsymbol{x}=(x_1,x_2,\cdots,x_p)^{\mathrm{T}}$,到 $\boldsymbol{G}_s$ 的马氏距离的平方为:

$$D^2(\boldsymbol{x},\boldsymbol{G}_s)=(\boldsymbol{x}-\boldsymbol{\mu}_s)^{\mathrm{T}}(\boldsymbol{V}_s)^{-1}(\boldsymbol{x}-\boldsymbol{\mu}_s)$$

假设 $\boldsymbol{V}=\boldsymbol{V}_1=\boldsymbol{V}_2=\cdots=\boldsymbol{V}_m$,则有

$$
\begin{aligned}
D^2(\boldsymbol{x},\boldsymbol{G}_s) &= (\boldsymbol{x}-\boldsymbol{\mu}_s)^{\mathrm{T}}(\mathbf{V}_s)^{-1}(\boldsymbol{x}-\boldsymbol{\mu}_s) \\
&= \boldsymbol{x}^{\mathrm{T}}\mathbf{V}^{-1}\boldsymbol{x} - 2\left(\boldsymbol{x}^{\mathrm{T}}\mathbf{V}^{-1}\boldsymbol{\mu}_s - \frac{1}{2}\boldsymbol{\mu}_s^{\mathrm{T}}\mathbf{V}^{-1}\boldsymbol{\mu}_s\right) \\
&= \boldsymbol{x}^{\mathrm{T}}\mathbf{V}^{-1}\boldsymbol{x} - f_s(\boldsymbol{x})
\end{aligned}
$$

式中，$f_s(\boldsymbol{x})=\boldsymbol{x}^{\mathrm{T}}\mathbf{V}^{-1}\boldsymbol{\mu}_s-\frac{1}{2}\boldsymbol{\mu}_s^{\mathrm{T}}\mathbf{V}^{-1}\boldsymbol{\mu}_s$，此时，$f_s(\boldsymbol{x})$的一般表达形式是

$$f_s(\boldsymbol{x}) = a_0 + a_1x_1 + a_2x_2 + \cdots + a_px_p$$

在所有的 $f_s(\boldsymbol{x})$中($s=1,\cdots,m$)，哪个 $f_s(x)$的值大，表明 $\boldsymbol{x}$ 到相应$\boldsymbol{G}_s$ 的马氏距离的平方小，所以判断 $\boldsymbol{x}$ 属于相应$\boldsymbol{G}_s$。

SPSS 输出的 Fisher 系数是这里的系数。

> 对 m 个服从正态分布的总体$\boldsymbol{G}_1,\boldsymbol{G}_2,\cdots,\boldsymbol{G}_m$，判别函数是：
>
> $f_s(\boldsymbol{x})=\boldsymbol{x}^{\mathrm{T}}\mathbf{V}^{-1}\boldsymbol{\mu}_s-\frac{1}{2}\boldsymbol{\mu}_s^{\mathrm{T}}\mathbf{V}^{-1}\boldsymbol{\mu}_s$，即 $f_s(\boldsymbol{x})=a_0+a_1x_1+a_2x_2+\cdots+a_px_p$
>
> 在所有的 $f_s(\boldsymbol{x})$中($s=1,\cdots,m$)，哪个 $f_s(\boldsymbol{x})$大，就判断 $\boldsymbol{x}$ 属于相应$\boldsymbol{G}_s$。
>
> SPSS 输出的 Fisher 系数是这里的系数。

12.3.3** 基于数据的判别分析的实际处理(以两个总体为例)

我们以两个总体的实际问题为例，说明基于数据的判别分析的处理问题。在实际应用中，各个总体的 P 维均值的向量$\boldsymbol{\mu}_i$($i=1,2$)和 $p\times p$ 阶协方差矩阵 $\mathbf{V}_i$($i=1,2$)是未知的，只能用样本观察值来估计。理论上，可以假设两个总体的协方差矩阵相同(即，两个总体服从同一分布)，$\mathbf{V}_1=\mathbf{V}_2=\mathbf{V}$，但是，由样本观察值估计出的两个协方差未必相同，还需要进一步用 $\mathbf{V}_1$，$\mathbf{V}_2$ 来估计 $\mathbf{V}$。

计算步骤如下：

(1) 列出两个类别的样本观察值。

类别 1(状况 1)的样本观察值($n_1\gg p$)：

$$
\begin{array}{ll}
\text{指标：} & \quad 1,\quad 2,\quad \cdots,\quad p \\
\begin{array}{c}\text{个体 } 1\\ \text{个体 } 2\\ \cdots \\ \text{个体 } n\end{array} &
\begin{pmatrix}
x_{11} & x_{12} & \cdots & x_{1p} \\
x_{21} & x_{22} & \cdots & x_{2p} \\
 & \cdots & \cdots & \\
x_{n11} & x_{n12} & \cdots & x_{n1p}
\end{pmatrix}
\end{array}
$$

记此数字矩阵($n_1\times p$ 阶)为

$$
\begin{pmatrix}
x_{11}^{(1)} & \cdots & x_{1p}^{(1)} \\
\vdots & & \\
x_{n11}^{(1)} & \cdots & x_{n1p}^{(1)}
\end{pmatrix} = (x_{jk}^{(1)}),\ j=1,\cdots,n_1,\ k=1,2,\cdots,p
$$

类别 2(状况 2)的样本观察值($n_2 \gg p$)：

$$\begin{array}{ll} \text{指标：} & \quad 1, \quad 2, \quad \cdots, \quad p \\ \begin{array}{c}\text{个体 }1\\ \text{个体 }2\\ \cdots \\ \text{个体 }m\end{array} & \begin{pmatrix} x_{11} & x_{12} & \cdots & x_{1p} \\ x_{21} & x_{22} & \cdots & x_{2p} \\ & \cdots & \cdots & \\ x_{n21} & x_{n22} & \cdots & x_{n2p} \end{pmatrix} \end{array}$$

记此数字阵($n_2 \times p$ 阶)为

$$\begin{pmatrix} x_{11}^{(2)} & \cdots & x_{1p}^{(2)} \\ \vdots & & \\ x_{n_21}^{(2)} & \cdots & x_{n_2p}^{(2)} \end{pmatrix} = (x_{jk}^{(2)}) , j=1,\cdots,n_2, k=1,2,\cdots,p$$

(2) 求 $\boldsymbol{\mu}_i$ 的估计值。

先求上述数据矩阵中的各列的均值 $\overline{x}_{\cdot k}^{(i)}$：

$$\overline{x}_{\cdot k}^{(i)} = \frac{1}{n_1}\sum_{j=1}^{n_i} x_{jk}^{(i)}, k=1,2,\cdots,p, i=1,2$$

μ_i 的估计值就是$(\overline{x}_{\cdot 1}^{(i)}, \overline{x}_{\cdot 2}^{(i)}, \cdots, \overline{x}_{\cdot p}^{(i)})^{\mathrm{T}}$。

(3) 求 $\mathbf{V}_i$ 的估计值(样本协方差矩阵)$\boldsymbol{\Sigma}_i, i=1,2$

把两个原始数字矩阵中的各列数据“中心化”：$\boldsymbol{A}_i = (x_{jk}^{(i)} - \overline{x}_{\cdot k}^{(i)})$，仍然是 $n_i \times p$阶矩阵，$i=1,2$。然后，求出两个(样本)协方差矩阵($p \times p$ 阶)：

$$\begin{aligned} \boldsymbol{\Sigma}_i &= \frac{1}{n_i - 1}(x_{jk}^{(i)} - \overline{x}_{\cdot k}^{(i)})^{\mathrm{T}} \cdot (x_{jk}^{(i)} - \overline{x}_{\cdot k}^{(i)}) \\ &= \frac{1}{n_i - 1}\boldsymbol{A}_i^{\mathrm{T}}\boldsymbol{A}_i, i=1,2, j=1,\cdots,n_i, k=1,2,\cdots,p \end{aligned}$$

(4) 求矩阵 $\mathbf{V}$ 的估计值 $\boldsymbol{\Sigma}$

设，$n=n_1+n_2$，可用下法求出 $\mathbf{V}$ 的估计值 $\boldsymbol{\Sigma}$：

$$\begin{aligned} \boldsymbol{\Sigma} &= \frac{1}{n-2}[(n_1-1)\boldsymbol{\Sigma}_1 + (n_2-1)\boldsymbol{\Sigma}_2] \\ &= \frac{1}{n-2}[(\boldsymbol{A}_1^{\mathrm{T}}\boldsymbol{A}_1) + (\boldsymbol{A}_2^{\mathrm{T}}\boldsymbol{A}_2)] = \frac{1}{n-2}\boldsymbol{P} \end{aligned}$$

式中，$\boldsymbol{P} = (\boldsymbol{A}_1^{\mathrm{T}}\boldsymbol{A}_1) + (\boldsymbol{A}_2^{\mathrm{T}}\boldsymbol{A}_2)$

可以看出，在第(3)步，求 $\boldsymbol{\Sigma}_i$ 时，不必计算“除以(n_i-1)”的步骤，求出 $\boldsymbol{A}_i^{\mathrm{T}}\boldsymbol{A}_i$，就行了，因为在第(4)步，求 $\boldsymbol{\Sigma}$ 时，又乘以(n_i-1)，相互抵消了。

5)求判别函数 $f_i(\boldsymbol{x}), i=1,2$

$$f_i(\boldsymbol{x}) = \boldsymbol{x}^{\mathrm{T}}\mathbf{V}^{-1}\boldsymbol{\mu}_i - \frac{1}{2}\boldsymbol{\mu}_i^{\mathrm{T}}\mathbf{V}^{-1}\boldsymbol{\mu}_i$$

在所有的 $f_i(\boldsymbol{x})$中$(i=1,2)$，哪个 $f_i(\boldsymbol{x})$的值大，表明 $\boldsymbol{x}$ 到相应 $\boldsymbol{G}_i$ 的马氏距离的

平方小，所以判断 $\boldsymbol{x}$ 属于相应 $\boldsymbol{G}_s$。

> 在实际应用中，只能用样本观察值来估计总体的 P 维均值 $\boldsymbol{\mu}_1$、$\boldsymbol{\mu}_2$ 和 $\boldsymbol{P}\times\boldsymbol{P}$ 阶矩阵、$\boldsymbol{V}_1$、$\boldsymbol{V}_2$。理论上可以假设 $\boldsymbol{V}_1=\boldsymbol{V}_2=\boldsymbol{V}$，但是，由样本观察值估计出的两个协方差未必相同，还需要进一步用 $\boldsymbol{V}_1$、$\boldsymbol{V}_2$ 的估计值 $\boldsymbol{\Sigma}_1$、$\boldsymbol{\Sigma}_2$ 来估计 $\boldsymbol{V}$。（n_1、n_2 为来自两个样本容量）
>
> $\boldsymbol{V}$ 估计值 $\boldsymbol{\Sigma}=\dfrac{1}{n-2}\left[(n_1-1)\boldsymbol{\Sigma}_1+(n_2-1)\boldsymbol{\Sigma}_2\right]$，$n=n_1+n_2$

12.3.4** 示例

1. 问题

例12.3.1 某研究者获得了某运动队的队员在进队时的体形、生理素质两项指标的评分值，然后依据这些队员现在的运动成绩，把这些队员分成为两组。两组的得分均值和中心化以后的数据如下：

两个组的各个指标的得分均值：

组 A	体形分均值	生理分均值
$\overline{x}_{\cdot k}^{(A)}$	8.28571	6.42857

组 B	体形分均值	生理分均值
$\overline{x}_{\cdot k}^{(B)}$	3.20	3.80

A 组：成绩突出组（优秀运动员组）中心化数据（即 $\boldsymbol{A}_A$）：

体形分	生理分
0.71429	1.57143
−1.28571	−0.42857
1.71429	0.57143
−0.28571	−2.42857
0.71429	2.57143
−0.28571	−0.42857
−1.28571	−1.42857

B 组（一般成绩组）的 $\boldsymbol{A}_B$（中心化数据）：

体形分	生理分
0.8	0.20
−0.2	2.2
2.8	−0.8
−1.2	0.20
−2.20	−1.80

现在有人推荐一人进这个运动队，他在这两项指标的得分值为 6，8，问：该运动员有无可能成为该运动项目的优秀运动员。

这个问题也可以改为企业逃税问题、对新产品的购买问题等。

2. 作法

(1) 求两个组的样本协方差矩阵 $\boldsymbol{\Sigma}_i$

本问题直接给出了中心化数据，所以可以直接求两个(样本)协方差矩阵(2×2 阶)：

$$\boldsymbol{\Sigma}_A=(1/6)\boldsymbol{A}_A^{\mathrm{T}}\boldsymbol{A}_A=\begin{pmatrix}1.238 & 1.190\\ 1.190 & 2.952\end{pmatrix}$$

$$\boldsymbol{\Sigma}_B=(1/4)\boldsymbol{A}_B^{\mathrm{T}}\boldsymbol{A}_B=\begin{pmatrix}3.700 & 0.300\\ 0.300 & 2.200\end{pmatrix}$$

(2) 求共同的协方差矩阵 $\mathbf{V}$ 的估计值 $\boldsymbol{\Sigma}$

$$\boldsymbol{\Sigma}=\frac{1}{n-2}[(\boldsymbol{A}_1^{\mathrm{T}}\boldsymbol{A}_1)+(\boldsymbol{A}_2^{\mathrm{T}}\boldsymbol{A}_2)]=\begin{pmatrix}2.223 & 0.834\\ 0.834 & 2.651\end{pmatrix}$$

(3) 求针对两个组(优秀组、一般组)的 Fisher 判别函数

$$\boldsymbol{\Sigma}^{-1}=\begin{pmatrix}2.223 & 0.834\\ 0.834 & 2.651\end{pmatrix}^{-1}=\begin{pmatrix}0.510 & -0.160\\ -0.160 & 0.4277\end{pmatrix}$$

$$\boldsymbol{\Sigma}^{-1}\boldsymbol{\mu}_{优秀}=\begin{pmatrix}0.510 & -0.160\\ -0.160 & 0.4277\end{pmatrix}\begin{pmatrix}8.2851\\ 6.4286\end{pmatrix}=\begin{pmatrix}3.195\\ 1.419\end{pmatrix}$$

$$\frac{1}{2}\boldsymbol{\mu}_{优秀}^{\mathrm{T}}\boldsymbol{\Sigma}_{优秀}^{-1}=0.5\times(8.2851,6.4286)\begin{pmatrix}0.510 & -0.160\\ -0.160 & 0.4277\end{pmatrix}\begin{pmatrix}8.2851\\ 6.4286\end{pmatrix}=17.8$$

$$\begin{aligned}f_{优秀}(x)&=x^{\mathrm{T}}\Sigma^{-1}\mu_{优秀}-\frac{1}{2}\mu_{优秀}^{\mathrm{T}}\Sigma^{-1}\mu_{优秀}\\&=3.195x_1+1.419x_2-17.8\end{aligned}$$

同样可得：

$$f_{一般}(\boldsymbol{x})=1.023x_1+1.112x_2-3.75$$

4) 判断新个体(6，8)应当在哪个组

$$f_{优秀}(\boldsymbol{x}) = 12.7$$

$$f_{一般}(\boldsymbol{x}) = 11.28$$

由于 $f_{优秀}(\boldsymbol{x}) > f_{一般}(\boldsymbol{x})$，所以新个体(6,8)属于优秀组。

12.4** Fisher 判别法

12.4.1** Fisher 判别准则(一种典则判别)

描述个体的 p 个特性指标，当 p 很大时，将使计算量变得很大，并不能带来明显的益处。所以要考虑选几个新的综合性指标，代替原来的 p 个指标。

构成新的综合性指标的条件是：① 使之在不同类中的均值，彼此之间的差距尽可能大；② 使之在各类中的方差，尽可能小。所以，可以借助方差分析中组内平方和与组间平方和的概念来寻求综合指标。这就是所谓典则(Fisher)判别准则。

12.4.2** 多个总体的 Fisher 典则判别法

设，有 m 个总体 $\boldsymbol{G}_1, \boldsymbol{G}_2, \cdots, \boldsymbol{G}_m$，每个总体的特性指标都是 p 个，相应的 p 维均值向量和 $p \times p$ 阶协方差矩阵分别为 $\boldsymbol{\mu}_1, \boldsymbol{\mu}_2, \cdots, \boldsymbol{\mu}_m, \boldsymbol{V}_1, \boldsymbol{V}_2, \cdots \boldsymbol{V}_m$。

对任意新给的样本 $\boldsymbol{x} = (x_1, x_2, \cdots, x_p)^{\mathrm{T}}$，考虑其线性函数：

$$Y = \boldsymbol{u}^{\mathrm{T}} \boldsymbol{x}, (\text{其中}, \boldsymbol{u} \text{ 为 } p \text{ 维向量，而 } Y \text{ 是一维的随机变量})$$

在 $\boldsymbol{x}$ 来自 $\boldsymbol{G}_i$ 的条件下，Y 在各类中的均值和方差为：

$$e_i = E(Y|\boldsymbol{G}_i) = \boldsymbol{u}^{\mathrm{T}} \boldsymbol{\mu}_i (\boldsymbol{\mu}_i \text{ 是 } \boldsymbol{G}_i \text{ 的均值向量}), i = 1, 2, \cdots, m$$

$$\sigma_i^2 = D(Y|\boldsymbol{G}_i) = \boldsymbol{u}^{\mathrm{T}} \boldsymbol{V}_i u, \boldsymbol{i} = 1, 2, \cdots, m$$

以上两个量，都是数字。

令，B_0 是 Y 在各类中的均值 e_i 的离差平方和：

$$B_0 = \sum_{i=1}^{m} \left(e_i - \frac{1}{m} \sum_{j=1}^{m} e_j \right)^2$$

B_0 反映出均值 e_i 之间的离散程度。这个离散程度越大，就越有可能把 $\boldsymbol{G}_1, \boldsymbol{G}_2, \cdots, \boldsymbol{G}_m$ 划分开来。

令，E_0 是 Y 在各类中的方差之和：

$$E_0 = \sum_{i=1}^{m} \sigma_i^2 = \boldsymbol{u}^{\mathrm{T}} \left[\sum_{i=1}^{m} \boldsymbol{V}_i \right] \boldsymbol{u}$$

E_0 反映出 Y 在各类中的方差之和。Y 在各类中的方差之和 E_0 越小，就越有可能把 $\boldsymbol{G}_1, \boldsymbol{G}_2, \cdots, \boldsymbol{G}_m$ 划分开来。

若$\frac{B_0}{E_0}$越大，则类别的可分性越大。

Fisher 典则判别法的思想，就是选择能够使$\frac{B_0}{E_0}$最大的 $\boldsymbol{u}$，作为判别函数

$$Y=\boldsymbol{u}^{\mathrm{T}}\boldsymbol{x},$$

中的系数向量。

按照这一思想，所推导出来的结论是：令 $\boldsymbol{B}$ 表示矩阵$\sum_{i=1}^{m}(\boldsymbol{\mu}_i-\overline{\boldsymbol{\mu}})(\boldsymbol{\mu}_i-\overline{\boldsymbol{\mu}})^{\mathrm{T}}$，$\boldsymbol{E}$ 表示矩阵 $\sum_{i=1}^{m}\boldsymbol{V}_i$，若 λ 是矩阵($\boldsymbol{E}^{-1}\boldsymbol{B}$)的最大特征根，$\boldsymbol{u}$ 是($\boldsymbol{E}^{-1}\boldsymbol{B}$)的对应于 λ 的特征向量，则 $\boldsymbol{u}$ 便是所求的向量。即，Fisher 典则判别函数为 $Y=\boldsymbol{u}^{\mathrm{T}}\boldsymbol{x}$，并且这个判别函数对各个类别具有最大的可分性。

对样品 $x=(x_1,x_2,\cdots,x_p)^{\mathrm{T}}$，计算 $Y=\boldsymbol{u}^{\mathrm{T}}\boldsymbol{x}$。$Y$ 离哪个总体 $\boldsymbol{G}_i$ 的均值 $\boldsymbol{u}^{\mathrm{T}}\boldsymbol{\mu}_i$ 近(即，$|\boldsymbol{u}^{\mathrm{T}}\boldsymbol{x}-\boldsymbol{u}^{\mathrm{T}}\boldsymbol{\mu}_i|$最小)，$x$ 就属于哪个总体。

可证明，当 $m=2$ 时，$\boldsymbol{u}^{\mathrm{T}}$ 就是前面 12.3.2 小节的判别函数 $f_s(\boldsymbol{x})$的系数 $\boldsymbol{a}^{\mathrm{T}}$。

在 $m\geqslant 3$ 时，仅仅使用对应于($\boldsymbol{E}^{-1}\boldsymbol{B}$)的最大特征根 λ_1 的特征向量 $\boldsymbol{u}_1$ 来判别，有信息损失过多之嫌，可以像主成分分析那样，找出对应于($\boldsymbol{E}^{-1}\boldsymbol{B}$)的前几个较大特征根 $\lambda_1,\cdots,\lambda_t$，及其所对应的单位特征向量 $\boldsymbol{u}_1^{\mathrm{T}},\cdots,\boldsymbol{u}_t^{\mathrm{T}}$，$t\leqslant\min(m-1,p)$。然后用 $\boldsymbol{u}_1^{\mathrm{T}}\boldsymbol{x},\cdots,\boldsymbol{u}_t^{\mathrm{T}}\boldsymbol{x}$，对 $\boldsymbol{G}_i$ 的综合距离最小来判断。例如，采用"综合距离平方最小"的准则来判断：找出使

$$(\boldsymbol{u}_1^{\mathrm{T}}\boldsymbol{x}-\boldsymbol{u}_1^{\mathrm{T}}\boldsymbol{\mu}_i)^2+\cdots+(\boldsymbol{u}_t^{\mathrm{T}}\boldsymbol{x}-\boldsymbol{u}_t^{\mathrm{T}}\boldsymbol{\mu}_i)^2$$

最小的 $\boldsymbol{G}_i$。

Fisher 典则判别

用 $\boldsymbol{B}$ 表示矩阵 $\sum_{i=1}^{m}(\boldsymbol{\mu}_i-\overline{\boldsymbol{\mu}})(\boldsymbol{\mu}_i-\overline{\boldsymbol{\mu}})^{\mathrm{T}}$，$E$ 表示矩阵 $\sum_{i=1}^{m}V_i$，

λ 是矩阵($\boldsymbol{E}^{-1}\boldsymbol{B}$)的最大特征根，$u$ 是($\boldsymbol{E}^{-1}\boldsymbol{B}$)的对应于 λ 的特征向量，$\boldsymbol{y}=\boldsymbol{u}^{\mathrm{T}}\boldsymbol{x}$。$Y$ 离哪个总体 $\boldsymbol{G}_i$ 的均值 $\boldsymbol{u}^{\mathrm{T}}\boldsymbol{\mu}_i$ 近(即 $|\boldsymbol{u}^{\mathrm{T}}\boldsymbol{x}-\boldsymbol{u}^{\mathrm{T}}\boldsymbol{\mu}_i|$ 最小)，$\boldsymbol{x}$ 就属于哪个总体。

在 $m\geqslant 3$ 时，仅仅使用($\boldsymbol{E}^{-1}\boldsymbol{B}$)的最大特征根 λ_1 的特征向量 $\boldsymbol{u}_1$ 来判别，有信息损失，可找出对应于($\boldsymbol{E}^{-1}\boldsymbol{B}$)的前几个较大特征根 $\lambda_1,\cdots,\lambda_t$，及其对应的单位特征向量 $\boldsymbol{u}_1^{\mathrm{T}},\cdots,u_t^{\mathrm{T}}$，$t\leqslant\min(m-1,p)$。然后用 $\boldsymbol{u}_1^{\mathrm{T}}x,\cdots,\boldsymbol{u}_t^{\mathrm{T}}x$，对 $\boldsymbol{G}_i$ 的综合距离最小来判断。若$(\boldsymbol{u}_1^{\mathrm{T}}\boldsymbol{x}-\boldsymbol{u}_1^{\mathrm{T}}-\boldsymbol{\mu}_i)^2+\cdots+(\boldsymbol{u}_t^{\mathrm{T}}\boldsymbol{x}-\boldsymbol{u}_t^{\mathrm{T}}-\boldsymbol{\mu}_i)^2$ 是所有 $s=1,\cdots,m$ 中最小的，则 x 属于 G_i。

12.5** Bayes 判别法

Fisher 典则判别法的依据,不是 x 属于哪个总体的概率的大小,而是类别之间具有最大的可分性。此外,Fisher 典则判别法没有考虑错判带来的损失大小,有一定的不合理性。例如,错报台风登陆,要比漏报台风登陆的损失小得多。

Bayes 方法是考虑各个总体先验概率损失后,提出的判别方法。

12.5.1** Bayes 判别法思路

设有 m 个总体 $\boldsymbol{G}_1,\boldsymbol{G}_2,\cdots,\boldsymbol{G}_m$,分别具有 p 维密度函数 $f_1(\boldsymbol{x}),f_2(\boldsymbol{x}),\cdots,f_m(\boldsymbol{x})$,此处,$\boldsymbol{x}=(x_1,x_2,\cdots,x_p)^T$,且这 m 个总体出现的先验概率为 $q_1,q_2,\cdots,q_m$,满足 $q_i\geqslant 0$, $\sum q_i=1$。

在实践中,通常把频率

$$q_i=\frac{n_i}{n}$$

作为先验概率。式中,n_i 是 G_i 的样本容量,也就是 x 在 G_i 中出现的次数,$n=\sum n_i$。也可以把判别错误造成损失的影响,折算到先验概率之中。损失大的概率应当大一些。

一个判别方法,实际上是对样本空间 $\boldsymbol{\Omega}$ 的一个完备的划分(即,各个 D_i 互不相交,且 $\sum D_i=\boldsymbol{\Omega}$):

$$D=(D_1,D_2,\cdots,D_m)$$

当样品 $x\in D_i$ 时,就判别 x 来自 $\boldsymbol{G}_i$。(用一维的图形来解释,密度函数不一定正态,因为以上概念与正态无关)。

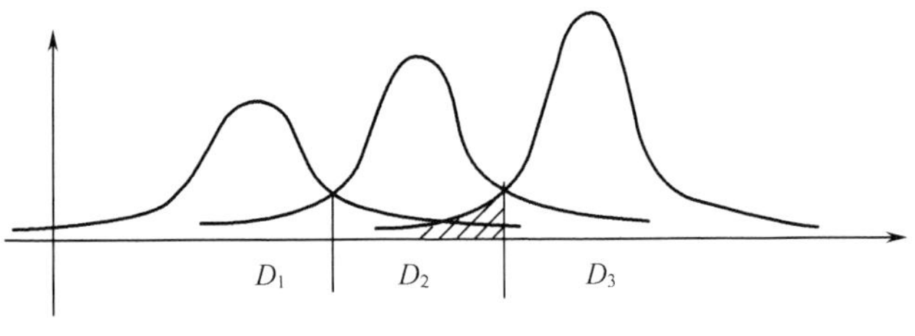

图 12.5.1　对空间的一个划分 D_1,D_2,D_3

一个好的判别方法，误判的概率应当小。设

$$p(j|i,D)$$

是在 D 的划分下，把 i 误判为 j 的概率。也就是

$$p(j|i,D)=p(x\in D_j|x\in D_i)=\int_{D_j} f_i(x)\mathrm{d}x$$

即，总体 $\boldsymbol{G}_i$ 的密度函数在 D_j 上的积分，参见图 12.5.1 的 G_3 密度在 D_2 上的积分（用阴影部分表示）。

设，$L(j|i)$为把 $\boldsymbol{x}$ 属于 $\boldsymbol{G}_i$，误判为属于 $\boldsymbol{G}_j$ 的损失。

判别方法（空间 $\boldsymbol{\Omega}$ 的一个完备的划分）有优劣之分，在不同的判别法之下，误判所造成的损失是不同的。所以，在误判时，平均损失与判别法有关。在 D 的划分下，把来自总体 G_i 的个体 x，误判为来自其它总体的条件平均损失为

$$g(i,D)=\sum_{j=1}^{m}L(j|i)p(j|i,D),L(i|i)=0$$

也就是

$$\text{对来自总体 } \boldsymbol{G}_i \text{ 的个体 } \boldsymbol{x} \text{ 误判的损失均值}=\sum_{j=1}^{m}(\text{误判的损失}\times\text{误判的概率})$$

其中，

在误判时，判别法 D 所造成的所有误判的平均损失是对所有总体误判的损失之和：

$$E(D)=\sum_{j=1}^{m}q_i g(i,D)=\sum_{i=1}^{m}q_i\sum_{j=1}^{m}L(j|i)p(j|i,D)$$

也就是

$$D\text{ 法所有误判的损失均值}=\sum_{i=1}^{m}(\text{对 } G_i \text{ 的 } x \text{ 误判的损失均值}\times G_i \text{ 的先验概率})$$

Bayes 法，就是要选择划分 $D=(D_1,D_2,\cdots,D_m)$，使 $E(D)$最小。

若划分 D 使 $E(D)$最小，则称 D 为 Bayes 判别法。

12.5.2** 两个总体的 Bayes 判别法

设，有两个总体 $\boldsymbol{G}_1,\boldsymbol{G}_2$，相应的先验概率为 q_1,q_2，概率密度函数为 $f_1(\boldsymbol{x})$，$f_2(\boldsymbol{x})$。这时，只有两种误判的损失：$L(2|1)$，$L(1|2)$。可以推导出判别法 D 所造成的平均损失

$$E(D)=\int_{D_2}[q_1L(2|1)f_1(\boldsymbol{x})-q_2L(1|2)f_2(\boldsymbol{x})]\mathrm{d}\boldsymbol{x}$$
$$+\int_{\Omega}q_2L(1|2)f_2(\boldsymbol{x})\mathrm{d}\boldsymbol{x}$$

由于上式的第二项与划分 $D=(D_1,D_2)$ 无关，所以，要使 $E(D)$ 最小，只要区域 D_2 使上式第一项最小，即可。也就是，D_2 应当包括所有使

$$q_1 L(2|1) f_1(\boldsymbol{x}) - q_2 L(1|2) f_2(\boldsymbol{x}) < 0$$

的点 x。所以，只要把所有满足 $q_1 L(2|1) f_1(\boldsymbol{x}) < q_2 L(1|2) f_2(\boldsymbol{x})$ 的 $\boldsymbol{x}$，归为 D_2，把所有满足 $q_1 L(2|1) f_1(\boldsymbol{x}) \geqslant q_2 L(1|2) f_2(\boldsymbol{x})$ 的 $\boldsymbol{x}$，归为 D_1，即

$$D_2 = \{\boldsymbol{x} \,|\, q_1 L(2|1) f_1(\boldsymbol{x}) < q_2 L(1|2) f_2(\boldsymbol{x})\}$$

$$D_1 = \{\boldsymbol{x} \,|\, q_1 L(2|1) f_1(\boldsymbol{x}) \geqslant q_2 L(1|2) f_2(\boldsymbol{x})\}$$

判别法 $D=(D_1,D_2)$ 就能使平均损失 $E(D)$ 最小。

定理　若两个总体 G_1，G_2 均服从 p 维正态分布，其 p 维均值向量为 $\boldsymbol{\mu}_1$，$\boldsymbol{\mu}_2$，$p \times p$ 阶协方差矩阵为 $\boldsymbol{V}>0$（正定），则 Bayes 判别法为

$$D_2 = \{\boldsymbol{x} \,|\, W(\boldsymbol{x}) < \ln C\}$$

$$D_1 = \{\boldsymbol{x} \,|\, W(\boldsymbol{x}) \geqslant \ln C\}$$

式中，$W(\boldsymbol{x}) = (\boldsymbol{\mu}_1 - \boldsymbol{\mu}_2)^{\mathrm{T}} \boldsymbol{V}^{-1} (\boldsymbol{x} - \overline{\boldsymbol{\mu}})$，$\overline{\boldsymbol{\mu}} = (\boldsymbol{\mu}_1 + \boldsymbol{\mu}_2)/2$，

$C = [q_2 L(1|2)]/[q_1 L(2|1)]$

也就是说，对新个体 $\boldsymbol{x}$ 而言，若 $W(\boldsymbol{x}) < \ln C$，则判断 $\boldsymbol{x}$ 属于 $\boldsymbol{G}_1$，若 $W(\boldsymbol{x}) \geqslant \ln C$，则判断 $\boldsymbol{x}$ 属于 $\boldsymbol{G}_2$。

在实际应用中，先验概率 q_1，q_2，误判损失 $L(2|1)$，$L(1|2)$，及两个总体的概率密度函数，均是未知的。只能从样本出发来处理问题。设从总体 G_1，G_2 分别抽取了 n_1，n_2 个样品，如下：

$$\boldsymbol{x}_1^1, \boldsymbol{x}_2^1, \cdots, \boldsymbol{x}_{n1}^1$$

$$\boldsymbol{x}_1^2, \boldsymbol{x}_2^2, \cdots, \boldsymbol{x}_{n2}^2$$

在 G_1，G_2 都服从正态分布的前提下，可求出样本均值向量（p 维）：

$$\overline{\boldsymbol{x}}^{(1)} = \frac{1}{n_1} \sum_{j=1}^{n1} \boldsymbol{x}_j^{(1)}, \qquad \overline{\boldsymbol{x}}^{(1)} = \frac{1}{n_2} \sum_{j=1}^{n2} \boldsymbol{x}_j^{(2)}$$

以及协方差矩阵为 $\boldsymbol{V}$（$p \times p$ 阶）的估计值：

$$\Sigma = \frac{1}{n-2}[(\boldsymbol{A}_1^{\mathrm{T}} \boldsymbol{A}_1) + (\boldsymbol{A}_2^{\mathrm{T}} \boldsymbol{A}_2)] = \frac{1}{n-2} \boldsymbol{P}$$

式中，$\boldsymbol{A}_i = (x_{jk}^{(i)} - \overline{x}_{\cdot k}^{(i)})$ 是 $n_i \times p$ 阶矩阵，$j=1,2,\cdots,n_i$，$k=1,2,\cdots,p$，$i=1,2$。

要用划分 $D_2 = \{\boldsymbol{x} \,|\, W(\boldsymbol{x}) < \ln C\}$ 与 $D_1 = \{\boldsymbol{x} \,|\, W(\boldsymbol{x}) \geqslant \ln C\}$ 来判别新个体属于哪一类，还必须估计出两个先验概率之比 q_2/q_1，与两个误判损失之比 $L(1|2)/L(2|1)$。

12.5.3　m 个总体的 Bayes 判别法（$m \geqslant 3$）

定理：当已知①总体 $\boldsymbol{G}_1$，$\boldsymbol{G}_2$，$\cdots$，$\boldsymbol{G}_m$ 出现的先验概率 q_1，q_2，$\cdots$，q_m，②m 个总

体的 p 维密度函数 $f_1(\boldsymbol{x}),f_2(\boldsymbol{x}),\cdots,f_m(\boldsymbol{x})$，以及③误判损失函数 $L(j|i)$时，使误判平均损失 $E(D)$最小判别法 D(称 Bayes 判别法)是 $D=(D_1,D_2,\cdots,D_m)$：

$$D_j=\{\boldsymbol{x}\,|\,h_j(\boldsymbol{x})=\min_{i=1,\cdots,m}h_i(\boldsymbol{x})\}\ ,j=1,2,\cdots,m$$

式中，$h_j(\boldsymbol{x})=\sum_{s=1}^{m}q_sL(j|s)f_s(\boldsymbol{x})$。

这就是说，对于(新)个体 $\boldsymbol{x}$ 而言，若 $h_j(\boldsymbol{x})$是所有 $h_i(\boldsymbol{x}),i=1,2,\cdots,m$ 中最小的，则个体 $\boldsymbol{x}$ 属于 $\boldsymbol{G}_j$。

在上述定理条件下，如果所有误判的损失函数都相等，设为 C，(当然正确判断的损失函数$L(i|i)=0$)，则有

$$h_j(\boldsymbol{x})=\sum_{s=1}^{m}q_sL(j|s)f_s(\boldsymbol{x})=C\Big(\sum_{s=1}^{m}q_sf_s(\boldsymbol{x})-q_jf_j(\boldsymbol{x})\Big)$$

所以，找最小的 $h_j(\boldsymbol{x})$，转化为找最大的 $q_jf_j(\boldsymbol{x})$。所以，有：

推论：当所有误判的损失函数都相等时，使误判平均损失最小的 Bayes 判别法为

$$D_j=\{\boldsymbol{x}\,|\,q_jf_j(\boldsymbol{x})=\max_{i=1,\cdots,m}q_if(\boldsymbol{x})\}$$

12.5.4** 用后验概率表达的 Bayes 判别法

定理：当误判损失相等时，Bayes 判别法 $D_j=\{\boldsymbol{x}\,|\,q_jf_j(\boldsymbol{x})=\max\limits_{i=1,\cdots,m}q_if(\boldsymbol{x})\}$与后验概率最大方法是等价的，即可用后验概率表达如下：

$$D_j=\{\boldsymbol{x}\,|\,P(\boldsymbol{G}_j|\boldsymbol{x})=\max_{i=1,\cdots,m}P(G_i|x)\}$$

式中，$P(G_i|x)$表示"当 $\boldsymbol{x}$ 出现时，总体 $\boldsymbol{G}_i$ 出现的概率"：

$$P(\boldsymbol{G}_i|\boldsymbol{x})=\frac{q_if_i(\boldsymbol{x})}{\sum_{s=1}^{m}q_sf_s(\boldsymbol{x})}$$

可见，这里的后验概率是"用总体 $\boldsymbol{G}_i$ 在样品 $\boldsymbol{x}$ 处的概率密度"来"矫正"先验概率的结果。

12.6** 用 SPSS 作判别分析

12.6.1** SPSS 中判别分析法的简单介绍

在 SPSS For Windows 中，Analyze→Classify→Discriminant 模块提供了判别分析的功能。其大部分功能，可以用对话框来完成，还有一部分功能需要在 Syntax 窗中修改或补充。例如指定先验概率、判别函数的个数，指定把作为样品的数

据，代回到判别函数(以便求出判别函数的正误率)，以及某些输出结果等。

1. 建立判别函数的方法

有 4 种建立判别函数的方法：全模型法，前向选择法，后向选择法，逐步选择法。

(1) 全模型法

全模型法是把用户指定的自变量(即反映每个个体特征的变量。在前面几节我们都是假定有 p 个特征，因此有 p 个自变量)全部放到判别函数中，不管这些变量对判别函数起不起作用，以及起作用的大小。

SPSS 把这种方法，作为系统默认的方法。

事实上，较好的判别函数应当把不起作用的变量或者作用小的变量，剔除出去。全模型法，解决不了这个问题。

(2) 前向选择法

前向选择法，从模型中没有变量开始，每一步都把对判别函数贡献最大的变量加入模型，直到模型外没有一个变量符合条件为止。

当希望有较多变量进入判别函数时，选用此方法(在 Syntax 中实现)。

(3) 后向选择法

后向选择法，先把用户指定的所有变量放入模型中，然后，每一步把对判别函数贡献最小的变量，剔除出去，直到留在模型中的变量全部符合条件为止。

当希望判别函数中含有的变量较少时，选用此方法(在 Syntax 中实现)。

(4) 逐步选择法

注意前向选择法中，运算终止的条件："模型外没有一个变量符合条件"。但实际上，在不断往模型中增加变量的时候，模型中的变量对判别函数的作用，也发生了变化。有一些原来对判别函数贡献大的变量，可能变得贡献小了，因此，应当把贡献小到不符合条件的变量，剔除出去。这就是逐步选择法的思路。

逐步选择法，从模型中没有变量开始，每一步把对判别函数贡献最大的变量引入模型，同时，对模型中的变量进行检验，把不符合条件的变量剔除出模型。逐步选择法是一种较好的方法。

SPSS 在 Method 按钮下有多种逐步选择变量的方法。我们将在后面介绍一些主要的方法。

2. 典则判别函数(Canonical Discriminant Function)

(1) 典则判别函数的概念

该方法建立典则变量，用少数典则变量代替用户指定的自变量(即反映每个个体特征的变量。在前面几节我们都是假定有 p 个特征，因此有 p 个自变量)，建立判别函数。

在原来的 p 维空间中做恰当的旋转，可以找到一个维度，最大限度地反映不同组（类）的个体之间的离散程度，在这个维度上，可以产生第一个典则变量（也就是一个典则判别函数），它能在这个维度上，最大可能地区分不同的组（类）。

同样，通过旋转，可以在第一个维度以外的维度上（与第一个维度正交的维度上），找到最大限度地反映不同组（类）的个体之间离散程度的维度，建立第二个典则变量（第二个典则判别函数），用来在这个维度上区分不同的组（类）。

直至找到 t 个。$t \leqslant \min(m-1, p)$。m 是组（类）的个数。

这里的旋转，是从区分不同组（类）的个体的角度出发的。一般不是主成分分析中的旋转。因为在主成分分析中，没有组（类）的概念，只有个体与总均值的离差的平方的概念。

典则变量 Ys 实际上是原始自变量的线性组合：

$$\begin{aligned} Y_s &= f_s(\boldsymbol{x}) = a_0 + a_1 x_1 + a_2 x_2 + \cdots + a_p x_p \\ &= a_0 + \boldsymbol{u}_s^{\mathrm{T}} \boldsymbol{\mu}_i, s = 1, \cdots, t。\end{aligned}$$

SPSS 给出两类典则判别函数。一类是用原始数据来判别的，如上面的公式。另一类是用标准化以后的数据来判别的，在其判别函数中，当然没有常数项。

（2）典则判别函数的使用

使用单个典则判别函数的基本方法是

① 把所有组（类）的各个指标的均值（非标准化数据的均值），代入典则判别函数，得出各个类的典则函数值 f_1（类 s 的均值）$= a_0 + u_1^{\mathrm{T}} \mu_i, s = 1, \cdots, m$。SPSS 直接输出这个值，称为“Functions at group centroids”。

② 把需要判别的点 x 的 p 个指标的值，代入典则判别函数，得出这个点（新个体）的典则函数值 $f_1(x)$。

③ 这个点（新个体）的典则函数值，与哪个类的典则函数值最近，即

$$|f_1(\boldsymbol{x}) - f_1(\boldsymbol{\mu}_s)| = |\boldsymbol{u}_1^{\mathrm{T}} \boldsymbol{x} - \boldsymbol{u}_1^{\mathrm{T}} \boldsymbol{\mu}_s|$$

最小，就判别这个点属于这个类 $\boldsymbol{G}_s$。

如果只用一个典则判别函数来判别，就要用上述第一维度上的判别函数，所以上述判别函数 f 的下标是 1。

使用多个典则判别函数，就看哪个类别（s）使：$|f_1(\boldsymbol{x}) - f_1(\boldsymbol{\mu}_s)| + |f_2(\boldsymbol{x}) - f_2(\boldsymbol{\mu}_s)| + \cdots + |f_t(\boldsymbol{x}) - f_t(\boldsymbol{\mu}_s)|$ 最小，就判别这个新个体属于这个类别 $\boldsymbol{G}_s$。

其实以上手工计算，都是不必要的。如果在原始数据表中，写入新个体的数据，SPSS 在结果一览表中将给出分类的结果。

3. Wilks′ Lambda 检验

Wilks′ Lambda 统计量的算法是：

$$\text{Wilks}'\ \lambda = \prod_{i=1}^{t} \frac{1}{1+\lambda_i}$$

式中，λ_i 是对应于典则判别函数 f_i 的特征根。

Wilks′ Lambda 检验的假设是：

H_0：所有类 $\boldsymbol{G}_s$ 的指标均值的典则函数值 $f_i(\boldsymbol{\mu}_s)$ 是无差异的。

H_1：不同的类 $\boldsymbol{G}_s$ 的指标均值的典则函数值 $f_i(\boldsymbol{\mu}_s)$ 是不同的。

其检验过程是把 Wilks′ Lambda 统计量的值转化为 χ^2 值，然后用 χ^2 的值的显著性概率，进行检验。

4. Fisher 判别函数

在 SPSS 中所称的 Fisher 判别函数，不是 12.4 节讲的 Fisher 判别，而是 12.3.2 小节所介绍的方法。问题中有几个类别，就有几个 Fisher 判别函数。

对第 s 类而言，其 Fisher 判别函数为

记，$f_s(\boldsymbol{x}) = \boldsymbol{x}^{\mathrm{T}}\mathbf{V}^{-1}\boldsymbol{\mu}_s - \frac{1}{2}\boldsymbol{\mu}_s^{\mathrm{T}}\mathbf{V}^{-1}\boldsymbol{\mu}_s$

其展开形式为：$f_s(\boldsymbol{x}) = a_0 + a_1x_1 + a_2x_2 + \cdots + a_px_p$，式中，$a_0 = -\frac{1}{2}\boldsymbol{\mu}_s^{\mathrm{T}}\mathbf{V}^{-1}\boldsymbol{\mu}_s$

Fisher 判别函数的使用方法是：对一个点（新个体 $\boldsymbol{x}$ 而言），某个 $f_s(\boldsymbol{x})$ 的值大，就判别这个个体属于这个 s 类别。

同样，以上手工计算，也是不必要的。在原始数据表中，写入新个体的数据（当然在类别变量下没有数据），SPSS 在结果一览表中将给出分类的结果。

5. 判别结果一览表

在使用 SPSS 时，通过选项，系统输出判别结果一览表。它包括：

（1）把原始样品数据代入到典则判别函数中，所得出的每个个体被判断的组别（Predicted group），从而可以计算出误判率。

（2）同时对每个个体给出条件概率 $P(D|G)$ 和后验概率 $P(G=g|D=d)$。

条件概率是指，在 $\boldsymbol{x}$ 属于组别 g 的条件下，得出某一划分的概率（“划分”的概念，见 12.5.1 小节）。

后验概率是指，在某一划分下，判别 $\boldsymbol{x}$ 属于某个组别了，$\boldsymbol{x}$ 确实属于组别 g 的概率。

（3）依据非标准化典则判别函数所计算出来的每个个体的典则函数值。

（4）对原始数据中未给出类别值的变量，也给出分类结果。

12.6.2** Discriminant 模块的使用介绍

(1)建立数据文件,或者读入数据。在变量(数据)中,必须有一个变量是用来表示个体的类别的。我们称之为类别变量。

(2)按照如下顺序,进入 Discriminant 模块:Analyze→Classify→Discriminant,此时,弹出一个主对话窗,见图 12.6.1。

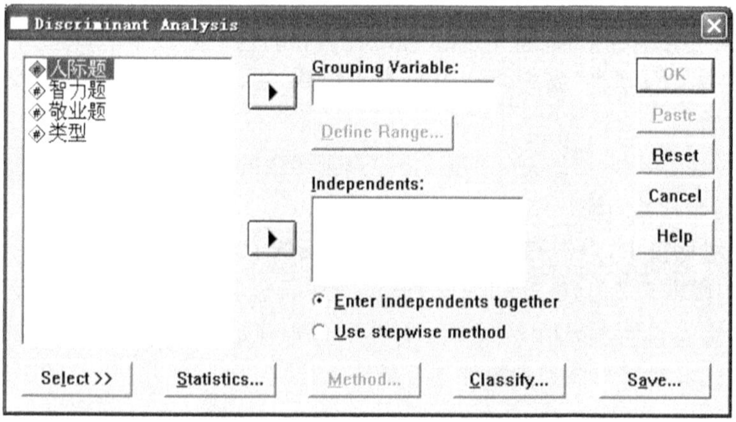

图 12.6.1　判别分析主对话窗

(3)在主对话窗中,把分类变量(一定是离散变量,一般用简单的整数来表达类别),用箭头送入 Grouping Variable 中。此时,Define Range 按钮变黑,要求送入分类变量的最小值与最大值。点击 Define Range,送入分类变量的最小、最大值。点击 Continue,返回主对话窗。

(4)在主对话窗中,用箭头,把选定的自变量,送入 Independents 中。

(5)此时,可以点击 OK,使用系统的默认值(全模型法),进行判别分析。也可以点击 Paste 按钮,激活 Syntax 框,添加所需要的语句。

(6)选择建立判别函数的方法:在主对话窗的 Independents 框下,有两项选择:Enter independent together 和 Use stepwise method。前一个是系统的默认值(全模型分析)。

如果选择(点击)"Use stepwise method",则它下面的 Method 按钮变黑。

点击 Method 按钮,弹出一个新的子对话窗。

① 这个对话框的左侧,是一个 Method 子框,在此框中,选择进入判别函数的自变量的准则;

② 这个对话框的右侧，是 Criteria 子框，在此框中，选择从判别函数中剔除自变量的准则；

③ 这个对话框的下面，是 Display 子框。Summary of steps 是复选项，表示在每一步选择变量之后，显示每个变量的统计量的值。F for Pairwise distances 也是复选项，表示显示两两类之间的两两 F 值矩阵。

(7)选择输出的统计量

在主对话窗中，点击 Statistics 按钮，弹出新的子对话。

在该对话框中，有 3 个子框：

① Descriptives 子框，指定描述性统计量，如，均值等。

② Matrices 子框，指定自变量的有关矩阵，如，相关系数矩阵，各类的协方差系数矩阵等。

③ Function Coefficients 子框，指定判别函数的系数，如，Fisher 系数等。

(8)选择分类的输出结果

在主对话窗中，点击 Classify 按钮，弹出新的子对话窗。

① 在该窗口左上角，是 Prior Probabilities 框，要求选择先验概率的设定方式，如，设定先验概率都相等，或者由样本容量来确定各个类别(组)的先验概率(各个类别的先验概率与该类别的样本容量成正比)。

② 在该窗口左侧的第二个方框，是 display 对话框。可以在该框中，要求输出对每个个体的计算结果(包括所在的实际类别，计算结果的类别，后验概率等项)，以及分类判别的小结和判错率等。

③ 在该窗口左侧的最下方，是对缺失值的处理方式的选择，Replace missing value with mean 选项，是要求用均值代替缺失值。

④ 在该窗口右上角，是 Use Covariance Matrix 框，要求选择在判别计算中使用的协方差矩阵，是使用联合类别的协方差矩阵，还是使用各类别数据的协方差矩阵进行计算。

⑤ 在该窗口右下角，是 Plots 框，要求选择输出的图形，如散点图、直方图等。

12.6.3** 示例

例 12.6.1 某公司研发机构，在招聘人才时，出了 3 类题目(敬业类题目、智力类题目、人际类题目)，对应聘者的测试。每位应聘者的得分，都保存在档案中。一年后，在对已录用的 12 位人才类型的研究中发现，其中部分人是团队工作型人才，部分人是独立研究型人才。现在用这三类题目，对一位新应聘者测试，得到相应的 3 个分值。请预先判断这位应聘者，是什么类型的人才？

数据见本书附盘中的文件“CH12 判别应聘者”。

读入数据后：

(1)点击 Analyze→Classify→Discriminant，系统弹出一个主对话窗，见图 12.6.1。

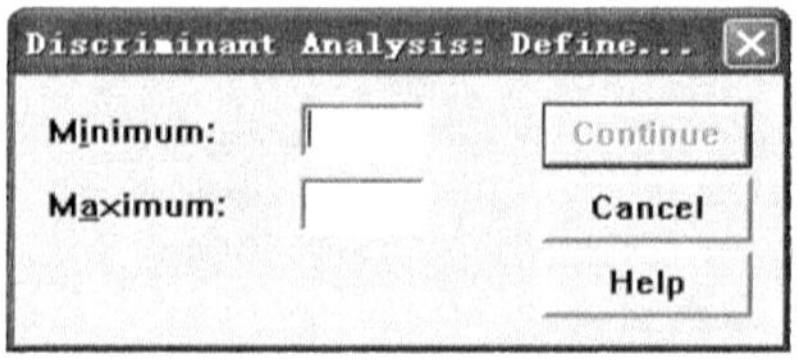

图 12.6.2　定义分类变量的最小值与最大值

(2)在主对话窗中，把分类变量"类型"，用箭头送入 Grouping Variable 中。此时，Define Range 按钮变黑。

点击 Define Range 按钮，系统弹出一个新的子对话窗(图 12.6.2)，要求送入分类变量的最小值与最大值。送入本例分类变量的最小值 1 和最大值 2。

点击 Continue，返回主对话窗。

(3)在主对话窗中，用箭头，把人际题、智力题和敬业题，送入 Independends 中。

(4)点击 Statistics 按钮，弹出新的对话子窗，见图 12.6.3。

该对话框中的 3 个子框的内容，已经在 12.6.2 小节中做了介绍。本例选择输出 Fisher's 系数和 Unstandardized 系数。

点击 Continue，返回主对话窗。

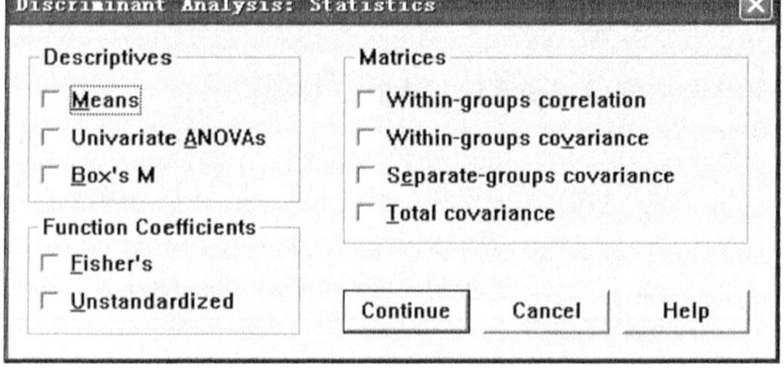

图 12.6.3　选择输出的统计值

(5)点击 Classify 按钮，弹出新的子对话窗，见图 12.6.4。

在本窗口中，本例除了接受系统的默认值外，还选择 Casewise results，即要求

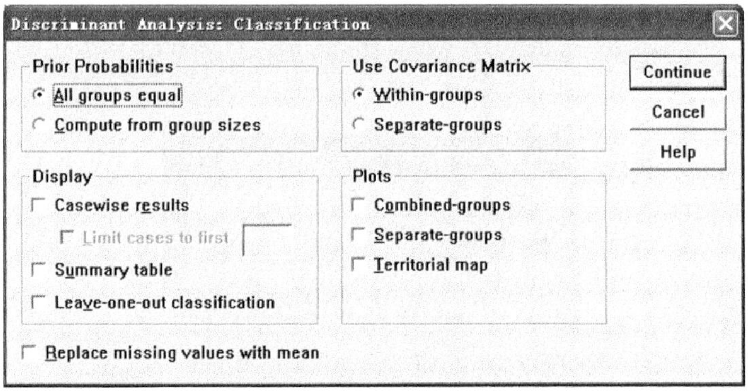

图 12.6.4　输出选择子对话窗

输出每个变量的计算结果，包括所在的实际类别，计算结果的类别，后验概率等项。

点击 Continue，返回主对话窗。

(6)在主对话窗中，本例接受系统的默认的全模型法(未作有关方法的点击)。

点击 OK，系统输出计算结果。

我们只解释输出的部分表格：

表 12.6.1　典则判别函数对应的最大特征根 (Eigenvalues)

Function	Eigenvalue	% of Variance	Cumulative %	Canonical Correlation
1	3.684[a]	100.0	100.0	.887

a　First 1 canonical discriminant functions were used in the analysis.

表 12.6.1 是对典则判别函数的最大特征根的说明。

表 12.6.2 是 Wilk 的 λ 检验，统计值 χ^2 的显著性概率为 $0.004<0.01$，表面不同的类 G_s 的指标均值的典则函数值 $f_1(\mu_s)$，$s=1,2,3$，是有显著差异的。

表 12.6.2　Wilk 的入检验 (Wilks' Lambda)

Test of Function(s)	Wilks' Lambda	Chi-square	df	Sig.
1	.213	13.125	3	.004

表 12.6.3　典则判别函数的系数 (Canonical Discriminant Function Coefficients)

	Function
	1
人际题	.610
智力题	.051
敬业题	.158
(Constant)	−4.852

Unstandardized coefficients

表 12.6.3 是典则判别函数的系数。

表 12.6.4 是团队工作型类别数据重心和独自研究型数据的重心。它们是两类数据的均值向量(3 维:人际、智力、敬业)代入典则判别函数的计算结果。

表 12.6.4　团队工作型、独自研究型的数据的重心 (Functions at Group Centroids)

	Function
类型	1
团队工作型	1.481
独自研究型	−2.073

Unstandardized canonical discriminant functions evaluated at group means

表 12.6.5　判别函数的系数 (Classification Function Coefficients)

	类型	
	团队工作型	独自研究型
人际题	3.184	1.015
智力题	1.008	.826
敬业题	1.830	1.270
(Constant)	−22.617	−6.427

Fisher's linear discriminant functions

表 12.6.5 是 12.3.2 小节的判别函数 $f_s(\boldsymbol{x})=\boldsymbol{x}^{\mathrm{T}}\boldsymbol{V}^{-1}\boldsymbol{\mu}_s-\frac{1}{2}\boldsymbol{\mu}_s^{\mathrm{T}}\boldsymbol{V}^{-1}\boldsymbol{\mu}_s$，即

$f_s(\boldsymbol{x})=a_0+a_1x_1+a_2x_2+\cdots+a_px_p$ 中的系数。

表 12.6.6 是对每个个体的判别结果(包括已知类别的 12 个个体,以及等待判别的新个体)。

表中的 Case Number 列,是所有个体的编号。

表中的 Actual Group 列是每个个体实际上所在的类,尚未被分类的第 13 个个体,被注明是 Ungrouped(未被分类的)。

表中的 Highest Group(具有最大分辨概率)下的 Predicted Group 列,是按照计算结果判断的类别。可以看到,判断的结果是 100%的正确。并且第 13 个个体(题目中未被分类的个体),也属于第一类(团队工作型类别)。

表中的 Highest Group 下的 $P(D>d\,|G=g)$列和 df 列,是在 $\boldsymbol{x}$ 属于相应类别而判断不是相应类别的条件概率,及其自由度。本书未作这方面的介绍。

表中的 Highest Group 下的 $P(G=g\,|D=d)$列,是判断 $\boldsymbol{x}$ 属于相应类别、而 $\boldsymbol{x}$ 确是相应类别的后验概率。从表中数据可以看到,后验概率都是比较大的。

表中的 Highest Group 下的 Squared Mahalanobis Distance to Centroid 列,是相应个体距表 12.6.4 所示类别重心的马氏距离的平方。

表中的 Second Highest Group(具有第二大分辨概率)下的 Group 列,是把相应个体判断为响应类的情况,例如,在这一列,把第一个个体判断为第 2 类。

表中的 Second Highest Group 下的 $P(G=g\,|D=d)$列,是判断 $\boldsymbol{x}$ 属于相应类别、而 $\boldsymbol{x}$ 确是相应类别的后验概率。例如,把第一个个体判断为第 2 类(显示在它前面的一列中)、而第一个个体确是第 2 类的后验概率,只有 0.00。从表中数据可以看到,与实际不合的判断的(后验)概率,都是很低的。

表中的 Second Highest Group 下的 Squared Mahalanobis Distance to Centroid 列,是相应个体距表 12.6.4 所示类别重心的马氏距离的平方。从表中数据可以看到,这列数据都远远大于与实际判断相符合的马氏距离的平方(见表中的 Highest Group 下的 Squared Mahalanobis Distance to Centroid 列的数据)。

表中的最后一列(Discriminant Scores 列)是典则判别函数 $f_1(x)$之值。

例 12.6.2 依据财务数据对企业逃税与否的判断。经过对逃税与不逃税的企业的有关报表的分析,以及与稽查人员的座谈和反复研讨,从如下 5 类财务指标:

盈利能力指标,例如,销售费用率、销售利税率、总资产报酬率等,

运营能力指标,例如,存货周转率、应收款比率等,

偿债能力指标,例如,资产负债率、速动比率等,

静态比例指标,例如,进销比率等,

动态比例指标,例如,进销比率变动率等

表 12.6.6　对每个个体的判别结果 (Casewise Statistics)

Case Number		Actual Group	Highest Group					Second Highest Group			Discriminant Scores
			Predicted Group	P(D>d | G=g)		P(G=g | D=d)	Squared Mahalanobis Distance to Centroid	Group	P(G=g | D=d)	Squared Mahalanobis Distance to Centroid	Function 1
				p	df						
Original	1	1	1	.500	1	1.000	.454	2	.000	17.877	2.155
	2	1	1	.420	1	.969	.651	2	.031	7.548	.674
	3	1	1	.164	1	1.000	1.935	2	.000	24.452	2.872
	4	1	1	.648	1	.991	.208	2	.009	9.595	1.024
	5	1	1	.925	1	.999	.009	2	.001	13.313	1.575
	6	1	1	.969	1	.998	.001	2	.002	12.358	1.442
	7	1	1	.391	1	.963	.736	2	.037	7.269	.623
	8	2	2	.618	1	.989	.249	1	.011	9.336	−1.575
	9	2	2	.760	1	.995	.094	1	.005	10.550	−1.767
	10	2	2	.131	1	.721	2.281	1	.279	4.177	−.563
	11	2	2	.572	1	1.000	.319	1	.000	16.962	−2.638
	12	2	2	.080	1	1.000	3.064	1	.000	28.136	−3.823
	13	Ungrouped	1	.247	1	.901	1.338	2	.099	5.746	.324

之中，选出了19项指标，作为判别分析的变量；然后收集了144家企业的数据，其中经过稽查逃税企业65家，经过稽查不逃税的企业50家，还没有经过稽查等待判别的企业29家。

现在要依据前115家的数据对还没有稽查的29家数据，做一个判别，看看哪些企业可能是逃税企业。

读入数据后(数据见本书附盘中的文件“CH12 工业第一批税务”)，按照前面介绍的点击过程，进行点击，只是在第5步点击时，在Classify窗口(见图12.6.4)的左下框(dislay)中加选Summary table，系统将输出前115家已知类别(逃税与否)的企业的判别结果(见表12.6.7)。表中数据显示，对不逃税企业的判断的正确率为76.0%，对逃税企业的判断的正确率为86.2%。

由于对每个个体的判别结果(Casewise Statistics表)太大了，这里不再显示，仅给出对未经稽查的29家企业的判别情况：10家属于不逃税的类别，19家属于逃税的类别。

表 12.6.7 分类的综合结果(Classification Results[a])

			Predicted Group Membership		Total
	0 诚实纳税 1 偷逃税		不逃税	逃税	
OriginalCount		不逃税	38	12	50
		逃税	9	56	65
		Ungrouped cases	10	19	29
	%	不逃税	76.0	24.0	100.0
		逃税	13.8	86.2	100.0
		Ungrouped cases	34.5	65.5	100.0

a 81.7% of original grouped cases correctly classified.

附录 1　常用数理统计表

附表 1　标准正态分布表

$$\Phi(x)=\int_{-\infty}^{x}\frac{1}{\sqrt{2\pi}}e^{-\frac{u^2}{2}}du$$

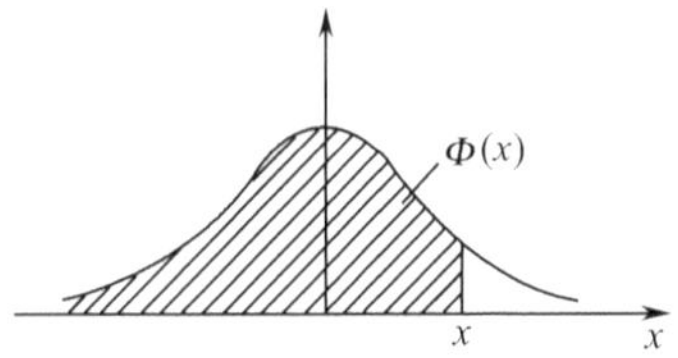

x	0	1	2	3	4	5	6	7	8	9
0.0	0.5000	0.5040	0.5080	0.5120	0.5160	0.5199	0.5239	0.5279	0.5319	0.5359
0.1	0.5398	0.5438	0.5478	0.5517	0.5557	0.5596	0.5636	0.5675	0.5714	0.5753
0.2	0.5793	0.5832	0.5871	0.5910	0.5948	0.5987	0.6026	0.6064	0.6103	0.6141
0.3	0.6179	0.6217	0.6255	0.6293	0.6331	0.6368	0.6406	0.6443	0.6480	0.6517
0.4	0.6554	0.6591	0.6628	0.6664	0.6700	0.6736	0.6772	0.6808	0.6844	0.6879
0.5	0.6915	0.6950	0.6985	0.7019	0.7054	0.7088	0.7123	0.7157	0.7190	0.7224
0.6	0.7257	0.7291	0.7324	0.7357	0.7389	0.7422	0.7454	0.7486	0.7517	0.7549
0.7	0.7580	0.7611	0.7642	0.7673	0.7703	0.7734	0.7764	0.7794	0.7823	0.7852
0.8	0.7881	0.7910	0.7939	0.7967	0.7995	0.8023	0.8051	0.8078	0.8106	0.8133
0.9	0.8159	0.8186	0.8212	0.8238	0.8264	0.8289	0.8315	0.8340	0.8365	0.8389
1.0	0.8413	0.8438	0.8461	0.8485	0.8508	0.8531	0.8554	0.8577	0.8599	0.8621
1.1	0.8643	0.8665	0.8686	0.8708	0.8729	0.8749	0.8770	0.8790	0.8810	0.8830
1.2	0.8849	0.8869	0.8888	0.8907	0.8925	0.8944	0.8962	0.8980	0.8997	0.9015
1.3	0.9032	0.9049	0.9066	0.9082	0.9099	0.9115	0.9131	0.9147	0.9162	0.9177
1.4	0.9192	0.9207	0.9222	0.9236	0.9251	0.9265	0.9278	0.9292	0.9306	0.9319
1.5	0.9332	0.9345	0.9357	0.9370	0.9382	0.9394	0.9406	0.9418	0.9430	0.9441
1.6	0.9452	0.9463	0.9474	0.9484	0.9495	0.9505	0.9515	0.9525	0.9535	0.9545
1.7	0.9554	0.9564	0.9573	0.9582	0.9591	0.9599	0.9608	0.9616	0.9625	0.9633
1.8	0.9641	0.9648	0.9656	0.9664	0.9671	0.9678	0.9686	0.9693	0.9700	0.9706
1.9	0.9713	0.9719	0.9726	0.9732	0.9738	0.9744	0.9750	0.9756	0.9762	0.9767
2.0	0.9772	0.9778	0.9783	0.9788	0.9793	0.9798	0.9803	0.9808	0.9812	0.9817
2.1	0.9821	0.9826	0.9830	0.9834	0.9838	0.9842	0.9846	0.9850	0.9854	0.9857
2.2	0.9861	0.9864	0.9868	0.9871	0.9874	0.9878	0.9881	0.9884	0.9887	0.9890
2.3	0.9893	0.9896	0.9898	0.9901	0.9904	0.9906	0.9909	0.9911	0.9913	0.9916
2.4	0.9918	0.9920	0.9922	0.9925	0.9927	0.9929	0.9931	0.9932	0.9934	0.9936
2.5	0.9938	0.9940	0.9941	0.9943	0.9945	0.9946	0.9948	0.9949	0.9951	0.9952
2.6	0.9953	0.9955	0.9956	0.9957	0.9959	0.9960	0.9961	0.9962	0.9963	0.9964
2.7	0.9965	0.9966	0.9967	0.9968	0.9969	0.9970	0.9971	0.9972	0.9973	0.9974
2.8	0.9974	0.9975	0.9976	0.9977	0.9977	0.9978	0.9979	0.9979	0.9980	0.9981
2.9	0.9981	0.9982	0.9982	0.9983	0.9984	0.9984	0.9985	0.9985	0.9986	0.9986
3.0	0.9987	0.9990	0.9993	0.9995	0.9997	0.9998	0.9998	0.9999	0.9999	1.0000

注:表中末行系函数值 Φ(3.0),Φ(3.1),…,Φ(3.9)

附表 2　χ^2 分布表

$$P\{\chi^2(n) \leqslant \chi^2_{\alpha}(n)\} = p$$

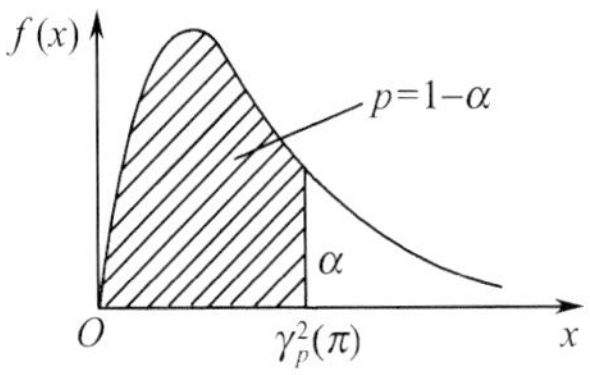

n	1−α=0.005	0.01	0.025	0.05	0.10	0.25
1	—	—	0.001	0.004	0.016	0.102
2	0.010	0.020	0.051	0.103	0.211	0.575
3	0.072	0.115	0.216	0.352	0.534	1.213
4	0.207	0.297	0.484	0.711	1.064	1.923
5	0.412	0.554	0.831	1.145	1.610	2.675
6	0.676	0.872	1.237	1.635	2.204	3.455
7	0.989	1.239	1.690	2.167	2.833	4.255
8	1.344	1.646	2.180	2.733	3.400	5.071
9	1.735	2.088	2.700	3.325	4.268	5.899
10	2.156	2.558	3.247	3.940	4.865	6.737
11	2.603	3.053	3.816	4.575	5.578	7.584
12	3.074	3.571	4.404	5.226	6.304	8.438
13	3.565	4.107	5.009	5.892	7.042	9.299
14	4.075	4.660	5.629	6.571	7.790	10.165
15	4.601	5.229	6.262	7.261	8.547	11.037
16	5.142	5.812	6.908	7.962	9.312	11.912
17	5.697	6.408	7.564	8.672	10.085	12.792
18	6.265	7.015	8.231	9.390	10.865	13.675
19	6.844	7.633	8.907	10.117	11.651	14.562
20	7.434	8.260	9.591	10.351	12.443	15.452
21	8.034	8.897	10.283	11.591	13.240	16.344
22	8.643	9.542	10.982	12.338	14.042	17.240
23	9.260	10.196	11.689	13.091	14.848	18.137
24	9.886	10.856	12.401	13.848	15.659	19.037
25	10.520	11.524	13.120	14.611	16.473	19.939
26	11.160	12.198	13.844	15.379	17.292	20.843
27	11.808	12.879	14.573	16.151	18.114	21.749
28	12.461	13.565	15.308	16.928	18.930	22.657
29	13.121	14.257	16.047	17.708	19.768	23.567
30	13.787	14.954	16.791	18.493	20.599	24.478
31	14.458	15.655	17.539	19.281	21.434	25.390
32	15.134	16.362	18.291	20.072	22.271	26.304
33	15.815	17.074	19.047	20.867	23.110	27.219
34	16.501	17.789	19.806	21.664	23.952	28.136
35	17.192	18.509	20.569	22.465	24.797	29.054
36	17.887	19.233	21.386	23.269	25.643	29.973
37	18.586	19.960	22.100	24.075	26.492	30.893
38	19.289	20.691	22.878	24.884	27.343	31.815
39	19.996	21.426	23.654	25.695	28.196	32.737
40	20.707	22.164	24.433	26.509	29.051	33.660
41	21.421	22.906	25.215	27.326	29.907	34.585
42	22.188	23.650	25.999	28.144	30.765	35.510
43	22.859	24.398	26.785	28.965	31.625	36.436
44	23.584	25.148	27.575	29.787	32.487	37.363
45	34.311	25.901	28.366	30.612	33.350	38.291

附表 2(续)　$P\{\chi^2(n) \leqslant \chi_\alpha^2(n)\} = p$

n	$1-\alpha=0.75$	0.90	0.95	0.975	0.99	0.995
1	1.323	2.706	3.841	5.024	6.635	7.879
2	2.773	4.605	5.991	7.378	9.210	10.597
3	4.108	6.251	7.815	9.348	11.345	12.838
4	5.385	7.779	9.488	11.143	13.277	14.860
5	6.626	9.236	11.071	12.833	15.086	16.750
6	7.841	10.645	12.592	14.449	16.812	18.548
7	9.037	12.017	14.067	16.013	18.475	20.278
8	10.219	13.362	15.507	17.535	20.090	21.955
9	11.389	14.684	16.919	19.023	21.666	23.589
10	12.549	15.987	18.307	20.483	23.209	25.188
11	13.701	17.275	19.675	21.920	24.725	26.757
12	14.845	18.549	21.026	23.337	26.217	28.299
13	15.984	19.812	22.362	24.736	27.688	29.819
14	17.117	21.064	23.685	26.119	29.141	31.319
15	18.245	22.307	24.996	27.488	30.578	32.801
16	19.369	23.542	26.296	28.845	32.000	34.267
17	20.489	24.769	27.587	30.191	33.409	35.718
18	21.605	25.989	28.869	31.526	34.805	37.156
19	22.718	27.204	30.144	32.852	36.191	38.582
20	23.828	28.412	31.410	34.170	37.566	39.997
21	24.935	29.615	32.671	35.479	38.932	41.401
22	26.039	30.813	33.924	36.781	40.289	42.796
23	27.141	32.007	35.172	38.076	41.638	44.181
24	28.241	33.196	36.415	39.364	42.980	45.559
25	29.339	34.382	37.652	40.646	44.314	46.928
26	30.435	35.563	38.885	41.923	45.642	48.290
27	31.528	36.741	40.113	43.194	46.963	49.645
28	32.620	37.916	41.337	44.461	48.278	50.993
29	33.711	39.087	42.557	45.722	49.588	52.336
30	34.800	40.256	43.773	46.979	50.892	53.672
31	35.887	41.422	44.985	48.232	52.191	55.003
32	36.973	42.585	46.194	49.480	53.486	56.328
33	38.058	43.745	47.400	50.725	54.776	57.648
34	39.141	44.903	48.602	51.966	56.061	58.964
35	40.223	46.059	49.802	53.203	57.342	60.275
36	41.304	47.212	50.998	54.437	58.619	61.581
37	42.383	48.363	52.192	55.668	59.892	62.883
38	43.462	49.513	53.384	56.896	61.162	64.181
39	44.539	50.660	54.572	58.120	62.428	65.476
40	45.616	51.805	55.758	59.342	63.691	66.766
41	46.692	52.949	56.942	60.561	64.950	68.053
42	47.766	54.090	58.124	61.777	66.206	69.336
43	48.840	55.230	59.304	62.990	67.459	70.616
44	49.913	56.369	60.481	64.201	68.710	71.893
45	50.985	57.505	61.656	65.410	69.957	73.166

附表 3　t 分布表

$P\{t(n) \leqslant t_p(n)\} = p$

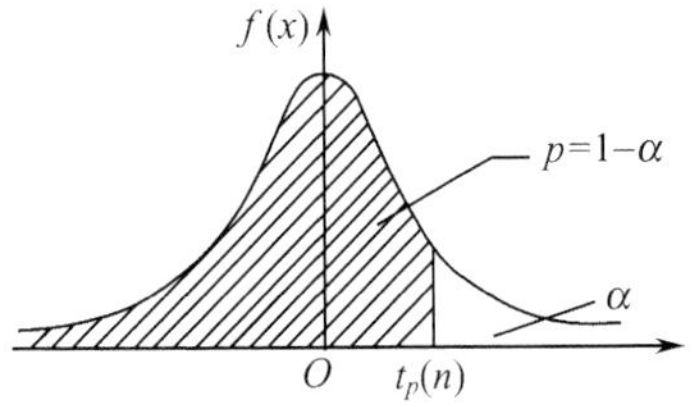

n	$1-\alpha=0.75$	0.90	0.95	0.975	0.99	0.995
1	1.0000	3.0777	6.3138	12.7062	31.8207	63.6574
2	0.8165	1.8856	2.9200	4.3027	6.9646	9.9248
3	0.7649	1.6377	2.3534	3.1824	4.5407	5.8409
4	0.7407	1.5332	2.1318	2.7764	3.7469	4.6041
5	0.7267	1.4759	2.0150	2.5706	3.3649	4.0322
6	0.7176	1.4398	1.9432	2.4469	3.1427	3.7074
7	0.7111	1.4149	1.8946	2.3646	2.9980	3.4995
8	0.7064	1.3968	1.8595	2.3060	2.8965	3.3554
9	0.7027	1.3830	1.8331	2.2622	2.8214	3.2498
10	0.6998	1.3722	1.8125	2.2281	2.7638	3.1693
11	0.6974	1.3634	1.7959	2.2010	2.7181	3.1058
12	0.6955	1.3562	1.7823	2.1788	2.6810	3.0545
13	0.6938	1.3502	1.7709	2.1604	2.6503	3.0123
14	0.6924	1.3450	1.7613	2.1448	2.6245	2.9768
15	0.6912	1.3406	1.7531	2.1315	2.6025	2.9467
16	0.6901	1.3368	1.7459	2.1199	2.5835	2.9208
17	0.6892	1.3334	1.7396	2.1098	2.5669	2.8982
18	0.6884	1.3304	1.7341	2.1009	2.5524	2.8784
19	0.6876	1.3277	1.7291	2.0930	2.5395	2.8609
20	0.6870	1.3253	1.7247	2.0860	2.5280	2.8453
21	0.6864	1.3232	1.7207	2.0796	2.5177	2.8314
22	0.6858	1.3212	1.7171	2.0739	2.5083	2.8188
23	0.6853	1.3195	1.7139	2.0687	2.4999	2.8073
24	0.6848	1.3178	1.7109	2.0639	2.4922	2.7969
25	0.6844	1.3163	1.7081	2.0595	2.4851	2.7874
26	0.6840	1.3150	1.7056	2.0555	2.4786	2.7787
27	0.6837	1.3137	1.7033	2.0518	2.4727	2.7707
28	0.6834	1.3125	1.7011	2.0484	2.4671	2.7633
29	0.6830	1.3114	1.6991	2.0452	2.4620	2.7564
30	0.6828	1.3104	1.6973	2.0423	2.4573	2.7500
31	0.6825	1.3095	1.6955	2.0395	2.4528	2.7440
32	0.6822	1.3086	1.6939	2.0369	2.4487	2.7385
33	0.6820	1.3077	1.6924	2.0345	2.4448	2.7333
34	0.6818	1.3070	1.6909	2.0322	2.4411	2.7284
35	0.6816	1.3062	1.6896	2.0301	2.4377	2.7238
36	0.6814	1.3055	1.6883	2.0281	2.4345	2.7195
37	0.6812	1.3049	1.6871	2.0262	2.4314	2.7154
38	0.6810	1.3042	1.6860	2.0244	2.4286	2.7116
39	0.6808	1.3036	1.6849	2.0227	2.4258	2.7079
40	0.6807	1.3031	1.6839	2.0211	2.4233	2.7045
41	0.6805	1.3025	1.6829	2.0195	2.4208	2.7012
42	0.6804	1.3020	1.6820	2.0181	2.4185	2.6981
43	0.6802	1.3016	1.6811	2.0167	2.4163	2.6951
44	0.6801	1.3011	1.6802	2.0154	2.4141	2.6923
45	0.6800	1.3006	1.6794	2.0141	2.4121	2.6896

附表 4　F 分布

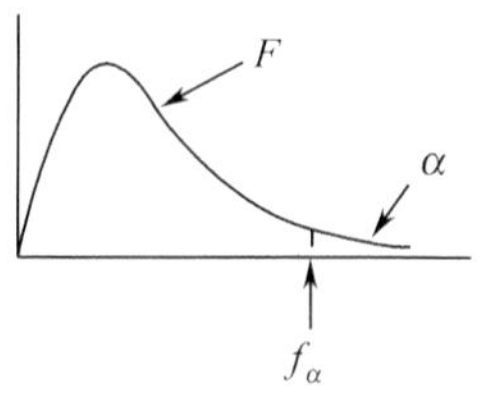

df_1

df_2	Area	1	2	3	4	5	6	7	8	9	10
1	.10	39.86	49.50	53.59	55.83	57.24	58.20	58.91	59.44	59.86	60.19
	.05	161.4	199.5	215.7	224.6	230.2	234.0	236.8	238.9	240.5	241.9
	.01	4052	5000	5403	5625	5764	5859	5928	5981	6022	6056
2	.10	8.53	9.00	9.16	9.24	9.29	9.33	9.35	9.37	9.38	9.39
	.05	18.51	19.00	19.16	19.25	19.30	19.33	19.35	19.37	19.38	19.40
	.01	98.50	99.00	99.17	99.25	99.30	99.33	99.36	99.37	99.39	99.40
	.001	998.5	999.0	999.2	999.2	999.3	999.3	999.4	999.4	999.4	999.4
3	.10	5.54	5.46	5.39	5.34	5.31	5.28	5.27	5.25	5.24	5.23
	.05	10.13	9.55	9.28	9.12	9.01	8.94	8.89	8.85	8.81	8.79
	.01	34.12	30.82	29.46	28.71	28.24	27.91	27.67	27.49	27.35	27.23
	.001	167.0	148.5	141.1	137.1	134.6	132.8	131.6	130.6	129.9	129.2
4	.10	4.54	4.32	4.19	4.11	4.05	4.01	3.98	3.95	3.94	3.92
	.05	7.71	6.94	6.59	6.39	6.26	6.16	6.09	6.04	6.00	5.96
	.01	21.20	18.00	16.69	15.98	15.52	15.21	14.98	14.80	14.66	14.55
	.001	74.14	61.25	56.18	53.44	51.71	50.53	49.66	49.00	48.47	48.05
5	.01	4.06	3.78	3.62	3.52	3.45	3.40	3.37	3.34	3.32	3.30
	.05	6.61	5.79	5.41	5.19	5.05	4.95	4.88	4.82	4.77	4.74
	.01	16.26	13.27	12.06	11.39	10.97	10.67	10.46	10.29	10.16	10.05
	.001	47.18	37.12	33.20	31.09	29.75	28.83	28.16	27.65	27.24	26.92
6	.10	3.78	3.46	3.29	3.18	3.11	3.05	3.01	2.98	2.96	2.94
	.05	5.99	5.14	4.76	4.53	4.39	4.28	4.21	4.15	4.10	4.06
	.01	13.75	10.92	9.78	9.15	8.75	8.47	8.26	8.10	7.98	7.87
	.001	35.51	27.00	23.70	21.92	20.80	20.03	19.46	19.03	18.69	18.41
7	.10	3.59	3.26	3.07	2.96	2.88	2.83	2.78	2.75	2.72	2.70
	.05	5.59	4.74	4.35	4.12	3.97	3.87	3.79	3.73	3.68	3.64
	.01	12.25	9.55	8.45	7.85	7.46	7.19	6.99	6.84	6.72	6.62
	.001	29.25	21.69	18.77	17.20	16.21	15.52	15.02	14.63	14.33	14.08
8	.10	3.46	3.11	2.92	2.81	2.73	2.67	2.62	2.59	2.56	2.54
	.05	5.32	4.46	4.07	3.84	3.69	3.58	3.50	3.44	3.39	3.35
	.01	11.26	8.65	7.59	7.01	6.63	6.37	6.18	6.03	5.91	5.81
	.001	25.41	18.49	15.83	14.39	13.48	12.86	12.40	12.05	11.77	11.54

(续)*F* 分布

df₁

df_2	Area	1	2	3	4	5	6	7	8	9	10
9	.10	3.36	3.01	2.81	2.69	2.61	2.55	2.51	2.47	2.44	2.42
	.05	5.12	4.26	3.86	3.63	3.48	3.37	3.29	3.23	3.18	3.14
	.01	10.56	8.02	6.99	6.42	6.06	5.80	5.61	5.47	5.35	5.26
	.001	22.86	16.39	13.90	12.56	11.71	11.13	10.70	10.37	10.11	9.89
10	.10	3.29	2.92	2.73	2.61	2.52	2.46	2.41	2.38	2.35	2.32
	.05	4.96	4.10	3.71	3.48	3.33	3.22	3.14	3.07	3.02	2.98
	.01	10.04	7.56	6.55	5.99	5.64	5.39	5.20	5.06	4.94	4.85
	.001	21.04	14.91	12.55	11.28	10.48	9.93	9.52	9.20	8.96	8.75
11	.10	3.23	2.86	2.66	2.54	2.45	2.39	2.34	2.30	2.27	2.25
	.05	4.84	3.98	3.59	3.36	3.20	3.09	3.01	2.95	2.90	2.85
	.01	9.65	7.21	6.22	5.67	5.32	5.07	4.89	4.74	4.63	4.54
	.001	19.69	13.81	11.56	10.35	9.58	9.05	8.66	8.35	8.12	7.92
12	.10	3.18	2.81	2.61	2.48	2.39	2.33	2.28	2.24	2.21	2.19
	.05	4.75	3.89	3.49	3.26	3.11	3.00	2.91	2.85	2.80	2.75
	.01	9.33	6.93	5.95	5.41	5.06	4.82	4.64	4.50	4.39	4.30
	.001	18.64	12.97	10.80	9.63	8.89	8.38	8.00	7.71	7.48	7.29
13	.10	3.14	2.76	2.56	2.43	2.35	2.28	2.23	2.20	2.16	2.14
	.05	4.67	3.81	3.41	3.18	3.03	2.92	2.83	2.77	2.71	2.67
	.01	9.07	6.70	5.74	5.21	4.86	4.62	4.44	4.30	4.19	4.10
	.001	17.82	12.31	10.21	9.07	8.35	7.86	7.49	7.21	6.98	6.80
14	.10	3.10	2.73	2.52	2.39	2.31	2.24	2.19	2.15	2.12	2.10
	.05	4.60	3.74	3.34	3.11	2.96	2.85	2.76	2.70	2.65	2.60
	.01	8.86	6.51	5.56	5.04	4.69	4.46	4.28	4.14	4.03	3.94
	.001	17.14	11.78	9.73	8.62	7.92	7.44	7.08	6.80	6.58	6.40
15	.10	3.07	2.70	2.49	2.36	2.27	2.21	2.16	2.12	2.09	2.06
	.05	4.54	3.68	3.29	3.06	2.90	2.79	2.71	2.64	2.59	2.54
	.01	8.68	6.36	5.42	4.89	4.56	4.32	4.14	4.00	3.89	3.80
	.001	16.59	11.34	9.34	8.25	7.57	7.09	6.74	6.47	6.26	6.08
16	.10	3.05	2.67	2.46	2.33	2.24	2.18	2.13	2.09	2.06	2.03
	.05	4.49	3.63	3.24	3.01	2.85	2.74	2.66	2.59	2.54	2.49
	.01	8.53	6.23	5.29	4.77	4.44	4.20	4.03	3.89	3.78	3.69
	.001	16.12	10.97	9.01	7.94	7.27	6.80	6.46	6.19	5.98	5.81
17	.10	3.03	2.64	2.44	2.31	2.22	2.15	2.10	2.06	2.03	2.00
	.05	4.45	3.59	3.20	2.96	2.81	2.70	2.61	2.55	2.49	2.45
	.01	8.40	6.11	5.18	4.67	4.34	4.10	3.93	3.79	3.68	3.59
	.001	15.72	10.66	8.73	7.68	7.02	6.56	6.22	5.96	5.75	5.58
18	.10	3.01	2.62	2.42	2.29	2.20	2.13	2.08	2.04	2.00	1.98
	.05	4.41	3.55	3.16	2.93	2.77	2.66	2.58	2.51	2.46	2.41

(续)F 分布

df₁

df_2	Area	1	2	3	4	5	6	7	8	9	10
	.01	8.29	6.01	5.09	4.58	4.25	4.01	3.84	3.71	3.60	3.51
	.001	15.38	10.39	8.49	7.46	6.81	6.35	6.02	5.76	5.56	5.39
19	.10	2.99	2.61	2.40	2.27	2.18	2.11	2.06	2.02	1.98	1.96
	.05	4.38	3.52	3.13	2.90	2.74	2.63	2.54	2.48	2.42	2.38
	.01	8.18	5.93	5.01	4.50	4.17	3.94	3.77	3.63	3.52	3.43
	.001	15.08	10.16	8.28	7.27	6.62	6.18	5.85	5.59	5.39	5.22
20	.10	2.97	2.59	2.38	2.25	2.16	2.09	2.04	2.00	1.96	1.94
	.05	4.35	3.49	3.10	2.87	2.71	2.60	2.51	2.45	2.39	2.35
	.01	8.10	5.85	4.94	4.43	4.10	3.87	3.70	3.56	3.46	3.37
	.001	14.82	9.95	8.10	7.10	6.46	6.02	5.69	5.44	5.24	5.08
21	.10	2.96	2.57	2.36	2.23	2.14	2.08	2.02	1.98	1.95	1.92
	.05	4.32	3.47	3.07	2.84	2.68	2.57	2.49	2.42	2.37	2.32
	.01	8.02	5.78	4.87	4.37	4.04	3.81	3.64	3.51	3.40	3.31
	.001	14.59	9.77	7.94	6.95	6.32	5.88	5.56	5.31	5.11	4.95
22	.10	2.95	2.56	2.35	2.22	2.13	2.06	2.01	1.97	1.93	1.90
	.05	4.30	3.44	3.05	2.82	2.66	2.55	2.46	2.40	2.34	2.30
	.01	7.95	5.72	4.82	4.31	3.99	3.76	3.59	3.45	3.35	3.26
	.001	14.38	9.61	7.80	6.81	6.19	5.76	5.44	5.19	4.99	4.83
23	.10	2.94	2.55	2.34	2.21	2.11	2.05	1.99	1.95	1.92	1.89
	.05	4.28	3.42	3.03	2.80	2.64	2.53	2.44	2.37	2.32	2.27
	.01	7.88	5.66	4.76	4.26	3.94	3.71	3.54	3.41	3.30	3.21
	.001	14.20	9.47	7.67	6.70	6.08	5.65	5.33	5.09	4.89	4.73
24	.10	2.93	2.54	2.33	2.19	2.10	2.04	1.98	1.94	1.91	1.88
	.50	4.26	3.40	3.01	2.78	2.62	2.51	2.42	2.36	2.30	2.25
	.01	7.82	5.61	4.72	4.22	3.90	3.67	3.50	3.36	3.26	3.17
	.001	14.03	9.34	7.55	6.59	5.98	5.55	5.23	4.99	4.80	4.64
25	.10	2.92	2.53	2.32	2.18	2.09	2.02	1.97	1.93	1.89	1.87
	.05	4.24	3.39	2.99	2.76	2.60	2.49	2.40	2.34	2.28	2.24
	.01	7.77	5.57	4.68	4.18	3.85	3.63	3.46	3.32	3.22	3.13
	7.001	13.88	9.22	7.45	6.49	5.89	5.46	5.15	4.91	4.71	4.56
26	.10	2.91	2.52	2.31	2.17	2.08	2.01	1.96	1.92	1.88	1.86
	.05	4.23	3.37	2.98	2.74	2.59	2.47	2.39	2.32	2.27	2.22
	.01	7.72	5.53	4.64	4.14	3.82	3.59	3.42	3.29	3.18	3.09
	.001	13.74	9.12	7.36	6.41	5.80	5.38	5.07	4.83	4.64	4.48
27	.10	2.90	2.51	2.30	2.17	2.07	2.00	1.95	1.91	1.87	1.85
	0.05	4.21	3.35	2.96	2.73	2.57	2.46	2.37	2.31	2.25	2.20
	.01	7.68	5.49	4.60	4.11	3.78	3.56	3.39	3.26	3.15	3.06
	.001	13.61	9.02	7.27	6.33	5.73	5.31	5.00	4.76	4.57	4.41

(续)F 分布

		df₁									
df_2	Area	1	2	3	4	5	6	7	8	9	10
28	.10	2.89	2.50	2.29	2.16	2.06	2.00	1.94	1.90	1.87	1.84
	.05	4.20	3.34	2.95	2.71	2.56	2.45	2.36	2.29	2.24	2.19
	.01	7.64	5.45	4.57	4.07	3.75	3.53	3.36	3.23	3.12	3.03
	.001	13.50	8.93	7.19	6.25	5.66	5.24	4.93	4.69	4.50	4.35
29	.10	2.89	2.50	2.28	2.15	2.06	1.99	1.93	1.89	1.86	1.83
	.05	4.18	3.33	2.93	2.70	2.55	2.43	2.35	2.28	2.22	2.18
	.01	7.60	5.42	4.54	4.04	3.73	3.50	3.33	3.20	3.09	3.00
	.001	13.39	8.85	7.12	6.19	5.59	5.18	4.87	4.64	4.45	4.29
30	.10	2.88	2.49	2.28	2.14	2.05	1.98	1.93	1.88	1.85	1.82
	.05	4.17	3.32	2.92	2.69	2.53	2.42	2.33	2.27	2.21	2.16
	.01	7.56	5.39	4.51	4.02	3.70	3.47	3.30	3.17	3.07	2.98
	.001	13.29	8.77	7.05	6.12	5.53	5.12	4.82	4.58	4.39	4.24
40	.10	2.84	2.44	2.23	2.09	2.00	1.93	1.87	1.83	1.79	1.76
	.05	4.08	3.23	2.84	2.61	2.45	2.34	2.25	2.18	2.12	2.08
	.01	7.31	5.18	4.31	3.83	3.51	3.29	3.12	2.99	2.89	2.80
	.001	12.61	8.25	6.59	5.70	5.13	4.73	4.44	4.21	4.02	3.87
60	.10	2.79	2.39	2.18	2.04	1.95	1.87	1.82	1.77	1.74	1.71
	.05	4.00	3.15	2.76	2.53	2.37	2.25	2.17	2.10	2.04	1.99
	.01	7.08	4.98	4.13	3.65	3.34	3.12	2.95	2.82	2.72	2.63
	.001	11.97	7.77	6.17	5.31	4.76	4.37	4.09	3.86	3.69	3.54
90	.10	2.76	2.36	2.15	2.01	1.91	1.84	1.78	1.74	1.70	1.67
	.05	3.95	3.10	2.71	2.47	2.32	2.20	2.11	2.04	1.99	1.94
	.10	6.93	4.85	4.01	3.53	3.23	3.01	2.84	2.72	2.61	2.52
	.004	11.57	7.47	5.91	5.06	4.53	4.15	3.87	3.65	3.48	3.34
120	.10	2.75	2.35	2.13	1.99	1.90	1.82	1.77	1.72	1.68	1.65
	.05	3.92	3.07	2.68	2.45	2.29	2.18	2.09	2.02	1.96	1.91
	.01	6.85	4.79	3.95	3.48	3.17	2.96	2.79	2.66	2.56	2.47
	.001	11.38	7.32	5.78	4.95	4.42	4.04	3.77	3.55	3.38	3.24
240	.10	2.73	2.32	2.10	1.97	1.87	1.80	1.74	1.70	1.65	1.63
	.05	3.88	3.03	2.64	2.41	2.25	2.14	2.04	1.98	1.92	1.87
	.01	6.74	4.69	3.86	3.40	3.09	2.88	2.71	2.59	2.48	2.40
	.001	11.10	7.00	5.60	4.78	4.25	3.89	3.62	3.41	3.24	3.09
∞	.10	2.71	2.30	2.08	1.94	1.85	1.77	1.72	1.67	1.63	1.60
	.05	3.84	3.00	2.60	2.37	2.21	2.10	2.01	1.94	1.88	1.83
	.01	6.63	4.61	3.78	3.32	3.02	2.80	2.64	2.51	2.41	2.32
	.001	10.83	6.91	5.42	4.62	4.10	3.74	3.47	3.27	3.10	2.96

附录 2 各章思考题

说明：思考题是供读者把握知识要点用的。为了适应不同层次读者的需要，有一些思考题涉及到较为细节的知识。但是，真正重要的是从总体上把握知识。在计算机时代，把握“森林”比把握“树木”更重要，把握“树木的整体”比把握“枝节”更重要，把握“枝节”比把握“末梢”更重要。从总体上理解，有利于正确的应用。只有少数有特殊地位的“树木”、“枝节”、“末梢”，会影响到对全局的理解，因此，也是必须把握的。

为此，本书把思考题分成了三个等级：标记“▲”的题目，是最重要的、必须把握的；标记“△”的题目，是重要的，应当把握的；未作任何标记的，是一般性的问题（也包括部分重要的知识，但是由于在学习中会反复用到，读者能够自然掌握，因而也未作任何标记）。

第 1 章（概率论基础知识）思考题

1. △回顾如下基本概念：
随机实验　基本事件　样本空间　随机事件　相容事件与不相容事件　概率　概率运算的主要性质　条件概率　乘法定理与全概率公式　贝叶斯公式　相互独立的随机事件的概率公式

2. △某大公司有南方、北方两大生产基地。2001 年某产品的产量为 20 万件，其中 60%是由南方基地生产的，南方基地的非正品率为 0.1%，北方基地的正品率为 99.6%。问，在市场中抽查到 1 件次品，是北方基地生产的概率是多少？是南方基地生产的概率是多少？试用条件概率表来计算。

3. △回顾如下基本概念：
离散型随机变量的概率　离散型随机变量的累积概率　连续型随机变量的概率　连续型随机变量的累积概率　连续型随机变量的概率密度　▲离散分布与连续分布的区别与对应关系　两个随机变量的联合概率分布　边缘分布　条件分布

4. △两点分布（0—1 分布）与二项分布的关系是什么？

5. 举出实际生活中，服从泊松分布的例子。

6. 回顾均匀分布的概念。

7. 正态分布是最常见的分布之一，试画出正态分布的密度函数的示意图。

第 2 章(数据与数据的获得)思考题

1. △试述以下基本概念:
总体(或母体)　个体　变量(或指标)　变量值(指标值)　或数据。

2. ▲数据测度分为几个类别? 试举例说明。

3. 不同测度的数据的应用范围的主要区别是什么?

4. ▲观察数据与实验数据的主要区别是什么?

5. 普查与抽样调查的区别是什么?

6. △试述随机抽样与非随机抽样的区别

7. ▲简单随机抽样指的是:

8. ▲分层抽样(分类抽样)的作法和适用条件是什么?

9. ▲如何确定分层抽样(分类抽样)各层的样本个数?

10. ▲整群抽样的作法和适用条件是什么?

11. △试述等距抽样的作法。

12. ▲设计问卷的最重要的两个依据是什么?

13. △对变量(特征)之间的相互关系的猜想,对设计问卷的影响是什么?

14. △对数据处理方法的事先考虑,对设计问卷的影响是什么?

15. ▲应当如何处置“不能获得诚实回答”的问题和“怀疑得不到诚实回答”的问题?

16. ▲单选问题的备选答案应当满足什么条件?

17. △对单选题与多选题的备选答案,有何区别?

18. 备选答案的多重含义对汇兑问题的分析产生什么影响?

19. 对问题的不同的提法,有可能导致不同的回答结果吗?

20. ▲为什么说,问卷设计一定要通过小规模访谈来修改?

21. △获得数据的实验方法,主要适用于哪三种特殊类型的数据?

22. ▲获得数据的实验方法,主要有哪三类手段?

23. △什么是获得数据的实验的外部因素? 在实验设计中,应当如何处理外部因素?

24. △什么是获得数据的实验的内部因素? 在实验设计中,应当如何处理内部因素?

25. 什么是获得数据的实验的混合因素? 应当如何处理混合因素?

26. 随机组合的方法在什么情况下,用于实验设计中?

第3章(样本数据特征的初步分析)思考题

1. ▲对于一个数据集合(样本值集合)而言,除了关心样本值本身以外,我们还关心样本值(数据值)出现的________和________。

2. △对于一个数据集合而言,什么是样本值(变量值)的频次(Frequency)?什么是样本值(变量值)的频率(Percentage,或 Relative Frequency)?

3. 哪些测度等级的数据集合,适合于做频次(Frequency)与频率(Percentage)的饼图(Pie chart)?

4. 哪些测度等级的数据集合,适合于做频次与频率的条形图(Bar chart)?

5.△ 对于一个数据集合而言,什么是累积频率(Cumulative Percentage)?

6. 能够用饼图来表示一个数据集合的累积频率吗?

7. 哪些测度等级的数据集合,才能计算累积频率?

8. 除了表格法以外,还可以用________图来表示一个数据集合的累积频率分布状况?

9. ▲什么是一个数据集合的茎叶图?

10. 对于一个数据而言,什么是茎节?什么是茎节的宽度?什么是叶?如何依据数据集合来确定茎节和叶?

11. 什么是茎节的长度?举例说明茎节的宽度和茎节的长度的区别。

12. △以下是某班级男生的体重数据,请作该数据集合的茎叶图。

某班级男生的体重数据(单位:公斤)

61.3	72.0	65.8	67.1	68.6	71.1	70.5	68.0	60.8	75.0	67.5
70.6	76.0	62.7	55.9	50.2	68.4	76.6	80.5	76.4	63.3	73.9

13. ▲什么是直方图(Histogram)?

14. ▲直方图与条形图的区别是什么?

15. 什么测度级别的数据,适宜作直方图?

16. 作直方图时,一般是先确定区间长度,还是先确定区间个数?哪个更好一些?

17. 作直方图时,如何确定区间长度?

18. 作直方图时,在区间长度确定后,如何确定区间个数?

19. 作直方图时,如何确定最左端区间的中心位置?

20. 什么是组频次?什么是组频率?

21. ▲什么是数据集合的众数(mode)?

22. 什么是单一众数?什么是复众数?

23. 什么测度级别的数据集合,可以求众数?

24. ▲为什么刻度级的数据集合,通常依托直方图确定众数(区间)?

25. ▲什么是数据集合的中位数(Sample median)?如何确定一个数据集合的中位数?

26. △什么测度级别的数据集合,适合于确定中位数?

27. ▲什么是样本均值(Sample Mean)?如何计算一个数据集合的样本均值?在样本均值的计算公式中,什么量与母体均值公式中的概率 p_k 对应?

28. △什么测度级别的数据集合,适合于计算样本均值?

29. 什么是数据集合的极大值(Maximum)与极小值(Minimum)?

30. ▲什么是数据集合的下四分点(Lower quartile)与上四分点(Upper quartile)?

31. △如何计算下四分点(的值)与上四分点(的值)?

32. 什么测度级别的数据集合,可以计算四分点(的值)?

33. △什么是百分位点(Percentile)?举例说明。

34. 什么是极差(Range)?什么是四分位距(Interquartile range)?

35. ▲什么是样本离差(Sample deviations)、离差平方和(Sun of squared deviations)?什么是方差(Variance)?这三者之间的关系是什么?

36. 众数、中位数、样本均值,各反映了样本数据集合的什么特征?

37. 极值、四分点、百分位点、极差、四分位距、离差、离差平方和、方差,各反映了样本数据集合的什么特征?

38. ▲箱形图给出了一个数据集合的哪几个量?

39. △修正箱形图是如何构造的?它对箱形图的拿个部分作了修正?

第 4 章(SPSS 的简单应用)思考题

1. ▲如何在 SPSS 中定义变量?

2. △填写变量标签(Label)的主要意义是什么?

3. △填写变量值标签(Value)的主要意义是什么?

4. △通过变量值标签的限定,把顺序级的变量定义为数字型的,有什么好处?

5. 在调查表的栏目很多(也就是变量个数很多)时,如何巧妙地设计变量名?

6. △把回收的有效调查表的编号,作为一个变量,定义在 SPSS 的数据文件中,有什么好处?

7. △用 SPSS 主要可以读入那些格式的数据?

8. ▲按照回收的调查表输入数据,是按照行输入好,还是按照列输入好? 为什么?

9. ▲为什么说,增加 case(在数据窗口的下端加入新的数据)的并表方式,特别重要? 怎样分头输入数据,才能有效地并表?

10. 请选用数据盘中的恰当数据文件,用 SPSS 做如下计算练习:

给变量值排序,给变量值排名次,统计数据的频次、频率、累积频次与累积频率;

计算众数、中位数、样本均值;

计算极值、四分点、百分位点、极差、四分位距、离差、离差平方和、方差,及标准化数据;

绘制饼图、条形图、直方图、茎叶图、相形图与修整相形图。

11. △什么是数据分布的斜度(Skewness)? SPSS 是如何规定数据集合的负斜度、0 斜度、正斜度的?

12. △什么是数据分布的峰度(Kurtosis)? SPSS 是如何规定数据集合的负峰度、0 峰度、正峰度的?

13. 什么是均值的标准误差(Standard Error of the Mean)?

第 5 章(总体分布、样本分布与参数估计)思考题

1. △什么是总体分布?

2. 什么是随机样本?

3. ▲什么是简单随机样本?

4. △什么是样本观察值?

5. ▲什么是样本分布? 什么是样本(累积)分布函数 $F_n(x)$?

6. ▲试述格利文科定理。格利文科定理的主要意义是什么?

7. ▲什么是统计量? 什么是统计量的值?

8. △基于标准正态分布 N(0,1)的随机样本,如何构成了 χ^2 分布? t 分布? F 分布?

9. ▲若 $X_1, X_2, \ldots, X_n$ 是正态总体 $N(\mu, \sigma^2)$ 的一个随机样本,则

(1)$\overline{X}$ 服从什么分布?

(2)$\dfrac{\overline{X}-\mu}{\sigma/\sqrt{n}}$服从什么分布?

(3)$\dfrac{\overline{X}-\mu}{S/\sqrt{n}}$服从什么分布?

(4) $\dfrac{(n-1)S^2}{\sigma^2}$服从什么分布？

(5) $\dfrac{S_1^2/\sigma_1^2}{S_2^2/\sigma_2^2}$服从什么分布？

10. ▲若随机变量 X 的均值为μ，标准差为σ，分布形式任意。从总体得到一组随机样本 $X_1, X_2, \ldots, X_n$，问统计量 $\overline{X}$ 的分布函数的均值$\mu_{\overline{X}}$与标准差$\sigma_{\overline{X}}$各是什么？

11. △0—1 分布(即 $B(1,p)$分布)，状态 1 出现时，随机变量 $X=1$，状态 2 出现时，$X=0$。设 $P(X=1)=p$，问

1) X 的均值、方差各是什么？

2) $\overline{X}$ 的均值$\mu_{\overline{X}}$、方差各是什么？

12. ▲设随机变量 $\boldsymbol{X}$ 的均值为μ，方差为σ^2，$X_1, X_2, \cdots X_n$，为 X 的样本，则当 n 充分大时，$\overline{X}$ 近似地服从什么分布？一般而言，n 大于等于多少，才算充分大？

13. △什么是点估计？

14. △什么是矩估计法？

15. △什么是极大似然估计法？极大似然估计法的基本思想是什么？

16. ▲什么是无偏估计量？

17. △什么是估计量的最小方差性？

18. ▲什么是有效估计量？

19. △什么是渐进无偏估计量？

20. ▲什么是一致估计量？

21. △什么是估计量的渐进有效性？

22. △什么是区间估计？举例说明。

23. 请选用数据盘中的恰当数据文件，用 SPSS 的如下模块计算数据集合的样本均值 $\overline{x}$、样本方差 s^2，或做区间估计：

频次分析模块(Frequency Process)，统计模块(Descriptive Process)，探索模块(Explore)

24. 依据数据文件“CH4CH8 茎叶箱方差工资性别岗位 300 余”，计算不同工作性质的人员数占总体人数的比例(需要改造数据文件“CH4CH8 茎叶箱方差工资性别岗位 300 余”中的“工作性质”变量的数据表达方式)。

第 6 章(参数假设检验)思考题

1. 什么是△参数检验？

2. 什么是△非参数检验？

3. ▲什么是"弃真"错误？什么是"存伪"错误？在假设检验中，通常把什么错误控制的比较小？

4. ▲以问题"已知方差 σ^2，检验假设：$\mu=\mu_0$"为例，说明假设检验的基本思路。

5. ▲假设检验的三个关键点是什么？

6. ▲在判断是接受还是拒绝零假设 H_0 时，有两种方法：

(1)用的统计值的 p 值(即，统计值的显著性概率，或称为统计值的外侧概率)，与显著性水平 α 比较；

(2)用统计值 θ 自身，与临界统计值 θ_α 或 $\theta_{\alpha/2}$ 比较。

哪个更好一些？为什么？

7. △关于一个正态分布总体的参数检验的统计量问题：

(1) 检验均值($\mu=\mu_0$ 否)，当 σ^2 已知时，用什么统计量？

当 σ^2 未知时，用什么统计量？

(2) 检验方差($\sigma^2=\sigma_0^2$？未知 μ)用什么统计量？

8. 举出若干需要"检验均值与方差是否改变"的例子。

9. △检验，$B(1,p)$分布(即 0－1 分布)的参数 p 与预定值是否相等，用什么统计量？

10. ▲当 n 很大时，如何检验一个 $B(1,p)$ 总体的大样本比例值 p？

11. △关于两个正态分布总体的参数检验的统计量问题：

(1)检验方差($\sigma_1^2=\sigma_2^2$？未知 μ_1,μ_2)，用什么统计量？

(2)检验方差($\sigma_1^2>\sigma_2^2$？未知 μ_1,μ_2)，用什么统计量？

(3)检验均值($\mu_1=\mu_2$？未知其方差值，但知 $\sigma_1^2=\sigma_1^2$)，用什么统计量(只需知道统计量的名称，及统计量的大致结构)？

(4)检验均值($\mu_1=\mu_2$？未知其方差值，但知 $\sigma_1^2\neq\sigma_2^2$)，用什么统计量(只需知道统计量的名称，及统计量的大致结构)？

12. ▲大样本下，检验两个任意总体的均值是否相等，用什么统计量？

13. △大样本下，检验两个 0－1 总体的比例值(即均值)是否相等，用什么统计量？

14. 用例子说明假设检验的意义。

15. △请选用数据盘中的恰当数据文件，用 SPSS 的单样本 T 检验(One-Sample T Test)模块，检验一个数据集合的均值与预定值，是否相等？

16. △试述 SPSS 的单样本 T 检验(One-Sample T Test)模块输出的置信区间与探索模块(Explore)输出的置信区间，有何不同？

17. ▲试述两组独立样本与配对样本在性质方面的区别？

18. △在 SPSS 中，两组独立样本与配对样本的数据存放方式有何不同？

19. △请选用数据盘中的恰当数据文件,用 SPSS 的独立样本 T 检验(Independent-Sample T test)模块,作两均值是否相同的假设检验。

20. ▲在用 SPSS 的独立样本 T 检验(Independent-Sample T test)模块,作两均值是否相同的假设检验时,为什么一定要选择 Levene 检验?

21. 配对样本 T 检验(Paired-sample T test)与单样本 T 检验(One-Sample T Test),有什么关系?

22. △关于二项分布的比例值 p 的 T 检验,为什么放在非参数检验(Nonparametric Tests→Binominal)的模块中?

第 7 章(非参数假设检验)思考题

1. ▲基于二项分布的、检验两组样本的母体分布是否相同的符号检验法(正负号个数检验法)的基本思路是什么?

2. ▲符号检验法(正负号个数检验法)适合于独立样本,还是配对样本?

3. ▲检验两个总体的分布是否相同的 Wilcoxon“序号和”检验法的基本思路是什么?

4. ▲适用于 Wilcoxon“序号和”检验法适合于独立样本,还是配对样本,还是都适合?

5. △检验总体分布与猜想的分布 $F(x)$是否相同,可以用什么统计量?

6. △写出检验总体分布与猜想的分布是否相同的拟合优度 χ^2 统计量的公式。

7. △检验总体分布是否与猜想的分布相同的拟合优度 k-s 检验法,是通过分析“样本累积频率函数 $F_n(x)$与猜想的分布 $F(x)$”的关系,来完成检验的吗?

8. △请选用数据盘中的恰当数据文件,用 SPSS 的两组独立样本的总体分布是否相同的检验模块(Nonparametric Test→2 Independent Samples),作 Wilcoxon 检验和 Mann-Whitrney U 检验。

9. △请选用数据盘中的恰当数据文件,用 SPSS 的两组配对样本的总体分布是否相同的检验模块(Nonparametric Test→2 related Samples)作 Wilcoxon 和 Sign(正负号)检验。

10. △请选用数据盘中的恰当数据文件,用 SPSS 的非参数 χ^2 模块(Nonparametric Test→chi square),检验一组样本的总体分布与猜想的分布是否相同。

11. △请选用数据盘中的恰当数据文件,用 SPSS 的非参数单样本 k-s 检验模块(Nonparametric Test→1 Samples k-s),检验一组样本的总体分布是否与猜想的分布(正态、均匀、泊松、指数分布)相同。

12. △请选用数据盘中的恰当数据文件，用 SPSS 的非参数二项分布模块(Nonparametric Test→Binomial)，检验一组样本的总体分布是否与猜想的分布相同。

第8章(方差分析)思考题

1. ▲方差分析是用来检验不同数据组的均值差异的，还是方差差异的？
2. ▲试列出管理领域，单因素方差分析的主要用途与用法。
3. △通过“单因素模型构成表”，掌握单因素模型。
4. ▲已知

单因素方差分析的数据

	实验效果
方案1	x_{11} x_{12}…… x_{1n_1}
方案2	x_{21} x_{22}…… x_{2n_2}
…	…
方案 s	x_{s1} x_{s2}…… x_{sn_s}

表中，n_i 表示方案 i 的实验个数

试述单因素方差分析的基本作法。

5. ▲如果单因素方差分析的结果是：不同方案的效果均值有显著性差异，是否意味着两两方案之间的均值，都有显著性差异？
6. △请选用数据盘中的恰当数据文件，用 SPSS 的单因素方差分析模块(Compare Means→One-way ANOVA)，作单因素方差分析，特别注意 Post Hoc 键的使用。
7. △在用 SPSS 的单因素方差分析时，为什么要选择 Homogeneity of variance 复选项(进行方差齐次性检验)？
8. ▲在用 SPSS 的单因素方差分析时，Post Hoc 键的作用是什么？
9. △用“无交互影响的双因素模型构成表”，掌握无重复双因素方差分析模型。
10. 无重复双因素方差分析检验什么问题？
11. 已知

无重复、双因素方差分析的数据

	因素 B_1	因素 B_2		因素 B_n
因素 A_1	x_{11}	x_{12}	……	x_{1n}
因素 A_2	x_{21}	x_{22}	……	x_{2n}
…	…			
因素 A_s	x_{s1}	x_{s2}	……	x_{sn}

表中，x_{ij} 表示因素 A_i 和因素 B_j 下的实验效果的观察值。

列出无重复双因素方差分析的主要作法。

12. △有重复双因素方差分析，与无重复双因素方差分析的主要区别是什么？检验的项目有何差异？

13. △用“有交互影响的双因素模型构成表”，掌握有重复双因素方差分析模型。

14. 已知

有重复、双因素方差分析的数据

因素	因素 B_1	因素 B_2		因素 B_n
因素 A_1	$x_{111}\ x_{112}\cdots x_{11t}$	$x_{121}\ x_{122}\cdots x_{12t}$	……	$x_{1n1}\ x_{1n2}\cdots x_{1nt}$
因素 A_2	$x_{211}\ x_{212}\cdots x_{21t}$	$x_{221}\ x_{222}\cdots x_{22t}$	……	$x_{2n1}\ x_{2n2}\cdots x_{2nt}$
…	…			
因素 A_s	$x_{S11}\ x_{S12}\cdots x_{S1t}$	$x_{S21}\ x_{S22}\cdots x_{S2t}$	……	$x_{Sn1}\ x_{Sn2}\cdots x_{Snt}$

表中，x_{ijk} 表示因素 A_i 和因素 B_j 下的第 k 次实验的效果的观察值。

列出有重复双因素方差分析的主要作法。

15. △请选用数据盘中的恰当数据文件，用 SPSS 的多因素方差分析模块(General Linear Model→Univariate)，作双因素方差分析。

第 9 章(普通相关分析)思考题

1. ▲两个随机变量的总体(简单)相关系数与样本 Pearson 相关系数，如何计算？两者的关系是什么？

2. ▲请给出样本 Pearson 相关系数的几何解释。

3. △Spearman 等级相关系数(又称秩相关，或名次相关)的公式是：

4. △两组独立样本适合于计算相关系数吗？

5. △Pearson 与 Spearman 相关系数显著异于 0 的显著性检验的统计量是

什么？

6. 偏相关系数显著异于0的显著性检验的统计量是什么？

7. ▲相关系数的显著性检验的意义的什么？

8. ▲偏相关系数在经济与管理中的应用的意义，是什么？

第10章(线性回归分析)思考题

1. ▲线性回归是研究变量之间的确定型的函数关系的，还是不确定型的函数关系的？

2. △线性回归分析对变量的测度级别，有什么要求？

3. ▲在线性回归分析中，普通最小二乘法与极大似然法，有何异同？

4. ▲多元线性回归的高斯假设是什么？

5. ▲多元线性回归的计算 $\hat{\boldsymbol{\beta}}$ 的公式是：________。

6. ▲高斯-马尔柯夫(BLUE)定理是：________。

7. ▲多元回归的几何解释是：________。

8. 复相关系数的平方 R^2(Coefficient of determination)怎样反映出总体回归效果？

9. △检验回归效果的 F 统计量的定义式是：________。

10. ▲回归系数的 t 检验的统计量的公式是：________。

11. ▲从回归角度，解释偏相关系数。

12. ▲偏相关系数的几何解释是：________。

13. △复相关系数的几何解释是：________。

14. △标准回归系数是指：________。

15. 检验系数 β_j 与0是否有显著差异的统计量 F_j 的构成是：________。

16. ▲偏解释变差(偏回归平方和)的几何解释是：________。

17. ▲逐步回归的基本作法是：________。

18. ▲多重共线性的概念是什么，它违背了哪一条基本假设？

19. △多重共线性的主要危害是：________。

20. ▲判断是否存在多重共线性主要方法是(特注意依托软件的判别方法)：

21. △多重共线性主要处理方法是：________。

22. ▲异方差的概念是什么，它违背了哪一条基本假设？

23. △举出经济与管理中存在异方差的例子。

24. △异方差的主要危害是：________。

25. ▲判断是否存在异方差主要方法是(特注意依托软件的判别方法)：

26. △异方差主要处理方法是：________。

27. △广义最小二乘法的估计 $\hat{\beta}$ 的公式是：________。

28. ▲序列相关的概念是什么，它违背了哪一条基本假设？

29. 列出经济与管理中造成序列相关的原因。

30. △序列相关的主要危害是：________。

31. ▲判断是否存在序列相关主要方法是(特注意依托软件的判别方法)：________。

32. △序列相关主要处理方法是：________。

33. ▲什么是 D-W 统计量？如何用它来判断是否存在序列相关？

34. △请选用数据盘中的恰当数据文件，用 SPSS 的回归分析模块(Regression)作回归分析(包括逐步回归)，并处理多重共线性、异方差、序列相关等问题。

第 11 章(主成分分析与因子分析)思考题

1. △主成分分析是用来解决什么问题的？它的目标是什么？

2. △对于一组实际数据矩阵 $X_{k\times n}(k<n)$，即 k 个指标来评价 n 个对象：

$$\begin{array}{ll} \text{对象：} & \quad 1, \qquad 2, \quad \cdots, \quad n \\ \begin{array}{l}\text{指标 } X_1 \\ \text{指标 } X_2 \\ \cdots \\ \text{指标 } X_k\end{array} & \begin{pmatrix} x_{11} & x_{12} & \cdots & x_{1n} \\ x_{21} & x_{22} & \cdots & x_{2n} \\ & \cdots & \cdots & \\ x_{k1} & x_{k2} & \cdots & x_{kn} \end{pmatrix} \end{array}$$

试述主成分分析的主要步骤。

3. ▲因子分析用来解决什么问题的？它的目标是什么？

4. ▲针对数据矩阵 $X_{k\times n}(k<n)$：

$$\begin{array}{ll} \text{对象：} & \quad 1, \qquad 2, \quad \cdots, \quad n \\ \begin{array}{l}\text{指标 } X_1 \\ \text{指标 } X_2 \\ \cdots \\ \text{指标 } X_k\end{array} & \begin{pmatrix} x_{11} & x_{12} & \cdots & x_{1n} \\ x_{21} & x_{22} & \cdots & x_{2n} \\ & \cdots & \cdots & \\ x_{k1} & x_{k2} & \cdots & x_{kn} \end{pmatrix} \end{array}$$

对比因子分析模型与主成分分析的区别

5. 求公共因子的核心，是求负载矩阵(a_{ij})。负载矩阵有那些重要性质？

6. △KMO 与巴特莱特球体检验，在因子分析中的作用是：________。

7. ▲公共因子负载的求法(近似方法)的主要步骤是：________。

8. ▲因子值的概念与用途是：________。

9. △求因子值的主要步骤是：________。

10. △请选用数据盘中的恰当数据文件，用 SPSS 的因子分析(Data Reduction →Factor)模块，作因子分析。

第12章(聚类分析与判别分析)思考题

1. △聚类分析的意义与作用是：________。

2. ▲设数据为

$$
\begin{array}{c}
\text{指标：}\quad 1,\quad 2,\quad \cdots,\quad p \\
\begin{array}{c} \text{对象 } 1 \\ \text{对象 } 2 \\ \cdots \\ \text{对象 } n \end{array}
\begin{pmatrix}
x_{11} & x_{12} & \cdots & x_{1p} \\
x_{21} & x_{22} & \cdots & x_{2p} \\
 & \cdots & \cdots & \\
x_{n1} & x_{n2} & \cdots & x_{np}
\end{pmatrix}
\end{array}
$$

试述聚类分析的作法要点。

3. 请选用数据盘中的恰当数据文件，用 SPSS 的层次聚类(Hierarchical Cluster)模块，作聚类分析。

4. 怎样恰当地读取 SPSS 输出的聚类树形图(Dendrogram)？

5. △怎样恰当地读取 SPSS 输出的冰柱图？

6. ▲判别分析的提法是什么？

7. ▲为什么说判别分析的指标(维度)多一些好？举例说明。并进而说明判别分析的主要思路。

8. △判别分析依据概率判别与依据马氏距离判别的关系是：

9. ▲当两个总体不服从正态分布时，直接从马氏距离来做判别分析，可能会产生什么问题？

10. △对 m 个服从正态分布的总体 $G_1, G_2, \cdots, G_m$，判别函数是：________。

11. Bayes 判别多考虑了哪些因素？

12. △请选用数据盘中的恰当数据文件，用 SPSS 的判别分析模块(Classify→Discriminant)，作判别分析。

13. ▲列出经济与管理学科中需要用到判别分析的例子。

主要参考文献

范大茵，陈永华.1996.概率论与数理统计.杭州：浙江大学出版社

郭志刚等.1999.社会统计分析方法：SPSS软件应用. 北京：中国人民大学出版社

卢纹岱主编.2000.SPSS for Windows 统计分析.北京：电子工业出版社

袁荫棠.1994.概率论与数理统计（高校文科用书）.北京：中国人民大学出版社

张寿，于清文.1984.计量经济学，上海：上海交通大学出版社

浙江大学数学系高等数学教研室.1979.概率论与数理统计.北京：人民教育出版社

M. 费史.1962.概率论及数理统计. 王福保译.上海：上海科学技术出版社

Clark, Charles et al. 1983. Statistical Analysis for Administrative Decision. 4th Edition. South－Western Publishing Co. USA

Czaja, Ronald et al. 1996. Designing Surveys. Pine Forge Press, USA

Fleming, Michael C. et al. 1996. The Essence of Statistics for Business. Prentice Hall Europe，牛南浩等译，中信出版社，1999

Intriligtor, Michael D. 1978. Economic Models, Techniques, and Applications. Prentice－Hall, Inc., USA

Neter, John et al. 1993. Applied Statistics. 4th Edition. Simon & Shuster, Inc. ,USA

Peck, Roxy et al. 2001. Introduction to Statistic Data Analysis, Duxbury. Brooks/cole, Thomson Learning

Schutt, Russell K. 1999. Investigating the Social World. 2nd Edition. Pine Forge Press, USA

SPSS Inc. 2001, SPSS Base 11.0, User's Guide, SPSS Inc. Printed in USA